Suebicum
Sarmatia
Borysthenes
Hypanis
Tyras
Pyretus
Hierasus
Tisia
Tanais
Alani
Rha
Scythia
Mare Caspium
Regnum Bospori
Maeotis Palus
Caucasus Mons
Dacia
Sarmizegetusa
Viminacium
Tomi
Moesia
PONTUS EUXINUS
Sinope
Pontus
Thracia
Nicomedia
Byzantium
Propontis
Nicaea
Bithynia
Ancyra
Galatia
Armenia
Araxes
Regnum Parthorum
Macedonia
Thessalonice
Troas
Pergamum
Lesbus
Mare Aegaeum
Cappadocia
Tigris
Assyria
Asia
Actium
Athenae
Corinthus
Sparta
Achaia
Ephesus
Laodicea
Miletus
Caria
Lycaonia
Cilicia
Tarsus
Pamphylia
Lycia
Rhodus
Cyprus
Edessa
Mesopotamia
Euphrates
Antiochia
Syria
Palmyra
Babylon
Creta
NUM
Damascus
Tyrus
Caesarea
Hierosolyma
Judaea
Arabia
Arabia felix
Cyrene
Cyrenaica
Alexandria
Memphis
Aegyptus
Nilus
Thebae
Sinus Arabicus

Für die Schülerinnen und Schüler

INTERESSE – dabei zu sein, teilzunehmen an den Gedanken und Gefühlen, an den Freuden und Sorgen von Menschen, die in einer längst vergangenen Zeit lebten – diese Erfahrung kannst du machen, indem du mit diesem Lehrbuch ihre Sprache erlernst.

Interfuisti convivio, quod in domo L. Volcatii habitum est. Erinnerst du dich? In den letzten Lektionen des ersten Bandes gab es ein Gastmahl bei L. Volcatius Tullus, bei dem man sich von großen Ereignissen erzählte: vom Aufstand des Spartacus, von den Piraten und von Caesars Eroberungen in Gallien. Sicher interessiert es dich, wie es jetzt mit der Familie der Volcatier und der Geschichte Roms weitergeht.

Die Zeiten werden zunächst immer aufregender und wirrer. Bürgerkriege brechen aus und beunruhigen die Menschen, auch die Familie der Volcatier, deren Spur wir bis in das Jahr 44 v. Chr. verfolgen. Ihr weiteres Schicksal kennen wir nicht. Wohl aber wirst du erfahren, wie sich Rom in den folgenden Jahrzehnten verändert hat. Die Lektionen in diesem zweiten Band werden dir eine Vorstellung von den Geschehnissen und Problemen geben, die die Römer in der zweiten Hälfte des letzten Jahrhunderts vor Christus und im Jahrhundert nach der Zeitenwende beschäftigten.

Dabei wird aber nicht nur von der großen Politik die Rede sein, sondern auch vom Alltagsleben, von römischen Dichtern und ihren griechischen Vorbildern, von den Geschichten, die sie in ihren Werken behandelt haben – und manchmal auch vom Klatsch, der in den Gassen Roms die Runde machte. Mehr und mehr werden sich die Lektionen an die Originaltexte der antiken Schriftsteller und Dichter anlehnen und dir so einen ersten Einblick in die lateinische Literatur geben.

Der Aufbau des Buches ist dir aus dem ersten Band bekannt:

- Gelb sind die Lektionstexte und die deutschen Texte markiert,
- blau die Grammatischen Impulse und Übungen,
- rot der Wortschatz und die Wortbildungslehre mit den dazugehörigen Aufgaben.

Das gelbe Dreieck im Textteil bezeichnet die Stücke zum Fortleben der antiken Kultur, das graue Dreieck in der Grammatik die Kapitel zum „Verstehen und Übersetzen".

Am Ende des Bandes findest du wieder

- ein Verzeichnis der Eigennamen
- Register der Begriffe und Lernstoffe aus Grammatik und Wortbildung
- den grammatischen Wegweiser mit Formentabellen
- Vokabelverzeichnisse.
- die Wortbildungsregeln aus Band 1, mit deren Hilfe du die Bedeutung vieler Vokabeln selbst erschließen kannst

Inhaltsverzeichnis

Lektion 26

Jahreszeiten und Feste

Auch bei den Römern begann das Jahr offiziell am ersten Januar, wenn die neuen Konsuln ihr Amt antraten. Aber daneben bestand die ursprüngliche Vorstellung, dass das Jahr mit dem März anfängt, weiter fort. So nennen auch wir, wenn wir die Jahreszeiten aufzählen, den Frühling zuerst. Bilder, die den Jahreskreis darstellen, waren bei den Römern sehr beliebt. Sie ließen sie sich an die Wände ihrer Zimmer malen oder als Mosaiken wie bunte Teppiche auf ihre Fußböden legen.

Die vier Jahreszeiten stellte man meist als Personifikationen, das heißt als menschliche Gestalten, dar. Den Frühling (VER) kennzeichnet der Kranz aus blühenden Blumen, den Sommer (AESTAS) die Ährenkrone und die Sichel. Der Herbst (AUTUMNUS, hier abgekürzt: AUTUS) hat seinen Kopf mit reifen Weintrauben bekränzt. Für den Winter (HIEMS) galt das auch zu dieser Jahreszeit wachsende Schilfgras als typisch; deshalb hat er sein Haupt damit bedeckt. Fußbodenmosaik in Rom, San Paolo alle Tre Fontane.

Für die Darstellungen von Januar, Februar, März usw. hat man entweder den wichtigsten Feiertag oder eine typische Tätigkeit des jeweiligen Monats gewählt. So ist zum Beispiel auf dem Bild des Mai, in dem Merkur, der Sohn der Maia, sein großes Fest hatte, eine Statue dieses Gottes zu sehen; vor ihr bringt ein Mann an einem Altar ein Opfer dar. Das Bild des August zeigt die Jagdgöttin Diana mit Hund und Hirsch; ihr Fest wurde in diesem Monat begangen. In den November fielen die Feiertage für die aus Ägypten stammenden Götter Isis, Osiris und den hundsköpfigen Anubis. Fußbodenmosaik in Sousse/Tunesien, Museum.

Bevor im 3. Jh. n. Chr. in Rom die Sieben-Tage-Woche eingeführt wurde, gab es eine Acht-Tage-Woche. Der achte Tag war besonders für die auf dem Land arbeitenden Menschen frei; solche Ruhetage hießen *feriae*. Darüber hinaus verteilten sich zahlreiche feste Feiertage (*feriae stativae*) unregelmäßig über das ganze Jahr; zur Zeit der Republik waren es etwa 45 meist religiöse Feste zu Ehren bestimmter Gottheiten. Außer Opfern, Gebeten und anderen Zeremonien fanden dabei auch öffentliche Spiele wie Wagenrennen und Theateraufführungen statt. Diese oft mehrere Tage dauernden Feiern ausgiebig zu besuchen, konnte man sich leisten, denn man hatte ja die Sklaven, die für ihre Herren weiterarbeiteten. Doch an einigen Feiertagen im Jahr durften auch sie es sich einmal gut gehen lassen – besonders am Fest der Saturnalien.

Drei bekränzte Sklaven, von denen der mittlere eine Fackel hält, amüsieren sich zu später Stunde während des Saturnalienfestes. Kalenderbild für den Monat Dezember. Fußbodenmosaik (Detail) in Sousse/ Tunesien, Museum.

Die Saturnalien

Wer auf dem Höhepunkt des Kölner Karnevals, am Rosenmontag, nicht mitfeiert, fällt als störend auf. Ähnlich wäre es wahrscheinlich einem Römer ergangen, der am 17. Dezember versucht hätte, in der Stadt geschäftliche Dinge zu erledigen. Man nannte die Saturnalien auch die „feuchten Tage“. Zwischen dem 17. und 23. Dezember ruhte in Rom das gesamte öffentliche Leben. Alle Läden blieben geschlossen, Gerichtssitzungen wurden vertagt.

Am Morgen des 17. Dezember brachten die Priester im Beisein hoher Staatsbeamter den Göttern auf dem Forum ein großes Opfer dar. Der wichtigste Gott dieses Festes, der ganz besonders geehrt wurde, war Saturnus. Die Feiern gingen weiter mit dem *convivium publicum*, einem öffentlichen Gastmahl, bei dem das Volk auf Staatskosten bewirtet wurde. Den Ruf „Io Saturnalia!“ hörte man dann bis spät in die Nacht überall auf den Straßen. Es hieß nämlich, der Gott dulde in den sieben Tagen seines Festes nichts Ernstes, kein Geschäft, keinen Streit. Alle müssten trinken und guter Dinge sein, sollten lärmen, scherzen, spielen, musizieren und tanzen. Selbst die Sklaven durften schmausen und Schabernack treiben. Die Welt stand förmlich auf dem Kopf: Der Herr bediente den Knecht, und der Sklave durfte seinen *dominus* in einer närrischen Rede ermahnen und tadeln.

Die Kinder bekamen als Glücksbringer kleine Tonfiguren, die *sigillaria*. Freunde beschenkten einander mit Tüchern, Löffeln, Bechern und anderen Kleinigkeiten wie Nüssen und Gebäck. Man tauschte Briefe mit lustigen Texten. Unter der Regie eines Saturnalienkönigs, des *rex bibendi*, führten die Gebildeten ausgelassene und witzige Tischgespräche. Auch Würfelspiele waren sehr beliebt.

Die folgende Szene spielt im Schlafraum der Sklaven im Hause der Volcatier.

A Am Morgen des 17. Dezember

Prima luce Crixus, servus novus, ad Davum adhuc dormientem accedens clamat: „Surge, Dave! Hora prima diei iam incipit; quid cessas? Cur neque me neque Ursum e somno excitavisti, ut est officium tuum?"

Ursus, ubi nomen suum audit, clamorem aegre ferens: „Cur", inquit, „puer stultus Saturnalibus iam ante primam horam surgit? Cur tantum clamorem tollit? Taceat tandem! Ne excitet nos tam mane e somno! Abeat in malam crucem!"

Puer timide: „Quid me reprehendis, Urse? Cur me tacere, cur me abire in malam crucem iubes? Nonne auditis dominum iam appropinquantem? Utinam ne nos puniat propter pigritiam nostram! Quid faciam? Ubi me occultem? Fugiamusne an maneamus?"

Davus ridens: „December est mensis, Crixe! Hodie Saturnalia celebrantur. Nonne audivisti de Saturnalibus? Hodie est is dies, quo omnia sunt mutata. Hodie servi servaeque, ut vetus est mos Romanorum, partes dominorum agunt; dominus nobis servit, quin etiam Servilia, domina nostra, ut nomine eius significatur, servilia munera conficit, nobis cibos parat, nos ad convivium invitat. Tota civitas magna laetitia completa est; omnes, qui in urbe sunt, iuvenes senes, divites pauperes, patricii plebei, domini servi omni discrimine sublato Saturnalia agunt …

Sed audite! Ianua pulsatur. Puto Lucium nobis more vetere munera ferre. Quid censetis? Aperiamusne ei portam an non?" Cuncti ridentes: „Certe, aperiamus!" Crixus laetus clamat: „Munera Lucii videamus et accipiamus! Lucius statim intret! Ne dubitet!"

Porta aperitur et – Volcatia ac Volcatilla intrant laeta voce dicentes: „Salvete, pueri! Utinam Saturnalia vobis bona fausta felicia fortunataque sint! Videte munera parentum! Ecce nuces, placentae aliaque dulcia! Utinam placeant vobis vestimenta nova! Et ecce pocula vini! Quo vino curae vestrae pellantur! Bibite et gaudete!"

Servi laeti munera accipiunt et pocula tollunt: „Gratias vobis parentibusque, dominis nostris, agimus. Gaudeamus igitur et bibamus!"

B Der findige Sklave (nach Plautus, *Mostellaria* 364 ff.)

In ea fabula Plauti, quae *Mostellaria* inscribitur, Tranio, servus imprimis callidus et audax, Philolachem, filium Theopropidis, domini sui, dolo adhibito ab ira patris prohibet. Filius enim, dum pater in Asia negotia gerit, vino et aleae se dedit, pecuniam patris perdidit. Domi cum amicis bibens subito nuntium accipit patrem itinere finito domui appropinquare.

Tranio: „O Philolaches, nuntium malum affero. Pater tuus rediit."

Philolaches: „Hercle! Quando rediit? Vidistine eum?"

Tranio: „Meis oculis eum vidi a portu venientem."

Philolaches: „Heu me miserum! Quanta miseria mihi imminet! De me actum est. Quid faciam? Utinam consilium callidum capias, Tranio! Iam saepe consiliis tuis me adiuvisti. Ne pater domum intret! Ne me ebrium videat!"

Tranio, qui solus vini non est plenus, paulum dubitat, tum iuveni et amicis eius dicit: „Omnes in domo manete et tacete; nemo portam domus aperiat; ne voces vestrae e domo audiantur!" Philolaches et amici timore perterriti servo oboediunt, Tranio autem ante domum dominum exspectat. Tandem Theopropides dominus appropinquat, statim ianuam pulsat.

Tranio accedens: „Salve, domine, gaudeo te salvum redisse!" (*parva voce ad spectatores*: „Dei te perdant!")

Theopropides (*iam ira incensus, quia nemo ianuam aperit*): „Tranio! Cur nemo me salutat? Semel atque iterum pulsavi. Ubi est filius meus?"

Tranio: „Eheu, ianuam tu pulsavisti? Dei te servent, nam magnum periculum tibi tuisque imminet. Abi! Abi! Noli te omnesque tuos perdere!"

Theopropides: „Quid dicis? Esne mente captus? Cur me abire iubes?"

Tranio: „Larva in domo habitat. Olim hic magnum scelus commissum est; nam is, qui tibi domum vendidit, hospitem ad convivium invitatum occidit et mortuum in domo occultavit. Homo autem mortuus filio tuo in somno apparens de scelere narravit; monuit Philolachem: ‚Abi, domum statim relinque!' Itaque nos quoque ne maneamus, sed cito abeamus, domine!"

Subito vocibus e domo auditis Theopropides formidine afficitur et fugit clamans: „Dei mihi propitii sint!"

Postea autem Theopropides se a servo deceptum esse intellegit et dicit: „Filio quidem veniam do: Bibat, amet, faciat, quod cupit. Sed servus puniatur!“ Quibus ver-
33 bis auditis filius: „Te obsecro, pater. Ne Tranio puniatur, nam non tibi obesse, sed mihi adesse in animo habuit!“ Denique pater precibus filii cedit et dicit: „Recte me mones, mi fili! Tranio sine poena abeat!“

Die römische Komödie

Obwohl die beiden berühmtesten römischen Komödiendichter, Plautus und Terenz, schon lange tot waren (Plautus starb 184, Terenz 159 v. Chr.), schätzte man sie in Rom nach wie vor sehr. „Viele Leute glauben, eine Komödie zu schreiben könne doch nicht so viel Mühe machen; schließlich kommen die Stoffe ja aus dem Alltagsleben", schreibt in einem Brief der Dichter Horaz (65 – 8 v. Chr.). Gerade das Leichte, Lockere aber sei besonders schwer: „Schau an, mit welcher Sorgfalt und Genauigkeit Plautus die Rollen in seinen Stücken charakterisiert: den verliebten Jüngling, den geizigen Vater, den hinterlistigen Kuppler, wie großartig ihm der Bucklige geraten ist, der zu den gefräßigen Schmarotzern gehört ..."

Ähnlich wie in unserem Bauern- oder Volkstheater sind nämlich die Figuren, die in der römischen (wie schon in der griechischen) Komödie die Leute zum Lachen bringen, keine Individuen, sondern Typen. An der Gestaltung ihrer Masken konnte man sie auch von den hintersten Plätzen gut erkennen. Verstehen konnte man ohnehin jedes Wort, obwohl nicht in geschlossenen Räumen, sondern unter freiem Himmel gespielt wurde: Heute noch lässt sich in den antiken Theatern in Italien oder Griechenland nachprüfen, wie hervorragend ihre Akustik (ein Lehnwort aus dem Griechischen, ebenso wie *Komödie, Tragödie, Szene, Theater*) ist.

Ihrem Rollenmuster gemäß verhalten sich die Figuren dann im Lauf der Komödienhandlung: Der schmachtende Jüngling sucht seine heftige Verliebtheit und seine Schulden vor seinem alten Herrn zu verbergen; der sittenstrenge und sparsame Vater will den Sohn an ein ganz anderes Mädchen verheiraten; dem Kuppler geht es darum, aus der Notlage des jungen Mannes möglichst viel Geld herauszuschlagen; und dazwischen probiert ein armer Kerl – eine Art Clown – immer wieder vergeblich, ein paar Groschen, ein Glas Wein oder eine Einladung zum Essen zu ergattern. Verstellung, Heuchelei, Verwechslungen aller Art führen zu immer neuen Komplikationen; am Ende aber löst sich alles in Wohlgefallen auf, und jeder ist zufrieden.

Die wichtigste und größte Rolle in dem ganzen Durcheinander spielt – wie schon in der griechischen Komödie – meist ein gewitzter Sklave, der immer Rat weiß und als einziger den Überblick behält. Plautus wie Terenz kannten ein solches Dasein aus eigener Erfahrung: Plautus stammte aus sehr armen Verhältnissen, und Terenz war selbst Sklave des römischen Senators Terentius Lucanus gewesen, der ihn ausbilden ließ und dessen Namen er später als Freigelassener übernahm.

Masken aller Art finden sich häufig als Dekoration in römischen Wohnhäusern. Meist handelt es sich dabei um Theatermasken, wie sie die Darsteller in den antiken Tragödien und Komödien trugen. Als Plastiken und Reliefs aus Marmor oder Ton und auf Wandmalereien blicken sie dem Betrachter mit weit aufgerissenen Augen und Mündern entgegen. Und da in den römischen Komödien immer wieder dieselben „komischen" Gestalten mit bestimmten, feststehenden Charaktermerkmalen und Schwächen als Hauptfiguren auftreten, stellen auch die Masken meist diese Typen dar.

In der *Mostellaria* des Plautus trägt Tranio die Maske des schlauen Sklaven, für die die trichterförmige Mundpartie und das glatt zurückgekämmte Haar typisch sind:

Philolaches spielt die Rolle des verwöhnten Sohnes, der vom Geld seines Vaters lebt. Das Auffälligste an seiner Maske ist die sorgfältig gelegte Frisur mit den schulterlangen Locken:

Die Maske des Theopropides hat einen langen Bart und deutet so auf das vorgerückte Alter des Vaters hin:

Athen, Nationalmuseum

Rom, Vatikan

Philadelphia, University Museum

Kannst du die für den Sklaven, den Sohn und den Vater beschriebenen Maskentypen auf den beiden Reliefs wieder erkennen?

Neapel, Nationalmuseum

Rom, Vatikan

Lektion 27

Bürgerkrieg

Inzwischen sind mehr als drei Jahre vergangen; wir schreiben jetzt das Jahr 48 vor Christus.

Caesar war seit einem Jahr aus Gallien zurück und hatte in Rom die Macht an sich gerissen. Die politische Entwicklung hatte zu einer regelrechten Spaltung in der Familie der Volcatier geführt: Während der alte Senator Lucius Volcatius Tullus unbeirrt an der republikanischen Idee festhielt, war sein Sohn Gaius ein begeisterter Anhänger Caesars, der jeden Sieg über dessen politische Gegner freudig begrüßte.

Zwischen Caesar und der absoluten Macht stand mittlerweile, unterstützt von einer Gruppe einflussreicher konservativer Senatoren, nur noch Pompeius, sein ehemaliger Bundesgenosse und Schwiegersohn. Caesar hatte nämlich seine einzige, geliebte Tochter Julia mit Pompeius verheiratet, um ihn auf diese Weise auch privat an sich zu binden; eine solche Ehepolitik war damals durchaus üblich. Julia aber war im Jahr 54 im Wochenbett gestorben.

Ein militärischer Konflikt war nicht mehr zu vermeiden; dabei waren sich beide Seiten bewusst, dass sie sich in einem Bürgerkrieg (*bellum civile*) befanden, in dem Römer gegen Römer kämpfen mussten. Die Entscheidung zwischen Caesar und Pompeius fiel jenseits der Adria, bei der griechischen Stadt Pharsalos. Jeder führte ein großes Heer: Pompeius eine vom Senat gestellte Streitmacht, Caesar aber seine Legionen aus dem gallischen Krieg, die ihm bedingungslos ergeben waren. Pompeius erlitt eine katastrophale Niederlage und ergriff heimlich die Flucht; damit war für Caesar der Weg zur Alleinherrschaft frei.

Unter denen, die Caesar namentlich in seinem Bericht über diesen Bürgerkrieg (*De bello civili*) herausstellt, ist auch C. Volcatius Tullus. Er hat nicht nur bei Pharsalos für Caesar gekämpft, sondern sich schon in einer früheren Schlacht ausgezeichnet. Dort hatte er als Kommandant eines befestigten Stützpunktes mit nur etwa 800 Mann den Angriff einer ganzen Legion des Pompeius – ca. 6000 – erfolgreich abgeschlagen. Wie es für Befehlshaber üblich war, wird auch er vor diesem Kampf eine Rede an die Soldaten gehalten haben:

A Eine Rede vor der Schlacht (nach Caesar, *Bellum civile* III 3-5; 45.6; 47.5; 52.2)

„Iam multos annos, milites, in exercitu Caesaris pugnavimus: Una cum Caesare Galliam pacavimus, una cum Caesare Rubiconem transiimus, una cum Caesare Pompeio ex Italia Dyrrhachium fugienti institimus. Semper ea, quae Caesar optavit, fecimus. Nunc quoque optat, ut nos fortes praebeamus.

Pugna gravis instat. Tres nobis cohortes sunt, legionem contra nos ducit Pompeius. Facile non est contra tantum numerum hostium dimicare; vos obsecro et imploro, ne animo deficiatis. Omnes enim labores non suscipimus, ut a Pompeio vincamur, sed ut Pompeium vincamus.

Quem nos, milites Caesaris, timeamus? Milites Caesaris tam fortes sunt, ut impetum hostium non timeant. Nunc periculum est, ne Pompeius mox impetum in nos faciat. Quid faciamus? Prohibeamus Pompeianos, ne per aciem nostram perrumpant.

Nolite timere, ne hostes nos pellant. Saepe enim accidit, ut pauci armis bene exerciti disciplina scientiaque rei militaris multum possint. Sic nos quoque nunc ea disciplina, quae Caesari saepe admirationi fuit, non modo impetum legionis sustinere, sed etiam legionem loco, quem obtinet, expellere possumus.

Sed non solum Pompeianorum impetus, ut bene scio, vobis magnae sollicitudini est. Omni enim frumento consumpto in magna inopia sumus. Non ignoro vos metuere, ne famem tolerare non possitis. Ego autem vos moneo, ut memores sitis victoriae ad Alesiam partae, ut animum recipiatis. Nam etiam ibi, quamquam magnam inopiam pertuleramus, maximarum gentium victores discessimus."

Porträt Alexanders des Großen, des Königs der Makedonen (356–323 v. Chr.). Istanbul, Archäologisches Museum.

Das Porträt des Gnaeus Pompeius Magnus (106–48 v. Chr.) wirkt so individuell, dass man sich seine tatsächlichen Gesichtszüge wohl genau so vorstellen kann. Aber die Haare über der Stirn bauschen sich nicht zufällig auf, sondern sind von Pompeius absichtlich in dieser Weise frisiert worden, denn für den griechischen König Alexander den Großen waren die sich über der Stirnmitte aufwerfenden Haarsträhnen ein typisches Merkmal. Da Alexander das Vorbild für Pompeius war – er wollte genau so mächtig werden –, versuchte er, ihn auch im Aussehen nachzuahmen. Kopenhagen, Ny Carlsberg Glyptothek.

Ägypten

Als die Römer ägyptischen Boden betraten, begegneten sie einer jahrtausendealten Hochkultur, deren Blütezeit allerdings bereits vorüber war. Alexander der Große hatte 330 v. Chr. das fruchtbare Land am Nil kampflos besetzt und seinem Weltreich einverleibt. Nach seinem frühen Tod war die Herrschaft über Ägypten 323 v. Chr. an einen seiner Feldherren, den Makedonen Ptolemaios, übergegangen. Dieser begründete eine eigene Dynastie, die der Ptolemäer, welche bis 30 v. Chr. in Ägypten herrschten. Hauptstadt ihres Reiches war die Metropole Alexandria.

Während ihrer dreihundertjährigen Regierungszeit war es den Ptolemäern aber nie völlig gelungen, sich gegen den politischen und moralischen Einfluss der uralten ägyptischen Priesterkaste durchzusetzen. Wirtschaftliche Schwierigkeiten kamen hinzu. Die königliche Familie war gespalten. Kleopatra VII. und ihr Bruder Ptolemaios XIII. wurden von den konkurrierenden Machtgruppen gegeneinander ausgespielt. Caesar, der Pompeius bis nach Ägypten verfolgt hatte, wurde dort sogleich in die innenpolitischen Auseinandersetzungen hineingezogen:

B **Caesar und Kleopatra** (nach Plutarch, *Caesar* 48 f.)

Pompeio victo Caesar Alexandriam venit; ibi Pompeium rege auctore occisum esse comperit. Rex Aegyptiorum tum erat Ptolemaeus. Qui Cleopatram, sororem uxoremque suam, quae una cum eo regnaverat, regno expulerat.

Cleopatra autem, mulier magnae prudentiae, insidias fratris metuens auxilium a Caesare, qui tum in domo regia erat, petere constituit et consilium callidum excogitavit. Servum fidelem vocavit. „Caesar optat," inquit, „ut ad se in domum regiam clam veniam. Quod autem periculum est, ne servi regis me videant, tibi impero, ut me tapete involvas et ita occultatam ad Caesarem portes!" Servus paruit et Cleopatram ante oculos Caesaris ex tapete evolvit.

Animus Caesaris pulchritudine, fortitudine, calliditate Cleopatrae motus est. Cleopatra, ubi primum intellexit Caesarem amore captum esse, eum ita imploravit: „Te supplex obsecro, imperator maxime, ut me adiuves et ab insidiis fratris defendas. Scio enim te tanta auctoritate esse, ut omnia efficere possis." Caesar precibus adductus ad regem se contulit et dixit: „Moneo te, ut sororem rursus in regnum accipias. Nam cave, ne mulier ira incensa tibi periculosa sit."

Pace cum sorore facta rex Caesarem ad convivium invitavit. Iam cenare coeperant, cum Caesari a servo nuntiatum est Achillam et Pothinum, duces exercitus Aegyptiorum, Romanis insidias parare. Statim Caesar milites advocat et iubet: „Prohibete, ne homines improbi fugiant! Atrium praesidiis circumdetur! Vis hostium frangatur!" Pothinus captus est, Achillas autem fugere potuit et in castra se contulit.

Sic bellum, quod dicitur, Alexandrinum coepit. Caesar, quamquam parvum numerum militum secum habebat, Achillam et Ptolemaeum, qui cum copiis Achillae se coniunxerat, vicit. Tum Aegyptum reliquit. Paucis mensibus post Cleopatra filium peperit, cui nomen Caesarionem dedit. A Caesare regina facta magna cum prudentia in Aegypto regnavit. Multis hominibus propter ingenium et fortitudinem admirationi fuit. Ab Horatio poeta in carmine praeclaro nominatur *non humilis mulier*.

Königin Kleopatra VII., die letzte ptolemäische Herrscherin Ägyptens (69–30 v. Chr.). Der Marmorkopf zeigt sie mit einer sehr schlichten, strengen Frisur, über der das Diadem liegt. Man kann die ursprünglich farbige Fassung des Haares noch gut erkennen. Kleopatra wird von dem griechischen Schriftsteller Plutarch so beschrieben: „An und für sich, so sagt man, war ihre Schönheit gar nicht so unvergleichlich und nicht von der Art, dass sie beim ersten Anblick bezauberte, aber im Umgang hatte sie einen unwiderstehlichen Reiz." Nach Caesar verliebte sich auch Marcus Antonius in sie. Berlin, Antikensammlung.

Alexandria

Erst nach wechselvollen Kämpfen konnte Caesar Ägypten für Rom in Besitz nehmen. Wer Ägypten in der Hand hatte, besaß die Kontrolle über die römische Getreideversorgung. Caesar entschloss sich also, die Herrschaft über die neue Provinz selbst zu übernehmen und nicht, wie sonst üblich, dem Senat zu überlassen; Kleopatra regierte in seinem Namen. Bis zum Untergang Roms blieb Ägypten die Kornkammer des Imperiums.

Glanzvoller Mittelpunkt des Landes war und blieb noch jahrhundertelang die Metropole Alexandria – eine echte Weltstadt. Sie trug den Namen Alexanders des Großen, der sie im Jahre 332 gegründet hatte.

Nähert man sich New York vom Meer her, so taucht als Erstes die Freiheitsstatue am Horizont auf. Von Alexandria sahen die Schiffsreisenden zuerst den berühmten Leuchtturm auf der Insel Pharos, eines der „Sieben Weltwunder". Er war an die 300 Fuß (etwa 100 Meter) hoch. Durch einen Schacht wurde das Brennholz für das Leuchtfeuer nach oben gezogen. Sein Licht haben speziell geformte Spiegel so verstärkt, dass es bereits aus sehr großer Entfernung zu sehen war. An die 1600 Jahre stand der Leuchtturm von Pharos aufrecht, bis er bei einem Erdbeben im Jahr 1326 n. Chr. einstürzte. Noch heute lautet das italienische Wort für Leuchtturm (und für Scheinwerfer) *faro*.

Zu den berühmten Bauwerken der Stadt gehörte auch das Grabmal Alexanders des Großen. Seine Nachfolger bauten Alexandria zu der größten und prächtigsten Metropole im östlichen Mittelmeer aus; zur Zeit Caesars hatte es etwa eine Million Einwohner. Ägypter, Griechen, Juden, Syrer, Perser, Afrikaner, Araber und Römer lebten dort friedlich miteinander.

Alexandria war aber nicht nur ein Handels- und Wirtschaftsmittelpunkt, sondern auch lange Zeit eines der bedeutendsten Wissenschafts- und Kulturzentren der antiken Welt. Das Museion, das von Ptolemaios I. (366–283 v. Chr.) gegründet worden war und aus Mitteln der Königsfamilie finanziert wurde, lässt sich am ehesten mit einer heutigen Universität vergleichen: Von überall her kamen junge Männer, um bei den dort tätigen Mathematikern, Physikern, Literaturwissenschaftlern und Schriftstellern zu studieren, vor allem aber, um in der „Großen Bibliothek" zu arbeiten. Dort wurden Bücher aus allen Bereichen der Wissenschaft und Literatur gesammelt, katalogisiert, erforscht, vervielfältigt (d. h. abgeschrieben) und übersetzt. So ist es kein Zufall, dass die Septuaginta, die erste Übertragung des Alten Testaments aus dem Hebräischen ins Griechische, gerade hier entstand. Ständig war man bestrebt, die Zahl der Bücher und somit den Ruhm der Bibliothek von Alexandria zu vergrößern. Ihr Bestand erreichte schließlich die für damalige Verhältnisse unglaubliche Zahl von 900.000 Buchrollen; man hat sie deshalb später auch das „Gedächtnis der Antike" genannt. Beim Kampf Caesars um Alexandria ist leider ein großer Teil der Großen Bibliothek in Flammen aufgegangen; so manches berühmte Werk ging damals unwiederbringlich verloren.

Lektion 28

A Der Tod des Cato Uticensis

(nach Plutarch, *Cato* 56; 58-59; 68.1; 70; 72.2; Plutarch, *Caesar* 54.1f.)

Post pugnam ad Pharsalum factam Cato, qui Dyrrhachii manserat, una cum P. Cornelio Scipione Nasica, patre uxoris Pompeii, aliisque adversariis Caesaris eam partem exercitus, quae ei commissa erat, trans mare in Aegyptum traduxit, ut se cum copiis Pompeii coniungeret; nam is eo fugerat. Cato iam praeter litus Africanum navigabat, cum a Sexto Pompeio, filio Cn. Pompeii, comperit patrem eius in Aegypto e nave exeuntem interfectum esse.

Qua re comperta Cato metuens, ne copiae suae impetum Caesaris sustinere non possent, consilium mutavit et Uticam se contulit, ut Iuba, rege Numidarum, adiuvante novas copias cogeret. Viginti fere mensibus post Pompeii necem Caesar apud oppidum Thapsum Pompeianos Scipione Iubaque ducibus magna virtute resistentes vicit et superavit. Qua clade Uticam nuntiata incolae tanto metu perterriti sunt, ut Cato tumultum ingentem aegre leniret.

Dum Caesar Uticae appropinquat, Cato in cubiculum se recepit, ut rei publicae casum maereret: „Utinam res publica salva esset! Utinam res publica staret neque in manus Caesaris incidisset! Utinam res publica libera servata esset! Si senatui lex, quam ante decem annos tuleram, placuisset, Caesar Germanis deditus esset. Si Caesarem impedivissemus, ne Rubiconem transiret, alea aliter iacta esset. Nisi Pompeius ad Pharsalum cladem accepisset, non res Caesaris, sed res publica viveret!“

Deinde Cato servis imperavit, ut gladius sibi ferretur. Gladio allato dixit: „Nunc meus sum.“ Tum Platonis de anima librum, qui inscribitur *Phaedon*, legit. Quo libro lecto se gladio percussit. Caesar autem, ubi de morte Catonis audivit, exclamavit: „Morti tuae invideo, Cato; nam vitam tuam tu mihi invidisti.“

Cato hatte nach den Regeln der stoischen Philosophie gelebt. Zu ihrer Idealvorstellung vom Menschen gehörte vollkommene Pflichterfüllung gegenüber sich selbst, den Mitmenschen, dem eigenen Volk und der gesamten Menschheit, dazu die Tugenden Gerechtigkeit, Weisheit, Tapferkeit und Besonnenheit. Wenn allerdings das Schicksal die Erfüllung dieser ethischen Ansprüche unmöglich machte, erschien es dem Stoiker gerechtfertigt, seinem Leben selbst ein Ende zu setzen.

So war der Freitod Catos, der mit geradezu fanatischer Besessenheit für die Erhaltung der alten Republik gekämpft hatte, der logische Schlusspunkt seines Lebens. Gleichzeitig war er aber ein politisches Signal und ist von den Zeitgenossen auch so verstanden worden.

B Cato der Ältere

(nach Nepos XXIV 1-3: *Cato*; Cato, *Ad Marcum filium*; Livius XXXIX 40)

Inter maiores Catonis Uticensis fuit Marcus Porcius Cato, cui nomen *Censorius* datum est. Is tanta dignitate et virtute erat, ut omnibus admirationi esset. Nam et agricola bonus et patronus prudens et imperator egregius et orator magnae eloquentiae fuit.

Sed multis magis placuisset, nisi tam severus et linguae tam acerbae liberaeque fuisset. Censuram tanta severitate gessit, ut septem senatores senatu moveret. Maximam operam dedit, ut luxuria puniretur; nam imprimis luxuriam rei publicae periculosam esse putabat.

Inter M. Catonem et P. Cornelium Scipionem Nasicam Corculum, qui a senatu *optimus vir* nominatus erat, saepe certatum est – Catone suadente, ut tolleretur delereturque Carthago, Nasica dissuadente. Timebat enim Nasica, ne Carthagine deleta nimia civium superbia rei publicae Romanae periculosa esset. Tandem autem Cato vicit, Carthago deleta est. Nisi Cato semel atque iterum dixisset Carthaginem deleri oportere, ea urbs a Romanis fortasse deleta non esset.

Philosophia Graecorum Catoni tanto odio erat, ut suaderet, ut omnes philosophi Graeci ex urbe eicerentur. Filium suum etiam admonuit, ne medicos Graecos adhiberet. Nam timebat, ne medici Graeci Romanos medicina sua interficerent. Tamen senex linguam Graecam discere coepit.

Catonem fuisse virum vere Romanum inter omnes constat.

Lektion 29

Marcus Tullius Cicero

Anders als der alte Cato bewunderte Marcus Tullius Cicero die geistigen Leistungen der Griechen sehr. Er gehörte zu den gebildetsten Römern seiner Zeit und beherrschte Griechisch wie seine Muttersprache. 79 v. Chr., als er mit 27 Jahren schon Erfolge als Anwalt zu verzeichnen hatte, ging er für zwei Jahre nach Griechenland und holte sich auf Rhodos bei dem berühmten Redner Apollonius Molon den letzten Schliff in Rhetorik.

Ciceros außerordentliche rednerische Begabung hat ihm bei seiner politischen Karriere sehr geholfen. Er war nämlich ein *homo novus* – so nannte man in Rom denjenigen leicht abwertend, der als erster aus seiner Familie den Zugang zum Senat gewonnen hatte. Als ein solcher „neuer Mann" bis zum höchsten Staatsamt aufzusteigen, war damals sehr schwierig; Cicero aber schaffte es. Denn wer im republikanischen Rom seine Argumente derart bestechend vorzubringen wusste, dass er jeden Prozess gewann, dessen Rat und Urteil war auch in der Politik gefragt – das lateinische Wort *forum* bedeutet „Gerichtswesen" ebenso wie „öffentliches Leben". Um Wähler zu gewinnen, treffen sich Politiker von heute mit ihren Gegenkandidaten zu einer Debatte im Fernsehen; die Rededuelle der Römer fanden vor Gericht und im Senat statt. Und Cicero sprach glänzender, mitreißender, überzeugender als alle. Viele seiner Gerichtsreden sind erhalten; jahrhundertelang studierte man an ihnen die Kunst der wirkungsvollen Argumentation.

Als er zum Konsul gewählt wurde, war er 43. Während seiner Amtszeit verhinderte er einen Putsch und sorgte für die Bestrafung der Verschwörer, an deren Spitze Catilina stand. Dafür wurde Cicero zunächst als *pater patriae*, als Retter des Vaterlandes, gefeiert, wenige Jahre später jedoch wegen der angeblich ungesetzlichen Hinrichtung der Staatsfeinde gezwungen, ins Exil zu gehen. Und obwohl man ihn schon bald wieder zurückrief und rehabilitierte, war sein politischer Einfluss dahin.

Beim Ausbruch des Bürgerkriegs im Jahr 49 schloss sich Cicero dem Pompeius an, weil er sich von ihm die Wiederherstellung der alten politischen Ordnung erhoffte. Doch griff er nicht aktiv in die militärischen Auseinandersetzungen ein, sondern erwartete fern von Rom mit banger Sorge die weitere Entwicklung:

A Ein Brief Ciceros

Cicero Volcatio Tullo suo salutem dicit.

Monuisti me, ut Tusculanum meum relinquerem et in urbem redirem. Sed hic locus remotus – his potissimum temporibus tam miseris – mihi gratus est. Hoc tam quieto loco procul a discordia civium philosophiae litterisque me dare possum. Hunc locum, ut scio, etiam tu et liberi tui valde amant.

Quamquam praeclara illa clementia Caesaris periculo vitae sum liberatus, tamen magna patriae nostrae sollicitudine afficior. Scripsisti res in urbe bello civili fere finito quietas esse. Sed quis non sentit statum huius civitatis esse in summo discrimine? Ista quies, quae vi et armis parata est, non illa est pax, quam nos magnopere desiderabamus. Noli me revocare in istud forum, in istam turbam, in istos tumultus civiles! Permitte, ut hoc otio cum dignitate delecter. Hanc quietem opto, hanc cupio. Quid mihi forum est sine iudiciis, sine curia, sine libertate?

Magno cum maerore a Bruto nostro de Catone audivimus. Morte huius viri egregii, qui constantia et virtute omnibus hominibus horum temporum praestitit, valde percussus sum. Bene dixit Brutus neque Catonem post libertatem vivere potuisse neque libertatem posse vivere post Catonem. Apparet etiam Brutum omnem spem libertatis amisisse. Utinam erret! Utinam libera res publica restituatur. Sed res in Caesaris manu est. Vale.

Dieser Brief ist zwar erfunden, doch sind uns viele ähnliche erhalten. Es gibt aber auch Schreiben Ciceros, in denen das Private im Vordergrund steht, so z. B. seine Fürsorge für die Gattin Terentia und die Tochter Tullia, die in Rom zurückgeblieben sind: *Tullius Terentiae suae et pater suavissimae filiae* beginnt ein Brief vom Januar 49, in dem er darum bittet, einen regelmäßigen Kurierdienst einzurichten, damit er täglich Post von seinen Lieben erhalten kann. Auch beschwört er Frau und Tochter, ja gut auf sich aufzupassen, denn nur dann gehe es auch ihm gut. Dieselbe liebevolle Besorgnis kommt in den Briefen an seinen Freigelassenen Tiro zum Ausdruck (vgl. Lektion 23 B).

Im Jahr 47 erhielt Cicero schließlich von Caesar Verzeihung und kehrte nach Rom zurück, aber an einen Wiedereintritt in die Politik war nicht zu denken. In den folgenden Jahren erzwungener Untätigkeit suchte er Trost im Schreiben. Damals entstanden einige seiner wichtigsten rhetorischen und philosophischen Schriften. Cicero machte es sich zur Aufgabe, Werke großer griechischer Philosophen ins Lateinische zu übertragen und so den Römern und der Nachwelt zu vermitteln. Dabei leistete er viel mehr als nur Übersetzungsarbeit: Er traf aus den Vorbildern eine eigene Auswahl, die er selbst umgestaltete und kommentierte. Außerdem hat er zahlreiche Begriffe aus Philosophie und Wissenschaft im Lateinischen erst geschaffen und so unseren Kulturwortschatz wesentlich bereichert. Diese Leistung Ciceros wird von der Nachwelt als viel bedeutender angesehen als seine Verdienste auf dem Gebiet der Politik: „Wenn Caesar die Grenzen der Herrschaft Roms weit hinausschob, so tat es Cicero mit denen des römischen Geistes." (Ch. Meier)

B „De re publica" (nach Cicero, *De re publica* I 39.65-69; Tacitus, *Annales* IV 33)

Magister: „Hi Ciceronis libri, quos in manibus habeo, inscribuntur *De re publica*. Dic mihi, Gai: Quid est res publica?" Gaius: „Est res publica res populi, ut Cicero dicit. Itaque equidem puto: Ea sola civitas vera res publica est, in qua omnia a populo administrantur. Atque in nulla alia civitate libertas est, nisi in qua populi potestas est summa."

Magister (*ridens*): „Te cum Cicerone consentire non existimo. Audi: Cunctae nationes et urbes aut a populo aut a paucis aut a singulis reguntur. Urbem Romam primo reges habuerunt. Tarquinio autem Superbo, ultimo rege, propter superbiam e civitate eiecto Brutus, praeclarus ille auctor libertatis nostrae, consulatum instituit et ita liberam rem publicam condidit. Ab illis igitur temporibus hoc genus rei publicae habemus, quod optimum existimo.

Nam cum rex, ut Tarquinius ille, finem et modum potestatis suae transire incipit, illud genus rei publicae paulatim interit et rex tyrannus nominatur. Si autem populi libertas est nimia, etiam ex illa libertate plerumque tyrannus exsistit. Sic periculum est, ne ista nimia libertas, quam tu laudas, in servitutem se convertat. Etiam ex nimia potestate paucorum plerumque aliud genus tyrannorum exsistit.

Itaque Cicero id potissimum genus rei publicae laudat, quod maiores nostri instituerunt, quod est mixtum ex tribus rerum publicarum modis. Nam civitas nostra et a consulibus et a senatu et a populo regitur. Utinam haec libera res publica maneat!“

In der *Curia* auf dem Forum Romanum tagte der römische Senat unter dem Vorsitz der beiden Konsuln. Im Jahr 52 v. Chr. wurde das Gebäude durch einen Brand schwer beschädigt. Der Wiederaufbau zog sich lange hin; deshalb mussten sich in den vierziger Jahren die Senatoren an anderen Orten treffen. Erst unter Augustus wurde die Restaurierung abgeschlossen. Aus diesem Anlass wurden Münzen geprägt, die die Fassade der neuen *Curia* zeigen.

Die *Curia* ist das am besten erhaltene Gebäude auf dem Forum; dies ist vor allem darauf zurückzuführen, dass sie bis zum Anfang unseres Jahrhunderts als Kirche diente. Nach ihrer Freilegung und Restaurierung zeigt sie sich uns heute so, wie sie Kaiser Diokletian im 3. Jh. n. Chr. nach einem neuerlichen Brand in ihrer vorherigen Gestalt wiederaufgebaut hat: als ein ganz aus Ziegeln errichtetes, hohes Gebäude mit einer Mitteltür in der Frontseite und drei darüber liegenden Fenstern. Nur die Säulenhalle vor der Fassade und der reiche Figurenschmuck auf Giebel und Dach (vgl. das Münzbild oben) fehlen heute. Die länglichen Vertiefungen in der Fassade stammen von mittelalterlichen Gräbern. Der Eingang zur ehemaligen Kirche war etwa in Höhe der Fenster, da ihr Fußboden weit über demjenigen der *Curia* lag: So hoch war das Forum im Laufe der Zeit zugedeckt worden, und so tief musste bei seiner Freilegung gegraben werden.

Der Innenraum der *Curia*, vom Eingang aus gesehen: Von der ehemals prachtvollen Ausstattung zeugt der Fußboden, dessen Marmorbelag bunte Muster bildet. Auch die flachen Stufen vor den Längswänden, auf denen die Stühle der Senatoren standen, sind mit Marmor verkleidet.

Tragisch für Cicero war, dass Roms *libera res publica*, in der er seine „Mischverfassung" auf ideale Weise verwirklicht sah, damals unaufhaltsam ihrem Ende entgegenging. Dieses Ende ließ sich weder mit Taten noch mit Worten aufhalten; im Strudel des Untergangs fand er schließlich selbst einen gewaltsamen Tod.

Das Modell der gemischten Verfassung allerdings lebt weiter: Die *founding fathers* der Vereinigten Staaten von Amerika haben sich bei ihrer Staatsgründung die verschiedenen Institutionen der römischen Republik bewusst zum Vorbild genommen.

F Latein in der amerikanischen Republik

Die Gründerväter der Vereinigten Staaten stützten sich bei ihrem Entwurf der amerikanischen Verfassung ganz bewusst auf römische Traditionen. An vielen Bezeichnungen aus dem Regierungsbereich kann man dies noch heute deutlich erkennen. Der *Congress* z. B. tagt auf dem *Capitol* Hill; die Angehörigen des Oberhauses heißen *Senators*, und sie treffen Beschlüsse, die der *President* durch sein *Veto* außer Kraft setzen kann. Überhaupt wimmelt das politische Vokabular der Amerikaner von Wörtern, die aus dem Lateinischen stammen.

Wenn du versuchst, folgenden Begriffen aus der amerikanischen Politik (links) ihre lateinischen Vorfahren (rechts) zuzuordnen, wirst du bei manchen einen Bedeutungswandel feststellen.

Beispiel: *governor* (Gouverneur) –	*gubernator* (Steuermann; der *governor* steuert das Staatsschiff)
republic	eligere
president	senatus
liberal	popularis
conservative	legem ferre
constitution (Verfassung)	unus
administration (Regierung)	constituere
legislative (gesetzgebend)	res publica
popular vote (Wahl durch das Volk)	administrare
election (Wahl)	conservare
senate	liberalis
union	praesidere

Auch die Dollarnote trägt mehrere lateinische Aufschriften, z. B. *viribus unitis* und *e pluribus unum* (Wahlspruch der USA).

Lektion 30

Caesar als Alleinherrscher

Seit dem Sommer 46 war Caesar im Besitz einer Macht, wie sie vor ihm kein Römer in einer Person vereint hatte: Er war Oberbefehlshaber der Armee und oberster Staatspriester (*Pontifex Maximus);* das riesige Gallien und das reiche Ägypten waren seine Privatprovinzen. Alle Staats- und Verfassungsorgane wurden von ihm kontrolliert.

Mit der ihm eigenen Energie stürzte sich Caesar auf die anstehenden Probleme. Als Erstes sorgte er für eine Kalenderreform: Von nun an richtete sich das Jahr nach dem Lauf der Sonne und nicht – wie bisher – nach dem Lauf des Mondes. Es hatte 365 statt 355 Tage, so dass die vorher üblichen Schaltmonate nicht mehr nötig waren. Mit einer kleinen Korrektur durch Papst Gregor XIII. (1582) gilt Caesars Kalender bis zum heutigen Tag.

Eine Volkszählung ergab, dass damals 320.000 römische Bürger aus öffentlichen Mitteln kostenlos Brotgetreide erhielten. Caesar schränkte die Zahl ein, indem er vielen durch Zuweisung von Ackerland in Italien und in den neuen Provinzen die Möglichkeit gab, sich selbst zu ernähren. Weiter ließ er alle politischen Vereine auflösen, weil sie mit Terroraktionen Wahlen und Gerichtsprozesse behindert hätten. Damit aber wurden die Möglichkeiten der Opposition stark eingeschränkt.

Allmählich kehrte in der Stadt und in Italien Ruhe ein. Im Herbst 46 feierte Caesar einen vierfachen Triumph – den gallischen, alexandrinischen, pontischen und afrikanischen. Schmunzelnd lasen die Römer den kürzesten Brief, der je geschrieben wurde; auf einer im Triumphzug mitgeführten Tafel prangte in zwei Fuß hoher Schrift: „*VENI, VIDI, VICI.*" Zum Dank an seine Soldaten ließ Caesar große Geldbeträge auszahlen, meist in der Höhe von mehreren Jahresgehältern. Die Bevölkerung erhielt Geld und Lebensmittel, und den Allerärmsten wurde die Miete für ein Jahr erlassen.

Über Ägypten, das inzwischen offizieller Bündnispartner Roms war, hatte Caesar auch einen privaten Sieg errungen: Königin Kleopatra VII., 23 Jahre alt und Mutter seines Sohnes Caesarion, war dem Imperator nachgereist und lebte nun mit ihrem Kind in Rom, in einer Villa, die Caesar ihr zur Verfügung gestellt hatte. Bei den Triumphfeiern saß sie auf der Zuschauertribüne.

Aufgrund seiner einzigartigen Machtstellung und durch die ihm von Volk und Senat übertragenen Ämter hatte sich Caesar weit von der republikanischen Verfassung entfernt: Diktator auf Lebenszeit (seit Oktober 45), *Imperator* als Titel, das Recht des Volkstribuns, Senatsbeschlüsse zu Fall zu bringen, das letzte Wort bei der Besetzung aller hohen Staatsämter. Hinzu kamen besondere Ehrungen: Eine Leibwache aus Senatoren und Rittern, bei öffentlichen Auftritten eine Begleitung von 72 Liktoren und das Recht, ständig den Purpurmantel des Triumphators und nach Belieben den Lorbeerkranz zu tragen. Caesars Geburtsmonat, der Quintilis, wurde in Iulius umbenannt – eine Auszeichnung, die noch keinem Sterblichen zuteil geworden war.

Als ob er gewusst hätte, dass ihm nicht mehr viel Zeit bleiben würde, leitete Caesar hastig Projekte in die Wege, deren technische Schwierigkeiten mit denen der Raumfahrt in unserer Zeit verglichen werden können. Darunter waren ein Kanal durch die Landenge von Korinth (tatsächlich durchgeführt 1893), die Trockenlegung der Pontinischen Sümpfe, des Malariaherdes vor den Toren Roms (erst unter Mussolini, der sich als Caesar-Nachfolger verstand, mit moderner Technik gelungen), und eine allgemein gültige Gesetzessammlung, die das Durcheinander im Rechtswesen beseitigen sollte (was Kaiser Justinian erst 533 mit dem *Corpus Iuris Civilis* erreichte). Auch auf militärischem Gebiet plante Caesar weitere große Eroberungen.

Besonderes Aufsehen, aber auch besondere Empörung erregte er, als er sich daran machte, das alte Zentrum Roms durch große Baumaßnahmen umzugestalten: So ließ er das *Forum Romanum* prächtig renovieren; gleich daneben jedoch errichtete er ein zweites Forum, das seinen Namen trug, mit einem Tempel der Göttin Venus, die er als Ahnherrin für sich in Anspruch nahm. Um dieses neue *Forum Iulium* zu bauen, musste ein halber Berg zwischen Kapitol und Quirinal abgetragen werden.

Größer, höher, weiter! Für seine Zeitgenossen grenzte ein solches Verhalten an Größenwahn. Immer mehr wandten sich von Caesar ab; immer öfter wurde Widerspruch laut.

F Die Iden des März

Ein Wahrsager, so berichtet der Schriftsteller Sueton (ca. 70–140), habe den Diktator eindringlich vor einer Gefahr gewarnt, die ihm spätestens an den Iden des März drohe. In der Nacht vor diesem Tage habe Caesars Frau Calpurnia furchtbare Alpträume gehabt. Caesar selbst habe sich am Morgen nicht wohl gefühlt und überlegt, ob er die geplante Besprechung mit dem Senat vertagen solle. Schließlich habe Decimus Brutus (bei Shakespeare: Decius Brutus) ihn aber umgestimmt mit dem Argument, die Senatoren seien besonders zahlreich erschienen und warteten schon lange auf ihn.

Aus dieser knappen Schilderung macht der englische Dramatiker William Shakespeare in seiner Tragödie *Julius Caesar* (1599) eine längere Szene, von der hier Ausschnitte wiedergegeben werden: (Übersetzung: Schlegel/Tieck)

CALPURNIA: Geht heute doch nicht aus, nennt's meine Furcht,
Die Euch zu Hause hält, nicht Eure eigne.
Wir senden Mark Anton in den Senat,
Zu sagen, dass Ihr unpass heute seid.
Lasst mich auf meinen Knien dies erbitten.

CAESAR: Ja, Mark Anton soll sagen, ich sei unpass,
Und dir zulieb' will ich zu Hause bleiben.
(*Decius tritt auf*) Sieh, Decius Brutus kommt; der soll's bestellen.

DECIUS: Heil, Caesar! Guten Morgen, würd'ger Caesar!
Ich komm', Euch abzuholen zum Senat.

CAESAR: Und seid gekommen zur gelegnen Zeit,
Den Senatoren meinen Gruß zu bringen.
Sagt ihnen, dass ich heut nicht kommen will;
Nicht kann, ist falsch: dass ich's nicht wage, falscher;
Ich will nicht kommen heut, sagt ihnen das.

CALPURNIA: Sagt, er sei krank.

CAESAR: Hilft Caesar sich mit Lügen?
Streckt' ich so weit erobernd meinen Arm,
Graubärten scheu die Wahrheit zu verkleiden?
Geht, Decius! Sagt nur: Caesar will nicht kommen.

Als Decius Brutus darauf besteht, den Grund zu erfahren, lehnt Caesar das zunächst ab, schildert dann aber doch den bösen Traum Calpurnias. Mit geschickten Argumenten, die Caesar schmeicheln, legt Decius nun dar, dass der Traum doch nur Gutes bedeuten könne. Und er fügt noch etwas hinzu:

DECIUS

Wisst denn: an diesem Tag will der Senat
Dem großen Caesar eine Krone geben.
Wenn Ihr nun sagen lasst, Ihr wollt nicht kommen,
So kann es sie gereun. Auch ließ' es leicht
zum Spott sich wenden; jemand spräche wohl:
„Verschiebt die Sitzung bis auf andre Zeit,
Wenn Caesars Gattin bessre Träume hat."
Wenn Caesar sich versteckt, wird man nicht flüstern:
„Seht, Caesar fürchtet sich!"?

CAESAR

Wie töricht scheint nun Eure Angst, Calpurnia!
Ich schäme mich, dass ich ihr nachgegeben.
Reicht mein Gewand mir her, denn ich will gehn.

Zwei Bildnisse des C. Iulius Caesar. Turin, Antikenmuseum (links) und Rom, Vatikan (rechts). Vergleiche die beiden Porträts miteinander und beschreibe die Unterschiede. Welches ist deiner Meinung nach noch zu Lebzeiten Caesars angefertigt worden?

B Eine folgenreiche Senatssitzung (nach Sueton, *Caesar* 80.4 ff.)

Volcatius Tullus Lucio Filio suo propraetori s. d.

Heri, mi fili, Roma commutata est, quin etiam totus orbis terrarum est commutatus. Nam res incredibilis accidit: C. Caesar mortuus est! Quid dico? Occisus est! Ego meis oculis eum vidi cadentem. Sed ex ordine accipe omnia. Heri, Idibus Martiis, quarta hora diei, ut soleo, cum duobus servis ii in senatum, qui hoc die in praeclarum illud aedificium convocatus erat, quod Pompeius Magnus in Campo Martio ante undecim fere annos prope theatrum suum aedificaverat. Quamquam sero adveni, senatus me intrante nondum coeperat. Omnes fere senatores aderant; Caesar autem praeter consuetudinem nondum visus erat, ut senatores magis magisque sollicitarentur. Quinta hora iam adest, cum extra aedificium voces audiuntur.

Tandem Caesar intrat, senatores surgunt, ut eum salutarent. Ad Caesarem sedem suam petentem Tillius Cimber accedit, ut eum supplex roget, ut fratrem in exilium eiectum Romam revocet. Simul nonnulli senatores Caesari obviam eunt. Primum putavi eos Caesarem adire, ut Cimbro roganti adessent. Tum cognovi eos scelus atrox committere in animo habere.

Vix enim Caesar in sede consederat et preces Cimbri repudiaverat, cum hic repente ambabus manibus Caesaris togam comprehendit et de umeris detrahit. Nos timore perterriti conticescimus. Nihil auditur nisi vox Caesaris: „Ista quidem vis est!“ Strictis pugionibus Caesar undique petitur; nomina coniuratorum scis. Primus Casca eum percutit, secundus Cassius, tum alii. Caesar ubi in coniuratis etiam M. Brutum videt, exclamat: „Et tu, mi fili.“

Ita C. Iulius Caesar quinquagesimo sexto anno aetatis suae tribus et viginti plagis percussus sub statua Pompeii Magni vita privatus est. Si adfuisses, mi fili Luci, lacrimas tenere non potuisses! Dicunt sexaginta fere senatores coniurationis conscios fuisse.

Multi putant liberam rem publicam heri anno quadringentesimo sexagesimo septimo post reges depulsos ab altero Bruto servatam esse. Id quidem dubito. Sexaginta quinque annos in libera re publica vivere mihi licuit: Libertas nostra neque ante duodetriginta annos a servis neque ante viginti quattuor annos a piratis neque ante viginti annos a Catilina adimi potuit. Di immortales dent, ut coniuratorum scelere res publica libera non pereat, sed conservetur!

Vale!

Data ante diem septimum decimum Kalendas Apriles Roma.

Mitten auf dem Forum ließ Octavian, der Adoptivsohn und Nachfolger Caesars, für seinen Vater einen Tempel bauen. Damit war in Rom etwas bis dahin Unerhörtes geschehen: Ein Mensch hatte so große Macht erlangt, dass er nach seinem Tod wie ein Gott verehrt wurde. Von nun an hieß Caesar *Divus* (der Vergöttlichte) *Iulius*. Sein Tempel stand dort, wo sein Leichnam verbrannt worden war. Ein Altar in einer Nische des Tempels erinnerte daran. Am Jahrestag der Iden des März werden an dieser Stelle heute noch Blumen niedergelegt. Warum, glaubst du, bewundern manche Leute Caesar immer noch so sehr?

Mit Caesars Tod verlassen wir unsere Familie. Die Volcatier hat es wirklich gegeben; sie waren eines der ältesten und vornehmsten Geschlechter Roms und wohl etruskischer Herkunft. Zwei Volcatier sind bis zum Konsul aufgestiegen: ein Lucius Volcatius Tullus im Jahre 66 v. Chr. und Lucius Volcatius Tullus, der Patron in unserer Geschichte, im Jahre 33 v. Chr. Aber das war schon zu einer Zeit, als Octavian, der später den Titel *Augustus* annahm, nur noch zwei Jahre von der Alleinherrschaft entfernt war. Auf dieses Jahr, 31 v. Chr., datieren viele auch das Ende der römischen Republik.

Lektion 31

Römer und Griechen

Bei Caesars Tod war das *Imperium Romanum* schon auf eine beträchtliche Größe angewachsen. Außer Italien und Sizilien umfasste es Spanien, Gallien, Dalmatien, Griechenland, Kleinasien, Syrien und Phönizien und die nordafrikanische Küste (vgl. die Landkarte am Ende des Buches).

Sobald die Römer im dritten Jh. v. Chr. begonnen hatten, ihren Machtbereich auszuweiten, waren sie auf griechische Siedlungen gestoßen, zuerst in Süditalien (Neapolis = griech. „neue Stadt") und Sizilien, dann jenseits der Adria. Damit begegneten sie der bedeutendsten und auf lange Sicht auch einflussreichsten Kultur des Mittelmeerraums. Wenn sie als Eroberer griechische Städte wie Korinth und Athen betraten, müssen sie aus dem Staunen nicht mehr herausgekommen sein. Die immense Kriegsbeute an marmornen und bronzenen Statuen, an kostbaren Gefäßen und luxuriösen Einrichtungsgegenständen revolutionierte die römische Wohn- und Baukultur (Marmor z. B. hatte man sich bis dahin in Rom kaum leisten können). Gleichzeitig erkannten die neuen Herren in den Griechen unerreichbare Lehrer und Vorbilder in allen damals bekannten Wissenschaften und Künsten.

Die Griechen haben die wichtigsten Fragen der Geistes- und Naturwissenschaften auf den Begriff gebracht und sie als Erste in Europa diskutiert. *Atom, Bibliothek, Logik, Mathematik, Musik, Philosophie, Physik, Politik, Rhetorik* sind wie viele andere Kulturwörter griechische Bezeichnungen. Wir haben die meisten davon jedoch nicht direkt von den Griechen geerbt. Sie wurden nämlich schon von den Römern als Lehn- oder Fremdwörter in ihren Wortschatz aufgenommen und an alle Europäer weitergegeben, denn bis in die Neuzeit hinein war Latein die internationale Gelehrtensprache.

Da sich die Römer gerne mit den Porträts der hochverehrten alten Griechen umgaben, haben sie deren berühmte, von griechischen Künstlern geschaffene Bildnisse in großer Zahl kopiert und in Privathäusern oder in öffentlichen Gebäuden, wie etwa Bibliotheken, aufgestellt. Hätte es diese „Vervielfältigung" durch die Römer nicht gegeben, wüssten wir heute nicht, wie z. B. Hippokrates, Sophokles, Perikles, Platon, Aristoteles oder Menander ausgesehen haben, denn die griechischen Originale ihrer Porträts sind nicht gefunden worden.

Der Arzt Hippokrates aus Kos (etwa 460–370 v. Chr.). Römische Marmorkopie nach einem griechischen Original. Ostia, Museum.

Der Tragödiendichter Sophokles aus Athen (497–405 v. Chr.). Römische Marmorkopie nach einem griechischen Original. Rom, Kapitolinische Museen.

Der Staatsmann und Demokrat Perikles aus Athen (etwa 495–429 v. Chr.). Er ließ den Parthenon auf der Akropolis in Athen bauen. Römische Marmorkopie nach einem griechischen Original. Rom, Vatikan.

Der Philosoph Platon aus Athen (427–347 v. Chr.). Römische Marmorkopie nach einem griechischen Original. Rom, Vatikan.

Platons berühmtester Schüler Aristoteles (384–322 v. Chr.). Römische Marmorkopie nach einem griechischen Original. Rom, Nationalmuseum.

Der Komödiendichter Menander (342–290 v. Chr.). Römische Marmorkopie nach einem griechischen Original. Kopenhagen, Ny Carlsberg Glyptothek.

Die Römer haben nicht nur Wissen und Können der griechischen Gelehrten und Künstler genützt; sie haben auch die Literatur der Griechen übersetzt, kommentiert und nachgeahmt. So schreibt z. B. der Dichter Horaz (65–8 v. Chr.): „Das eroberte Griechenland eroberte seinerseits den rohen Sieger und brachte dem ländlichen Latium Kultur" –

Graecia capta ferum victorem cepit et artes
intulit agresti Latio ... (*Epist.* 2,1,156 f.)

Die positive Haltung des Horaz ist nicht verwunderlich; alle römischen Dichter eiferten den griechischen nach. So nahm sich auch Vergil Homers Epen *Ilias* und *Odyssee* ausdrücklich zum Vorbild, als er seine *Aeneis* schrieb.

A Homer und Vergil

Inter omnes poetas praeclaros, qui umquam fuerunt, duo imprimis eminent, quorum carmina etiam nostra aetate a multis hominibus leguntur et celebrantur: Homerus et Vergilius.

De alterius patria inter septem urbes Graecas certabatur, alteri Italia fuit patria. Hic aetate imperatoris Augusti primo a. Chr. n. (= ante Christum natum) saeculo fuit, ille septingentis fere annis ante fuisse dicitur. De vita Homeri perpauca scimus, quin etiam nonnulli viri docti existimant eum re vera numquam fuisse.

Sed Vergilii vita nobis bene nota est, nam non solum ex libris auctorum veterum, sed etiam e carminibus poetae ipsius permulta de eius origine et ingenio et moribus comperimus. Eo loco, quo sepultus est, hoc carmen inscriptum esse traditur, in quo ipse dicit: *Mantua me genuit ...*

Uterque poeta de factis laboribusque virorum fortium narravit. In utriusque carminibus res similes, nonnumquam etiam eaedem fere res inveniuntur: bella atrocia, ira deorum, errores hominum infelicium. Homerus duo carmina, quae dicuntur epica, fecisse fertur, quorum alteri nomen *Ilias*, alteri *Odyssea* est. Illo carmine de bello Troiano et imprimis de ira Achillis, hoc carmine de erroribus Ulixis, viri callidi, narratur. Vergilius autem uno atque eodem carmine utraque canit, et bella et errores pii Aeneae, qui Troia deleta cum patre, quem e flammis servaverat, patriam novam a deis promissam petivit.

Neutri quidem poetae laus apud posteros defuit. Sed si eos, qui scriptores veteres diligunt, interrogamus: „Uter utri praestat ingenio? Utri coronam poetae optimi tradamus?", plerumque magna inter eos exsistit controversia.

Alii sine ulla dubitatione Vergilio anteferunt Homerum, quem *patrem omnis poesis* nominant. Vergilium nihil aliud esse nisi imitatorem Homeri existimant. Alii autem dicunt Vergilium ipsa imitatione Homerum superavisse. Sed plerique consentiunt et Homerum et Vergilium summa admiratione dignos esse.

Für viele Griechen und Römer galten die *Ilias* und die *Odyssee* als die großartigsten Leistungen der Literatur. Ihren Dichter verehrten sie als Heros, der den Menschen wunderbare Wohltaten erwiesen hat. Davon zeugt der Ausschnitt aus einem Relief, auf dem Homer wie ein Gott mit dem Zepter in der Hand thront. In seiner Rechten hält er eine Schriftrolle. Obwohl man sein wirkliches Aussehen nicht kennen konnte, stellte man ihn sich als bärtigen Greis und als Blinden vor. Zu Seiten seines Thrones kauern zwei Mädchen: Das vordere hält ein Schwert, das hintere in der vorgestreckten Hand einen Schiffsschnabel. Die Inschriften bezeichnen sie als „Ilias" und „Odyssee"; es sind also Personifikationen der beiden Epen. Hinter dem Dichter steht ein göttliches Paar: die geflügelte Zeit (mit Schriftrollen in den Händen) und die Verkörperung des Erdkreises, die Homer einen Kranz aufs Haupt legt. Um 130 v. Chr.; London, Britisches Museum.

„Musa mihi causas memora ...", steht in den ersten beiden Zeilen der Schriftrolle, die Vergil vor sich geöffnet hat. Es handelt sich um Verse vom Beginn der *Aeneis,* in denen der Dichter eine Muse um Inspiration anruft für das große Werk, das er in Angriff genommen hat. Zwei Musen stehen ihm zur Seite. Die linke hat eine Schriftrolle vor sich geöffnet, um ihm daraus Aeneas' Schicksal vorzutragen. Die andere hält eine Tragödienmaske im Arm und stützt trauernd ihren Kopf auf; sie verkörpert die leidvollen Geschehnisse in der *Aeneis.* Fußbodenmosaik aus einem römischen Wohnhaus. Tunis, Bardo Museum.

Das antike Epos

Das Epos kann man als Vorform des Romans betrachten: Hier wie dort werden lange Geschichten erzählt. Ursprünglich wurden die Epen nur mündlich weitergegeben, in späterer Zeit dann auch schriftlich festgehalten; charakteristisch blieb aber der mündliche Vortrag vor einem Kreis von Zuhörern. Für den griechischen Dichter/Sänger, der mit seinem Schatz an Geschichten durch die Lande zog, waren die Versform – der Hexameter – und die musikalische Untermalung durch ein Saiteninstrument eine Gedächtnisstütze. Dazu dienten auch die häufigen Wiederholungen von Wörtern, Wendungen und formelhaften Versen. Alle diese Merkmale finden sich noch im römischen Epos, das aus Textrollen vorgelesen wurde.

Von besonderer Wirkung auf das Publikum waren wohl dramatische Dialogszenen wie die folgenden aus der *Ilias* des Homer: Hektor, der größte der trojanischen Helden, lässt sich durch nichts davon abhalten, in die Schlacht gegen die Griechen zurückzukehren, in der er bald den Tod finden wird.

B **Hektor und Andromache** (nach Homer, *Ilias* VI; Baebius Italicus, *Ilias Latina* 564–569)

Dum in campo Troiano inter Graecos et Troianos proelio atroci dimicatur et utraque in parte multi viri fortes in acie cadunt, Hector, dux Troianorum, aciem reliquit, ut intra muros urbis rediret. Helenus enim, sacerdos Troianorum, Hectorem fratrem et Aeneam, filium Anchisae, in ipso proelio adierat his verbis:

„Aenea et Hector, constat quidem inter omnes utrumque vestrum ducem magnae virtutis esse. Sed nunc necesse est alterum acie relicta in urbem redire, ut auxilium a deis petat. Utrum mittam? Hoc statui: Tu, Aenea, resiste cum ceteris impetui Graecorum, tu, frater, abi in urbem ad Hecubam, matrem et meam et tuam. Haec cum mulieribus Troianis aedem Minervae adeat, ut precibus ac sacrificiis auxilium deae supplices implorent."

Sic dixit; Hector imperata fratris non neglexit, muros petivit, in aedibus regiis matrem invenit. Quae ubi filium vidit, dextram eius arripiens dixit: „Mi fili, cur bellum acre reliquisti? Sed mane apud me et accipe vinum, quo animi virorum delectantur." Hic contra: „Noli me retinere, mater, vinum dulce mihi offerens. Nam animus me impellit, ut Troianis succurram. Tu autem cum mulieribus Troianis aedem Minervae adi, ut precibus ac sacrificiis auxilium deae supplices imploretis."

Quibus verbis dictis Hector ad aedes Paridis festinavit, ut fratrem ad pugnam impelleret; apud Paridem autem Helenam, coniugem fratris, invenit; quae eum his verbis invitavit: „Intra, Hector, et conside hac in sede, ut requiescas a laboribus belli."

Etiam hanc invitationem vir fortis iisdem fere verbis repudiavit: „Noli me retinere, Helena, sedem iucundam mihi offerens. Nam animus me impellit, ut Troianis succurram. Tu autem impelle istum, ut bello intersit.“ Dixit et abiit.

Ultima Hectori in pugnam redeunti Andromacha, coniunx fida, obviam venit cum filio parvo, quem nutrix ad pectus tenebat. Andromacha dextram Hectoris arripiens cum lacrimis dixit: „Non commoveris misericordia filii parvi neque coniugis tuae. Ego infelix amisi et parentes et fratres. Nunc tu mihi es pater et mater et frater, tu mihi coniunx, quem amo. Mane intra muros! Adhibe misericordiam! Noli eripere mihi coniugem, filio patrem!“

Tum Hector respondit: „Haec quidem omnia et mihi curae sunt, coniunx. Sed noli me retinere. Nam animus me impellit, ut Troianis succurram et me fortem praebeam.“ Simul manus ad puerum tetendit: Astyanax autem, ubi galeam cristamque ingentem conspexit, specie patris perterritus clamorem sustulit vultumque timidum ad nutricem convertit. Tum riserunt pater et mater; Hector autem galea deposita puero oscula dedit et manus ad caelum tollens deos rogavit, ut filio adessent. Uxore filioque relictis in proelium rediit Hector.

Ein römischer Dichter des 1. Jahrhunderts n. Chr. hat Homers *Ilias* in einer Kurzfassung nachgedichtet. Aus dieser *Ilias Latina* stammen die folgenden Verse:

Colloquium petit interea fidissima coniunx
Hectoris Andromache parvumque ad pectora natum
Astyanacta tenet; cuius dum maximus heros[1]
oscula parva petit, subito perterritus infans
convertit timidos materna[2] ad pectora vultus
terribilemque fugit galeam cristam que comantem.[3]

1 Held
2 mütterlich
3 langhaarig

Lektion 32

Der Zorn der Götter

Ein Kennzeichen des homerischen wie des vergilischen Epos ist, dass in ihm nicht nur Menschen, sondern auch Götter handeln, leiden, zürnen, sich versöhnen. Im Trojanischen Krieg unterstützen einige von ihnen die Griechen, andere die Trojaner. Dadurch steht es sozusagen immer unentschieden – kein Wunder, dass der Kampf sich zehn Jahre hinzieht! Dabei verhalten sich die Bewohner des Olymp nicht viel anders als die Sterblichen; sie haben menschliche Schwächen in Hülle und Fülle.

Viele Mythen berichten vom Neid der Götter und von der Grausamkeit, mit der sie Menschen vernichten, die nichts anderes getan haben als etwa besser zu weben oder zu musizieren als sie. Über die Maßen eitel sind sie offenbar, schnell beleidigt und obendrein nachtragend. Juno z.B. kann niemals die Kränkung vergessen, die ihr der trojanische Königssohn Paris angetan hat: Bei einem göttlichen Schönheitswettbewerb erklärte er sie für weniger attraktiv als Venus, die Göttin der Liebe. Für diesen Urteilsspruch bekam Paris die schönste Frau der Welt, Helena. Juno aber richtet ihren Zorn nun auf sämtliche Trojaner. Der Untergang der Stadt genügt ihr dabei nicht.

Man könnte die Sache allerdings auch anders sehen: Die Menschen, die sich diese Mythen ausdachten, nahmen für sich in Anspruch, den Göttern etwas zu bedeuten. Der Trojaner Aeneas ist wichtig genug, dass eine Juno ihn mit ihrem Zorn verfolgt:

A **Aeneas** (nach Vergil, *Aeneis* I 1–49)

Auctor gentis Romanae, ut traditur, fuit Aeneas Troianus, Veneris et Anchisae filius. Qui urbe Troianorum a Graecis capta et deleta cum parvo numero comitum e patria fugerat et viginti navibus per mare navigaverat, ut sedes novas a deis promissas peteret et novam conderet urbem.

De fato Aeneae comitumque Vergilius poeta narrat carmine praeclaro, quod *Aeneis* inscribitur. „*Arma virumque cano*" – ita poeta carmen suum incipit, et his fere verbis narrare pergit: … virum, Troiae qui primus ab oris terra marique iactatus in Italiam Laviniique litora venit.

Sed difficile fuit Romanam condere gentem; nam Iuno, uxor Iovis, quae veteris belli memor erat et propter iudicium Paridis „vulnus aeternum" – ut poeta dicit – in animo servabat, Troianos multos per annos sedibus fato promissis arcebat. Iam Troiani in Siciliam insulam pervenerant. Ibi Anchises, pater Aeneae, mortem obiit.

Pius Aeneas patre sepulto, quamquam magno dolore affectus erat, comites naves ascendere et cursum in oras Italiae tenere iussit, nam finem laborum tandem adesse existimavit. Sed haec spes eum fefellit.

32

Vix insulam reliquerant, *cum Iuno aeternum servans sub pectore vulnus* haec secum dixit: „Estne verum? Num ego, regina deorum et coniunx sororque Iovis,
18 cum una gente tot annos bella gerens tamen vincere non possum? Mene invita Troiani nunc conservantur? Nam fata vetant a me istos Troianos Latio arceri! Sed impii pro sceleribus puniantur!“

Aeneas' Flucht aus dem brennenden Troja war ein beliebtes Thema in der griechischen Vasenmalerei des 6. Jhs. v. Chr. In Homers *Ilias* kämpft er als einer der tapfersten Krieger für Troja; ihm wird prophezeit, dass er als Einziger der trojanischen Helden den Untergang der Stadt überleben wird. Andere Dichter haben die Aeneas-Geschichte weitergedichtet und erzählt, wie er mit seinem alten Vater auf dem Rücken und seinem Sohn Ascanius aus dem brennenden Troja entkam und auf seiner Flucht bis nach Italien gelangte. Würzburg, Martin von Wagner – Museum.

B Der Seesturm (nach Vergil, *Aeneis* I 50-158)

His verbis dictis Iuno in insulam Aeoli, regis ventorum et tempestatum, se confert. Verba, quibus ille locus a Vergilio describitur, haec sunt:

Hic vasto rex Aeolus antro[1]
luctantes[2] ventos tempestatesque sonoras[3]
imperio premit ac vinclis et carcere frenat.[4]
Illi indignantes[5] magno cum murmure montis
circum claustra fremunt; celsa sedet Aeolus arce
sceptra tenens mollitque animos et temperat iras.

Ad quem tum Iuno his verbis adit: „Aeole! – nam tibi deorum pater atque hominum rex dedit fluctus temperare et tollere vento – gens mihi inimica navigat per mare Tyrrhenum. Mitte ventos, tolle fluctus, submerge naves!“ Aeolus imperio deae paret: Immanem tempestatem excitans naves Troianorum Italiae ab oris in mare altum agit ita, ut Aeneas omni spe salutis privatus animo deficiat.

Tum dux Troianorum: „Di immortales!“ inquit, „utinam ne credidissem fato a vobis promisso! O terque quaterque beati, qui Troiae sub moenibus altis a Graecis occisi sunt! Utinam et ego ibi cecidissem!“

Diu naves fluctibus iactantur. Denique post multos labores Aeneas septem solum navibus ex tempestate conservatis Libyae defertur ad oras.

---

1 Höhle
2 kämpfend
3 tosend
4 zügeln
5 unwillig

Lektion 33

A Rom – zur Herrschaft bestimmt (nach Vergil, *Aeneis* I 229–294)

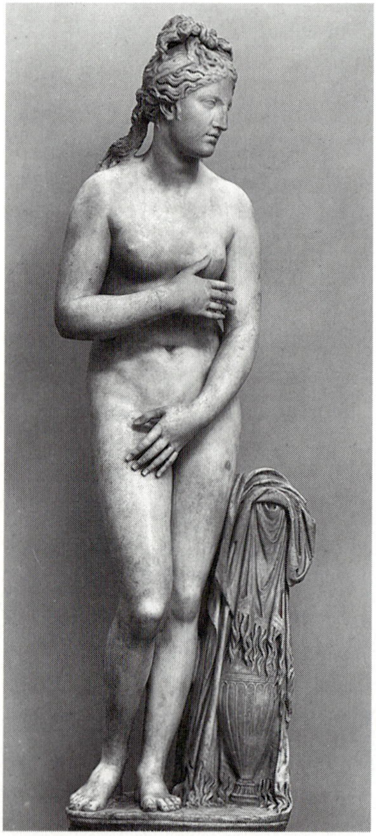

Zwei unterschiedliche Bilder von Venus, der schönsten der Göttinnen. Links erscheint sie im eng anliegenden Gewand, den Zipfel ihres Mantels über der Schulter lüftend, in göttlicher Erhabenheit. Rechts hat sie, wohl um sich zu baden, ihre Kleider über einem Wassergefäß abgelegt und fühlt sich plötzlich beobachtet. Die Römer haben beide Darstellungen hoch geschätzt, sie immer wieder kopiert und in öffentlichen und privaten Gebäuden aufgestellt. Links: Römische Kopie einer griechischen Statue in Paris, Louvre. Rechts: Römische Kopie einer griechischen Statue, die berühmte sogenannte „Kapitolinische Venus“ in Rom, Kapitolinische Museen.

„Mütterlicherseits stammt meine Tante Julia von den Königen ab, und die Familie ihres Vaters ist mit den unsterblichen Göttern verwandt. Denn ... von der Venus stammen die Julier, zu deren Geschlecht unsere Familie gehört. Es ist also in dieser Gens ... die Heiligkeit der Götter.“ Diese Sätze sind Teil der offiziellen Trauerrede, die Gaius Iulius Caesar anlässlich der Bestattungsfeierlichkeiten für die Schwester seines Vaters gehalten hat. Auch andere römische Adelsfamilien beriefen sich auf eine solche göttliche Abkunft, aber im Falle der Julier hatte das konkrete Folgen: Nach der Ermordung Caesars begann diese Idee ein Teil der offiziellen Staatsreligion zu werden. Gleichzeitig diente sie dazu, die Weltherrschaft Roms zu rechtfertigen, da die Römer ja durch diese Verwandtschaft unter besonderem göttlichen Schutz und Auftrag standen. Auch Augustus als Großneffe, Adoptivsohn und Erbe Caesars berief sich auf Venus als Ahnherrin. Dies kommt in wohl keinem literarischen Werk deutlicher zum Ausdruck als in Vergils *Aeneis*.

Im ersten Buch dieses Epos wendet sich Venus voll Sorge über das Schicksal ihres Sohnes an den Göttervater:

Venus: „O pater, qui res hominum deorumque aeternis regis imperiis! Quod scelus meus Aeneas in te commisit? Cur Troianis *cunctus ob Italiam terrarum clauditur orbis*? Tu mihi sic promisisti: ‚Romani olim omnibus gentibus imperabunt, omnia maria omnesque terras imperio regent, domini mundi erunt.‘ Cur, pater, sententiam mutavisti?“

Illi subridens hominum pater atque deorum respondet: „Parce metui, mea filia, *manent immota tuorum fata*; videbis urbem et promissa Lavinii moenia; nam sententia mihi stat. Aeneas *bellum ingens geret Italia populosque feroces* superabit virisque mores et moenia dabit. Tres annos in Latio regnabit; post mortem eum in caelum feres.

Tum Ascanius, filius Aeneae, cui cognomen Iulus addetur, triginta annos in imperio erit et regnum sedemque a Lavinio in Albam Longam transferet. Ibi trecentos regnabitur annos gente sub Troiana.

Tum virgo, quae in templo Vestae serviet, a Marte gravida duos filios pariet. Romulus a lupa altus Romae condet moenia et incolas urbis suo a nomine Romanos nominabit. His ego neque fines neque tempora ponam; *imperium sine fine dedi.* Quin etiam aspera Iuno, *quae mare nunc terrasque metu caelumque fatigat,* consilia commutabit mecumque favebit Romanis. Sic mihi placuit.

Exsistet e Troiana origine – nominatus e Iulo, filio Aeneae – Iulius Caesar Octavianus, cui cognomen tribuetur Augustus. Hic usque ad Oceanum fines proferet imperii; hunc tu olim in caelo accipies. Tum aspera finitis bellis lenientur saecula; claudetur Ianus.“

Pietas

Auf den obersten ihrer Götter führten die Römer ihren Anspruch auf Weltherrschaft („*imperium sine fine*“) zurück: Zu seinem Tempel auf dem Kapitol gingen alle Triumphzüge, zu ihm, dem *Iuppiter Optimus Maximus*, dem Vater der Götter und Menschen – denn in diesem Sinne wurde der Name *Iuppiter* ursprünglich verstanden.

Die väterliche Macht war in Rom aber nicht nur in der Religion, sondern auch in Politik und Privatleben überall bestimmend: Das Land, in dem man lebte und für das man kämpfte, war *patria <terra>*. In der Familie unterstand alles der *patria potestas*, in frühesten Zeiten gar die Entscheidung über Leben und Tod der einzelnen Mitglieder. Über das Erbe (*patri-*

Die Römer stellten sich ihren Jupiter so ähnlich vor wie die Griechen den Zeus: als großen, kräftigen Mann mit langem, lockigen Haupt- und Barthaar. Oft hat er ein Zepter in der Hand, da er als König der Götter galt; noch häufiger wird er mit dem Blitzbündel dargestellt. Der Adler gehört zu Jupiter wie der Panther zu Bacchus und die Schlange zu Äskulap. Marmorstatue; Rom, Villa Albani.

Der Göttervater, Iuppiter Optimus Maximus, wurde auf dem Kapitol in Rom zusammen mit den Göttinnen Iuno und Minerva in einer Dreiheit (der sog. „Kapitolinischen Trias") verehrt. Von ihrem riesigen alten Tempel ist heute nur noch wenig zu sehen, da er überbaut ist. Zum Kapitol hinauf steigt man jetzt nicht mehr vom Forum aus, sondern von der Westseite, über eine Treppe. Oben angelangt, steht man auf einem der schönsten Plätze Roms, den im 16. Jh. der berühmte Künstler Michelangelo entworfen hat. Die *Piazza del Campidoglio* wird gesäumt von den zwei Gebäuden der Kapitolinischen Museen und vom Senatorenpalast, in dem die römische Stadtverwaltung ihren Sitz hat.

monium) durfte niemand verfügen, solange sein Vater noch am Leben war. Die Senatoren wurden als *patres* angesprochen, und einer der höchsten Ehrentitel, den Rom zu vergeben hatte, war *pater patriae*.

So hob denn auch Kaiser Augustus in seinem Tatenbericht, den er in Stein gemeißelt überall im Imperium aufstellen ließ, nachdrücklich hervor, dass es ihm vor allem darum gegangen sei, den Tod seines (Adoptiv-)Vaters Caesar zu rächen und dessen Lebenswerk zu bewahren. Damit aber verhielt er sich nach römischen Vorstellungen ausgesprochen musterhaft, denn er gehorchte dem Gebot der *pietas*, einer der höchsten Tugenden, die das römische Gemeinwesen kannte. Als *pietas* bezeichnete man das Einhalten und Pflegen von Bindungen und Verpflichtungen, die den Römern heilig waren, nicht nur gegenüber den Göttern, auch gegenüber Eltern, Kindern, Verwandten, gegenüber Freunden und Wohltätern, schließlich gegenüber Vaterland und Obrigkeit. Der Inbegriff dieser Tugend aber war niemand anderer als Aeneas; bei Vergil wird er so oft *pius Aeneas* genannt, dass das Wort untrennbar mit ihm verbunden ist.

B Cassandra (nach Aischylos, *Agamemnon* 1202-1213; Vergil, *Aeneis* II 246f.)

Aeneas gelang es, aus dem brennenden Troja zu entkommen. Die Königstochter Kassandra aber wurde – wie alle trojanischen Frauen – in die Sklaverei verschleppt. Dabei hatte sie mit allen Mitteln versucht, das Unheil von der Stadt abzuwenden:

Cassandra filia Priami, regis Troianorum, erat. Quam Apollo amore incensus cupiebat. Postquam autem Cassandra deo dixit se eum amare non posse, Apollo virgini hoc promisit: „Si me amabis, si mea eris, vatem te reddam, futura providebis, populo voluntatem deorum explicabis." Cassandra his verbis permota: „Omnia faciam", inquit, „quae optabis."

Sed deum fefellit. Nam dono Apollinis accepto amorem eius repudiavit. Ira incensus Phoebus, quia donum suum repetere non potuit, Cassandram magna crudelitate punivit: „Providebis quidem futura, ut tibi promisi, et hominibus pericula imminentia monstrabis, sed nemo tibi fidem habebit. Ab omnibus irrideberis; verba tua contemnentur. De te desperabis, quod mala cognita a tuis arcere non poteris."

Et profecto: Cum pericula Troianis imminebant, Cassandra fata futura civibus aperiebat et eos monebat, ne dolis hostium fallerentur. Sed nemo verbis Cassandrae fidem habebat.

Kassandra konnte das Unglück nicht aufhalten; die berühmte List des Odysseus, das trojanische Pferd, brachte das Ende. Die Geschichten vom „Trojanischen Krieg" aber haben nie aufgehört, die Menschen zu faszinieren, auch wenn man sie immer für erfunden hielt – bis einer kam, der überzeugt war, dass in ihnen eine historische Wahrheit steckte, und sich aufmachte, die Reste des zerstörten Troja zu suchen und auszugraben: Heinrich Schliemann.

F Heinrich Schliemann

Der Werdegang und die Methoden des berühmten Altertumsforschers Heinrich Schliemann waren recht ungewöhnlich. Im Jahre 1822 bei Rostock geboren, hatte er sich vom kleinen Handelsgehilfen zum schwerreichen Großkaufmann hochgearbeitet. Er war über vierzig Jahre alt, als er daran ging, sich seinen Lebenstraum zu erfüllen: Seit frühester Jugend, als ihm sein Vater aus der *Ilias* und der *Odyssee* vorgelesen hatte, war er nämlich nicht nur von den homerischen Helden fasziniert; er war auch felsenfest davon überzeugt, dass es sie wirklich gegeben hatte. Das wollte er jetzt der ganzen Welt beweisen. 1868 brach er nach Kleinasien auf, um die Ausgrabungen in Angriff zu nehmen, die ihn weltberühmt machen sollten. Bei seiner Suche nach Troja nahm er die Ortsangaben bei Homer wörtlich, und tatsächlich fand er die Stadt.

Allerdings stellte sich bald heraus, dass dort nicht die Reste einer einzigen Stadt lagen, sondern mindestens acht Ruinenschichten übereinander. Welche davon war nun das Troja Homers? Eines steht heute fest: Der sagenhafte Goldschmuck, den die Grabungen zutage förderten, ist sicher nicht der „Schatz des Priamos", wie Schliemann meinte, sondern stammt aus einer viel früheren Epoche.

1876 grub Schliemann dann in den Ruinen von Mykene (der Stadt, über die Agamemnon, der Heerführer der Griechen gegen Troja, geherrscht haben soll) und fand auch dort sensationelle goldene Grabbeigaben.

Die Kostbarkeiten aus Mykene blieben in Griechenland und sind heute im Nationalmuseum von Athen zu sehen. Den „Schatz des Priamos" aber betrachtete der Entdecker Trojas als sein persönliches Eigentum. Er vermachte ihn „dem deutschen Volk"; seit 1887 war er im Museum für Vor- und Frühgeschichte in Berlin ausgestellt. Von dort verschwand der Schatz 1945 in den Wirren des Kriegsendes und tauchte erst Anfang der neunziger Jahre in Moskau wieder auf.

In einem Gräberfeld in Mykene grub Schliemann diese aus Goldblech gefertigte Totenmaske eines älteren Mannes aus. Er muss ein König oder Fürst gewesen sein. Schliemann erklärte sie zur Maske des Agamemnon. 16. Jh. v. Chr.; Athen, Nationalmuseum.

Lektion 34

A Dido und Aeneas (nach Vergil, *Aeneis* IV 219ff.)

Interim Troiani Aenea duce Carthaginem venerant, ubi Dido regnabat. Quae ubi Aeneam conspexit, tanta admiratione pulchritudinis eius affecta est, ut – Venere auctore – magno amore viri alieni caperetur. Venus enim filium amore reginae ab omnibus periculis tutum futurum esse putabat. Etiam Iuno, inimica Troianorum, amori Didonis Aeneaeque favebat; existimabat enim Troianos hoc modo in aeternum Carthagine mansuros neque umquam in Italiam venturos esse. Ita Romam urbem numquam conditum iri sperabat.

Iuppiter autem, cui dolus uxoris non latebat, de summo caelo despiciens Aeneam immemorem fati esse cognovit. Tum Mercurium ad se vocat ac talia mandat: „Audi, fili, magna tibi sum daturus mandata: Vola Carthaginem nuntiaturus Aeneae meum consilium. Quo ubi perveneris, Aeneam, ducem Troianorum, conspicies arcem et alia aedificia in terra aliena struentem. Ubi eum conveneris, nuntia ei, ut naves cum sociis ascendat et Italiam petat. Nam Troiani, si Carthaginem reliquerint, me adiuvante brevi tempore incolumes ad litora Italiae pervenient. Sin autem mandata mea ab eis neglecta erunt, neque Aeneas neque Ascanius umquam regna promissa obtinebunt. Sed ego Veneri promisi et iuravi filium eius in Italia alteram Troiam conditurum esse.“

Quibus mandatis acceptis Mercurius celeri volatu de caelo descendens Aeneam conspicit arcem celsam et alia aedificia struentem. Quem deus interrogat: „Quid struis haec aedificia? Esne immemor gloriae, quam Iuppiter tibi promisit? Solve naves et dirige cursum in Italiam officia tua servaturus. Nisi parueris, Roma numquam domina mundi erit. Nisi te ipsum tanta gloria movet, respice Ascanium, filium tuum, *cui regnum Italiae Romanaque tellus debetur.*“

His verbis commotus Aeneas amorem Didonis opprimens fato paruit et cum sociis Carthagine discessit.

Dido autem dolore vehementi percussa sua manu se interfecit.

F Dido und Aeneas in der späteren Kunst

Die tragische Liebesgeschichte von Dido und Aeneas, die Vergil im 4. Buch seines Epos ausführlich schildert, ist eine der berühmtesten Erzählungen der Weltliteratur. Zu allen Zeiten hat ihre Leidenschaftlichkeit und ihr unglückliches Ende Dichter, Maler und Musiker ebenso fasziniert wie das Publikum.

Ein Bild aus einer spätmittelalterlichen *Aeneis*-Handschrift zeigt das prächtige Festmahl, das die Königin für die Gäste aus Troja veranstaltet und bei dem sie sich unsterblich in Aeneas verliebt. Die ganze Szene – die Kleidung der Geladenen und der Diener, den Speisesaal des Palastes, das kostbare Geschirr, den Sänger mit seiner Laute – hat der Maler nach der Mode und den Vorstellungen seiner Zeit gestaltet.

Dido und Aeneas sitzen ganz links im Bild. Die Königin hört aufmerksam zu, während der Held von seinen Abenteuern seit der Flucht aus Troja erzählt. Der Junge links vorne ist der Liebesgott Cupido (=Amor), der die Gestalt des Ascanius angenommen hat. Während des Festessens bewirkt er, dass die ahnungslose Dido für Aeneas Feuer fängt. Nur der Hund scheint bemerkt zu haben, dass mit dem vermeintlichen trojanischen Prinzen etwas nicht stimmt! Die schöne Dame zwischen den Gästen ist vermutlich Anna, die Schwester Didos. – Die letzte Textzeile über dem Bild bezieht sich auf den Vortrag des Sängers: „Ingeminant plausum Tyrii, Troesque sequuntur" – „Immer wieder spendeten die Tyrier lauten Beifall, und die Troer schlossen sich an." (*Aeneis* I 747). Aus dem Codex Riccardiano (wohl um 1460), Florenz.

Die Anfangsverse des 4. Buches der *Aeneis*, die zeigen, wie sich die Liebesgeschichte weiterentwickelt, gibt Friedrich Schiller in einer freien Übersetzung (1792) folgendermaßen wieder:

> ... Doch lange schon im stillen Busen nährt
> die Königin die schwere Liebeswunde;
> ergriffen tief hat sie des Mannes Wert,
> des Volkes Glanz und seines Ruhmes Kunde.
> An seinen Blicken hängt sie, seinem Munde,
> und, leise schleichend, an dem Herzen zehrt
> ein stilles Feuer, es entfloh der Friede,
> der goldne Schlaf von ihrem Augenlide.

Um 1630 malte Guido Reni das Bild „Aeneas' Abschied von Dido". Mit diesem Titel ist wohl die letzte große Auseinandersetzung zwischen der Königin und dem Trojaner gemeint, in der sie ihn inständig bittet, als ihr Gatte in Karthago zu bleiben – doch vergeblich. Kurz darauf macht sich Aeneas ohne Abschied heimlich zu Schiff davon.

Die Abschiedsszene findet im Palast statt; der Blick aus dem Fenster im Hintergrund zeigt die Stadt Karthago. Hinter Dido, der Aeneas wehmütig in die Augen blickt, steht ihre Schwester Anna. Während Dido bittend seine Hand ergreift, scheint er schon entschlossen zum Aufbruch. – Staatliche Kunstsammlungen Kassel.

Karthago und Rom

Der unversöhnliche Hass Didos auf Aeneas entlädt sich vor ihrem Selbstmord in schrecklichen Verwünschungen, die nicht nur dem Mann gelten, der sie verlassen hat, sondern auch dem Reich, das er gründen soll, und allen seinen Nachkommen:

> „Keine Liebe soll sein zwischen den Völkern, auch kein Bündnis …
> Küste sei feindlich der Küste, Meer dem Meer,
> das ist mein Fluch, Waffen den Waffen: kämpfen sollen sie selbst und die Enkel."
>
> (*Aeneis* IV 624 ff.)

Mit diesen Versen schafft Vergil eine Erklärung und Rechtfertigung für die jahrhundertealte Feindschaft zwischen Rom und Karthago. Die Phöniker hatten im 9. Jh. v. Chr. die „Neue Stadt" – das bedeutete ihr Name – im Nordosten des heutigen Tunesien gegründet. Ungemein günstig an der engsten Stelle des Mittelmeeres gelegen, entwickelte sich Karthago zu einer wichtigen Handelsmacht. Gold, Silber, Zinn, Kupfer, Eisen aus dem Westen tauschten die Karthager (oder Punier) gegen Wein, Getreide, Stoffe, Keramik aus dem Osten. Bald verfügten sie im Westen über das Handelsmonopol und versenkten mit ihrer gefürchteten Kriegsflotte die Schiffe anderer Staaten, die in „ihr" Gebiet eindrangen. Mit der jungen römischen Republik schlossen sie schon früh Verträge, in denen die jeweiligen Einflussbereiche voneinander abgegrenzt wurden. Doch beide Völker breiteten sich immer weiter aus, so dass ein Konflikt unvermeidlich wurde.

264 v. Chr. brach der 1. Punische Krieg aus. Zu Lande waren die punischen Söldner den römischen Legionen nicht gewachsen, zur See hingegen war Karthago überlegen. Aber die Römer erwiesen sich als lernfähig: Als ihnen ein karthagisches Schiff in die Hände fiel, nahmen sie es sich zum Modell und bauten danach ihre ganze Flotte. Zusätzlich statteten sie die neuen Kriegsschiffe mit Enterbrücken aus, über die die Soldaten sozusagen „trockenen Fußes" auf die feindlichen Schiffe gelangen konnten. Nach über zwanzig Jahren ging Rom schließlich als Sieger aus diesem Krieg hervor.

Doch der Konflikt schwelte weiter. Im 2. Punischen Krieg (218–201) brachte Hannibal, der berühmte karthagische Feldherr, Rom an den Rand einer Katastrophe: Die Niederlage in der Schlacht bei Cannae (216) ist eines der schmachvollsten Ereignisse der römischen Geschichte. Aber die Römer hatten den längeren Atem; Karthago musste schließlich harte Friedensbedingungen hinnehmen: Es verlor seine Flotte und den größten Teil seiner Gebiete und durfte ohne Erlaubnis Roms keinen Krieg mehr führen.

Trotzdem suchte Rom weiter nach einem Anlass, seinen Erzfeind endgültig zu vernichten. Fünfzig Jahre später griff Massinissa von Numidien, ein Bundesgenosse Roms, das benachbarte Karthago an. Als sich dieses wehrte, begann der 3. Punische Krieg (149–146). Nach einjähriger Belagerung durch die Römer fiel die Stadt. Karthago wurde dem Erdboden gleichgemacht; die überlebenden Bewohner wurden versklavt. Ausgrabungen haben nichts als kniehohe, schwarzgebrannte Mauerreste zutage gefördert.

Nun hatte Rom im Mittelmeerraum keinen ebenbürtigen Konkurrenten mehr.

B Das Urteil des Paris – die Ursache des Trojanischen Krieges

(nach Lukian, *Göttergespräche* 20; Ovid, *Heroides* XVI und XVII)

Ad Paridem pecora in Ida monte pascentem Mercurio duce tres deae veniunt: Iuno, Minerva, Venus. Mercurius: „Fili Priami“, inquit, „quia tu ipse tam pulcher es, Iuppiter tibi imperat, ut in re difficili iudex sis et iudicium iustum facias. Hic vides tres deas inter se de pulchritudine certantes. Nam et Iuno et Minerva et Venus se ceteras deas pulchritudine superare credit. Dic nobis: Quae ex his deis tibi maxime placet?“ Paris specie trium dearum captus paulum dubitabat.

Tum coniunx Iovis ad Paridem accedit et ei promittit: „Si me tibi maxime placere dixeris, te dominum totius Asiae faciam magnasque divitias tibi dono dabo.“ Sed Paris: „Pecunia corrumpi non possum.“ Promissis primae deae repudiatis alteram ad se vocat. Minerva: „Audi, Paris!“, inquit, „Si me ceteris antetuleris et mihi victoriam dederis, omnibus pugnis vinces omnibusque mortalibus sapientia et pulchritudine praestabis.“

Tandem Paridi dubitanti Venus appropinquat: „Certe scis Helenam propter formam ab omnibus viris desiderari. Tibi promitto eam tuam futuram esse.“ „Id quidem mihi gratissimum esset. Sed omnibus notum est Helenam uxorem Menelai, regis Spartae, esse. Quomodo mea esse poterit?“ Venus ridens: „Mihi fidem habe! In mea enim potestate est animos hominum coniungere et disiungere. Si ego a te electa ero, Helenam Menelao invito Troiam in aedes tuas abduces.“

His verbis impulsus Paris Venerem eligit et eam Iunoni Minervaeque specie atque figura praestare iudicat. Et profecto Paris Venere adiuvante Helenam rapit et Troiam ducit.

Ea causa diuturni belli fuisse traditur, quod millesimo ducentesimo fere anno a. Chr. n. Graeci cum Troianis gesserunt.

Hermes mit Hut, Botenstab und Flügelschuhen begleitet die drei Göttinnen zu Paris. Rechts von Hermes geht die Götterbotin Iris mit Kränzen in den Händen auf Paris zu. Er macht jedoch kehrt und möchte fliehen. Haben ihn die Göttergestalten, die da vor ihm erscheinen, erschreckt oder versucht er, sich dem Urteil zu entziehen, dessen furchtbare Folgen er vielleicht ahnt? Griechisches Kosmetikgefäß aus Ton. 6. Jh. v. Chr.; Paris, Louvre.

Lektion 35

Der Kampf um Caesars Erbe

In Vergils Epos werden nicht nur die Größe Roms und Augustus als der vorbildliche neue Herrscher gefeiert, sondern auch Caesar als Wegbereiter dieser Alleinherrschaft. Die Mörder des Diktators, die geglaubt hatten, die römische Republik wiederherstellen zu können, hatten sich geirrt: Das Rad der Geschichte ließ sich nicht zurückdrehen. Caesar hatte in den letzten Jahren vor seinem Tod einen Machtapparat aufgebaut, der auf einen einzigen Herrscher hin ausgerichtet war. Wer imstande war, sich an seine Spitze zu setzen, dem würde Caesars Erbe zufallen.

A Octavian und Antonius

(nach Plutarch, *Antonius* 21-86; Cassius Dio IL 32.1; 34.1; 49.1; Sueton, *Augustus* 17.2-4

Post necem Caesaris tres viri summae auctoritatis imperii cupidi erant: C. Octavianus et M. Antonius et M. Aemilius Lepidus. Lepidi quidem auctoritas brevi tempore minuta est. Octavianus et Antonius quamquam de divitiis, quae Caesaris fuerant, maxime autem de summo civitatis loco certabant, tamen inter se consentiebant omnium civium bonorum esse interfectores Caesaris magistratibus tradere, ut poena mortis afficerentur.

Bruto Cassioque et ceteris sociis ad Philippos victis et interfectis Octavianus et Antonius magis magisque inter se dissentiebant. Antonius enim in Aegyptum se contulerat, ubi Cleopatra, mulier magnae prudentiae atque pulchritudinis, regnabat. Amore Cleopatrae captus morum Romanorum, ut dicebant, immemor erat et luxuriam in Aegypto oblatam magni putabat, virtutes autem modestiae temperantiaeque paulatim parvi aestimare coepit. Quin etiam eo audaciae venisse dicebatur, ut non solum amicis Cleopatrae magnum numerum agrorum daret, sed etiam Cleopatram „reginam regum“, Caesarionem, filium Caesaris et Cleopatrae, „regem regum“ nominaret.

Octavianus autem, ut ipse affirmabat, mores maiorum tanti faciebat, ut suum esse existimaret patriam contra Antonii improbitatem defendere. Quorum discordia adeo crevit, ut verbis placari non iam posset, vis in civitate exsisteret, quin etiam denuo bellum atrox inter cives Romanos gereretur. Uterque exercitum ingentem armavit classemque ornavit, ut cum hoste armis confligeret.

Tandem anno ante Christum natum tricesimo primo Octavianus hostem proelio ad Actium facto vicit et fugavit. Deinde Aegyptum petivit et Alexandriam, quo Antonius cum Cleopatra fugerat, oppugnavit brevique cepit. Sine ulla spe salutis Antonius pugione se percussit, Cleopatra autem veneno serpentis se interfecit.

Dass es sich bei diesem Mann um einen Römer handelt, verraten nur die „unägyptischen" Haarzipfel. Vermutlich ist die Statue aus schwarzem ägyptischem Basalt ein Bildnis des Antonius, denn man weiß, dass dieser sich in Ägypten in der traditionellen Tracht des Landes darstellen ließ. Kairo, Ägyptisches Museum.

Nach der Schlacht bei Actium verbreitete sich das Bildnis des Siegers in Form von Statuen und Porträtköpfen, auf Reliefs, Münzen und Gemmen sehr schnell im ganzen römischen Reich. Jeder konnte sich ein Bild von dem neuen Herrscher machen. Octavian zeigt sich hier in der Toga, dem typisch römischen Gewand. Mit dem stoffreichen Bausch hat er sich das Haupt bedeckt, wie es alte Gesetze für bestimmte religiöse Anlässe vorschrieben. Marmorstatue in Rom, Nationalmuseum.

Eine Frau als Schachfigur in der Politik

Siebzehn Jahre vor der Schlacht bei Actium hatte in Ägypten ein ähnlicher Kampf um die Vorherrschaft sein Ende gefunden. Damals hatte man Caesar zu dessen größtem Entsetzen das abgeschlagene Haupt seines Schwiegersohnes und Rivalen Pompeius vor die Füße gelegt. Die verwandtschaftlichen Bande zwischen diesen beiden Politikern waren zerrissen, als Caesars einzige Tochter Julia 54 v. Chr. starb. Zwar hatte Caesar sogleich versucht, die Verbindung zu erneuern: Er bot dem Pompeius nun seine Großnichte Octavia, die Schwester des Octavian, zur Frau an. Sie war damals etwa fünfzehn Jahre alt – das übliche Heiratsalter für Mädchen aus guter Familie. Doch diese Ehe kam nicht zustande; unmittelbar darauf verheiratete man Octavia an Claudius Marcellus, dem sie drei Kinder gebar. Nach seinem Tod aber wurde sie erneut als Pfand der Politik eingesetzt: Bevor die gesetzlich vorgeschriebenen zehn Monate verstrichen waren, die eigentlich bis zu einer Wiederverheiratung vergehen mussten, wurde sie aufgrund eines besonderen Senatserlasses im Jahre 40 die Frau des Marcus Antonius. So sollte vermieden werden, dass die beiden damals mächtigsten Männer Rom in einen Bürgerkrieg stürzten.

Zunächst scheint die Ehe gut gewesen zu sein. Octavia gebar ihrem zweiten Gatten zwei Töchter und vermittelte häufig zwischen ihm und ihrem Bruder. Doch Antonius konnte nicht von Kleopatra lassen. Außerdem verlockte ihn der Gedanke, der auch Caesar fasziniert hatte: an ihrer Seite wie ein orientalischer Großkönig zu regieren. Octavia versuchte zunächst, über die Untreue ihres Mannes, die ein öffentlicher Skandal war, hinwegzusehen und weigerte sich, Antonius zu verlassen, obwohl ihr Bruder sie wiederholt darum bat. Erst im Jahre 32 v. Chr., als Kleopatra Antonius dazu bewog, seiner Gattin die Scheidungsurkunde zu übersenden, gab Octavia auf.

Von da an bis zu ihrem Tode lebte sie in Rom in völliger Zurückgezogenheit und widmete sich ausschließlich der Erziehung der Kinder – ihrer eigenen und auch derer des Antonius aus seiner ersten Ehe.

Antonius und Octavia auf einer römischen Münze. Tübingen, Sammlung des Archäologischen Institutes der Universität.

Kleopatra und Antonius auf einer Münze, die im ägyptischen Reich geprägt wurde. Privatbesitz.

B Iphigenie (nach Euripides, *Iphigenie in Aulis*; *Iphigenie bei den Taurern)*

Multi Graeci Agamemnone duce Aulidem convenerant, ut propter Helenam raptam Troiam navigarent. Sed naves ventis adversis diu retinebantur. Quamobrem Graeci Calcham vatem interrogaverunt: „Quis deorum nos impedit, ne navibus in Asiam perveniamus? Num Neptuni, dei maris, interest Troiam servare, quia olim moenia urbis struxit?“

Diu Calchas tacebat; tandem hoc responsum dedit: „Invitus respondeo. Sed vatum est semper voluntatem deorum aperire. Audite igitur: Non Neptuni quidem, sed Dianae ira ab Asia arcemur. Nam nefas incredibile factum est: Cerva, quae illius deae sacra erat, ab Agamemnone manu nefaria occisa est. Nunc Diana huius facinoris memor naves Graecorum in portu retinet. Ira deae nulla alia re molliri potest nisi sanguine virginis summae virtutis.“ Quibus verbis Agamemnonis filiam, cui nomen Iphigenia erat, significari omnes sentiebant.

Rex verbis vatis magnopere territus diu dubitabat. Timebat enim, ne iram Graecorum moveret, nisi filiam immolans poenam facinoris solveret. A Clytaemnestra uxore obsecratus, ne filiam suam occideret, tamen Iphigeniam in ara Dianae immolari iussit.

Sed Diana virginem iam in ara iacentem nube velavit et ad Tauros abduxit, qui trans mare Ponticum incolebant. Virgine abducta subito cerva in ara visa est. Tum Graeci ventis secundis Troiam petiverunt.

Clytaemnestra autem memoriam filiae immolatae animo tenens magno odio mariti arsit, quia preces matris et lacrimas filiae tam parvi aestimaverat.

F Iphigenie auf Tauris

Die Sage von der Familie des Agamemnon ist im 5. Jh. v. Chr. mehrfach von griechischen Dramatikern behandelt worden. Das Schicksal seiner ältesten Tochter hat Euripides in zwei Stücken dargestellt: *Iphigenie in Aulis* schildert die Ereignisse vor der Abfahrt der Flotte nach Troja; in *Iphigenie bei den Taurern* lebt die Titelheldin nach ihrer Entführung durch Artemis (Diana) in einem fernen, nördlichen Land, wird aber von ihrem Bruder Orestes schließlich befreit und nach Hause geholt.

Seit der Antike haben viele Künstler und Dichter diesen Stoff dargestellt. Das berühmteste Beispiel aus der deutschen Literatur ist J. W. von Goethes Drama *Iphigenie auf Tauris* (1787). Das Stück beginnt mit einem Monolog der jungen Frau, die bei diesem rauen Volk als Priesterin Dienst tun muss:

„ ... So manches Jahr bewahrt mich hier verborgen
ein hoher Wille, dem ich mich ergebe;
doch immer bin ich, wie im ersten, fremd.
Denn ach! Mich trennt das Meer von den Geliebten,
und an dem Ufer steh' ich lange Tage,
das Land der Griechen mit der Seele suchend;
und gegen meine Seufzer bringt die Welle
nur dumpfe Töne brausend mir herüber.
Weh dem, der fern von Eltern und Geschwistern
ein einsam Leben führt! Ihm zehrt der Gram
das nächste Glück von seinen Lippen weg,
ihm schwärmen abwärts immer die Gedanken
nach seines Vaters Hallen, wo die Sonne
zuerst den Himmel vor ihm aufschloss, wo
sich Mitgeborne spielend fest und fester
mit sanften Banden aneinander knüpften.
Ich rechte mit den Göttern nicht; allein
der Frauen Zustand ist beklagenswert.
Zu Haus und in dem Kriege herrscht der Mann,
und in der Fremde weiß er sich zu helfen.
Ihn freuet der Besitz; ihn krönt der Sieg!
Ein ehrenvoller Tod ist ihm bereitet.
Wie eng gebunden ist des Weibes Glück!
Schon einem rauen Gatten zu gehorchen
ist Pflicht und Trost; wie elend, wenn sie gar
ein feindlich Schicksal in die Ferne treibt!"

Lektion 36

A Von Octavian zu Augustus

(nach Sueton, *Augustus* 7.2; 94f.; Seneca, *De ira* III 40.2f.; Cassius Dio LIV 23.1-4; Augustus, *Res gestae* 34)

Antonio victo Octavianus triginta duo annos natus princeps civitatis Romanae fuit.

Iam antea, ut Suetonius in eo, quod *De vita Caesarum* scripsit, opere tradit, e multis ominibus secundis mirisque facile animadverti potuerat eum olim principem orbis terrarum futurum et iuste feliciterque imperaturum esse. Nam quo die natus est, a senatoribus in curia de Catilinae coniuratione vehementer agebatur. Octavius, pater Octaviani, quia uxori filium parienti adfuerat, sero in senatum venit. Nigidius autem senator, ubi morae causam atque horam partus comperit, laetus exclamavit: „In summo rei publicae periculo dominus terrarum orbi natus est!"

Postea alia res mira accidit: Nam primo consulatu, quem vicesimo aetatis anno audacter occupaverat, Octaviano immolanti non aliter atque Romulo duodecim se aves ostenderunt. Tum omnes cives consenserunt laeta et magna per haec a deis immortalibus aperte praedici.

Octavianus cognomen *Gaium Caesarem* et, postquam principatum iniit, cognomen *Augustum* sumpsit, alterum testamento C. Iulii Caesaris, alterum senatus consulto.

De Augusto principe Seneca philosophus haec narrat: Aliquando Augustus cenabat apud Vedium Pollionem, hominem divitem, qui homo propter inhumanitatem notus erat. Fregerat unus ex servis eius crystallinum; comprehendi eum Vedius iussit morte terribili periturum: „Murenis obiciatur!" His enim piscibus permagnis, quos in piscina alebat, dominus saevus servos, si officia neglexerant, obicere solebat.

Sed illo die evasit servus e manibus eorum, qui eum comprehenderant, et confugit ad Caesaris pedes nihil aliud petiturus quam ut aliter periret, ne murenis cibus esset. Motus novitate crudelitatis Caesar in Vedium severe animadvertit: servum dimitti, crystallina autem omnia coram se frangi iussit complerique piscinam.

Tales narrationes per orbem terrarum diffundebantur – Caesare non invito. Sic enim augebatur fama Augusti virtutis clementiaeque et iustititae et pietatis.

SENATUS POPULUSQUE ROMANUS ließen im Jahre 27 v. Chr. zu Ehren des Augustus einen goldenen Schild (*clipeus*) in der Kurie aufstellen. Die Inschrift sollte bezeugen, dass Augustus den vier Herrschertugenden – VIRTUS, CLEMENTIA, IUSTITIA, PIETAS – gerecht wird. Aber die Aufstellung des Schildes war ebenso wie die Verleihung des Titels *Augustus,* die im selben Jahr geschah, keine bloße Ehrung, sondern ein entscheidender politischer Akt, der die Anerkennung des Augustus als Herrscher durch Senat und Volk bedeutete. Er war nun der *princeps* und die neue Stasatsform, der Prinzipat in Kraft getreten. Die ‚Ehrungen' lassen erkennen, wie geschickt Augustus taktierte und Senat und Volk zu beeinflussen wusste, um seine Ziele zu erreichen. Im gallischen Arelate (heute: Arles) wurde eine marmorne Nachbildung des Schildes gefunden, die vermutlich anlässlich eines Besuches des Princeps dort aufgestellt wurde. Sie ist eines der vielen Beispiele dafür, wie Augustus im ganzen römischen Reich für sich Propaganda betreiben ließ. Arles, Musée Archéologique.

Als siegreicher *Imperator*, als *Princeps* Augustus und als Sohn des vergöttlichten Caesar tritt uns Octavian in dieser über zwei Meter großen Marmorstatue entgegen. Sie ist das berühmteste Bild des Kaisers, das wir kennen. Der kleine Amor, der Sohn der Venus, an seiner Seite soll daran erinnern, dass die Julier von der Liebesgöttin abstammen. Der Mantel liegt dem Feldherrn so locker um die Hüfte, dass der Panzer mit den Relieffiguren gut sichtbar ist: Die linke der beiden mittleren Gestalten ist der Kriegsgott Mars, erkennbar an Helm und Panzer. Etwas unterhalb sieht man links und rechts über der Hüfte die Götter Apollo und Diana. Apollo hat die Leier bei sich und lässt sich von einem Greifen tragen, Diana reitet auf einem Hirsch. Augustus schrieb seine militärischen Siege vor allem dem göttlichen Beistand dieser beiden zu. Rom, Vatikan.

B Eine griechische Familientragödie

(nach Homer, *Odyssee* IV 519ff.; XI 387ff.; Aischylos, *Agamemnon* 1219ff.; Euripides, *Elektra; Iphigenie bei den Taurern)*

Als die Griechen Troja nach zehn Jahren endlich erobert hatten, wurden viele von ihnen ihres Sieges nicht froh. Odysseus, durch dessen List die Stadt eingenommen worden war, musste jahrelang über die Meere irren, bis er nach Ithaka zurückfand. Und für Agamemnon, den Anführer der Griechen, wurde die Rückkehr nach Mykene zur Katastrophe:

Dum Graeci Agamemnone duce per decem annos Troiam obsident et oppugnant, Clytaemnestra filiae immolatae memor odium in maritum alebat. Quo odio incensa cum Aegistho, Agamemnonis fratre patrueli, impudenter se coniunxit. Servis suis imperavit, ut sibi adventum mariti e bello redeuntis sine mora nuntiarent.

Eo die, quo Agamemno in patriam rediit, uxor magnum gaudium simulans marito obviam iit, eum salutavit, in domum regiam duxit, qua in domo insidias nefarias paraverat. Ad maritum, dum in balneo se lavat, clam a tergo accedit et eum securi occidit. Etiam Cassandra, illa vates infelix, quam Agamemno captivam secum duxit, a regina atrociter necatur.

Propter maritum interfectum Clytaemnestra postea ab Oreste, suo filio, occisa est. Orestes autem, quia matrem nefarie interfecerat, a Furiis urgebatur et ita vexabatur, ut e patria fugeret. Iam de salute desperans tandem oraculum Delphicum adiit, ut a Furiis liberaretur. Apollo autem ei imperavit, ut Dianae statuam e templo deae, quod apud Tauros situm erat, raperet et Athenas ferret. Quo oraculo accepto Orestes cum Pylade, amico fido, fortiter iter periculosum ad mare Ponticum fecit.

Sed amici a Tauris, hominibus feris crudelibusque, deae immolati essent, nisi Iphigenia, quae tum Dianae sacerdos apud Tauros erat, fratrem cognovisset. Consilio prudenter excogitato amici una cum Iphigenia statuam Tauris ademerunt, praedam abstulerunt, e terra Pontica fugerunt. Sic Orestes a Furiis liberatus est.

Kaiserinnen in der römischen Geschichte

Die Geschichte von der Rache der Klytaimnestra hat auch eine politische Seite: Während der Abwesenheit des Agamemnon hatte sie nämlich einen Mann zu ihrem Mitregenten gemacht, der aus dem Zweig der Familie stammte, welcher vor Agamemnon eine Zeitlang in Mykene geherrscht hatte. Dieser Aigisthos saß nun zusammen mit Klytaimnestra auf dem Thron; das bedeutete, dass Agamemnon als König abgesetzt war. Nun aber war er zurückgekommen und würde seinen Anspruch sicher nicht freiwillig aufgeben; also musste er beseitigt werden.

Auch hinter den Verbrechen, die einige der ersten Kaiserinnen der Römer begangen haben sollen, steckt vor allem Machtgier. Wie die Politikergattinnen zur Zeit der römischen Republik kamen sie aus vornehmen Patrizierfamilien, die seit Jahrhunderten in Rom das Sagen gehabt hatten – in diesem Fall aus der julisch-claudischen Linie – und waren hochgebildet.

Nun, da Rom von Herrschern auf Lebenszeit regiert wurde, bekamen diese Frauen als deren Gemahlinnen und als Mütter von Thronfolgern die Chance, über ihre Männer und Söhne auf das politische Geschehen Einfluss zu nehmen. Kein Wunder, dass besonders starke Persönlichkeiten versuchten, regelrecht mitzuregieren, und dass manche vor fast nichts zurückschreckten, um ihre Machtposition zu festigen.
Livia z. B., die Gattin des Augustus, wurde von diesem nicht nur sehr geliebt, sondern auch als Ratgeberin geschätzt. In seinem Testament erhielt sie den Ehrentitel *Augusta*, auf den auch spätere Kaiserinnen großen Wert legten. Als erste Frau erscheint sie auf römischen Münzen; in Rom hatte man darauf zuvor nur Göttinnen abgebildet. Auch wurden Statuen von ihr an öffentlichen Plätzen aufgestellt. Darüber hinaus aber schaffte es Livia, dem Tiberius, ihrem Sohn aus erster Ehe, die Thronfolge zu sichern, obwohl es dafür noch eine ganze Anzahl anderer Kandidaten gab, die direkt mit Augustus verwandt waren. Sie alle waren begabt, tüchtig und beim Volk und beim Kaiser viel beliebter als Tiberius – doch alle starben früh. Dass Livia bei dieser auffälligen Häufung von Todesfällen, die dem Augustus großen Schmerz bereiteten, ihre Hand im Spiel hatte, ist zumindest nicht auszuschließen.

Die Historiker berichten, dass Messalina, die Gattin des Kaisers Claudius, diesen nicht nur hinterging, sondern sich schließlich sogar heimlich scheiden ließ und einen anderen Mann heiratete. Als Kaiserin hatte sie damit Hochverrat begangen und wurde hingerichtet. Claudius' nächste Frau, seine Nichte Agrippina die Jüngere, hatte allen Grund, sich für etwas Besonderes zu halten: Als Urenkelin des Augustus, Schwester des Caligula, der vor Claudius geherrscht hatte, und als Mutter von Nero war sie gleich mit drei weiteren Kaisern aufs engste verwandt. Bei ihrem Gatten Claudius setzte sie z. B. durch, dass ein unbedeutender Ort am Rhein, in dem sie auf die Welt gekommen war, den ehrenvollen Rang einer *Colonia* erhielt – *Colonia Claudia Ara Agrippinensium* (heute: Köln). Auch bestand sie darauf, dass der berühmte Philosoph Seneca aus der Verbannung geholt und zum Erzieher ihres Sohnes Nero, den sie mit in die Ehe gebracht hatte, ernannt wurde. Und Nero – nicht Britannicus, der leibliche Sohn des Claudius – wurde dann mit siebzehn Jahren Kaiser, nachdem Agrippina ihren Mann vergiftet hatte. Jedoch überlebte sie ihn nur um fünf Jahre: Dann ließ Nero, der ebenso machtbesessen und gewissenlos war wie sie und es lästig fand, dass sie ihm ständig in alles hineinredete, seine Mutter ermorden. Mit Neros erzwungenem Selbstmord einige Jahre später endete die Regierungszeit der julisch-claudischen Familie.

Bildnis der Livia Drusilla (58 v.–29 n. Chr.), der zweiten Frau des Augustus. Sie gebar ihm keine Kinder, brachte aber zwei Söhne mit in die Ehe; der jüngere, Tiberius, wurde der Nachfolger des Augustus. Kopenhagen, Ny Carlsberg Glyptothek.

Agrippina die Ältere (14 v. Chr. – 33 n. Chr.) war keine Kaiserin, aber als Tochter der Julia (und somit Enkelin des Augustus) und Mutter des Kaisers Caligula eine sehr einflussreiche Frau. Rom, Kapitolinische Museen.

Agrippina die Jüngere (15–59 n. Chr.), Tochter der Agrippina der Älteren, vierte Gemahlin und Mörderin des Kaisers Claudius; auf Befehl von Kaiser Nero, ihrem Sohn aus erster Ehe, getötet. Stuttgart, Württembergisches Landesmuseum.

Die Frauen aus den kaiserlichen Familien tragen Modefrisuren. Nach ihrem Vorbild ließen sich auch ihre Zeitgenossinnen frisieren. Livia hat den über den Scheitel nach vorne gezogenen Zopf mit dem Bausch über der Stirn, wie er in der Zeit des Augustus beliebt war. Das Haar der beiden Agrippinen, das sich in kurzen Löckchen über den Schläfen kräuselt und am Hinterkopf zusammengebunden ist, wirkt demgegenüber viel lockerer. Am aufwendigsten wurden die Frisuren in den darauf folgenden Jahrzehnten, besonders zur Zeit des Kaisers Trajan und seiner Gattin Plotina, als sich die Frauen mit viel Festiger einen Lockenberg über der Stirn auftürmten.

Vermutlich Plotina (ca. 65–123 n. Chr.), die Gattin des Kaisers Trajan. Rom, Kapitolinische Museen.

Marmorbildnis einer Römerin. Den Namen dieser schönen und eleganten Dame kennen wir nicht. Da sie ein hohes Lockentoupet ähnlich wie die Kaiserin Plotina trägt, muss sie zu deren Zeit gelebt haben. Rom, Kapitolinische Museen.

Faustina die Jüngere (130–176 n. Chr.) als etwa 17-jähriges Mädchen. Die Tochter des Kaisers Antoninus Pius war Cousine und Gattin des Kaisers Mark Aurel, den sie oft ins Feldlager begleitete. Eines ihrer vielen Kinder war Commodus, der Nachfolger seines Vaters wurde. Rom, Kapitolinische Museen.

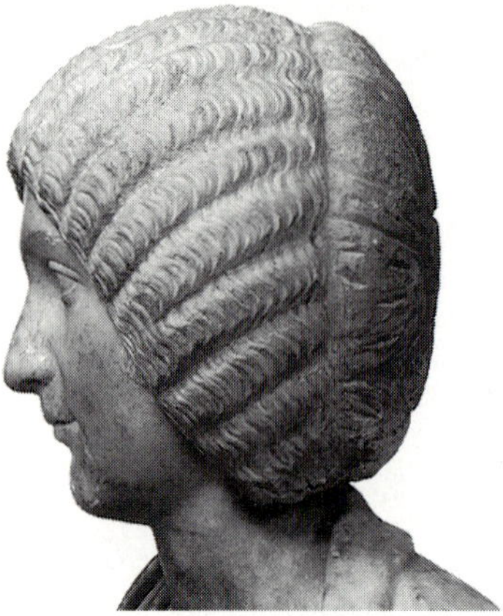

Iulia Domna (gest. 217 n. Chr.), die Gattin des Kaisers Septimius Severus, war Syrerin. Sie entstammte einer Priesterfamilie; als hochintelligente und gebildete Frau umgab sie sich mit Dichtern und Gelehrten und nahm auch Einfluss auf die Politik. Mit eigenen Augen musste sie die Tötung ihres Sohnes Geta durch seinen älteren Bruder und Mitregenten Caracalla, ansehen. Nach der Ermordung auch des Caracalla schied sie freiwillig aus dem Leben. Stuttgart, Württembergisches Landesmuseum.

Helena (ca. 257–337 n. Chr.), Tochter eines Gastwirts, war nur inoffiziell die Frau des Kaisers Constantius. Als überzeugte Christin ließ sie viele Kirchen bauen und pilgerte nach Jerusalem, wo sie das Kreuz Christi aufgefunden haben soll. Ihr Sohn war Kaiser Konstantin der Große. Rom, Kapitolinische Museen.

Weniger spektakulär, aber ebenso modisch und zeitgebunden war die Haartracht in der späteren Kaiserzeit, wie etwa diejenige der jüngeren Faustina, der Iulia Domna oder der Helena. Natürlich richteten sich auch die Männer nach der Haar- und Bartmode ihrer Zeit. Die Archäologen verdanken den Modefrisuren der Römer und Römerinnen viel, da sie mit ihrer Hilfe zahlreiche römische Porträtköpfe in die Zeit der jeweiligen Kaiser oder Kaiserinnen einordnen können. Bei deinem nächsten Besuch in einem Museum, in dem römische Porträts ausgestellt sind, kannst du es auch selbst einmal mit dem Datieren versuchen.

Lektion 37

A Die Taten des Augustus

(nach Augustus, *Res gestae* 8; 13; 34; Sueton, *Augustus* 28.3; 65.1; 72.1)

Per quinque fere saecula civitas Romana regebatur ab imperatoribus. Inter eos non solum viri iusti et honesti fuerunt, sed etiam crudeles et improbi; alii genere nobili, alii ignobili nati erant; multi etiam nostra aetate clari et noti sunt, multi paene ignoti.

Clarissimus principum, ut omnes fere consentiunt, fuit Caesar Augustus, primus imperatorum, qui multorum iudicio etiam clarior quam C. Iulius Caesar, pater eius, habetur. De factis autem Augusti non solum auctores antiqui, sed etiam homines nostrae aetatis dissentiunt: Nam ab aliis Augustus, quia populo Romano pacem dedit, probatur et magni aestimatur, ab aliis, quia liberam rem publicam sustulit, magnopere improbatur.

Nemo rem publicam per tempus longius Caesare Augusto regebat, nemo populo Romano pacem diuturniorem dedit. Nam victoria praeclarissima ad Actium parta Octavianus Ianum Quirinum in foro situm sollemni caerimonia claudi iussit, ut civibus demonstraret cuncta bella esse finita et tempus pacis aeternae adesse. Augustus ipse in ea inscriptione, qua memoriam rerum a se gestarum posteris prodit, hoc fere dicit: *Ianum Quirinum me principe senatus claudi iussit.*

Tantum studium quietis pacisque mirum fuit propterea, quod Octavianus paucis annis ante bello civili multo durius et atrocius ceteris ducibus se gesserat. Iano Quirino clauso auctoritas principis, qui temporibus difficillimis pacem fecerat, apud cives Romanos multum valebat. Augustus: *Post id tempus auctoritate omnibus praestiti, potestatis autem nihilo amplius habui quam ceteri, qui mihi in magistratu collegae fuerunt.*

Quamquam se ipsum modestissime gerebat, urbem aedificiis pulcherrimis adeo ornavit, ut rectissime nulla alia urbs illis temporibus pulchrior iudicaretur. Augustus, ut apud Suetonium scriptorem legimus, de se dixit: *Urbem, quam latericiam accepi, marmoream relinquo.* Litteras atque alias artes tanti putabat, ut cum Maecenate amico, viro divitissimo, etiam dissimillimis poetis faveret, velut P. Vergilio Maroni et Q. Horatio Flacco.

Sed non solum artes et aedificia publica, sed etiam mores virtutesque populi Romani Augusto curae erant; quamobrem princeps in senatu leges novas de matrimonio tulit et quam severissime in eos, qui contra mores veteres fecerunt, animadvertit. Augustus: *Legibus novis me auctore latis multa exempla maiorum exolescentia iam ex nostro saeculo reduxi.*

Non ab omnibus severitas Augusti laudabatur; saepe enim Augustus in homines, qui has leges neglegebant, severius animadvertit et nonnumquam sine clementia poenas constituit, quae graviores fuerunt crimine ipso. Scimus enim Ovidium poetam ad oram Ponti Euxini relegatum esse. Etiam Iulia, filia Augusti, et Iulia neptis, quia vita turpis eis crimini data est, in insulas relegatae sunt.

Auf dem Marsfeld in Rom ließ Augustus den Friedensaltar (*Ara Pacis*) errichten, ein monumentales Gebäude aus Marmor, das heute in der Nähe des ursprünglichen Standorts wieder aufgestellt ist. Seine Mauern sind reich mit Ornamenten und Figuren verziert. Eine Seite zeigt die wunderbare Wirkung der *Pax Augusta*: Sie ist ein Segen für die gesamte Natur und lässt Pflanzen, Tiere und Menschen auf das Prächtigste gedeihen. Über die genaue Benennung der drei weiblichen Figuren streiten sich die Archäologen. Sind es Personifikationen der Leben spendenden Elemente Erde (Mitte), Luft (links) und Wasser (rechts), oder ist mit der üppigen Gestalt in der Mitte *Pax* selbst gemeint, begleitet von Regen und Fruchtbarkeit bringenden Windgöttern? Die vorzügliche Qualität der Bildhauerarbeit ist für die augusteische Zeit ebenso typisch wie die politischen Themen. Sie beweisen, dass auch die Bilder auf den Monumenten ein wichtiges Propagandamittel des Kaisers waren.

Neben dem Bauwesen erlebten auch die bildenden Künste und das Kunsthandwerk unter Augustus einen großen Aufschwung. Die kaiserliche Familie stattete ihre Villen prunkvoll aus und umgab sich mit kostbaren Luxusgegenständen; die Angehörigen der Oberschicht versuchten, sie darin nach Kräften nachzuahmen: Was dem Kaiser gefiel, gefiel auch ihnen. So bildete sich in dieser Zeit ein bestimmter Kunststil heraus, für den einerseits formvollendete Schönheit, andererseits aber auch eine gewisse Kälte und Leblosigkeit charakteristisch sind. Silberner und feuervergoldeter Trinkbecher aus dem Schatzfund von Hildesheim, 8 cm hoch, hergestellt um Christi Geburt. Berlin, Antikensammlung.

Der Dichter Horaz

Voll Dankbarkeit und Bewunderung preist Horaz in seinen Gedichten Augustus als Herrscher, Sieger, Friedensbringer. Noch öfter aber und mit besonderer Wärme spricht der Dichter von dem ebenso reichen wie gebildeten Maecenas, der ihn schon als Anfänger finanziell unterstützte (als Mäzen bezeichnen wir heute noch jemanden, der Kunst und Künstler großzügig fördert). Ihm verdankte Horaz seinen bescheidenen Wohlstand und sein Landgut in den Sabiner Bergen. Am beglückendsten für den Dichter war jedoch, dass er diesen klugen, vornehmen Mann zum Freund gewonnen hatte.

Da Maecenas aber zu den engsten Vertrauten des Princeps zählte, hielt man in Rom nun auch seinen Freund Horaz für einen wichtigen und einflussreichen Mann. In einer seiner Satiren schildert der Dichter, wie sich überall in der Stadt Schmarotzer, Schmeichler und Neugierige an ihn heranmachen: „Mein Lieber, du musst es wissen, du bist ja den Göttern näher als wir, nun sag' doch ..." Es nützt ihm nichts, dass er beteuert, er habe von Staatsgeheimnissen keine Ahnung, denn dann heißt es nur bewundernd: „Oh, wie verschwiegen, wie diskret du doch bist!"

Aber Horaz war es ernst mit seiner Ablehnung des Lebens bei Hofe; den Sekretärsposten, den Augustus ihm anbot, schlug er höflich, aber bestimmt aus. Stattdessen zog er es vor, sich von der Politik fern zu halten und weit weg vom Trubel der Hauptstadt das Leben auf seinem Landgut zu genießen. Und er war nicht der Einzige, der so dachte; in Rom begeisterten sich viele für das Leben auf dem Lande.

Was für Gründe die Menschen wohl zu einem solchen Rückzug aus der Stadt veranlassten, deutet Horaz in einer Fabel an, die er am Ende der oben erwähnten Satire erzählt:

B **Stadtmaus und Landmaus** (nach Horaz, *Satiren* II 6)

Etiam Horatius poeta vitam modestam iucundiorem putavit quam luxuriam, sed alia ratione atque Augustus. Clarum enim est illud Horatii: *Beatus ille, qui procul negotiis* ... Saepe dixit sibi urbem et officia molesta esse, villam et rus carissimum. In sermone illustrissimo narrat de Sabino, quod a Maecenate accepit: *Hoc erat in votis: modus agri non ita magnus* ... Scribit se vitam urbanam moleste ferre. Iam prima luce, ut dicit, in forum ire necesse est, ubi centum aliena negotia poetam vexant. Invidia autem hominum poetae etiam molestior est quam negotia. Se ipsum nemini invidere poeta affirmat. Horatius: *Nec mala me ambitio perdit* ... Desiderat rus, desiderat habere sermones cum hominibus apertis et honestis, velut cum Cervio, vicino seni. Quem Horatius hanc fabulam narrantem facit:

Olim mus rusticus murem urbanum ad se invitavit. Quamquam pauperior hospite fuit, varios cibos apportavit: avenam, cicer, partem lardi.

Mus autem urbanus hos cibos tenuiores putans tandem „Quid te iuvat," inquit, „amice, in silvis vivere? In urbe vita pulchrior et beatior est. Num rus asperum commodis vitae urbanae praeponis?" Mus rusticus his verbis inductus cum hospite in urbem festinat.

Noctu mures in domo hominis divitis cibis dulcissimis delectantur, cum repente ingenti strepitu terrentur. Formidine capti quam celerrime per domum currunt, nam voces canum ferocium audiuntur.

Tum mus rusticus: „Haec vita“, inquit, „miserrima est. Me quidem non iuvat semper insidias timere. In silva et campo vitam modestiorem, sed tutiorem ago.“

F The Mouse Who Went to the Country

Once upon a Sunday there was a city mouse who went to visit a country mouse. He hid away on a train the country mouse had told him to take, only to find that on Sundays it did not stop at Beddington. Hence the city mouse could not get off at Beddington and catch a bus for Sibert's Junction, where he was to be met by the country mouse. The city mouse, in fact, was carried on to Middleburg, where he waited three hours for a train to take him back.

When he got back to Beddington he found that the last bus for Sibert's Junction had just left, so he ran and he ran and he ran and he finally caught the bus and crept aboard, only to find that it was not the bus for Sibert's Junction at all, but was going in the opposite direction through Pell's Hollow and Grumm to a place called Wimberby.

When the bus finally stopped, the city mouse got out into a heavy rain and found that there were no more buses that night going anywhere. "To the hell with it", said the city mouse, and he walked back to the city.

Moral: Stay where you are, you're sitting pretty. –
Bleib wo du bist, da geht's dir gut.

aus: James Thurber, *Fables for Our Time* (1940)

Lektion 38

A Ovid – der Dichter in der Verbannung

(nach Ovid, *Tristia* I 3; II 1; *Epistulae ex Ponto* II 3)

Ein weiterer großer Dichter der augusteischen Zeit, Publius Ovidius Naso, war in vielem das genaue Gegenteil des Horaz. In Ovids Werken kommt Augustus nicht häufig vor; vom kaiserlichen Hofe jedoch hielt er sich keineswegs fern, sondern pflegte zahlreiche private Kontakte zu Mitgliedern der Herrscherfamilie. Ovid war ein typischer Großstädter, der das Leben in Rom liebte und genoss. Ein Rückzug aufs Land kam weder als Thema für seine Dichtungen noch für ihn selbst in Frage. Umso härter traf ihn im Alter von ungefähr fünfzig Jahren dann der Schicksalsschlag:

Anno p. Chr. n. octavo P. Ovidius Naso poeta ab imperatore Augusto relegatus est: Romam relinquere et Tomos, quod oppidum ad Pontum Euxinum situm erat, se conferre coactus est.

Quo facto omnes, qui tum Romae erant, magnopere percussi sunt. Alius alium interrogavit, cur poeta tam clarus Augusto tanto odio esset, cur imperator eum poena tam gravi punivisset. Usque ad nostram aetatem nemo scit, qua re Ovidius iram principis moverit.

Inter eos, quibus usus familiarissimus cum poeta erat, eminebant M. Valerius Messalla Corvinus, qui Ovidio aliisque poetis favebat, et M. Aurelius Cotta Messalinus, filius eius, qui epistulas et ad Ovidium expulsum misit et ab eo accepit.

Messalla: „Dic mihi, Marce, quid Ovidius in litteris suis de se scripserit. Nemo enim nostrum scit, utrum incolumis Tomos advenerit an in itinere calamitate affectus sit. Ne diutius dubitaveris narrare, quid novi in litteris sit!“

Cotta: „Sentio eum patriam vehementissime desiderare. Audi, quae scripserit:

Cum subit illius tristissima noctis imago,
qua mihi supremum tempus in urbe fuit,
cum repeto noctem, qua tot mihi cara reliqui,
labitur ex oculis nunc quoque gutta meis. *(labitur: er/sie/es gleitet, fällt)*

Maxime autem dolet, quod multi amici ab eo defecerunt. Plurimos enim amicorum amicitias ex utilitate iudicare scribit.“

Messalla: „Verum dicit. Sed narra mihi: Quid scribit de causa, cur ab imperatore relegatus sit? Utrum scelus commisit an non?“

Cotta: „Putat se carminibus suis iram principis excitavisse.“

Messalla: „Ah, de *Arte Amatoria* dicit, quae aliis gaudio, aliis odio est. Sed ne credideris eos libros re vera causam poenae fuisse!“

Cotta: „Est, ut dicis. Scribit enim *duo* crimina se perdidisse, carmen et errorem. Scisne, de qua re dicat? Ego puto ne nos quidem, quos amicos fidissimos dicit, umquam ab eo comperturos esse, quem errorem fecerit. Timeo, ne Publius noster propter crimen gravius punitus sit. Et timeo, ne imperator se implacabilem praebeat. Speremus nostras quidem litteras ei maerenti solacio futuras esse!“

Ein Mann unserer Zeit hat gesagt, Tomi, der Ort der Verbannung, verhalte sich zu der Metropole Rom etwa so wie heute Lappland zu Paris. In seinem Exil musste Ovid, so klagte er, alles entbehren, was ihm das Leben lebenswert gemacht hatte: den Trubel, die Atmosphäre von Eleganz und Luxus, die Geselligkeit, die Flirts, den Witz der Großstadtbewohner – dies alles hatte ihn immer wieder entzückt und zu den Werken inspiriert, durch die er berühmt geworden war.

B Der Zirkus und seine Attraktionen (nach Ovid, *Ars Amatoria* I 101-164)

In clarissimo illo opere, quod *Ars amatoria* inscribitur, Ovidius adulescentibus et puellis complura consilia de amore dat.

In primo libro, postquam narravit, quomodo Romani virgines Sabinas rapuissent, docet, quanta commoda circus amantibus praebeat. In ea re haec fere praecipit:

Ne vitaveris certamina equorum. Hic enim necesse non est oculis digitisque nuntios mittere, hic proxime a puella sedere, quin etiam umerum eius tangere licet. Facile sermonem incipies: Quaeres ab ea, cuius equos optimos putet; quaeres, num iam antea certamina equorum spectaverit. Ne dubitaveris ei equo favere, cui illa favet.

Si forte pulvis in vestem puellae inciderit, manu pulverem excute, *et si nullus erit pulvis, tamen excute nullum!* Si pallium nimis longum terram tetigerit, id cito tolle de humo et statim, officii pretium, oculis tuis crura nuda videre poteris. Quaere, num is, qui post vos sedet, genu tergum molle puellae premat: Intelleges illam curis tuis paulatim commoveri. Multis utile fuit puellae facili manu pulvinum praebuisse; *profuit et tenui ventos movisse tabella.*

Hos aditus circus novo praebebit amori.

Der *Circus Maximus* war die größte antike Rennbahn (zur Zeit des Augustus 621m lang, 118m breit); hier wurden vor allem Wagenrennen abgehalten. Heute liegt er als riesiges freies Gelände mitten in der modernen Stadt. An seinen Seiten steigen die Böschungen steil an, denn dort befanden sich ursprünglich die Sitzstufen der Zuschauertribünen.

Im Museo della Civiltà in Rom ist ein großes Modell ausgestellt, das das Aussehen der Stadt in der Kaiserzeit mit allen bekannten Bauten maßstabsgetreu nachbildet. Der *Circus* füllt das breite Tal zwischen dem Palatin und dem Aventin (zu seiner Rechten) ganz aus. Vergleiche diesen Ausschnitt aus dem Rom-Modell mit dem Stadtplan vorne im Buch. Welche anderen Bauwerke kannst du erkennen?

38

Mumienporträt eines jungen Mannes, auf Holz gemalt. München, Staatliche Antikensammlungen und Glyptothek.

Mumienporträt einer Dame, auf Holz gemalt. London, Britisches Museum.

In der Provinz Ägypten ließ man sich in der Kaiserzeit gerne von Malern porträtieren, um ein unvergängliches Bild von sich mit ins Grab nehmen zu können. Es wurde auf das Gesicht der Mumie gelegt. So, wie man auf dem Bild aussah, hoffte man, nach dem Tode weiterzuleben. Natürlich wollte dabei jeder so schön wie möglich und in der Blüte des Lebens dargestellt sein. In solchen „Mumienporträts" sind viele dieser Menschen für uns tatsächlich lebendig geblieben: Die junge Frau scheint sich soeben erst ihre prächtigsten Kleider angezogen, ein Collier aus großen, in Gold gefassten Edelsteinen umgehängt, funkelnde Ohrgehänge angelegt und einen Kranz aus Blattgold ins Haar gesteckt zu haben. So sah sie wohl aus, wenn sie in ihrer Jugend ein Fest besuchte oder ihren Geliebten traf. Auch der junge Mann zeigt sich im besten Kleid und mit gepflegtem Haar und Bart, wie zum Ausgehen bereit.

Unsterblichkeit

Cum patriam amisi, tunc me periisse putato:
Et prior et gravior mors fuit illa mihi.
(Ovid, *Tristia* III 3.53f)

tunc = tum putato = puta
prior: früher, eher

Im Exil schrieb Ovid zwar weiterhin brillante Verse, jedoch mit zunehmender Niedergeschlagenheit. Immer wieder bat er um Begnadigung. Augustus aber blieb unversöhnlich; auch sein Nachfolger Tiberius ließ den Dichter nicht zurückkehren. Nach etwa zehn Jahren starb Ovid fern von seinem geliebten Rom, fern von seinen Freunden, fern von seinem Publikum. Mit den Zeilen, die am Ende seines größten Werkes, der *Metamorphosen*, stehen, hat er dennoch Recht behalten:

„Das Werk, das ich nun vollendet habe, wird nichts zerstören können, weder der Zorn des Göttervaters noch Feuer noch Schwert, auch nicht der Zahn der Zeit. ... Mein Name wird unvergänglich sein. Und wo die Macht Roms sich über die Erde ausbreitet, werden mich die Menschen lesen." Das letzte Wort der *Metamorphosen* ist *„vivam"*.

„Sulmo mihi patria est" sagt Ovid in einem in der Verbannung geschriebenen Gedichte. In Sulmo, das etwa 180 km östlich von Rom in den Abruzzen liegt, ist Ovid geboren; heute heißt die Stadt Sulmona. Sie trägt die Abkürzung SMPE in ihrem Wappen und auf einem ihrer Plätze steht das bronzene Standbild des Dichters aus dem Jahre 1887. Leider sind bisher, wie von den meisten anderen großen Schriftstellern und Dichtern Roms, so auch von Ovid keine antiken Abbildungen bekannt, so dass wir nicht wissen, wie er wirklich aussah.

Lektion 39

Die „Metamorphosen" des Ovid

Gestalt wie Inhalt von Ovids berühmtestem Werk sind in der Weltliteratur einzigartig: In epischer Form, das heißt in Hexametern, werden in buntem Wechsel zahllose Erzählungen aneinander gereiht, traurige und heitere, idyllische und dramatische, von Menschen, Göttern und Fabelwesen. Der „rote Faden", der sie verbindet, ist – wie der griechische Titel *Metamorphosen* ankündigt – das Thema der Verwandlung: Menschliche Gestalten werden zu Tieren, Bäumen, Blumen, Flüssen, sogar zu Sternbildern. Wenn man diese Geschichten auf Lateinisch liest, ist man immer wieder erstaunt, wie kunstvoll der Dichter besonders die Szenen, in denen die Verwandlungen stattfinden, gestaltet. Bauern z. B., die der Hilfe suchenden Göttin Latona mit bösen Verwünschungen den Zugang zu einer Wasserquelle verwehrten, sind plötzlich zu unüberhörbar quakenden Fröschen geworden:

quamvis sint sub aqua, sub aqua maledicere temptant.

Auch als niemand mehr an die Götter der Antike glaubte, hat man diese Geschichten weiterhin gelesen, hat sie immer wieder illustriert, nachgedichtet und neu gedeutet. Ovid ist es nämlich gelungen, für seine Schilderungen Bilder zu finden, die bis heute aussagekräftig sind.

Zwei Beispiele: Niobe, eine Mutter, die den gewaltsamen Tod aller ihrer Kinder mit ansehen muss, verwandelt sich in ihrem unsagbaren Schmerz in einen Stein – heute noch sagen wir, jemand sei vor Schmerz wie versteinert. Der Bildhauer Pygmalion hat die Elfenbeinstatue eines wunderschönen jungen Mädchens geschaffen. Ach, wenn es so eine gäbe auf der Welt, das wäre die richtige Frau für ihn! Als er diesen Traum der Göttin Venus anvertraut, erfüllt sie seinen Wunsch und erweckt die Statue zum Leben. Modern interpretiert, kann man in dieser Erzählung nicht nur ein Bild für die Liebe des Künstlers zu seinem Werk und des Schöpfers zu seinem Geschöpf sehen, sondern auch für die Sehnsucht des Menschen, einen Partner zu finden, der „wie für ihn gemacht" ist. Bernard Shaw hat übrigens in seinem Theaterstück *Pygmalion* (1913) diese Geschichte Ovids in das zwanzigste Jahrhundert, in die Zeit der beginnenden Emanzipation der Frau, verlegt. Daraus wurde das Musical *My Fair Lady* (1956).

Die Sage von Pygmalion wird in den Metamorphosen von dem Sänger Orpheus vorgetragen; auch dessen eigene Geschichte wird dort erzählt:

A Orpheus – die Macht der Musik

(nach Ovid, *Metamorphosen* XI 1 f.; Horaz, *Ars Poetica* 391–401)

Primus omnium Orpheus, filius Oeagri, regis Thraciae, et Calliopeae Musae, vocis et lyrae cantibus animos hominum movit. Qui cum adulescens esset, ab Apolline, duce Musarum, lyra donatus est; cum autem Calliopea, quae e voce pulchra nomen duxit, mater eius esset, a Musis, matris sororibus, lyra canere didicit.

Non solum homines voce eius dulcissima delectati sunt, sed etiam tigres et leones aliaeque bestiae ferocissimae; nam, cum hominibus magno terrori timorique esse solerent, sono dulci carminum Orphei tamen molliebantur. Quin etiam arbores et saxa, cum Orpheus cantare coeperat, loca sua relinquebant, ut ad eum se adiungerent.

Haec ars Orphei ab hominibus varia ratione laudatur: Cum enim omnes eum primum inventorem artis musicae fuisse consentiant, Horatius poeta Orpheum hac ipsa arte musica hominibus, immo omnibus animalibus pacem, mores, sapientiam donavisse confirmat. Dicit enim in *Arte poetica*:

Sic honor et nomen divinis vatibus atque
carminibus venit.

Der Bildhauer und Grafiker Gerhard Marcks (1889 – 1981) schuf Plastiken, Zeichnungen und Holzschnitte. Besonders bekannt sind seine Menschen- und Tierdarstellungen. Häufig behandelte Marcks Themen aus der antiken Mythologie. Der Leier spielende Orpheus, dem sich Tiere und Bäume zuwenden, stammt aus einem Holzschnitt-Zyklus von 1947/48. Archiv der G. Marcks-Stiftung, Bremen.

B Orpheus und Eurydike

(nach Ovid, *Metamorphosen* X 1-71; Vergil, *Georgica* IV 453–506)

Eurydice uxor Orphei fuit. Olim prope fluminis ripam per campos ibat, cum pedem in serpente posuit, quem alta in herba latentem non viderat. Dente acri serpentis laesa Eurydice morte repentina rapta est.

Orpheus cum comperisset, quanta calamitas sibi accidisset, multos dies flebat et coniugem amissam carmine tristissimo canebat. Cum autem Eurydicen ita ab inferis revocare non posset, ad ipsos inferos descendit, ut vi carminum regem et reginam umbrarum moveret, ut uxorem carissimam sibi redderent et e Tartaro dimitterent.

Cantu iucundo vatis commotae umbrae mortuorum, quae luce carentes in tenebris Tartari habitabant, de sedibus suis ad Orpheum convenerunt. Vatem de amore Eurydices et de desiderio suo canentem nervosque ad verba moventem animae mortuorum flebant, ut Ovidius poeta narrat. Quin etiam labores eorum, qui propter facinora poenis atrocissimis puniebantur, Orpheo canente interrupti sunt: Neque enim Tantalus iam aquam petebat; Sisyphus in suo sedens saxo requiescebat; tunc etiam Furiae carmine victae primum lacrimavisse dicuntur. Etiam Proserpina, regina inferorum, cum numquam precibus mortalium moveretur, misericordia capta carminibus Orphei resistere non potuit et: „Tibi“, inquit, „Eurydicen ea lege reddam, ne ad uxorem post te euntem respicias, priusquam ad lucem solis perveneritis.“

Orpheus autem, cum viam longam paene confecisset, desiderio uxoris superatus constitit et legis immemor oculos ad eam flexit. Vix respexerat, cum Eurydice caput velans ingemuit. Nam, ut ait Vergilius poeta,

Illa „quis et me“, inquit, „miseram et te perdidit, Orpheu,
quis tantus furor? En iterum crudelia retro
fata vocant.“

Dixit et ante oculos mariti a Mercurio ad inferos reducta est.

Nur einen Augenblick dauert die Wiederbegegnung von Orpheus und Eurydike. Dann verliert der Sänger seine Frau endgültig: Merkur, der die Verstorbenen in das Totenreich begleitet, hält Eurydike fest an der Hand und wird sie wieder mit sich nehmen. Römische Kopie eines griechischen Reliefs. Neapel, Nationalmuseum.

Unterweltsmythen

Die Griechen glaubten, dass die Menschen nach dem Tod als Schatten – heute würden wir sagen, Seelen – in einem unterirdischen Land ihren Aufenthalt nehmen. Mit der Welt der Lebenden haben sie nichts mehr zu schaffen, ihr Dasein birgt keine Schrecken mehr, kennt aber auch keine Hoffnung. Allerlei düstere Gestalten hausen in diesem Totenreich, wie z. B. Charon, der als Fährmann die Verstorbenen über die Grenzflüsse Acheron oder Styx in das Reich des Totengottes Hades bringt. Als Fährlohn für ihn bekamen die Verstorbenen deshalb oft eine kleine Münze – einen Obolus – unter die Zunge gelegt. Kerberos, der riesige dreiköpfige Wachhund, begrüßt jeden Neuankömmling mit freundlichem Wedeln, lässt aber keinen wieder hinaus. Der Totenrichter Minos teilt jedem Schatten seinen Platz in der Unterwelt zu.

Der Tartaros ist ein Ort ewiger Strafe, ähnlich der christlichen Hölle. Dort muss Tantalos ohne Ende hungern und dürsten: Das Wasser, in dem er steht, reicht nie bis zu seinem Mund, die obstbeladenen Zweige unmittelbar über ihm schnellen stets zurück, wenn er nach ihnen greift. Dem Sisyphos wiederum ist es auferlegt, einen riesigen Felsbrocken immer wieder von neuem einen Berg hinaufzuwälzen.

Es gibt aber auch einen heiteren Ort, an den die Lieblinge der Götter entrückt werden, das Elysium, die Insel der Seligen.

Nur ganz selten gelingt es einzelnen Helden der Sage, als Lebende in das Reich der Toten zu gelangen. Der Weg dorthin ist überaus schwierig und gefahrvoll. Orpheus wagt ihn, weil er seine verstorbene Frau Eurydike zurückholen will, Herakles, um den Höllenhund Kerberos ans Tageslicht zu schleppen. Aeneas steigt durch die Grotte der Sibylle bei Cumae in die Unterwelt hinab. Dort begegnet ihm auch Dido, doch sie wendet sich unversöhnlich von ihm ab. Im Elysium trifft er seinen Vater Anchises, der ihm die herrliche Zukunft Roms prophezeit.

Odysseus, der wie Aeneas in der Unterwelt Gewissheit über seine Weiterfahrt sucht, findet unter den Schatten viele Freunde und Kampfgefährten, darunter Achilles, den größten Helden des Trojanischen Krieges. Einst vor die Wahl gestellt, ob er lieber lang und unbedeutend oder kurz und ruhmreich leben wolle, hatte er den Ruhm gewählt. Jetzt aber, als Odysseus ihn voll Ehrerbietung begrüßt, entgegnet er diesem: „Sage mir ja kein verschönerndes Wort ... Lieber wäre ich Knecht auf den Feldern und diente dort einem anderen Mann ohne Land und Vermögen. Lieber tät ich's als herrschen über alle Toten.“ *(Odyssee* XI 488ff.) Welch ein Geschenk das Leben – und sei es auch das armseligste – für den Menschen ist, kann Achilles erst jetzt ermessen.

Lektion 40

Die Germanen und Rom

In den Jahren 120–101 v. Chr. wurde Rom zum ersten Mal mit den Germanen konfrontiert. Die Stämme der Kimbern und Teutonen – ca. 200.000 Menschen – hatten ihre Gebiete im heutigen Dänemark und Schleswig-Holstein verlassen und zogen süd- und westwärts. Wahrscheinlich waren die Unfruchtbarkeit der Böden und eine katastrophale Springflut die Gründe für ihren Aufbruch. In Südgallien schlugen sie mehrmals römische Armeen, und erst dem aus dem Ritterstand aufgestiegenen *homo novus* Gaius Marius gelang es, den Ansturm aus dem Norden aufzuhalten.

Die zweite Welle setzte dreißig Jahre später ein, als die Sueben unter ihrem König Ariovist den Rhein überschritten und in Gallien eindrangen (ab 72 v. Chr.). Caesar schlug sie 58 und drängte sie über den Rhein zurück, den er zur Grenze des römischen Einflussgebietes machte. Räuberische Überfälle der Sugambrer, Usipeter und Tencterer (16 v. Chr.) veranlassten Augustus zu den großen Germanenfeldzügen unter Führung seiner Stiefsöhne Drusus (12–9 v. Chr.) und Tiberius (4–6 n. Chr.). Ziel war die Erweiterung des römischen Herrschaftsgebietes bis an die Elbe.

Im Jahre 7 n. Chr. wurde dann P. Quintilius Varus als Statthalter in den rechtsrheinischen Gebieten eingesetzt. Er und die römische Führung glaubten, das unterentwickelte Land fest im Griff zu haben; damit aber unterschätzten sie die Germanen gewaltig:

A Die Varus-Schlacht

(nach Sueton, *Augustus* 23; Tacitus, *Annalen* I 61 f.; Cassius Dio LVI 18-22.1; Vell.Paterculus II 117-119)

Cum Ianus Quirinus Augusto auctore clausus esset, tamen pax Augusta diuturna non fuit. Nam Romani bella in Germania aliisque in partibus imperii Romani gerebant, ut populos in potestatem suam redigerent.

Quintilius Varus, cum exercitui, qui erat in Germania, praeesset, putavit Germanos nihil humani praeter vocem membraque habere. Re autem vera Germani se homines magna calliditate praebuerunt: Pacem enim simulantes Varum in tantam socordiam induxerunt, ut se in foro Romano ius dicere, non in mediis Germaniae finibus exercitui praeesse crederet. Quae res Varo perniciei fuit. Numquam enim ei in mentem venit Germanos libertate amissa dolentes seditionem contra Romanos facturos esse.

Eo tempore fuit in gente Cheruscorum iuvenis nomine Arminius, quem genere nobilem, proelio fortem, ingenio celerem fuisse constat. Is propterea, quod antea in exercitu Romanorum militaverat, rei militaris peritior erat ceteris Germanis. Cum intellegeret neminem celerius homine securo opprimi et frequentissimam causam calamitatis esse securitatem, consilium callidum cepit.

Primo paucos, tum complures consilii conscios facit. Deinde eo auctore coniuratorum nonnulli amicitiam simulantes Varo nuntiant seditionem contra Romanos factam esse et ei persuadent, ut auctores seditionis puniat. Varus non metuens, ne periculum instet, nuntiis fidem habet et cum tribus legionibus, quas fide dignas esse existimat, castris exit; coniurati se Varo adiungunt et promittunt se bello interfuturos esse. In itinere autem – in regione, quae saltus Teutoburgiensis dicitur – causas fingentes Varum relinquunt, se cum copiis Germanorum, qui eos iam armati exspectant, coniungunt, Romanis insidias parant. Repente in Romanos iam silvis paludibusque inclusos invadunt et omnes tres legiones occidunt.

Varus et ceteri legati, cum sibi nullam spem fugae esse videant, se gladiis percutiunt. Nuntio cladis gravis Romam allato Augustus intellegens, quantam contumeliam populus Romanus socordia Vari accepisset, exclamavisse traditur: „Quintili Vare, legiones redde!“

Sex annis post Germanicus, qui tum exercitui in Germania collocato praeerat, cum copiis suis in saltum Teutoburgiensem iter fecit, ubi magno maerore doloreque ossa Vari legionumque sepelivit.

Die Segnungen der Zivilisation

Der Sieg über Varus – bis heute ist der Ort der Schlacht umstritten – verhinderte auf Dauer die Romanisierung Germaniens nördlich des Mains; Mittel- und Niederrhein blieben von nun an die Grenze. Im Osten erstreckten sich unwegsame Wälder und Sümpfe. Westlich des Rheins dagegen entwickelten sich zwei blühende römische Provinzen, die später die Namen *Germania Superior* (Obergermanien, mit Mainz, *Mogontiacum*, als Hauptstadt) und *Germania Inferior* (Niedergermanien, mit Köln als Hauptstadt) erhielten.

Das milde Klima der rheinischen Tiefebene, das sogar Weinanbau gestattete, und der fruchtbare Boden machten das Land attraktiv für Siedler. Es entstand eine Mischbevölkerung aus Germanen und Römern, darunter viele Veteranen aus allen Teilen des Imperiums. Der Wald wurde gerodet. Inmitten blühender Felder und Plantagen lagen, bevorzugt nach Süden hin, römische *villae rusticae*. Die Römer brachten ihre überlegene Bautechnik mit: Ziegelmauer, Ziegeldach, Fenster, Unterkellerung. Mit den neuen Techniken übernahmen die Germanen auch die dazugehörigen Bezeichnungen – Mauer von *murus*, Ziegel von *tegula*, Fenster von *fenestra*, Keller von *cella*.

Dazu kamen neue Bequemlichkeiten wie Fußbodenheizung und fließendes Wasser. Bald war das Land durchzogen von den zwei Lebensadern, die für die römische Kultur typisch und bis heute Kennzeichen dafür sind, dass man sich in einem zivilisierten Land befindet: Wasserleitungen und Straßen. Beides wurde von der römischen Besatzung aufs sorgfältigste gebaut, gesichert und gewartet. Auch die Zuständigkeiten waren genau geregelt: Für Reparaturen an öffentlichen Einrichtungen in Obergermanien waren die Behörden in Mainz zuständig, für Untergermanien musste man sich nach Köln wenden. Das Bachtal, das die Grenze zwischen beiden Provinzen bildete, überspannt heute eine riesige Autobahnbrücke; aus der Bezeichnung *ad fines* ist der *Vinxtbach* geworden. Ein paar Kilometer nördlich verläuft die Grenze zwischen den Bundesländern Nordrhein-Westfalen und Rheinland-Pfalz, dessen Hauptstadt immer noch Mainz ist.

B Bei den Germanen (nach Tacitus, *Germania* 7f.; 15; 18f.)

In vielerlei Hinsicht brachten das Imperium und die Romanisierung bleibende Verbesserungen für den Lebensstandard in den Provinzen. Umgekehrt interessierte man sich jedoch auch in Rom für die unbekannte Welt der sogenannten „Barbaren", die in den Ländern an den Grenzen des Reichs wohnten. Schilderungen der Sitten und Gebräuche fremder Völker wurden – aus sicherer Entfernung – gern gelesen. Dabei ging es den Römern nicht viel anders als uns, wenn wir Berichte über Naturvölker sehen: Vieles fanden sie rückständig, unverständlich und gefährlich, manches aber wirkte echt, natürlich, unverdorben. Und in einigen Bereichen erschien das Leben der „Wilden" vielleicht sogar besser als das in der hochentwickelten *Urbs*.

Welche positiven Seiten z. B. der Geschichtsschreiber Tacitus der Lebensweise der „freien" Germanen am anderen Rheinufer abgewinnen konnte, ist seiner Schrift *Germania* zu entnehmen:

Centum fere annis post Vari cladem Cornelius Tacitus in eo libro, qui *Germania* inscribitur, Romanos de moribus Germanorum docet.

Laudat corpora magna et firma virorum. Eosdem autem viros, quos fortissimos et bellicosissimos esse dicit, reprehendit, quod ipsi somno ciboque se dant, cum cura domus et agrorum feminis senibusque commendata sit. Nullam morum partem Tacitus magis laudat matrimoniis:

Nam Germani paene soli barbarorum singulis uxoribus contenti sunt, exceptis paucis, qui non libidine, sed ob nobilitatem complures uxores in matrimonium ducunt. Dotem non uxor marito, sed uxori maritus offert. Parentes et propinqui nuptiis intersunt et munera probant. Haec munera non pulchritudine, sed usu aestimantur; nam traduntur non ea dona, quibus delectantur feminae, sed ea, quibus opus est viris: equi et boves, gladii aliaque arma.

Non solum in pace, sed etiam in bello uxor marito fidelis socia laborum periculorumque est. Nam prope maritum bellantem semper esse dicitur. Maxima fortitudine Germani bellant, cum clamores feminarum et infantium audiunt. Ad matres, ad coniuges vulnera ferunt; nec illae numerare aut curare plagas timent; cibos afferunt et verbis viros incitant. Memoriae traditur nonnullas acies iam fatigatas a feminis restitutas esse constantia precum et obiectu pectorum nudorum et monstrata captivitate imminente.

Germani feminas natura sanctas esse et res futuras providere putant. Quamobrem neque consilia earum contemnunt neque responsa neglegunt.

Paucissima in tam numerosa gente sunt adulteria; mulieres autem, quas id facinus indignum commisisse suspicio est, poena severissima afficiuntur. Maritus uxorem nudam coram propinquis domo expellit et per omnem vicum verberibus agit. Non pulchritudine, non divitiis alium maritum inveniet. Nemo enim illic vitia ridet.

F Die Römer in Deutschland: Was übrig blieb

Die Römer haben an vielen Orten in Deutschland Spuren hinterlassen. In Museen und an Ausgrabungsstätten kann man sich ein Bild davon machen, wie das Leben in der römischen Provinz aussah und wie hoch teilweise der Lebensstandard war. Große Museen bewahren Bildwerke, Kunsthandwerk, Gegenstände aus dem Alltag. Einige haben sich spezialisiert: In Mainz z. B. gibt es ein eigenes Schifffahrtsmuseum, in dem man zwei Kähne sehen kann, mit denen die Römer den Rhein befuhren; Aalen in Baden-Württemberg besitzt ein eigenes Limesmuseum.

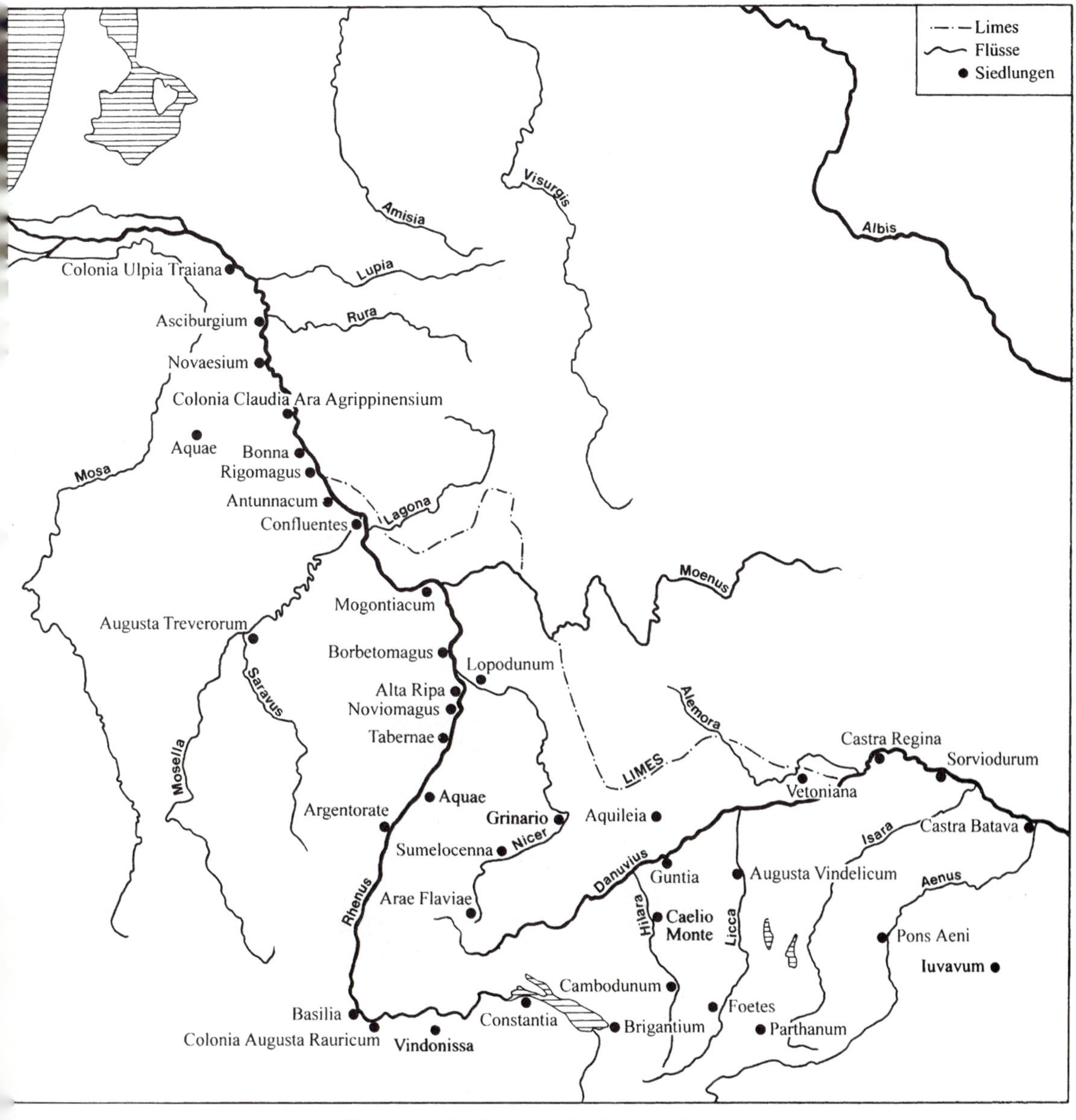

Römische Siedlungen nördlich der Alpen

Im Straßenbild der Städte, die die Römer gegründet haben, finden sich noch heute an vielen Stellen Zeugnisse ihrer Baukunst: in Regensburg ein Teil der *Porta Praetoria*, des großen Lagertors, in Köln zahlreiche Reste von Mauern, Toren, Türmen. In Trier kann man die *Porta Nigra*, das riesige Stadttor, dessen Steinblöcke ohne Mörtel drei Stockwerke hoch aufeinander getürmt sind, sogar besteigen. Dort steht auch, einzigartig im Erhaltungszustand, die Aula Palatina (Palasthalle): Kaiser Konstantin hat in dem hohen, weiten Raum Gesandte empfangen und Recht gesprochen. Als Kirche benutzt und viele Male umgebaut, ist sie heute in ihren ursprünglichen Zustand zurückversetzt worden.

Der Römerturm in Köln war der nordwestliche Eckturm der Stadtbefestigung der Colonia Claudia Ara Agrippinensium. Sein unteres Drittel steckt heute in der Erde.

Die Porta Nigra in Trier (Nordseite) wurde im späten 2. Jh. n. Chr. als Nordtor der Stadtmauer von Augusta Treverorum errichtet. Ihr Name stammt erst aus dem Mittelalter, als sich der ursprünglich helle Sandstein dunkel verfärbt hatte.

Die Aula Palatina in Trier, erbaut um 310 n. Chr. Sie war der Zentralbau und Repräsentationssaal des Kaiserpalastes, als Konstantin d. Gr. als Herrscher des weströmischen Reiches hier seine Residenz hatte.

Auch Rekonstruktionen lassen die Vergangenheit lebendig werden: In Xanten sind in einem archäologischen Park Teile der römischen Stadt wieder aufgebaut, in der Saalburg im Taunus ein großes Limeskastell. Kleinere Ausgrabungsstätten liegen verstreut im ganzen Land, so z. B. in Nordrhein-Westfalen Teile der römischen Wasserleitung, in Rheinland-Pfalz mehrere *villae rusticae* (in Otrang bei Trier mit schönen Bodenmosaiken und in Bad Neuenahr mit Graffiti und Resten von farbigen Wandmalereien), in Bayern zahlreiche Limes-Kastelle, von ein paar Mauerresten mitten im Wald bis hin zu den großen Anlagen in Kempten und in Weißenburg.

Wandkritzelei in einer Villa in Bad Neuenahr-Ahrweiler: „Qui bene non didicit, garrulus esse solet"
(*garrulus:* geschwätzig)

Zwei mit Gold und Silber geschmückte Bronzestatuetten (etwa 16 cm hoch) aus dem Schatz von Weißenburg in Bayern, dem römischen Biriciana. Hier lag ein römisches Limeskastell mit Siedlung. Unmittelbar neben der großen Thermenanlage, die schon lange ausgegraben war, fand erst 1979 ein Hobby-Gärtner beim Anlegen eines Spargelbeets einen antiken Tempelschatz, den wohl ein Priester vor heranrückenden Germanen versteckt hatte. Links Merkur, der Gott der Reisenden und des Handels (mit Geldbeutel, Flügelhut und Flügelschuhen), rechts die Göttermutter Juno (mit Diadem und Zepter). Weißenburg, Römermuseum.

Auch in deiner Heimat – falls dort die Römer waren – gibt es sicher etwas, das das Anschauen wert ist. Manchmal genügt aber auch schon der Anblick eines einfachen Feldwegs, um uns die Römer und die besondere Art ihres Denkens und Handelns vor Augen zu führen: Schnurgerade, wie mit dem Lineal gezogen, ziehen sich die ehemaligen Römerstraßen über Berg und Tal durch das eroberte, das „zivilisierte" Land.

Und so kann man sich das Leben damals vorstellen, zum einen in der Großstadt, zum anderen an der Grenze zum Barbarenland:

Zwei Briefe aus der Provinz

145 n. Chr.

Secundinius Severus Attonianus, Keramikproduzent und Spediteur in Colonia Claudia Ara Agrippinensium, grüßt Publius Lucilius Macer, Baumeister in Augusta Treverorum.

Du bist mir von einem befreundeten Geschäftsmann als guter Architekt und als Spezialist für Innenausstattungen empfohlen worden. Ich bin Besitzer einer Keramikmanufaktur; zur Zeit beschäftige ich etwa fünfzig Leute. Wir sind auf das kostbare schwarze Tafelgeschirr spezialisiert, das wir bis nach Gallien, ja sogar nach Britannien exportieren.

Bisher hatte ich mein Wohnhaus gleich neben meinem Betrieb, außerhalb der Mauer, nahe beim Südtor, dort, wo die Straße nach Bonna die Stadt verlässt. Falls du unsere Colonia kennst, weißt du, dass das keine gute und gesunde Gegend ist. Die hier fast ständig wehenden Nordwinde halten den Gestank der Walkereien und den Qualm der Töpfereien zwar von den eleganten Vierteln unserer schönen Hauptstadt fern, wir aber sitzen mittendrin. Da eine derartige Adresse meinem Ansehen nicht mehr angemessen ist, habe ich mich entschlossen, in einen besseren Stadtteil zu ziehen. Im Norden der Stadt, in der Nähe des Merkurtempels, habe ich ein großes Haus aus dem vorigen Jahrhundert kaufen können. Es ist weiträumig angelegt und hat einen schönen Garten, doch werden viele Um- und Einbauten nötig sein, bis es unseren Ansprüchen voll entspricht. So müssen z. B. die Bleirohre der Wasserleitung vollkommen erneuert werden; auch muss man an mehreren Stellen im Haus Wasser entnehmen können. Weiter funktioniert die Technik der kleinen Fontäne am Brunnen des Peristyls nicht mehr, und der Hahn lässt sich nicht ganz schließen, was ja im Winter manchmal notwendig wird. Dies sind nur wenige Beispiele; schicke bald einen deiner Baumeister, der sich alles ansieht – er muss auch vom Dachdecken etwas verstehen.

Und jetzt das Allerwichtigste: die Dekoration. Einige Materialien, z. B. der Marmor, werden nicht leicht zu beschaffen sein, doch soll weder bei den Fußböden noch bei den Wänden und schon gar nicht bei der Dekoration und Ausmalung gespart werden. Meine Gattin wird mehr als ein Wörtchen mitreden, wenn die Musterbücher vorgelegt werden. Und da unsere Manufaktur für die zarten schwarzen Trinkschalen besonders bekannt ist, besteht sie darauf, dass in dem großen Mosaik, das den Boden des Tricliniums schmücken soll, der Gott des Weines im Mittelpunkt steht – was ja auch sehr schön und beziehungsvoll ist, wenn dort Trinkgelage stattfinden. Unsere Gäste sollen staunen! Ich wäre dir dankbar, wenn du dir dies immer vor Augen hieltest, wenn du uns deine Vorschläge unterbreitest.

Möge dies bald geschehen. Lebe wohl.

An den Kalenden des März ...

Ausschnitt aus dem großen Dionysos-Mosaik, um das herum das Römisch-Germanische Museum in Köln errichtet wurde. Im 2./3. Jh. n. Chr. war es der Fußboden des Festsaals einer römischen Villa. Das Mosaik zeigt den Gott des Weines und des Rausches und sein Gefolge, darunter eine Satyrfamilie, beim ausgelassenen Feiern.

Schwarzes Trinkgeschirr mit farbiger Bemalung und weißen Aufschriften (z.B. *„vivatis amici"* oder *„reple me"*), eine Spezialität aus dem römischen Köln. Köln, Römisch-Germanisches Museum.

184 n. Chr.

Aelius Fortis, Centurio der ersten Kohorte der Breuker[1], grüßt seine Mutter und seine Brüder.

Ich danke euch für euren Brief; da der Kaufmann morgen die Rückreise antritt, will ich es nicht versäumen, euch wieder Nachricht zukommen zu lassen.

Ich bin erleichtert, dass die Markomannen auch bei uns zu Hause endlich abgezogen sind – sie haben wahrhaftig genug Schaden angerichtet, selbst hier im hohen Norden! Jetzt geht es überall an den Wiederaufbau. Gut, dass auch dem neuen Kaiser[2] die Sicherung der Reichsgrenzen am Herzen liegt. Unsere Legion wurde inzwischen in das feste Lager von Castra Regina am Danuvius verlegt – ein prachtvoller Bau, Tore aus massiven Steinquadern, das hält eine Ewigkeit! Die Dritte Italica wird die zerstörten Limeskastelle wieder aufbauen und die Grenzbefestigungen reparieren und verstärken. Und ich, wie ihr sicher schon bemerkt habt, bin zum Centurio befördert worden – nach nur zwölf Jahren Dienst!

Unsere ruhmreiche Kohorte hat ihren Sitz in Vetoniana[3]. Dort ist der Wiederaufbau fast beendet; die Gedenkinschrift am Lagertor ist schon in Arbeit. Das Kastell kann sich sehen lassen: Wir haben ein stattliches Bad, drei Tempel und etwas außerhalb ein richtiges kleines Handwerkerviertel mit Eisenschmelz- und Schmiedeöfen, drei Töpferöfen und weiteren Werkstätten. Ich reite oft hin, um Material zu besorgen, oder wenn ich dienstfrei habe. Das kleine Nebenkastell im Tal der Alemora[4], zu dessen Kommandanten man mich gemacht hat, bietet doch noch wenig Bequemlichkeiten. Aber auch hier gehen die Auf-

[1] Die *Breuci* lebten in der Provinz Pannonia auf dem Balkan, u.a. in Kroatien
[2] Commodus, 180 – 192 römischer Kaiser
[3] Pfünz; vgl. die Landkarte S. 79
[4] Altmühl; vgl. die Landkarte S. 79

Die Porta Praetoria in Regensburg, von der man einen Torturm und die mittlere Durchfahrt erkennen kann.

Das Lagertor eines Limeskastells, von innen gesehen; es ist originalgetreu in seiner ursprünglichen Höhe wieder aufgebaut. Zwischen den zwei Tortürmen befindet sich der holzgestützte Wehrgang. Welzheim, Baden-Württemberg.

bauarbeiten – aus der abgebrannten Holzanlage wird ein Steinkastell – zügig vorwärts. Ein kleines Bad hat schon den Betrieb aufgenommen, und Einheimische, die vor den Markomannen geflohen waren, sind dabei, sich im Südwesten und Süden von uns wieder anzusiedeln. Bald wird es neben unserem Lager einen richtigen *vicus* geben. Schließlich arbeiten wir daran, die alten Holzpalisaden des Grenzwalls in eine Steinmauer umzubauen – das gibt allen ein Gefühl der Sicherheit.

Ein Untergebener von mir ist gestern Vater eines Sohnes geworden. Heiraten kann er natürlich erst nach Abschluss seiner Dienstzeit, aber auf jeden Fall will er später hier in der Gegend bleiben. Das Land ist fruchtbar, die Straßen sind auch wieder in Ordnung.

Liebe Mutter, du brauchst dir also keine Sorgen zu machen; hier unten im Tal sind wir recht gut geschützt. Der Limes verläuft jenseits des Flusses, hoch über unseren Köpfen auf dem Steilhang; heranrückende Feinde können von den Wachtposten dort oben lange vorher gesichtet werden. Tagsüber benutzen wir Licht- und Rauchzeichen, nachts Fackeln, um Nachrichten weiterzuleiten – das geht sehr schnell. Gefahr geht aber zur Zeit allenfalls von der Alemora aus, wenn sie Hochwasser führt. Und von einem Mädchen in der Siedlung, das dunkle Haare und Augen hat und aussieht wie die jungen Frauen bei uns zu Hause. Vielleicht frage ich sie einmal, ob sie mir Gerichte von daheim kocht.

Bleibt gesund und grüßt mir alle Verwandten und Freunde!

An den Iden des Juli …

Grammatische Impulse 26

1 Adjektive der Dritten Deklination (II)

Die Adjektive der Dritten Deklination gehören normalerweise zu den i-Stämmen (vgl. GI 15.1). Einige einendige Adjektive richten sich jedoch nach den **konsonantischen Stämmen** (vgl. GI 10.4), z. B. *dives* (reich), *pauper* (arm), *vetus* (alt).

Deklinationsbeispiel:

	Singular			*Plural*		
	m	*f*	*n*	*m*	*f*	*n*
Nom.	vetus	vetus	vetus	veter-ēs	veter-ēs	veter-**a**
Gen.	veter-is	veter-is	veter-is	veter-**um**	veter-**um**	veter-**um**
Dat.	veter-ī	veter-ī	veter-ī	veter-ibus	veter-ibus	veter-ibus
Akk.	veter-em	veter-em	vetus	veter-ēs	veter-ēs	veter-**a**
Abl.	veter-**e**	veter-**e**	veter-**e**	veter-ibus	veter-ibus	veter-ibus

Merke: Abl. Sg.: **-e**
Nom./Akk. Pl. Neutrum: **-a**
Gen. Pl.: **-um**

1Ü a Übersetze und dekliniere:
a) vir dives b) domus vetus c) agricola pauper d) templum vetus

1Ü b Welches der Substantive passt zum Adjektiv? Welches der Adjektive passt zum Substantiv? Suche die richtige Verbindung und schreibe sie mit der Übersetzung in dein Heft. Nicht nur grammatische, sondern auch inhaltliche Gesichtspunkte sind bei der Auswahl wichtig:

a) avi / cladis / rege } felicis
b) dominum / convivarum / pastorum } divitum
c) mos / miseriae / amicitiam } vetus
d) dei / imperatori / parentibus } diviti
e) victoria / verba / castra } audacia
f) nave / origo / dolo } callido

g) ira { vehementi / ingentia / beata } commotus
h) e somno { dulci / alta / grave } excitari
i) cum liberis { parvis / laeti / fortis } ludere
j) in domibus { ingentis / pulchris / fortibus } habitare
k) servos { audaces / divites / attentos } reprehendere
l) amicae { miseram / pauperi / timidis } adesse

2 Negation (Verneinung)

Merke: **nōn** steht, wenn etwas nicht ist.
nē steht, wenn etwas nicht sein soll.

3 Der Modus: Indikativ, Imperativ, Konjunktiv

Im Lateinischen und Deutschen unterscheidet man drei Aussageweisen **(Modi)**: Indikativ, Imperativ, Konjunktiv.

a) Indikativ

Gaius **geht** in die Schule. — Gaius in scholam **it**.

Mit dem Indikativ wird in der Regel etwas als tatsächlich und wirklich dargestellt.

b) Imperativ

Geh in die Schule, Gaius! — **I** in scholam, Gai!

Mit dem Imperativ werden Aufforderungen und Befehle direkt an eine oder mehrere Personen gerichtet.

c) Konjunktiv

Gaius sagt, er **gehe** täglich in die Schule. (Deutsch: Konjunktiv) — Gaius se cottidie in scholam ire dicit. (Latein: kein Konjunktiv, sondern AcI)

Romam **eamus!** (Latein: Konjunktiv) — Wir wollen nach Rom gehen! (Deutsch: kein Konjunktiv, sondern Indikativ eines Modalverbs)

Mit dem Konjunktiv wird in beiden Sprachen die Wirklichkeit einer Aussage eingeschränkt. In ihrer Anwendung entsprechen sich jedoch der lateinische und der deutsche Konjunktiv meist **nicht**.

4 Konjunktiv Präsens: Formen

Das Kennzeichen des Konjunktivs Präsens ist **-a-** zwischen Stamm und Endung. Nur bei der a-Konjugation steht **-e-** an der Stelle des Stammauslautes -a-. Bei *esse* erscheint als Moduskennzeichen ein **-i-**.

	a-Konjugation	*e-Konjugation*	*i-Konjugation*	→ *Misch-gruppe* ←	*konsonant. Konjugation*	*ferre*	*esse*	*īre*
Stamm	amā-	vidē-	audī-	cap(i)-	dūc-	fer-	(e)s-	ī-/e-
AKTIV								
Sg. 1.	am-**e**-m	vide-**a**-m	audi-**a**-m	capi-**a**-m	dūc-**a**-m	fer-**a**-m	s-**i**-m	e-**a**-m
2.	am-**ē**-s	vide-**ā**-s	audi-**ā**-s	capi-**ā**-s	dūc-**ā**-s	fer-**ā**-s	s-**ī**-s	e-**ā**-s
3.	am-**e**-t	vide-**a**-t	audi-**a**-t	capi-**a**-t	dūc-**a**-t	fer-**a**-t	s-**i**-t	e-**a**-t
Pl. 1.	am-**ē**-mus	vide-**ā**-mus	audi-**ā**-mus	capi-**ā**-mus	dūc-**ā**-mus	fer-**ā**-mus	s-**ī**-mus	e-**ā**-mus
2.	am-**ē**-tis	vide-**ā**-tis	audi-**ā**-tis	capi-**ā**-tis	dūc-**ā**-tis	fer-**ā**-tis	s-**ī**-tis	e-**ā**-tis
3.	am-**e**-nt	vide-**a**-nt	audi-**a**-nt	capi-**a**-nt	dūc-**a**-nt	fer-**a**-nt	s-**i**-nt	e-**a**-nt
PASSIV								
Sg. 1.	am-**e**-r	vide-**a**-r	audi-**a**-r	capi-**a**-r	dūc-**a**-r	fer-**a**-r		
2.	am-**ē**-ris	vide-**ā**-ris	audi-**ā**-ris	capi-**ā**-ris	dūc-**ā**-ris	fer-**ā**-ris		
3.	am-**ē**-tur	vide-**ā**-tur	audi-**ā**-tur	capi-**ā**-tur	dūc-**ā**-tur	fer-**ā**-tur		
Pl. 1.	am-**ē**-mur	vide-**ā**-mur	audi-**ā**-mur	capi-**ā**-mur	dūc-**ā**-mur	fer-**ā**-mur		
2.	am-**ē**-minī	vide-**ā**-minī	audi-**ā**-minī	capi-**ā**-minī	dūc-**ā**-minī	fer-**ā**-minī		
3.	am-**e**-ntur	vide-**a**-ntur	audi-**a**-ntur	capi-**a**-ntur	dūc-**a**-ntur	fer-**a**-ntur		

4Ü Welchen Vokal musst du jeweils einsetzen, um die richtige Konjunktivform zu erhalten?

a) nunti●mus b) ride●tis c) s●m
d) defend●r e) exerce●tur f) curr●m
g) dic●s h) cess●tis i) place●t
j) posc●ntur k) mut●mur l) poss●mus
m) celebr●nt n) dormi●t o) puls●tur

5 Coniunctivus iussivus

Taceat tandem!	Er soll endlich schweigen!
Ne excitent nos tam mane e somno!	Sie sollen uns nicht so früh aus dem Schlaf wecken!
Abeas!	Du sollst weggehen! Geh weg!

Der Konjunktiv wird im Lateinischen zur **Aufforderung an die 2. und 3. Person Sg./Pl.** verwendet: **Jussiv** (*iubere – befehlen*). Verneinung: **nē**

Übersetzung ins Deutsche meist mit: *sollen*

5Ü a Was soll dein Freund/deine Freundin tun? Was sollen sie nicht tun?
Beispiel: Taceat! – Ne excitent nos e somno!
Für deine Antworten kannst du folgende Ausdrücke verwenden:
certare, clamare, cogitare, me exspectare, diem natalem (*Geburtstag*) celebrare;
manere, iubere, timere, valere, dolum adhibere;
audire, venire, dormire, ianuam aperire, omnia scire;
fugere, lacrimare, incipere, labores suscipere, statuam rapere, ludum conficere;
vivere, currere, scribere, epistulam reddere, mecum ludere;
mihi adesse, domum meam inire, munera ferre

5Ü b Fordert euch gegenseitig auf, etwas zu tun oder nicht zu tun:
Beispiel: Abeas! – Ne dubites!
Dabei könnt ihr folgende Ausdrücke verwenden:
discere, currere, valere, credere, redire, requiescere, cessare, carmen recitare, flumen transire, consilium callidum capere, amicam irridere, carmina Homeri legere, in tempore advenire, nos adiuvare

6 Coniunctivus optativus

Utinam placeant vobis vestimenta nova!	Mögen euch die neuen Kleider gefallen! Hoffentlich gefallen euch die neuen Kleider!
Felix sis!	Mögest du glücklich sein! Hoffentlich bist du glücklich!

Der Konjunktiv wird im Lateinischen verwendet, um einen **Wunsch** auszudrücken: **Optativ** (*optare – wünschen*). Wunschsätze werden oft mit **utinam** eingeleitet. Verneinung: **nē**

Übersetzung ins Deutsche meist mit: *mögen, hoffentlich*

Die Verwendung des Konjunktivs als Jussiv (Aufforderung) und als Optativ (Wunsch) lässt sich oft nicht klar unterscheiden.

6Ü a Das wünscht man sich von einem Lehrer:
Beispiel: Magister (dormire): Magister dormiat!

a) Discipulos (laudare)!
b) Fabulas (narrare)!
c) Clementiam (adhibere)!
d) Ne nos (reprehendere)!
e) Ne omnia (videre)!
f) Semper laetus (esse)!
g) Saepe nobiscum (ridere)!

Setze diese Übung mit eigenen Beispielen fort.

6Ü b Was wünscht sich ein Lehrer von seinen Schülerinnen und Schülern? Entwirf einen entsprechenden Wunschzettel.
Beispiel: Ne dormiant!

7 Coniunctivus hortativus

Romam eamus!	Wir wollen nach Rom gehen! Lasst uns nach Rom gehen!
Ne portam aperiamus!	Wir wollen die Tür nicht öffnen! Lasst uns die Tür nicht öffnen!

Der Konjunktiv wird im Lateinischen zur **Aufforderung an die eigene Gruppe** (1. Pl. – wir) verwendet: **Hortativ** (*hortari – auffordern*). Verneinung: **nē**

Übersetzung ins Deutsche meist mit: *wir wollen, lasst uns*

7Ü Lauter gute Vorsätze!

Beispiel: Semper (laborare): Semper laboremus!

a) Magistris (parere)!
b) Mane (surgere) et in scholam (ire)!
c) Ne tumultum (facere)!
d) In schola (tacere)!
e) Ne alios (vexare)!
f) Ne magistrum (decipere)!

8 Coniunctivus deliberativus

Quid faciam?	Was soll ich tun?
Fugiamusne an maneamus?	Sollen wir fliehen oder bleiben?

Der Konjunktiv wird im Lateinischen bei **Fragen** verwendet, in denen ein **Überlegen** oder **Abwägen** ausgedrückt wird: **Deliberativ** (*deliberare – überlegen*). Verneinung: **nōn**

Übersetzung ins Deutsche meist mit: *sollen*

8Ü Fragt und antwortet euch gegenseitig:

a) Quid faciam?
b) Maneamne domi an domum relinquam?
c) Vinum an aquam bibam?
d) Dormiam an laborem?
e) Eamne in amphitheatrum?
f) Quid primum discam?

9 Zusammenfassung: Funktionen des Konjunktivs Präsens im Hauptsatz

Funktion	*lateinisch*	*deutsch*	*Signale*
a. Jussiv: Aufforderung, Befehl an die 2. oder 3. Person	(Ne) veniat!	Er soll (nicht) kommen!	1) Konjunktiv 2) Negation: ne 3) 2. oder 3. Person
b. Optativ: erfüllbar gedachter Wunsch	Utinam veniatis! (Utinam) ne veniatis!	Wenn ihr nur kommt! Hoffentlich kommt ihr (nicht)!	1) Konjunktiv 2) Negation: ne 3) oft: utinam
c. Hortativ: Aufforderung an die 1. Person Plural	(Ne) veniamus!	Lasst uns (nicht) kommen! Wir wollen (nicht) kommen!	1) Konjunktiv 2) Negation: ne 3) 1. Person Plural
d. Deliberativ: überlegende Frage	Quid faciam? Veniamne? Portamne aperiamus an non?	Was soll ich tun? Soll ich kommen? Sollen wir die Tür öffnen oder nicht?	1) Konjunktiv 2) Negation: non 3) Fragewort, -partikel 4) 1. Person

10 Verstehen und Übersetzen: Prädikatstrennung bei Modalverben

Weil die meisten konjunktivischen Hauptsätze mithilfe von Modalverben wiedergegeben werden, tritt im Deutschen regelmäßig Prädikatstrennung ein. Nutze dies beim Übersetzen aus!

10Ü Volcatius Tullus unterhält sich früh am Morgen des 17. Dezember mit seiner Frau Servilia. Im folgenden Gespräch sind absichtlich bisher unbekannte Verben verwendet, die aus dem Kontext erschlossen werden sollen:

a) Volcatius: „Saturnalia adsunt; hodie servos nostros, qui, ut puto, adhuc dormiunt, nemo e somno **expergefaciat**. b) Si eis placet, dormire **pergant** per totum diem. c) Is dies in nostra familia ab omnibus celebretur. Saturnalibus partes dominorum servis **imponantur**. d) Per unum diem servi se dominos esse **existiment**.

e) Primo autem, ut est mos antiquus, eis nonnulla munera **donemus**. f) Quas res iucundas eis **concedamus**? g) Quid cuique (*jedem*) **tribuamus**? h) Quem nuntium in cubiculum (*Schlafraum*) eorum mittamus? Cui id negotium **mandemus**? i) Tu, Servilia, munera et gratulationes (*Glückwünsche*) nostras servis in cubiculum **deferas**.“

j) Sed Servilia respondet: „Ne uxorem tuam semper **praemittas**. k) Cur ego officia domini **perficiam**? l) Quid dicis? Nosne duo in cubiculum euntes servos donis (*Geschenke*) afficiamus an Volcatiae et Volcatillae id negotium **impertiamus**? m) Ambae puellae statim **arcessantur**!

Erschließe die Bedeutung der Verben *expergefacere, pergere, imponere, existimare, donare, concedere, tribuere, mandare, deferre, praemittere, perficere, impertire, arcessere.* Prüfe erst hinterher im Lexikon nach, ob deine Vermutung stimmt.

Grammatiktraining

T 1 **Verändere den Numerus (Singular → Plural, Plural → Singular):**
pars vetus, more vetere, virtutes Romanae, cum divitibus patronis, omne periculum, filio infelici, rem ignotam, celeribus navibus, communi honore, scelera gravia, civis pauperis

T 2 a **Bestimme die folgenden Formen und übersetze sie. Schreibe die Lösungen in dein Heft.**
a) laudes (3) b) pares (2) c) veniam (2)

b **Welche Form passt nicht in die Reihe? Warum?**
legamus – placeat – scribant – parant – mittas

T 3 **Schüttelrätsel (für hartnäckige Tüftler!)**
Wenn du die Buchstaben der folgenden Phantasiewörter jeweils in die richtige Reihenfolge bringst, erhältst du alle sechs Personalformen im Konjunktiv Präsens Aktiv. Schreibe die Lösungen in dein Heft.
a) madavine b) hasuria c) dactica d) farepaciimus e) stacopis f) tamnevo

T 4 **„Blinde Passagiere“: Ein Rätsel für Tüftler!**
Sammle möglichst viele Verbformen, die im folgenden Wort enthalten sind: ADVENIATIS
Beispiel: Die Form *DAMUS* enthält die Verbformen *da, das, sum.*

T 5 **Aus dem Vaterunser. Übersetze:**
a) Sanctificetur nomen tuum! (*sanctificare* = ?)
b) Adveniat regnum tuum!
c) Ne nos inducas in temptationem! (*temptatio* = ?)

T 6 **Führe folgende Formen des Perfektstamms auf ihren Infinitiv Präsens zurück und übersetze sie. Erkläre die Art der Perfektbildung:**
apparuit, accessisti, rexeramus, prodidi, servivimus, cognoverant, petivistis, constituerat, ascendimus, commiserunt, tulerat, cecideram

T 7 **Trainiere die Tempora. Führe nach dem Muster der *Navis Temporum* die folgenden Verben durch die dir bekannten Tempora:**

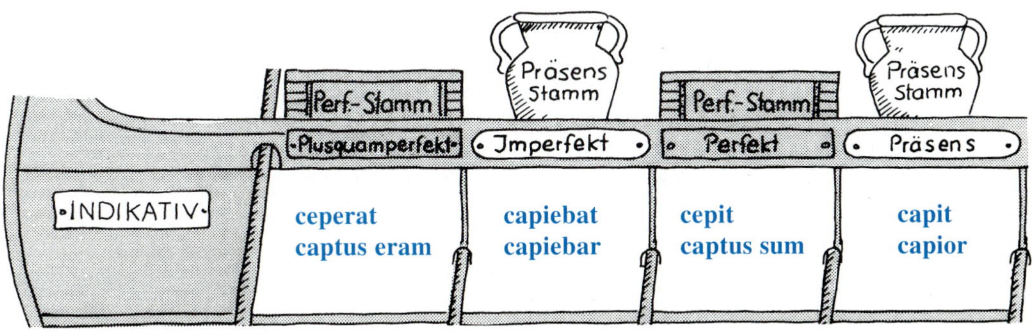

a) im Aktiv

von links nach rechts: cessaverat, venerant, audiveras, monueratis, cucurrerant, feceram, scripseramus, luseras, coluerant, dixeram, cesseratis, exieras

von rechts nach links: laboro, fert, estis, cupimus, desinitis, legunt, tollis, dubito, habet, vendunt, delemus, intellegitis, timeo, respondent, ducis

b) im Passiv

von links nach rechts: laudatus eram, reprehensa erat, coacti eratis, irrisae eramus, neglectus eras, missi eratis, defensi erant, prodita eram, lectum erat

von rechts nach links: afficitur, cogeris, quaerimur, terremini, monstrantur, geritur, mittor, repellimur, ponuntur, conspiceris, trahimini

T 8 **Setze bei folgenden Verbformen die fehlenden Buchstaben ein und schreibe sie in dein Heft. Aneinander gereiht ergeben die ergänzten Buchstaben einen klugen Rat Senecas:**

respon•it, inscrips•mus, mi•istis, du•ebam, man•ntibus, coe•erunt, audi•tur, f•eram, ascen•it, conficer•, adiuva•i, admon•t

T 9 a **Wiederhole die bisher gelernten Konjunktionen und ihre Bedeutung:**

cum(2), dum, si, etiamsi / etsi, postquam, quamquam, quia, quod, ubi, ubi primum, ut

b **Füge Gliedsätze und Hauptsätze sinnvoll zusammen und übersetze. Welche Satzglieder vertreten die Gliedsätze?**

(1) Ut scis, …
(2) Cum puer miseram sororem irridebat, …
(3) Ut vetus mos est, …
(4) Quod Davus officia bene servabat, …
(5) Etsi amicus meus es, …
(6) Quamquam Crixus clamorem tollit, …
(7) Ut est officium tuum, …
(8) Postquam cuncti milites convenerunt, …
(9) Quia munera exspectant, …
(10) Si verba Latina cottidie discis, …

a) … mater eum reprehendebat.
b) … Davus non surgit.
c) … labores non magnos subire debes.
d) … Saturnalibus domini servis serviunt.
e) … domina ei negotia dare solebat.
f) … mihi ades!
g) … imperator orationem habuit.
h) … servi ianuam aperiunt.
i) … te reprehendo, quod officia neglexisti.
j) … C. Volcatius a Caesare legatus factus est.

T 10 **Übersetze ins Lateinische: Das Geburtstagsgeschenk**

Iulia: „Grüß dich (= *Sei gegrüßt*), hoffentlich geht es dir gut. Gib mir bitte einen Rat (= *mögest du mir raten*)! Was soll ich Claudia schenken? Sie hat mich nämlich zu sich nach Hause eingeladen."

Eva: „Du sollst nicht lange überlegen. Bring ihr ein lustiges Buch! Wenn Claudia mich doch auch einladen möge!"

Iulia: „Hoffentlich hat sie das Buch noch nicht!"

Grammatische Impulse 27

1 Konjunktiv in Gliedsätzen mit *ut* bzw. *nē*

Weitaus häufiger als in Hauptsätzen steht der **Konjunktiv** in **Gliedsätzen.** Grammatisches Thema dieser Lektion sind konjunktivische Gliedsätze, die mit den Subjunktionen *ut* bzw. *ne* eingeleitet werden: Begehrsätze, Finalsätze, Konsekutivsätze, Erläuterungssätze.

2 Begehrsätze (Objektsätze bzw. Subjektsätze)

Verneinung: **nē**

Ursus: „Crixus taceat tandem!"

Ursus optat, **ut** Crixus tandem taceat.	Ursus wünscht, **dass** Crixus endlich schweigt.
Optatur, **ut** Crixus taceat.	Es wird gewünscht, **dass** Crixus schweigt.

Ursus: „Ne excitet me tam mane e somno!"

Ursus a Crixo petit, **ne** excitet se[1] tam mane e somno.	Ursus verlangt von Crixus, **dass** er ihn **nicht** so früh aus dem Schlaf weckt.
Vos imploro, **ne** animo deficiatis.	Ich flehe euch an, **nicht** den Mut **zu** verlieren.

Mit *ut* bzw. *nē* eingeleitete Gliedsätze werden verwendet, um einen **Wunsch**, eine **Aufforderung**, einen **Rat** oder eine **Sorge** auszudrücken. Man nennt solche Sätze zusammenfassend **Begehrsätze.**
Solche Begehrsätze stehen z. B. nach
optare, petere, imperare, rogare, monere, suadere, commovere, operam dare, efficere.

Übersetzung ins Deutsche: **ut** – dass; zu (mit Infinitiv)
nē – dass nicht; nicht zu (mit Infinitiv)

Sonderfall: Negative Begehrsätze nach Verben des Fürchtens und Hinderns

Crixus: „Utinam dominus ne me puniat!"

Crixus metuit, **ne** dominus se puniat.	Crixus fürchtet, **dass** der Herr ihn bestraft.

„Ne hostes nos pellant!"

Timemus, **ne** hostes nos pellant.	Wir fürchten, **dass** die Feinde uns schlagen.

„Ne Pompeiani per aciem nostram perrumpant!"

Prohibeamus Pompeianos, **ne** per aciem nostram perrumpant.	Wir wollen die Leute des Pompeius daran hindern, unsere Schlachtreihe **zu** durchbrechen.
Periculum est, **ne** Pompeius impetum in nos faciat.	Es besteht die Gefahr, **dass** Pompeius uns angreift.

[1] Auch in konjunktivischen Gliedsätzen können sich die Reflexivpronomina *sui, sibi, se* und *suus, a, um* auf das Subjekt des Hauptsatzes beziehen (indirekte Reflexivität; vgl. GI 25.2).

Nach **Ausdrücken des Fürchtens und Hinderns** (z. B. *timere, metuere, cavere, prohibere, resistere, periculum est*) besagt der Gliedsatz, dass etwas nicht geschehen soll. Daher steht als Einleitewort **nē**. Dieser negative Sinn des Gliedsatzes, der bereits im übergeordneten Verb des Fürchtens oder Hinderns enthalten ist, wird im Deutschen nicht mehr eigens ausgedrückt.

Übersetzung ins Deutsche: **nē** – dass; zu (mit Infinitiv)

3 Finalsätze (Adverbialsätze der Absicht)

Verneinung: **nē**

Lucius ianuam pulsat, **ut** sibi aperiatur.	Lucius klopft an die Tür, **damit** ihm geöffnet wird.
Omnes labores suscipimus, **ut** Pompeium vincamus.	Alle Mühen nehmen wir auf uns, **um** Pompeius **zu** besiegen.
Servi mane surgunt, **ne** a domino puniantur.	Die Sklaven stehen frühmorgens auf, **um nicht** vom Herrn bestraft **zu** werden.
Memores sitis victoriae ad Alesiam partae, **ne** animo deficiatis.	Denkt an den Sieg bei Alesia, **damit** ihr den Mut **nicht** verliert.

Finalsätze (*finis: Ende, Ziel, Zweck*) drücken eine **Absicht** aus.

Übersetzung ins Deutsche: **ut** – damit; (*bei gleichem Subjekt:*) um zu (mit Infinitiv)
nē – damit nicht; (*bei gleichem Subjekt:*) um nicht zu (mit Infinitiv)

4 Konsekutivsätze (Adverbialsätze der Folge)

Verneinung: **ut nōn**

Cur Crixus nos excitat, **ut** dormire **non** iam possimus?	Warum weckt Crixus uns auf, **so dass** wir **nicht** mehr schlafen können?
Milites **tam** fortes sunt, **ut** impetum hostium **non** timeant.	Die Soldaten sind **so** tapfer, **dass** sie den Angriff der Feinde **nicht** fürchten.
Tanta auctoritate es, **ut** omnia efficere possis.	Du hast **so großen** Einfluss, **dass** du alles erreichen kannst.

Konsekutivsätze (*consequi: folgen*) drücken die **Folge** einer Handlung aus. Im übergeordneten Satz weisen oft Signalwörter wie *ita, sic, tam, talis, tantus* auf den Folgesatz hin.

Übersetzung ins Deutsche: **ut** – dass; (*ohne Signalwort:*) so dass
ut nōn – dass nicht; (*ohne Signalwort:*) so dass nicht

5 Erläuterungssätze (meist Subjektsätze)

Verneinung: **ut nōn**

Saepe accidit, ut pauci multum efficere possint.	Es kommt oft vor, dass wenige viel bewirken können.

Im Gliedsatz wird der Inhalt des *accidit* erläutert. Solche Erläuterungssätze stehen oft als Subjekt nach unpersönlichen Ausdrücken des Geschehens.

5Ü Verbinde mit den folgenden Hauptsätzen jeweils den passenden Gliedsatz. Bestimme anschließend, um welche Art von Gliedsatz es sich jeweils handelt.

Hauptsätze:	*Gliedsätze:*
(1) Theopropides timet, …	a) …, ne ianuam pulset.
(2) Philolaches Tranionem rogat, …	b) …, ut iram patris a filio prohibeat.
(3) Tranio consilium capit, …	c) …, ut negotia gerat.
(4) Theopropides in Asiam navigat, …	d) …, ne Tranio puniatur.
(5) Philolaches in domo manet, …	e) …, ne a patre videatur.
(6) Cito abeamus, domine, …	f) …, ne larva nos perdat.
(7) Rogo te, pater, …	g) …, ne filius pecuniam perdat.
(8) Tranio Theopropidem orat, …	h) …, ut patri timorem inferat.

6 Verstehen und Übersetzen: konjunktivische *ut*-Sätze

a) Begehrsätze

A vobis peto, **ut** veniatis.	Ich bitte euch, **dass** ihr kommt. Ich bitte euch, **zu** kommen.
A vobis peto, **ne** veniatis.	Ich bitte euch, **dass** ihr **nicht** kommt. Ich bitte euch, **nicht zu** kommen.

Signale:
(1) nach Aufforderungsverben
(2) *ut* – dass / zu + Infinitiv; *ne* – dass nicht
(3) Konjunktiv

Satzglied: Objekt
(**Was** erbitte ich?)
(bei unpersönlichen Ausdrücken: Subjekt)

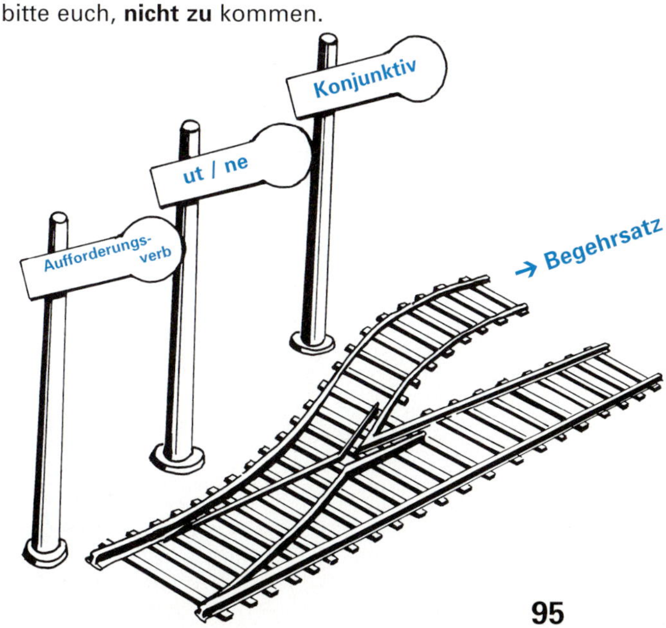

Sonderfall: Negative Wunschsätze nach Ausdrücken des Fürchtens und Hinderns

Timeo, **ne** veniat.	Ich fürchte, **dass** er kommt.
Timeo, **ne non** veniat.	Ich fürchte, **dass** er **nicht** kommt.
Periculum est, **ne** veniat.	Es besteht die Gefahr, **dass** er kommt.
Prohibeamus eum, **ne** veniat.	Lasst uns verhindern, **dass** er kommt.

Signale:
(1) nach Verben des Fürchtens/Hinderns
(2) *ne* – dass; zu + Infinitiv
ne non – dass nicht
(3) Konjunktiv

Satzglied: Objekt
(**Was** fürchte/verhindere ich?)
(bei unpersönlichen
Ausdrücken: Subjekt)

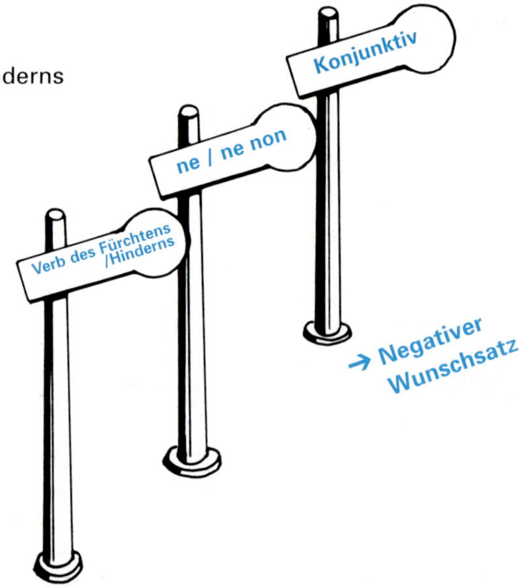

b) Finalsätze

Propera, **ut** in tempore advenias.	Beeile dich, **damit** du pünktlich ankommst (**um** pünktlich an**zu**kommen).
Propera, **ne** sero advenias.	Beeile dich, **damit** du dich **nicht** verspätest.

Signale:
(1) kein Aufforderungsverb
(2) *ut* – damit; um zu + Infinitiv;
ne – damit nicht
(3) Konjunktiv

Satzglied: Adverbiale Bestimmung
(In welcher Absicht?
Zu welchem Zweck?)

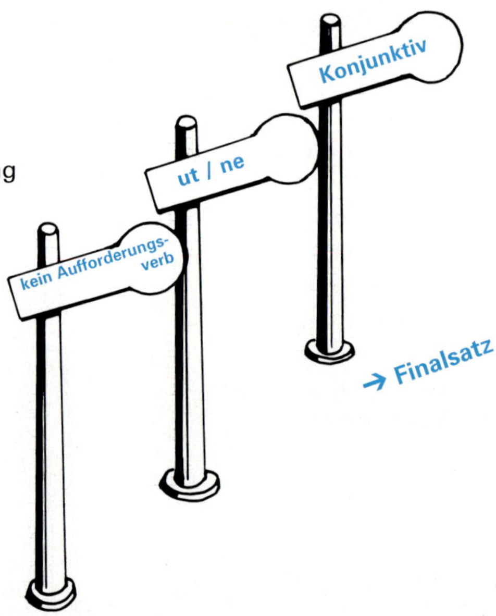

c) **Konsekutivsätze**

Tanta celeritate currit, **ut** ante ceteros adveniat. — Er läuft mit **so** großer Schnelligkeit, **dass** er vor den anderen ankommt.
Tam tarde currit, **ut** in tempore **non** adveniat. — Er läuft **so** langsam, **dass** er **nicht** rechtzeitig ankommt.

Signale:
(1) oft nach „so" – *tam, tantus* usw.
(2) *ut* – (so) dass;
ut non – (so) dass nicht
(3) Konjunktiv

Satzglied: Adverbiale Bestimmung
(**Was ist die Folge** oder Konsequenz?)

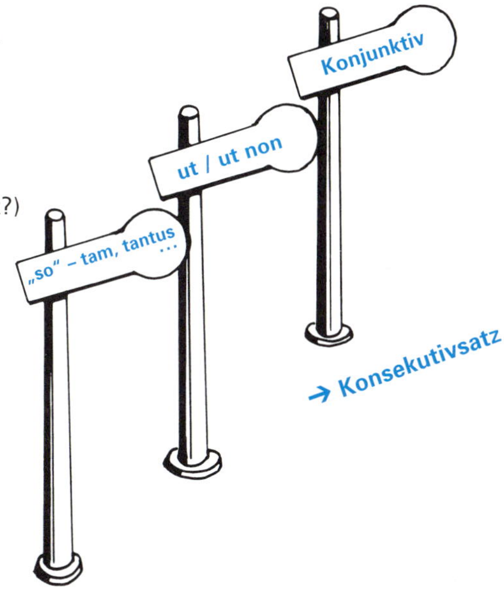

d) **Erläuterungssätze**

Saepe accidit, **ut** sero adveniam. — Es geschieht oft, **dass** ich zu spät komme.
Nonnumquam accidit, **ut non** adveniam. — Manchmal passiert es, **dass** ich **nicht** ankomme.

Signale:
(1) nach unpersönlichen Verben des Geschehens
(2) *ut* – dass, *ut non* – dass nicht
(3) Konjunktiv

Satzglied: Subjekt
(**Was** ereignet sich?)

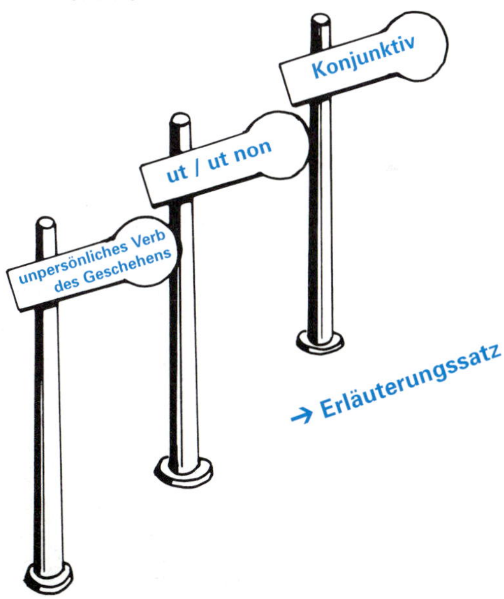

Grammatiktraining

T 1 **Bestimme und übersetze folgende Formen:**
oportet, portet, paret (2), dormias, eas (2), possim, moneam, voces (3), vincamus, cessetis

T 2 **Setze in die folgenden Sätze jeweils die passenden Subjunktionen sowie die richtigen Verbformen ein und übersetze:**
a) Volcatius metuit, ● ab hostibus (*vincere*). b) Itaque milites admonet, ● fortes (*esse*). c) Monet eos, ● animo (*deficere*).
d) Cleopatra a Caesare petit, ● se (*adiuvare*): e) „Periculum est, ● frater meus bellum contra Romanos (*parare*). f) Rogo te, ● verbis meis (*credere*). g) Saepe enim accidit, ● viri verba mulierum (*neglegere*).“

T 3 **Hier stimmt etwas nicht! Setze jeweils den passenden Gliedsatz zum Hauptsatz, bestimme die Art des Gliedsatzes und übersetze:**
a) Cleopatra tam pulchra est, ut tapete involvatur.
b) Cleopatra imperat, ut Caesar amore capiatur.
c) Caesar tanta auctoritate est, ut verbis Cleopatrae resistere non possit.
d) Cleopatra Caesarem verbis tam prudentibus rogat, ut ad Caesarem veniat.
e) Cleopatra consilium callidum excogitat, ut omnia efficere possit.

T 4 **Inschrift auf dem Obelisken auf dem Petersplatz in Rom:**
CHRISTUS VINCIT
CHRISTUS REGNAT
CHRISTUS IMPERAT
CHRISTUS AB OMNI MALO
PLEBEM SUAM DEFENDAT

T 5 a **Wiederhole die Formen des Dativs. Zeichne das „Haus der fünf Deklinationen" als Skizze in dein Heft und ordne die Substantive im Nominativ in die richtigen Wohnungen ein:**
gratiae, domino, rei, usui, praedae, laudi, disciplinae, clamori, portui, piratae, cruci, nomini, auctori, civitati, consilio, fratri, discipulo, magistratui, turbae, seditioni, diei, magistro, copiae, linguae, vestimento, formidini

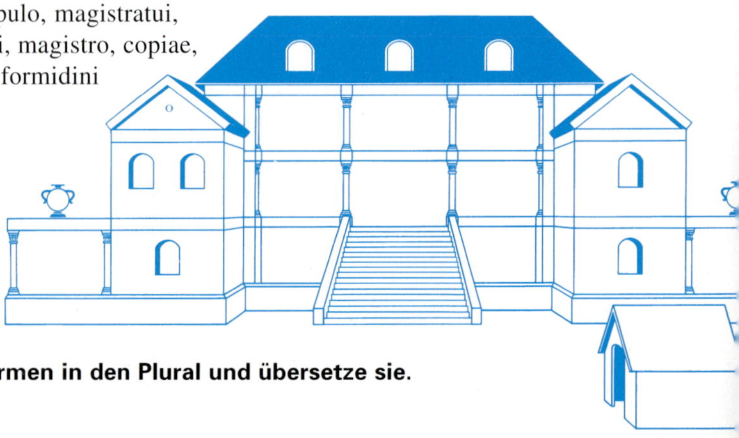

b **Setze diese Dativformen in den Plural und übersetze sie.**

T 6 **Verbinde die Substantive und Adjektive mit den passenden Infinitiven zu sinnvollen Aussagen und schreibe sie samt Übersetzung in dein Heft:**

parere, placere, appropinquare, resistere, esse, credere, cedere, tradere

a) portui magno
b) hostibus crudelibus
c) impetui vehementi
d) memoriae immortali
e) clienti fideli
f) omnibus spectatoribus
g) parvo usui
h) duris parentibus

T 7 **Wiederhole die Funktionen des Dativs. Übersetze und erkläre jeweils den Gebrauch dieses Kasus:**

Marco catulus novus est, quem Cerberum nominavit. Marcus in caelo („*im 7. Himmel*“) est, quia matre invita avus parvum animal ei dedit. Hodie in schola Cerberum amicis monstrat. Omnibus discipulis catulus admirationi est. Marcus superbus ostendere parat Cerberum sibi iam parere. Catuli oculi magni puellis imprimis placent; cibum ei dare incipiunt. Deinde Cerberus cum magistro ludere cupiens pueris maximo gaudio est. Magister autem non gaudet; nam scholam discipulis non laetitiae, sed studio atque disciplinae esse putat.

T 8 **Wem gehört was? Wiederhole die Possessivpronomina. Setze je eines in folgende Wortverbindungen und übersetze:**

magno gaudio ●, sine verbis ●, facili usui ●, in schola ●, propter valetudinem ●, in oppido ●, turba auditorum ●, cum amicis ●, praeter fines ●, sine auxilio ●, spes salutis ●, magnus numerus scelerum ●, gravi errore ●, ad magistrum ●, de magistris ●, a spectatoribus ●, certamen discipulorum scholae ●

T 9 **Wiederhole die Personalpronomina und ihre Deklination. Verändere die hervorgehobenen Wörter im Numerus (Singular → Plural, Plural → Singular).**

a) Haec consilia **vobis** cordi sunt.
b) Semper **tibi** aderam, semper **te** adiuvabam.
c) Quis contra **nos**?
d) Memores este **mei**!
e) Cur sine **nobis** abisti?
f) Da **mihi** veniam, magister!
g) De **te** ipso narravisti.
h) Fortuna **vos** adiuvet!
i) **Ego** omnia officia bene praestiti, sed **tu** me reprehendis.

Grammatische Impulse 28

1 Konjunktiv Imperfekt: Formen

Das Kennzeichen des Konjunktivs Imperfekt ist **-re-** zwischen Stamm und Endung. Die Formen des Konjunktivs Imperfekt sehen also so aus, als ob an den Infinitiv Präsens Aktiv die Personalendungen angehängt würden:

Infinitiv Präsens Aktiv + Personalendung = Konjunktiv Imperfekt

	a-Konjugation	*e-Konjugation*	*i-Konjugation*	→ *Mischgruppe* ←	*konsonantische Konjugation*	*ferre*
Stamm	amā-	vidē-	audī-	cap(i)-	dūc-	fer-
AKTIV						
Sg. 1.	amā-**re**-m	vidē-**re**-m	audī-**re**-m	cape-**re**-m	dūce-**re**-m	fer-**re**-m
2.	amā-**rē**-s	vidē-**rē**-s	audī-**rē**-s	cape-**rē**-s	dūce-**rē**-s	fer-**rē**-s
3.	amā-**re**-t	vidē-**re**-t	audī-**re**-t	cape-**re**-t	dūce-**re**-t	fer-**re**-t
Pl. 1.	amā-**rē**-mus	vidē-**rē**-mus	audī-**rē**-mus	cape-**rē**-mus	dūce-**rē**-mus	fer-**rē**-mus
2.	amā-**rē**-tis	vidē-**rē**-tis	audī-**rē**-tis	cape-**rē**-tis	dūce-**rē**-tis	fer-**rē**-tis
3.	amā-**re**-nt	vidē-**re**-nt	audī-**re**-nt	cape-**re**-nt	dūce-**re**-nt	fer-**re**-nt
PASSIV						
Sg. 1.	amā-**re**-r	vidē-**re**-r	audī-**re**-r	cape-**re**-r	dūce-**re**-r	fer-**re**-r
2.	amā-**rē**-ris	vidē-**rē**-ris	audī-**rē**-ris	cape-**rē**-ris	dūce-**rē**-ris	fer-**rē**-ris
3.	amā-**rē**-tur	vidē-**rē**-tur	audī-**rē**-tur	cape-**rē**-tur	dūce-**rē**-tur	fer-**rē**-tur
Pl. 1.	amā-**rē**-mur	vidē-**rē**-mur	audī-**rē**-mur	cape-**rē**-mur	dūce-**rē**-mur	fer-**rē**-mur
2.	amā-**rē**-minī	vidē-**rē**-minī	audī-**rē**-minī	cape-**rē**-minī	dūce-**rē**-minī	fer-**rē**-minī
3.	amā-**re**-ntur	vidē-**re**-ntur	audī-**re**-ntur	cape-**re**-ntur	dūce-**re**-ntur	fer-**re**-ntur

	esse	*posse*	*īre*
Sg. 1.	es-**se**-m	pos-**se**-m	ī-**re**-m
2.	es-**sē**-s	pos-**sē**-s	ī-**rē**-s
3.	es-**se**-t	pos-**se**-t	ī-**re**-t
Pl. 1.	es-**sē**-mus	pos-**sē**-mus	ī-**rē**-mus
2.	es-**sē**-tis	pos-**sē**-tis	ī-**rē**-tis
3.	es-**se**-nt	pos-**se**-nt	ī-**re**-nt

1Ü a Bilde den Konjunktiv Imperfekt von folgenden Verbformen:
circumdo, fero, eo, possum, liberor, coniungo;
audiris, invenis, quaereris, mutaris, pellis, pares;
manet, amittitur, metuitur, dimicat, volvitur, pulsat;
timemus, terremur, invitamur, optamus, evolvimus, recipimur;
ceditis, efficitis, defendimini, maeretis, portatis, aditis;
prosunt, produntur, ponunt, monent, dolent, cupiunt

1Ü b Überprüft zu zweit, ob ihr die deutsche Bedeutung aller 36 Verben im Infinitiv noch wisst.

1Ü c Wie lauten die obigen Formen im Konjunktiv Präsens?

2 Konjunktivische *ut*-Sätze in der Zeitstufe Vergangenheit

Cato Uticam se **contulit,** **ut** novas copias **cogeret**.	Cato begab sich nach Utica, um neue Truppen zusammenzuziehen.
Cato servis **imperavit,** **ut** gladius sibi **ferretur**.	Cato befahl den Sklaven, dass ihm ein Schwert gebracht werde.
Nemo Caesarem **impedivit,** **ne** Rubiconem **transiret**.	Niemand hinderte Caesar daran, den Rubico zu überschreiten.

Spielt sich die in einem Text dargestellte Handlung in der Vergangenheit ab, so steht in den durch ***ut*** bzw. ***ne*** eingeleiteten Gliedsätzen der **Konjunktiv Imperfekt**.

2Ü Ergänze passende Verbformen:
a) Marcus tam neglegens (*nachlässig*) est, ut libros suos in schola saepe non ●. b) Etiam heri (*gestern*) accidit, ut librum non ●. c) Itaque Marcus Claudiam rogavit, ut sibi librum ●. d) Timebat enim, ne a magistro ●. e) „Da mihi librum tuum, ne iram magistri ●." f) Claudia: „Quid te impedivit, ne librum tecum ●?"

3 Zusammenfassung: *ut*

ut** mit **Indikativ	***ut** mit **Konjunktiv***
1. Vergleichsätze: **wie**	1. Begehrsätze: **dass, zu + Infinitiv** (vgl. GI 27.2)
2. Temporalsätze: **sobald** (oft *ut primum*)	2. Finalsätze: **damit, um zu + Infinitiv** (vgl. GI 27.3)
	3. Konsekutivsätze: **dass, so dass** (vgl. GI 27.4)
	4. Erläuterungssätze: **dass** (vgl. GI 27.5)

4 Konjunktiv Plusquamperfekt: Formen

Das Kennzeichen des Konjunktivs Plusquamperfekt ist **-isse-** zwischen Stamm und Endung. Die Formen des Konjunktivs Plusquamperfekt **Aktiv** sehen also so aus, als ob an den Infinitiv Perfekt Aktiv die Personalendungen angehängt würden:

> Infinitiv Perfekt Aktiv + Personalendung = Konjunktiv Plusquamperfekt Aktiv

Die Formen des Konjunktivs Plusquamperfekt **Passiv** sind zusammengesetzt aus dem PPP und den Formen des Konjunktivs Imperfekt von *esse*.

capere	*Plpf. Aktiv*	*Plpf. Passiv*		*Plpf.: esse*	*Plpf.: īre*
Sg. 1.	cēp-isse-m	captus, a, um	essem	fu-isse-m	ī-sse-m*
2.	cēp-issē-s		essēs	fu-issē-s	ī-ssē-s
3.	cēp-isse-t		esset	fu-isse-t	ī-sse-t
Pl. 1.	cēp-issē-mus	captī, ae, a	essēmus	fu-issē-mus	ī-ssē-mus
2.	cēp-issē-tis		essētis	fu-issē-tis	ī-ssē-tis
3.	cēp-isse-nt		essent	fu-isse-nt	ī-sse-nt

* < i-isse-m

4Ü Bilde den Konjunktiv Plusquamperfekt Aktiv von folgenden Verbformen: sum, movetis, iaceo, impedit, taces, puniunt, praestat, abeo, accidit, venis, ridemus, monet, manet, efficit

5 Irrealis

Utinam res publica **staret**! — Wenn doch die Republik noch **bestünde**!
Sine amicis vita tristis **esset.** — Ohne Freunde **wäre** das Leben traurig.

Will der Sprecher ausdrücken, dass das von ihm Ausgesagte **irreal** (nicht wirklich) ist oder war, wird sowohl im Lateinischen als auch im Deutschen der Konjunktiv II (Imperfekt oder Plusquamperfekt) verwendet. Dies ist einer der wenigen Fälle, in denen die Anwendung des lateinischen und des deutschen Konjunktivs übereinstimmt.

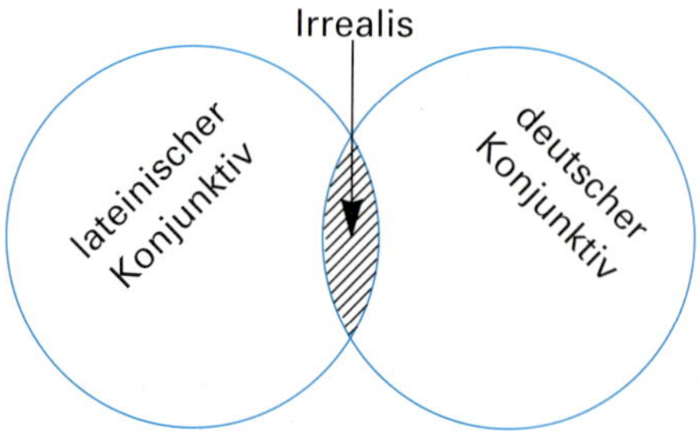

Beachte die deutsche Wiedergabe des Konjunktivs II:

Gegenwart:		*Vergangenheit:*	
caperet	er nähme	cepisset	er hätte genommen
esset	er wäre	fuisset	er wäre gewesen
veniret	er käme	venisset	er wäre gekommen

Wenn der deutsche Konjunktiv II nicht mehr vom Indikativ zu unterscheiden ist, kann er mit *würde* umschrieben werden: er würde sagen *statt:* er sagte
er würde kaufen *statt:* er kaufte

Beim Irrealis werden zwei Arten der Anwendung unterschieden:

a) Der als unerfüllbar gedachte Wunsch
Einleitung: *utinam*
Verneinung: *ne*

(1) Gegenwart (Konjunktiv Imperfekt)
Utinam res publica **staret**! — Wenn doch die Republik noch **bestünde**!

(2) Vergangenheit (Konjunktiv Plusquamperfekt)
Utinam res publica **ne incidisset** in manus Caesaris! — **Wäre** die Republik doch **nicht** in die Hände Caesars **gefallen!**

Unterscheide die beiden Arten von Wunschsätzen:

Erfüllbar gedacht:*	
Utinam (ne) veniat!	Hoffentlich kommt er (nicht)!
Unerfüllbar gedacht:	
Utinam (ne) veniret!	Käme er doch (nicht)!
Utinam (ne) venisset!	Wäre er doch (nicht) gekommen!

* vgl. Gl 26.6

b) Irreale Bedingungssätze (Konditionalsätze)

(1) Gegenwart (Konjunktiv Imperfekt)

Si Caesarem **impediremus,**	Wenn wir Caesar **abhielten,**
alea aliter **iaceretur.**	**würde** der Würfel anders **geworfen.**

(2) Vergangenheit (Konjunktiv Plusquamperfekt)

Si Caesarem **impedivissemus,**	Wenn wir Caesar **abgehalten hätten,**
alea aliter **iacta esset.**	**wäre** der Würfel anders **geworfen worden.**

Es kann auch eine **Mischung** von Irrealis der Vergangenheit und der Gegenwart eintreten:

Irrealis der Vergangenheit:	*Irrealis der Gegenwart:*
Nisi Pompeius cladem **accepisset,**	res publica **viveret.**
Wenn Pompeius keine Niederlage **erlitten hätte,**	**würde** die Republik **leben.**

Irrealer Bedingungssatz:	
Si me invitares, venirem.	Wenn du mich einlüdest (einladen würdest), käme ich.
Si me invitavisses, venissem.	Wenn du mich eingeladen hättest, wäre ich gekommen.
Nisi me invitavisses, non venirem.	Wenn du mich nicht eingeladen hättest, käme ich nicht.

5Ü Wenn das Wörtchen „wenn" nicht wär' ...!
Vervollständige die folgenden Sätze, indem du jeweils den Hauptsatz im Irrealis bildest:
Beispiel: Si possem, omnes magistros e schola expellerem.

a) Si feriae essent, ...
b) Si magnam pecuniam haberem, ...
c) Si magister essem, ...
d) Si verba Latina didicissem, ...
e) Pater monet: „Nisi officia neglexisses, ...
f) Nisi puer/puella essem, ...
g) Si Romae vixissem, ...
h) Nisi te calliditate superarem, ...

Grammatiktraining

T 1 Bestimme und übersetze folgende Formen:

consumerem, currat, deleri, eamus, iret, offerremus, parcamus, pareres (2), essem, abeat, mitti, misi, cogeremus, cognoscant, exspectamur, possim, finiri, maereant, intellego, intellegi, intellexi, dimicaremus

T 2 „Blinde Passagiere": Ein Rätsel für Tüftler! Sammle möglichst viele Verbformen, die in dem Wort VIDISSEMUS enthalten sind.

Beispiel: Die Form *DAMUS* enthält die Verbformen *da, das, sum.*

T 3 Lies das Lesestück 27B noch einmal durch. Ergänze dann die folgenden Nebensätze durch einen Hauptsatz:

a) …, ne frater insidias sibi pararet.
b) …, ut me adiuves.
c) …, ut omnia efficere possis.
d) …, ut rex Caesarem ad convivium invitaret.
e) …, ne improbi fugerent.
f) …, ut fugere non possent.

T 4 Übersetze und erkläre, worauf sich die hervorgehobenen Pronomina beziehen:

a) Cato eam partem exercitus, quae **ei** commissa erat, trans mare in Aegyptum traduxit.
b) Cato a Sexto Pompeio comperit patrem **eius** in Aegypto interfectum esse.
c) Cato metuebat, ne copiae **suae** impetum hostium sustinere non possent.
d) Cato consilium mutavit et Uticam **se** recepit.
e) Cato in cubiculum **se** contulit, ut rei publicae casum fleret.
f) Cato servis imperavit, ut gladius **sibi** ferretur.
g) Cato libro Platonis lecto **se** gladio percussit.

T 5 Wiederhole die Ablative der fünf Deklinationen und der Pronomina. Bei folgenden kniffligen Paaren ist jeweils eine Form kein Ablativ! Finde heraus, welche es ist, und übersetze:

regi/rege; divide/divite; mari/maiori; luce/lude; ei/eo; ire/ira; studeo/studio; da/dea; dies/deis; dormio/domino; mare/more; dolo/doleo; parate/parte

T 6 a Übersetze; wiederhole dabei den Gebrauch des Ablativs

1) **des Ortes:** aliis locis, tota urbe, terra marique, in alto monte
2) **der Zeit:** proxima nocte, anno decimo, hieme, aetate nostra, temporibus antiquis
3) **des Mittels/Werkzeugs:** alea ludere, honore afficere, vino complere
4) **der Art und Weise:** laeto animo, vetere more, modo servorum, vi et armis
5) **der Gemeinschaft:** cum fratre et sororibus ludere, cum omnibus copiis advenire
6) **der Trennung/Herkunft:** Roma/Athenis discedere, oppido expellere, e periculis servare, (ab) hostibus liberare
7) **des Urhebers/Täters:** a matre excitari, a sororibus irrideri
8) **des Maßes:** multo ante, paucis diebus post
9) **der Beschaffenheit:** mulier magna virtute, forti animo esse, servus incredibili scientia

b Lies den Lektionstext 28A aufmerksam durch. Schreibe die Ablative heraus und erkläre ihre Funktion.

T 7 **Wiederhole den Ablativus absolutus als satzwertiges Glied:**

Beispiel: Magistro paulum dubitante | disciplui clamare coeperunt.
Während (als, weil ...) der Lehrer ein wenig zögerte, | begannen die Schüler zu lärmen.

Schreibe die Sätze in dein Heft. Unterstreiche den Ablativus absolutus und übersetze:

a) Convivis appropinquantibus domina servas convocavit.
b) Avo narrante amicae carmen Lucretii legunt.
c) Servis petentibus dominus Crixum ne puniat!
d) Spartaco servos ducente exercitus senatus victi erant.
e) Parentibus adiuvantibus officium difficile praestare potes.
f) Spartaco duce magna controversia exstitit.
g) Caesare imperatore Alesia deleta est.
h) Cicerone Antonioque consulibus filia amici nata est.
i) Romulo rege urbs in monte Palatino aedificabatur.
j) Catone mortuo res publica in maximo periculo est.
k) Amico invito ea ne faciamus!

T 8 **Übersetze folgende Sätze, die alle mit einem vorzeitigen Ablativus absolutus anfangen; beginne zunächst mit „Nachdem ..." und überprüfe dann, ob andere Konjunktionen (temporal, kausal, konzessiv) den Sinn besser treffen:**

a) Clade accepta hostes in patriam redierunt. b) Gallis victis Caesar Romam redeat! c) Gallia pacata Vercingetorix victus per triumphum ductus est. d) Libertate amissa Galli nondum de salute desperabant. e) Narratione legati finita omnes convivae Ciceronis litteras audire cupiverunt.

T 9 **Übersetze:**

a) Ich würde freilich gehorchen, wenn ich könnte.
b) Du würdest mir eine Freude machen, wenn du sofort schwiegest.
c) Wir würden euch glauben, wenn ihr uns diese Sache erklärtet.
d) Wenn es mir erlaubt wäre, ginge ich heute nicht in die Schule.
e) Der Lehrer wäre froh, wenn alle Schüler immer zuhören würden.

Setze alle Sätze auch in den Irrealis der Vergangenheit.

Grammatische Impulse 29

1 Die Demonstrativpronomina *hic, iste, ille*

Hic locus remotus mihi gratus est.	**Dieser** abgelegene Ort ist mir angenehm.
Noli me revocare in **istud** forum!	Hole mich nicht auf **dieses** Forum zurück!
Brutus, **ille** auctor libertatis nostrae, …	Brutus, **jener** Urheber unserer Freiheit, …

Hic, haec, hoc ist das der 1. Person zugeordnete Demonstrativpronomen. Es weist auf Personen oder Dinge hin, die **dem Sprecher** räumlich oder zeitlich **nahe** sind.
Iste, ista, istud ist das der 2. Person zugeordnete Demonstrativpronomen. Es weist auf Personen oder Dinge hin, die **dem Angesprochenen nahe** sind (z. B. *istud forum* – das Forum, von dem **du** immer schreibst). Oft wird es **abwertend** verwendet.
Ille, illa, illud ist das der 3. Person zugeordnete Demonstrativpronomen. Es weist auf Personen oder Dinge hin, die **dem Sprecher** zeitlich oder räumlich **fern** sind. Oft weist es auf etwas allgemein **Bekanntes** oder **Berühmtes** hin.

Die Unterschiede können in der Übersetzung oft folgendermaßen wiedergegeben werden:

his temporibus	–	in unseren Zeiten
Dixit haec: …	–	Er sagte Folgendes: …
istae litterae	–	dieser (dein) Brief
iste vir	–	dieser (widerwärtige) Mensch, dieser Schuft
illa tempora	–	jene Zeiten, die Zeiten von damals
ille Cato	–	jener (berühmte) Cato

Weitere bereits gelernte Demonstrativpronomina:
qui, quae, quod als Relativischer Satzanschluss (vgl. GI 17.4)
is, ea, id (vgl. GI 24.1)

2 Demonstrativpronomina: Formen

	Singular			*Plural*		
	m	*f*	*n*	*m*	*f*	*n*
Nom.	hic	haec	hoc	hī	hae	haec
Gen.	hu**ius**	hu**ius**	hu**ius**	hōrum	hārum	hōrum
Dat.	hui**c**	hui**c**	hui**c**	hīs	hīs	hīs
Akk.	hu**nc**	ha**nc**	hoc	hōs	hās	haec
Abl.	hōc	hāc	hōc	hīs	hīs	hīs
Nom.	iste	ista	istu**d**	istī	istae	ista
Gen.	ist**īus**	ist**īus**	ist**īus**	istōrum	istārum	istōrum
Dat.	ist**ī**	ist**ī**	ist**ī**	istīs	istīs	istīs
Akk.	istum	istam	istu**d**	istōs	istās	ista
Abl.	istō	istā	istō	istīs	istīs	istīs
Nom.	ille	illa	illu**d**	illī	illae	illa
Gen.	ill**īus**	ill**īus**	ill**īus**	illōrum	illārum	illōrum
Dat.	ill**ī**	ill**ī**	ill**ī**	illīs	illīs	illīs
Akk.	illum	illam	illu**d**	illōs	illās	illa
Abl.	illō	illā	illō	illīs	illīs	illīs

Beachte die Pronominalendungen **-īus** (Gen. Sg.), **-ī** (Dat. Sg.), **-d** (Nom./Akk. Sg. *n*).

Das *-c* in einigen Kasus von *hic, haec, hoc* geht zurück auf das hinweisende Suffix *-ce* (vgl. *ec-ce, si-c*), das in Formen wie *huiusce* noch auftritt;
hoc < *hod-ce; *hunc* < *hum-ce; *hanc* < *ham-ce.

2Ü a Vor Gericht

Dieses Gespräch könnt ihr spielen. Versucht dabei, die Demonstrativpronomina durch Gesten zu verdeutlichen.

Iudex: Estne hic vir iste latro, quem accusas?

Aulus Agerius (der Kläger): Nescio. Nam illa nocte *(Nacht)*, qua homo malus in domum meam irrupit (< *inrumpere*), nihil videre potui.

Reus: Nonne semper dixi me illum latronem non esse? Numquam in domum istius hominis irrupi.

Iudex: Tace! Eae res, quae e domo Auli raptae sunt, domi tuae sunt inventae.

Reus: Has res emi.

Iudex: Quod est nomen illius mercatoris, a quo istas res emisti?

Reus: Nescio nomen illud.

Iudex: Non credo verbis huius viri. In dubio *(Zweifel)* autem pro reo!

2Ü b Setze zu jedem der folgenden Substantive die passenden Formen von *hic, iste, ille, is*:

tyrannus, formidinis, genus, reges (2), urbem, in civitate, Cato, manu, in Tusculano, in discrimine, temporibus, viro (2)

Grammatiktraining

T 1 Noch einmal vor Gericht: Setze an die Stelle des gezeichneten Gesichts jeweils ein passendes Pronomen im richtigen Kasus.

(Die Klägerin Aula Ageria behauptet:)  in domum meam irrupit.

(Der Beschuldigte empört sich:) Quid  dixit? Numquam  feminam vidi. Fortasse errat. Nam  viro similis sum.

(Er weist auf einen Mann, der unter den Zuschauern steht:) Quod est nomen  viri?

(Der Mann wehrt sich:) Cur ab  viro malo accusor? Noli credere  viro, iudex!

(Der Richter:) Specta faciem *(Gesicht)*  viri, Aula! Estne tibi nota?

(Aula:) Puto me erravisse. Puto me  virum in domo mea vidisse.

T 2 **Setze zu jedem der folgenden Pronomina ein passendes Substantiv:**
a) illis b) illi c) hunc d) ista e) hoc f) istud

T 3 **Trainiere die Formen der Demonstrativpronomina.**

a **Übersetze und bestimme nach KNG:**
hic poeta egregius, in hoc opere, hoc genus rei publicae, haec dicere, hi mores, his duobus mensibus, horum annorum, homo huius aetatis, hos montes ascendere, sub his montibus castra ponere, hae virgines, ad haec templa, hac scientia, huic regi, harum feminarum, in hoc cubiculo

b **Verändere diese Wortverbindungen im Numerus (Singular → Plural, Plural → Singular).**

c **Ersetze die Formen von *hic, haec, hoc* durch diejenigen von *ille, illa, illud und is, ea, id*.**

T 4 **Übersetze:**
in diesen unseren Zeiten, in diesem Haus, die Stimme dieses Kerls (Mannes) da, jene Geschichten, der folgende Brief, an jenem Ort, die Worte dieser Frau dort, das Gesicht jenes Mädchens, nahe bei jener Straße, diesen Richter dort, mit diesen flehentlichen Worten, wegen jenes Mordes

T 5 **Trainiere die Infinitive im Aktiv und Passiv:**
Präsens Aktiv / Passiv: amare / amari
Perfekt Aktiv / Passiv: amavisse / amatum esse
Lies, übersetze und ergänze die drei anderen Infinitive. Lege im Heft vier Spalten an und ordne die Infinitive ein.

recitare, deceptum esse, quaesivisse, constituere, augeri, diripere, regi, deletum esse, traduxisse, statui, reprehendere, liberari, salutare, partum esse, peti, videre, legere, audiri, posuisse, erudire, eiectum esse

T 6 a **Wiederhole die Funktionen von Infinitiven und übersetze:**

a) Athenas navigare cupivi.
b) Num Romam petere in animo habes?
c) Servus dominum timere debet.
d) Carmina recitare iucundum est.
e) Avus post cenam dormire solebat.
f) Properare oportet.

b **Welches Satzglied vertritt der Infinitiv jeweils?**

c **Denke dir zusammen mit deinem Nachbarn / deiner Nachbarin andere Tätigkeiten aus, die (nicht) erfreulich sind, die sich (nicht) gehören, die ihr (nicht) im Sinn habt, wünscht, tun müsst oder zu tun pflegt. Teilt sie einander auf Lateinisch mit.**

T 7 **Übersetze folgende Sätze. Forme dann den AcI in einen selbstständigen Aussagesatz um. Erkläre, warum auch Präsens-Infinitive durch ein Vergangenheitstempus wiedergegeben werden:**

Beispiel: Volcatius Davum salutatores in atrium ducere dixit.
> Davus salutatores in atrium duxit.

a) Bacchus aegre ferebat se a nautis decipi. b) Nautae territi intellexerunt se remos movere non iam posse. c) Unus ex piratis colorem et figuram suam paulatim mutari vidit. d) Piratas improbos in delphinos mutatos esse scimus.

T 8 **Reflexiv oder nicht reflexiv? Setze *se* oder die passende Form von *is, ea, id* ein:**

a) Pater filium ad ● venire gaudebat.
b) Cornelia ● rectum fecisse putat.
c) Legatis auditis Caesar ● in civitates suas redire iussit.
d) Magister Marcum laudat et dicit ● plerumque omnia officia bene praestitisse.
e) Quid de amicis nostris audivistis? Paucis mensibus ante ● in Graecia fuisse existimo.

T 9 **Wiederhole Deklination und Gebrauch des Relativpronomens *qui, quae, quod*. Übersetze und füge seine passenden Formen ein:**

a) Magno cum gaudio eam fabulam Plauti legimus, ● Mostellaria inscribitur. b) Nuntius, ● Tranio servus affert, imprimis Philolachem terret. c) Filius, ● iram patris valde timet, auxilium servi callidi petit. d) Is domino suo de larva narrat, ● in domo eius habitat. e) Itaque dominus domum suam, in ● filius et convivae se occultant, intrare timet. f) Postremo pater precibus filii, ● veniam petit, cedit. g) Eae preces, ● auxilio Philolaches servatus est, etiam servo fideli saluti sunt.

T 10 **Finde die richtigen Paare und übersetze sie:**

(1) Etiam nunc leguntur Ciceronis libri,
(2) Libertas est in civitate solum,
(3) Cicero id genus rei publicae laudat,
(4) Hanc civitatem non probemus,
(5) Multa comperimus de Ciceronis temporibus ex epistulis,

a) quam pauci regunt.
b) quod maiores eius instituerunt.
c) quos de re publica scripsit.
d) quas ad Quintum fratrem dedit.
e) in qua populi potestas est summa.

Grammatische Impulse 30

1 Zahlwörter (Numeralia)

Die Zahlwörter werden entsprechend ihrer jeweiligen Funktion in verschiedene Gruppen eingeteilt. Die wichtigsten sind die **Kardinalzahlen** (Grundzahlen: wie viele?) und die **Ordinalzahlen** (Ordnungszahlen: der wievielte?).

Ziffern	*Kardinalzahlen*	*Ordinalzahlen*
1 = I	ūnus, a, um	prīmus, a, um
2 = II	duo, duae, duo	secundus, a, um (alter, a, um)
3 = III	trēs, trēs, tria	tertius, a, um
4 = IV	quattuor	quārtus, a, um
5 = V	quīnque	quīntus
6 = VI	sex	sextus
7 = VII	septem	septimus
8 = VIII	octō	octāvus
9 = IX	novem	nōnus
10 = X	decem	decimus
11 = XI	ūndecim	ūndecimus
12 = XII	duodecim	duodecimus
13 = XIII	trēdecim	tertius decimus
14 = XIV	quattuordecim	quārtus decimus
15 = XV	quīndecim	quīntus decimus
16 = XVI	sēdecim	sextus decimus
17 = XVII	septendecim	septimus decimus
18 = XVIII	**duodē**vīgintī	**duodē**vīcēsimus
19 = XIX	**ūndē**vīgintī	**ūndē**vīcēsimus
20 = XX	vīgintī	vīcēsimus
21 = XXI	vīgintī ūnus / ūnus et vīgintī	vīcēsimus prīmus
30 = XXX	trīgintā	trīcēsimus
40 = XL	quadrāgintā	quadrāgēsimus
50 = L	quīnquāgintā	quīnquāgēsimus
60 = LX	sexāgintā	sexāgēsimus
70 = LXX	septuāgintā	septuāgēsimus
80 = LXXX	octōgintā	octōgēsimus
90 = XC	nōnāgintā	nōnāgēsimus
100 = C	centum	centēsimus
200 = CC	ducentī, ae, a	ducentēsimus
300 = CCC	trecentī, ae, a	trecentēsimus
400 = CCCC	quadringentī, ae, a	quadringentēsimus
500 = D	quīngentī, ae, a	quīngentēsimus
600 = DC	sescentī, ae, a	sescentēsimus
700 = DCC	septingentī, ae, a	septingentēsimus
800 = DCCC	octingentī, ae, a	octingentēsimus
900 = DCCCC	nōngentī, ae, a	nōngentēsimus
1000 = M	mīlle	mīllēsimus
2000 = MM	duo mīlia	

Zahlen mit einer 8 oder 9 in der Einerstelle werden gewöhnlich durch Subtraktion vom nächsten Zehner gebildet: *duodeviginti, undetricesimus.*

	Kardinalzahlen	*Ordinalzahlen*
10er:	-gintā	-cēsimus / -gēsimus
100er:	-centī / -gentī	-centēsimus / -gentēsimus

1Ü a Übersetze: quadraginta, octingenti, sescenti, septuaginta, ducenti, quinquagesimus, trecentesimus, nonagesimus, vicesimus

1Ü b Schreibe in römischen Ziffern: 327, 49, 138, 1151, 1740, 275, 603, 753, 44

1Ü c Bestimme die Jahreszahl: XXXIII, MDCXVIII, DCCC, MIL, MMII

2 Die Deklination von Zahlwörtern

Alle Ordinalzahlen werden dekliniert.

Von den Kardinalzahlen werden dekliniert:
- *unus, una, unum* (Gen.: *unius;* Dat.: *uni*)
- *duo, duae, duo* (vgl. Gl 12.6)
- *tres, tres, tria* (vgl. Gl 12.6)
- die Hunderter von *ducenti* bis *nongenti*
- der Plural *milia* (Gen.: *milium;* Dat.: *milibus*)

milia ist ein Substantiv. Unterscheide: *mille homines* – 1000 Menschen
aber: *duo milia hominum* – 2000 Menschen

2Ü Lateinisch Rechnen
Die Römer schrieben eine Rechnung folgendermaßen (also von unten nach oben!):

XII (summa)
——
IV
VIII

Octo et quattuor sunt duodecim.

Schreibe die folgenden Rechnungen in lateinischen Ziffern und Worten:
3 + 4, 4 + 5, 2 + 6, 1 + 8, 250 + 130, 3 + 7

3 Monatsnamen

In altrömischer Zeit begann das Jahr mit dem Monat März (daher z. B. Dezember = 10. Monat). Vier Monate wurden nach Göttern benannt: Mars, Maia (Fruchtbarkeitsgöttin), Iuno und Ianus; die meisten anderen nach Ordinalzahlen. Der Monat Quin(c)tilis wurde zu Ehren Caesars in Iulius, der Sextilis zu Ehren des Kaisers Octavianus Augustus in Augustus umbenannt.

Seit dem Jahre 8 v. Chr. sind die auch heute noch geltenden Monatsnamen in Gebrauch:
mensis Ianuarius (31 Tage), Februarius (28), Martius (31), Aprilis (30), Maius (31), Iunius (30), Iulius (31), Augustus (31), September (30), October (31), November (30), December (31).
Die Monatsbezeichnungen sind Adjektive, z. B. Ianuarius, a, um; Aprilis, e; September, bris, bre.

4 Datum

Drei Tage eines jeden Monats hatten einen festen Namen:

Kalendae, -arum	(*abgekürzt:* Kal.):	1. Tag des Monats
Nonae, -arum	(*abgekürzt:* Non.):	5. Tag des Monats *
Idus, -uum *f*	(*abgekürzt:* Id.):	13. Tag des Monats *

Alle übrigen Tage wurden dadurch bestimmt, dass man vom nächsten fest bezeichneten Tag zurückrechnete; dabei wurden Anfangs- und Endtag mitgezählt. Der Vortag vor den Kalenden, Nonen und Iden wurde jeweils mit *pridie* („tags zuvor") bezeichnet.

Beispiele:

Kalendis Ianuariis (Kal. Ian.)	– am 1. Januar
ante diem quartum Nonas Ianuarias (a.d. IV. Non. Ian.)	– am 2. Januar
pridie Nonas Ianuarias (pr. Non. Ian.)	– am 4. Januar
ante diem undevicesimum Kalendas Februarias (a.d. XIX. Kal. Febr.)	– am 14. Januar
ante diem tertium Idus Martias (a.d. III. Id. Mart.)	– am 13. März
Idibus Martiis (Id. Mart.)	– am 15. März

4Ü a Wann hast du Geburtstag? Drücke dein Geburtsdatum und das deiner Freunde und Familienangehörigen lateinisch aus.

4Ü b Schreibe als lateinisches Datum:
3. Januar, 17. Februar, 2. März, 10. April, 10. Mai, 13. Juni, 13. Juli, 31. August, 1. September, 5. Oktober, 5. November, 24. Dezember

4Ü c Schreibe als deutsches Datum:

a) a. d. III. Id. Mart.
b) pr. Kal. Iun.
c) a. d. VII. Kal. Nov.
d) a. d. IX. Kal. Iul.
e) a. d. XIII. Kal. Apr.
f) pr. Non. Iun.
g) a. d. VII. Id. Ian.
h) a. d. IV. Non. Iun.
i) Id. Dec.
j) Kal. Aug.
k) a. d. V. Kal. Sept.
l) pr. Kal. Mart.

---

* Im **M**ärz, **Jul**i, **M**ai, **O**ktober (Merkwort: MILMO) lagen die Iden am 15., die Nonen („neunter Tag vor den Iden") am 7. Tag des Monats.

5 Praesens historicum (historisches Präsens)

Omnes fere senatores aderant.	Fast alle Senatoren waren da.
Tandem Caesar intrat.	Endlich tritt Caesar ein.
Senatores surgunt, ut Caesarem salutarent.	Die Senatoren erheben sich, um Caesar zu begrüßen.
Tillius Cimber accedit, ut eum supplex roget.	Tillius Cimber tritt heran, um ihn flehentlich zu bitten.

Ereignisse der Vergangenheit können in lebhafter Erzählung so dargestellt werden, als sei das Geschehen gegenwärtig: **Praesens historicum** oder **Praesens dramaticum**. Auch im Deutschen wird häufig das Präsens zur Schilderung dramatischer Vorgänge in der Vergangenheit verwendet. Daher kann das Praesens historicum auch im Deutschen meist mit dem Präsens wiedergegeben werden.

Das Praesens historicum kann sowohl seinem Inhalt nach als Vergangenheitstempus (daher *salutarent* im Gliedsatz) als auch seiner Form nach als Gegenwartstempus (daher *roget* im Gliedsatz) aufgefasst werden.

Grammatiktraining

T1 Caesars Kalenderreform

Caesar fastos (*Kalender*) correxit (*corrigere* = ?). Annum ad cursum solis (*Sonne*) accomodavit (*anpassen*), ut trecentorum sexaginta quinque dierum esset et, intercalario mense (*Schaltmonat*) sublato, unus dies quinto quoque (*in jedem ... ten*) anno intercalaretur (*einschalten*).

Wonach wurden also vor Caesars Kalenderreform die Jahre berechnet?

T2 Grabinschrift

für den Sohn J. W. von Goethes auf dem Friedhof an der Cestius-Pyramide in Rom:

Wann ist er gestorben?

antevertere – hier: vorangehen
obire – sterben

Grab von August von Goethe

T 3 a **Trainiere die Komposita von *ire* mit ihren Stammformen:**
exire, transire, redire, adire, abire, inire, interire, subire, perire

b **Bestimme und übersetze die Verbformen:**
pereant, iimus, transeunt, initis, adeunti, redeuntes, exeo, irem, interierant, adite, ii, ite, eamus, abi, adeas, exibatis, redistis, interirent, iniimus

c **Lies und suche die treffende Übersetzung:**
consilium inire, ad urbem subire, magna pericula subire, templum inire, in patriam redire, castris exire, flumen transire, oraculum adire, ad rem publicam adire, aras deorum adire

T 4 **„Blinde Passagiere“: Ein Rätsel für Tüftler! In folgenden Wörtern haben sich andere Formen von *ire* versteckt; suche und bestimme sie. Wer findet die meisten Lösungen?**
EAMUS, TRANSIREM, ADEUNTES, ISTIS, IERUNT, INIIMUS

T 5 **Übersetze. Setze anschließend an Stelle der hervorgehobenen Wörter die in Klammern gesetzten Substantive und, wo nötig, eine Präposition ein:**
Romam eamus! (Athenae, Pompeii, Sicilia, Delphi, Carthago, Corinthus)
Utinam ineunte *anno* res publica libera sit! (aetas nova, hiems, saeculum)
Graeci e *finibus* exierant. (civitas, oppidum, domus, patria, castra)

T 6 **Wiederhole die Konjugation von *posse* und *prodesse*.**
Zeichne eine Skizze der *Navis temporum* in dein Heft und ordne die folgenden Formen in die entsprechenden „Kabinen“ ein:

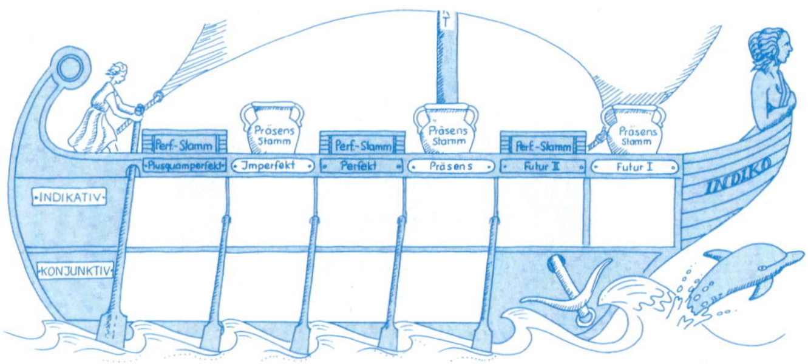

potui, possum, poterat, possit, possent, potuerant, potes, possem, possunt, potuisses, profuistis, prodessent, prosunt, prosimus, proderat, prodes, profueram, proderatis, prosunt, profuissent, prosit

T 7 **Setze je ein inhaltlich passendes Kompositum von *esse* in der richtigen Form ein und übersetze:**
adesse, abesse, deesse, interesse, obesse, posse, praeesse, prodesse
a) Utinam pecunia mihi numquam ●! (3)
b) Patroni boni clientibus aegris ● solent.
c) Non modo imperatores, sed etiam legati et praefecti legionibus Romanis ●. (Impf.)
d) Si Cicero multos annos ab urbe ●, maxime doluisset.
e) Corneli, nonne heri cum amicis ludis ●?
f) Nisi multa ●, semper discerem.
g) Eloquentia sine sapientia (*Weisheit*) non modo nihil ●, sed ● etiam. (Präs.)

Grammatische Impulse 31

1 Vielheit und Zweiheit

Wer (von den Dichtern)?

Quis poetarum tibi notus est?
Wer von den Dichtern ist dir bekannt?

Quis cui antefertur?
Wer wird wem vorgezogen?

Omnes noti sunt.
Alle sind bekannt.

Omnium laus magna est.
Der Ruhm aller ist groß.

Alii carmina, **alii** tragoedias, **alii** comoedias fecerunt.
Die einen verfassten Gedichte, andere Tragödien, (wieder) andere Komödien.

Nullus nobis ignotus est, neque **ulli** poetae laus apud posteros defuit.
Keiner ist uns unbekannt, und keinem Dichter fehlte der Ruhm bei den Nachkommen.

Wer (von den beiden)?

Uter *Aeneidem* scripsit?
Wer (von den beiden) schrieb die *Aeneis*?

Uter utri antefertur?
Wer wird wem vorgezogen?

Uterque praeclarus est.
Beide sind hochberühmt.

Utriusque laus magna est.
Der Ruhm beider ist groß.

Alter *Iliadem*, **alter** *Aeneidem* fecit.
Der eine dichtete die *Ilias*, der andere die *Aeneis*.

Neuter nobis ignotus est, **neutri** laus apud posteros defuit.
Keiner (der beiden) ist uns unbekannt, keinem fehlte der Ruhm bei den Nachkommen.

1Ü Erkläre die folgenden Ausdrücke, indem du sie auf ihren lateinischen Ursprung zurückführst:
a) neutral
b) altruistisch
c) Neutrum
d) Was versteht man unter einem *„Alter ego"*?
e) Ein römischer Rechtsgrundsatz, der noch heute gilt, lautet: *„Audiatur et altera pars*!"

2 Pronominaladjektive

Folgende Wörter gehören zugleich zur Gruppe der Adjektive und der Pronomina (daher die Bezeichnung „Pronominaladjektive"); sie haben daher im Gen. und Dat. Sg. die Pronominalendungen **-īus** und **-ī**.

Merkvers: unus, solus, totus, ullus,
uter, alter, neuter, nullus,
alius – erfordern alle
-íus in dem zweiten Falle,
und im dritten enden sie
alle auf ein langes **-ī**.

Deklinationsbeispiel:

Sg. Nom.	alter	altera	alterum	Der *Plural* folgt der a / o-Deklination.
Gen.	alter**ī́us**	alter**ī́us**	alter**ī́us**	
Dat.	alter**ī**	alter**ī**	alter**ī**	
Akk.	alterum	alteram	alterum	
Abl.	alterō	alterā	alterō	

Merke: alius, a, ud wird im Gen. Sg. durch *alteríus* ersetzt.

3 *ipse* und *idem*

Vergilius **ipse** opera sua Augusto recitavit.	Vergil trug **selbst (persönlich)** seine Werke dem Augustus vor.
Illo **ipso** tempore laus poetarum magna fuit.	**Gerade** in jener Zeit war der Ruhm der Dichter groß.
In carminibus Vergilii et Homeri **eaedem** fere res inveniuntur.	In den Gedichten Vergils und Homers findet man fast **dieselben** Themen.

Das Pronomen *ipse* hebt einen Begriff besonders stark hervor. Es wird je nach Kontext verschieden übersetzt, z. B. durch „selbst, persönlich; gerade, genau, direkt, unmittelbar". Das Pronomen *idem* gibt die Gleichheit („Identität") mit bereits Genanntem an.
Unterscheide:

vir **ipse**	–	der Mann **selbst (persönlich)**	: Hervorhebung
idem vir	–	**derselbe** Mann	: „Identität"

Die Formen von *ipse* und *idem*:

	Singular			*Plural*		
	m	*f*	*n*	*m*	*f*	*n*
Nom.	ipse	ipsa	ipsum	ipsī	ipsae	ipsa
Gen.	ips**ī́us**	ips**ī́us**	ips**ī́us**	ipsōrum	ipsārum	ipsōrum
Dat.	ips**ī**	ips**ī**	ips**ī**	ipsīs	ipsīs	ipsīs
Akk.	ipsum	ipsam	ipsum	ipsōs	ipsās	ipsa
Abl.	ipsō	ipsā	ipsō	ipsīs	ipsīs	ipsīs
Nom.	īdem	éadem	idem	eīdem*	eaedem	éadem
Gen.	e**ius**dem	e**ius**dem	e**ius**dem	eōrundem	eārundem	eōrundem
Dat.	e**ī**dem	e**ī**dem	e**ī**dem	eīsdem**	eīsdem**	eīsdem**
Akk.	eundem	eandem	idem	eōsdem	eāsdem	éadem
Abl.	eōdem	eā́dem	eōdem	eīsdem**	eīsdem**	eīsdem**

* auch *iīdem/īdem;* ** auch *iīsdem/īsdem*

3Ü a Setze zu den folgenden Substantiven jeweils die passenden Formen von *ipse* und *idem*:

a) carmina c) poetae (3) e) dies (3) g) tempore i) vestimentum
b) fratrem d) amicarum f) viam h) in urbe j) poculis

3Ü b Übersetze:

der Lehrer selbst, gerade dieses Haus (2), dieselben Lieder (2), den anderen Bruder (von zweien), im selben Tempel, gerade in diesem Jahr, dem ganzen Volk, desselben Dichters, die Priesterinnen selbst (2), mit dem anderen Würfel, keines Mordes

4 Der NcI (Nominativus cum Infinitivo)

Vergleiche:

Homerum duo magna carmina **fecisse** constat (traditum est).

Dass Homer zwei große Gedichte verfasst hat, ist bekannt (überliefert).

Der **AcI** steht als **Subjekt** bei unpersönlich gebrauchten Verben bzw. beim unpersönlichen Passiv: *constat, traditum est* usw. (vgl. GI 13.5).

Homerus duo magna carmina **fecisse dicitur.**

(„Homer wird gesagt … verfasst zu haben.“)
Man behauptet, dass Homer zwei große Gedichte **verfasst hat.**
Homer soll zwei große Gedichte **verfasst haben.**

Graeci novem annos Troiam **oppugnavisse feruntur (traduntur).**

Die Griechen sollen neun Jahre lang Troja **bestürmt haben.**

Bei einigen Verben, die „aus dem Kopf kommen“, gibt es im Lateinischen (anders als im Deutschen) ein **persönliches Passiv mit einer Infinitivkonstruktion** („Homer wird gesagt ... verfasst zu haben“). Man bezeichnet diese Konstruktion als „**N**ominativus **c**um **I**nfinitivo“ **(NcI)**.
Der NcI kann wie ein AcI übersetzt werden; meist ist auch eine Wiedergabe mit „sollen“ möglich. Verben, bei denen der NcI besonders häufig steht, sind *dicitur (dicuntur), traditur (traduntur), fertur (feruntur).*

4Ü Mache die folgenden Sätze von *dicitur (dicuntur), traditur (traduntur)* oder *fertur (feruntur)* abhängig und übersetze:
Beispiel: Hector dux Troianorum fuit. → Hector dux Troianorum fuisse fertur. Hector soll der Anführer der Trojaner gewesen sein.

a) Graeci et Troiani per decem annos bellum gesserunt.
b) Achilles omnibus Graecis fortitudine praestabat.
c) Priamo, regi Troianorum, quinquaginta filii et quinquaginta filiae fuerunt.
d) Hector in acie ab Achille interfectus est.
e) Troia calliditate Ulixis capta est.

5 Verstehen und Übersetzen: Der NcI

Achte beim Übersetzen von NcI-Konstruktionen auf folgende Signale:

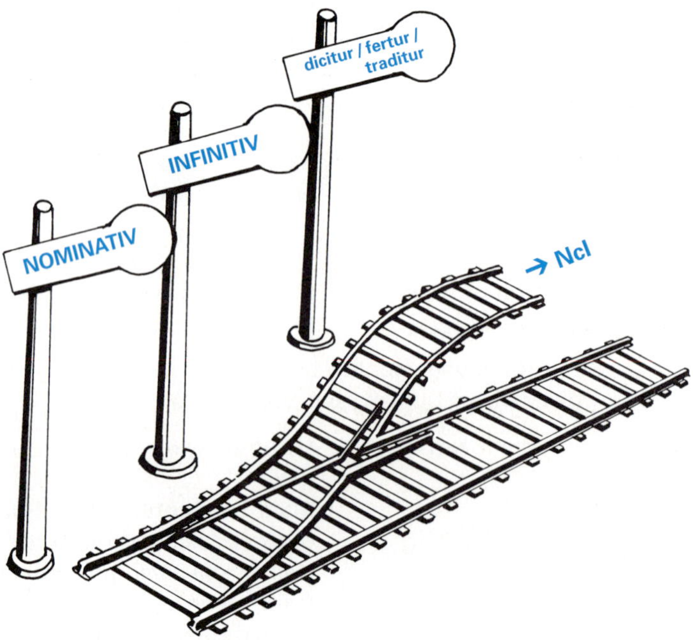

Die Formulierung mit „sollen“ ist für ein flüssiges Übersetzen meist vorzuziehen.

6 Verstehen und Übersetzen: Keine Angst vor langen Sätzen!

Lange Satzeinheiten, bei denen Gliedsätze und satzwertige Glieder häufig ineinander verschachtelt sind, bezeichnet man als Satzperioden. Solche „Schachtelsätze" bereiten manchmal Schwierigkeiten. Doch sie sind trotz ihrer Länge oft überraschend leicht zu übersetzen, vorausgesetzt, der Satzfaden wird dabei eingehalten. Denn je länger die Sätze sind, umso wirkungsvoller ist die Verstehenserwartung auf das Satzende zu.

Beispiel:
Der erste Satz des Lesestücks 31B (Zeile 1-3) hat 31 Wörter, ist aber viel leichter zu lesen als so mancher kurze Satz. Wie weit das erste Satzglied reicht (vgl. auch GI 2.4, 8.4), ist hier leicht zu erkennen: Das Komma hinter *cadunt* signalisiert, dass der einleitende Gliedsatz dort zu Ende ist. Zuverlässiger als die Zeichensetzung ist jedoch die Verstehenslenkung der deutschen Gliedsätze: Wenn das erste Satzglied ein Gliedsatz ist oder (im Falle eines satzwertigen Gliedes) durch einen deutschen Gliedsatz wiedergegeben wird, führt der Satzfaden den Übersetzer von selbst zu seinem Ende. Bei Gliedsätzen empfiehlt es sich also besonders, sich durch die Abfolge der Wörter führen zu lassen.

Vergleiche die fast gleiche Wortfolge der Übersetzung mit dem lateinischen Satz:

Dum in campo Troiano	**Während** auf dem Feld von Troja
inter Graecos et Troianos	zwischen Griechen und Trojanern
proelio acri pugnatur et	in einem heftigen Gefecht gekämpft wurde
utraque in parte multi viri fortes	und auf beiden Seiten viele tapfere Männer
in acie cadunt,	in der Schlacht fielen,
I ➔ **P** I Hector, dux Troianorum,	**verließ** Hektor, der Anführer der Trojaner,
aciem **reliquit,** ut intra muros	die Schlachtreihe, um in die Mauern
urbis rediret.	der Stadt zurückzukehren.

Es ist also für eine flüssige Übersetzung ins Deutsche vorteilhaft, wenn die Periode mit einem Gliedsatz oder einem satzwertigen Glied anfängt. Bei der folgenden Gegenüberstellung kannst du die Gültigkeit dieser Regel leicht nachprüfen. Aufgeführt sind alle Sätze aus dem Lektionstext 31B, die mit einem Gliedsatz oder einer Partizipialkonstruktion beginnen:

Z. 12: Quae **ubi** filium vidit, I ➔ **P** I dextram eius arripiens **dixit:** ...	**Sobald** diese ihren Sohn sah, **sagte** sie, indem sie seine Rechte ergriff: ...
Z. 17: Quibus verbis dic**tis** I ➔ **P** I Hector ad aedes Paridis **festinavit,** ...	**Als** er diese Worte gesagt hatte, **eilte** Hektor zum Haus des Paris, ...
Z. 25: Andromacha dextram Hectoris arripie**ns** I ➔ **P** I cum lacrimis **dixit:** ...	**Während** Andromache Hektors Rechte ergriff, **sagte** sie unter Tränen: ...

Z. 32: Astyanax **ubi** galeam … conspexit,	**Sobald** Astyanax den Helm … erblickt hatte,
I ➔ **P** I specie patris perterritus clamorem **sustulit** …	**erhob** er, vom Anblick des Vaters erschreckt, ein Geschrei …
Z. 34: Hector autem galea deposi**ta**	**Nachdem** Hektor aber seinen Helm abgelegt hatte,
I ➔ **P** I puero oscula **dedit** …	**gab** er dem Knaben Küsse …
Z. 35: Uxore filioque relic**tis**	**Nachdem** er Frau und Kind verlassen hatte,
I ➔ **P** I in proelium **rediit** Hector.	**ging** Hektor in den Kampf zurück.

7 Verslehre: Der Hexameter

Die *Ilias Latina* (vgl. das Lesestück 31B) ist in demselben Versmaß gedichtet wie die *Ilias* Homers (ebenso die *Odyssee*, die *Aeneis* und viele andere „Heldengedichte"): im **daktylischen Hexameter.** Dieser Vers besteht aus einer rhythmischen Folge von langen und kurzen Silben (*longa* und *brevia*).[1] In vereinfachter Form kann man sich diesen Rhythmus mit seinen sechs Maß-Einheiten (griech. *hex* – sechs, griech. *metron* – Maß) als eine 6-Takte-Folge aus Viertel- und Achtelnoten folgendermaßen vorstellen:

```
Colloquium petit interea fidissima coniunx,
Hectoris Andromache parvumque ad pectora natum
Astyanacta tenet; cuius dum maximus heros
oscula parva petit, subito perterritus infans
convertit timidos materna ad pectora vultus
terribilemque fugit galeam cristamque comantem.
```

Lies nach diesem Notenbild die Verse mehrmals laut, um dir den Rhythmus einzuprägen.

---

[1] Lange Silben (*longa*):
a) Die Silbe hat einen langen Vokal oder einen Diphthong („von Natur" lang), z. B. das ***a*** in intere**a** und das ***fi*** in **fi**dissima (Vers 1).
b) Eine Silbe wird auch lang gemessen, wenn auf einen Vokal mindestens zwei Konsonanten folgen („durch Position" lang), z. B. ***coll*** und ***um*** in „**coll**oquiu**m p**etit" (Vers 1).

Beachte dabei: Die *longa* (–) werden in der heutigen Lesepraxis betont ausgesprochen. Die tieferen unbetonten *brevia* können zu einem *longum* zusammengezogen werden, so wie zwei Achtelnoten zusammen eine Viertelnote ergeben. Dadurch entstehen zwei Arten von 2/4-Takten. Einen solchen Takt bezeichnet man als **Metrum**:

Daktylus (da): –́ ◡◡ Spondeus (sp): –́ –

Das letzte Metrum hat im Vers immer zwei Silben, wobei die letzte Silbe lang oder kurz sein kann.

Elision:

Vers 2: parvumque ad pectora *lies:* parvúm**quad** péctora

Vers 5: materna ad pectora *lies:* matér**nad** péctora

Wenn ein Wort auf einen Vokal endet und das folgende mit einem Vokal beginnt, wird der Endvokal des ersten Wortes ausgestoßen (elidiert). Entsprechendes gilt, wenn das erste Wort auf *-m (-em, -am, -um)* endet.

8 Stilmittel (I)

Gedichte unterscheiden sich nicht nur durch ihren Rhythmus von einem Prosatext, sondern sind auch sprachlich reicher ausgeschmückt: Dies geschieht durch die Wahl von poetischen Wörtern, durch den Klang und besonders durch die Wortstellung. Um einen lateinischen Text, vor allem ein lateinisches Gedicht zu verstehen, ist es wichtig, solche poetischen und rhetorischen Mittel zu erkennen. In den sechs Hexametern aus der *Ilias Latina* (vgl. Lektionstext 31B) fallen mehrere Stilmittel auf:

a) Enjambement (Zeilensprung)

Eigentlich erwartet man, dass am Versende auch ein Satz oder Satzabschnitt endet. Oft aber wird der begonnene Gedanke erst im folgenden Vers zu Ende geführt:

Vers 2/3: parvumque ad pectora natum // Astyanacta tenet.

Der Dichter der *Ilias Latina* liebt offenbar dieses Stilmittel besonders, denn bei jedem der sechs Verse geht der Satz ohne Pause in die nächste Zeile über.

b) Poetischer Plural

Vergleiche die Verse 4/5 aus der *Ilias Latina* mit der deutschen Übersetzung:

Infans // convertit **timidos materna ad pectora vultus.**

Das Kind // wendet sein **ängstliches Gesicht zur mütterlichen Brust**.

Vergleiche dagegen die Prosafassung in 31B, Zeile 33/34:

(Astyanax) … **vultum timidum** ad nutricem convertit.

In poetischen Texten wird manchmal der Plural an die Stelle des Singulars gesetzt. In der deutschen Übersetzung steht dafür gewöhnlich der Singular.

c) Alliteration (Stabreim)

colloquium ... **c**oniunx (Vers 1) **p**arva **p**etit ... **p**erterritus (Vers 4)
parvumque ad **p**ectora (Vers 2) **c**ristamque **c**omantem (Vers 6)

Zwei (oder mehr) nahe beieinander stehende Wörter beginnen mit dem gleichen Laut. Weiteres Beispiel: **V**eni, **v**idi, **v**ici.

d) Trikolon

Mane intra muros!
Adhibe misericordiam!
Noli eripere mihi coniugem, filio patrem. (Vergleiche den Lektionstext 31B, Zeile 28/29.)

Eine Aussage, die aus drei Gliedern besteht, bezeichnet man als Trikolon (griech. *tri* – drei; griech. *kolon* – Glied). Oft wird bei einer solchen Reihe eine inhaltliche Steigerung angestrebt, die sich auch im Anwachsen des Umfangs zeigen kann („Trikolon mit wachsenden Gliedern"). Eine solche Steigerung nennt man **Klimax** (griech.: Leiter). Weiteres Beispiel: Veni, vidi, vici.

8Ü Welches poetische Stilmittel erkennst du in den folgenden Sätzen:
a) Vae (*wehe*) victis! b) Dum docent, discunt.

Grammatiktraining

T 1 **Setze für die hervorgehobenen Ausdrücke im folgenden Text jeweils die richtige lateinische Form ein:**

Max und Moritz

Ach, was muss man oft von bösen
Kindern hören oder lesen,
wie zum Beispiel hier von diesen,
welche Max und Moritz hießen.

Während **dem einen** kurze dunkle Haare in die Stirn fallen, stehen die Haare **des anderen** in einem Schopf in die Höhe. **Jeder von beiden** hatte Schlimmes angestellt. Sie konnten **auf keine Weise** an ihren Schandtaten gehindert werden. **Keinem von ihnen** taten die Opfer ihrer bösen Streiche leid. Sie hatten keine Bedenken, den Lehrer Lämpel **persönlich** zu erschrecken:

Der Lehrer pflegte an **jedem** Sonntag **dasselbe** zu tun. Nach der Kirche rauchte er zu Hause seine Pfeife. **Gerade diese Gewohnheit** beschlossen **die beiden Buben** auszunutzen. Während **der eine** die Pfeife des Lehrers hielt, füllte **der andere** sie mit Schwarzpulver. **Jedem von uns** ist bekannt, wie die Sache ausging. **Mit derselben Bosheit** *(malitia)* spielten sie auch ihrem Onkel Fritz einen Streich. Ihr habt aber gelesen, dass am Ende **keiner von beiden** seiner Strafe entging.

T 2 **Übersetze:**

a) Homer und Vergil haben berühmte Gedichte verfasst. b) Der eine war ein Grieche, der andere ein Römer. c) Die Lieder von jedem der beiden werden auch heute noch gelesen. d) Jeden von beiden haben andere Dichter gerühmt. e) Welcher von beiden erzählt von der Eroberung Trojas (= *von dem eroberten Troja*)? f) Aeneas und Odysseus (*Ulixes, -is*) bestiegen nach der Zerstörung Trojas ihre Schiffe. g) Jedem von beiden sandte ein Gott viele schwere Mühen. h) Von jedem der beiden wurden viele Gefahren erduldet.

T 3 **Übersetze:** *Phaëthon und Ikarus*

Ovidius poeta de Phaëthonte et de Icaro narrat.
Alter filius Solis (*Sol, Solis: Sonnengott*), alter filius Daedali fuisse dicitur. Uterque periit, quod consilio patris non paruerat. Neutrum pater servare potuit.
Phaëthon currum Solis ipsius per unum diem regere magnopere cupivit, Icarus alis (*ala: Flügel*) a Daedalo patre ipso factis e Creta insula fugiebat.
Sol filium admonuit, ne aut altius (*zu hoch*) aut inferius (*zu tief*) currum regeret.
Daedalus filio idem dixit: „Media (*mitten, in der Mitte*) ut via curras, te moneo, ne alae aqua paulatim graventur (*schwer werden*) aut ardore (*Hitze*) solis (*Sonne*) deleantur. Inter utrumque vola!"
Phaëthon et Icarus eadem audacia (*Tollkühnheit*) adducti verba patrum neglexerunt et de caelo ceciderunt.

(nach Ovid, *Metamorphosen*)

T 4 **Lies folgende deutsche Hexameter im richtigen Rhythmus laut vor:**

Weisung erteilt er dem Sohn und spricht: „In der Mitte des Weges,
Icarus, bleib, dass nicht dir Wasser beschwere die Schwingen,
wenn zu niedrig du gehst, zu hoch, sie versenge das Feuer. ...
Halte die Bahn mir nach." Auch nützliche Lehren im Fliegen
gibt er ihm noch und fügt an die Schultern das neue Gefieder.

(aus: Ovid, *Metamorphosen,* übersetzt von Martin Vosseler)

T 5 **Trainiere Participium coniunctum und Ablativus absolutus. Übersetze die folgenden Partizipialkonstruktionen mit einem Adverbialsatz – wo es möglich ist, auch mit einem Präpositionalausdruck oder mit Beiordnung:**

a) Minerva precibus implorata Troianis non adfuit. b) Dolo invento Graeci Troiam ceperunt. c) Troianis tandem victis Graeci urbem deleverunt. d) Aeneas patrem ferens Troiam reliquit. e) Aeneas patria privatus novam sedem a deis promissam petebat. f) Amicos naves multis cum lacrimis ascendentes iussit bono animo esse.

T 6 **Ergänze folgende Partizipialkonstruktionen zu ganzen lateinischen Sätzen und übersetze sie:**

a) Hector aedem Paridis intrans ...
b) Coniunx colloquium petens ...
c) Graecis et Troianis pugnantibus ...
d) Invitatione Helenae repudiata ...
e) Astyanax armis patris conspectis ...

T 7 **Suche aus dem Lektionstext 31B alle Partizipialausdrücke heraus und bestimme jeweils, ob es sich um ein Participium coniunctum oder einen Ablativus absolutus handelt.**

T 8 a **Wiederhole die Konjugation und die Stammformen von *ferre* und seinen Komposita. Zeichne das Schema der *Navis Temporum* in dein Heft und trage folgende Formen in die vier linken Kabinenetagen ein.**
Wenn du richtig zuordnest, hat jede dieser Kabinen (bis auf den Konjunktiv Perfekt, der noch leer bleibt) zwei Passagiere:

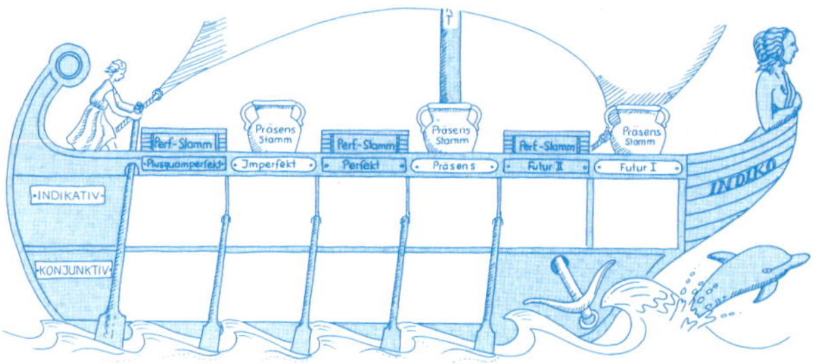

abstulerat, differantur, allatum esset, perferebam, ablatus sum, ferremus, attulisti, effertis, perlati erant, differat, rettulisses, conferebatur, inferreris, conferimini

b **Übersetze alle Formen im oberen Stockwerk.**

T 9 **Kombiniere jeweils eines der unten aufgeführten Präfixe mit einer der Verbformen von *ferre* und übersetze die neuen Formen. Achte dabei auf Assimilationen:**

dis-	-ferunt
ad-	-tulisti
in-	-fertur
per-	-lati
re-	-ferebam
con-	-feras

Grammatische Impulse 32

Stilmittel (II): Besonderheiten der Wortstellung

1 Inversion im Gliedsatz

Arma virumque cano, **Troiae qui** primus ab oris in Italiam venit.
Die Waffen und den Mann besinge ich, **der** von **Trojas** Küsten als Erster nach Italien kam.

In lateinischen Gliedsätzen steht das Einleitewort* oft nicht am Beginn, sondern im Inneren des Gliedsatzes. Diese Umstellung („Inversion") kann verschiedene Gründe haben:
- Ein besonders betontes Wort wird vorangestellt. Dies kommt in der lateinischen Dichtung häufig vor.
- Das gemeinsame Subjekt steht am Anfang (vgl. GI 8.6).
- Das Relativpronomen beim Relativischen Satzanschluss steht am Anfang (vgl. GI 17.6).

Im Deutschen ist eine solche Umstellung nicht möglich. Beginne also beim Übersetzen jeden Gliedsatz mit seinem Einleitewort.

* im Beispielsatz: ***qui***

2 Chiasmus

luctantes *ventos tempestates*que **sonoras** (Vergil, *Aeneis* I 53; vgl. 32B, Z. 4)
ventos und *tempestates* sowie die zwei Attribute **luctantes** und **sonoras** stehen nicht parallel, sondern gleichsam „übers Kreuz". Daher die Bezeichnung „Chiasmus", nach dem griechischen Buchstaben „Chi" (X):

luctantes — *ventos*
tempestates — **sonoras**

3 Parallelismus

imperio **premit** ac *vinclis et carcere* **frenat** (Vergil, *Aeneis* I 54, vgl. 32B, Z. 5)

imperio **premit**
vinclis et carcere **frenat**

Der „Parallelismus" ist das Gegenteil des Chiasmus. Einander entsprechende Einzelteile zweier (oder mehrerer) Sätze oder Satzabschnitte stehen parallel.

4 Hyperbaton (Sperrung)

Beachte in dem folgenden Satz die Stellung des Attributs und seines Bezugsworts:

Non fuit facile **Romanam** condere **gentem**.

Es war nicht leicht, **das römische Volk** zu gründen.

Zusammengehörige Wörter eines Satzgliedes (hier die zwei Bestandteile des Akkusativobjekts *Romanam gentem*) können im Lateinischen getrennt werden. Das getrennte Satzglied „steigt" gewissermaßen über ein oder mehrere andere Satzglieder „hinüber" (griech: *hyperbatos* = übersteigbar).[1]

a) Wortstellung beim Hyperbaton

Im Gegensatz zur üblichen Wortfolge steht beim Hyperbaton das **Adjektivattribut** in der Regel **voran.** Vergleiche in dem folgenden Satz (vgl. 32A, Z. 3/4) die jeweilige Stellung des Adjektivs *novus*:

Aeneas per mare navigaverat, ut **sedes novas** peteret et **novam** conderet **urbem.**

b) Verstehen und Übersetzen des Hyperbatons

Die Umkehrung der üblichen Reihenfolge Substantiv-Adjektiv bedeutet, dass die Verstehenserwartung offen bleibt. Im Deutschen kann die Verbindung von Attribut und Bezugswort nicht getrennt werden. Für die Übersetzung „am Satzfaden entlang" muss daher nach dem ersten Bestandteil (in den Beispielen oben: *Romanam, novam*) das nach KNG zugehörige Bezugswort (*gentem, urbem*) vorgezogen werden.

Ein allein stehendes Adjektiv oder Pronomen ist oft das Signal für ein Hyperbaton: Suche in diesem Fall das nach Kasus, Numerus und Genus zugehörige Substantiv.

c) Grammatische und inhaltliche Bedeutung des Hyperbatons

Mithilfe der Wortstellung kann ein Autor den Lesern zusätzliche Informationen geben:

[1] Vergleiche im Deutschen die entsprechende Erscheinung bei der Prädikatstrennung.

(1) **„Einrahmen" oder „auseinander klappen"**

ut novam conderet urbem

Durch die Sperrung werden die Begriffe „neu" und „Stadt" besonders betont. Gleichzeitig entsteht durch die Zwischenstellung des Verbs eine enge Verbindung zwischen *condere* und seinem Objekt *novam urbem* (gemeint ist Rom). Das Verb wird von dem Objekt „eingerahmt" bzw. der ganze Ausdruck vom Verb her „auseinander geklappt": *condere* wirkt gleichzeitig nach links und rechts. Dadurch unterstreicht der Dichter, dass die Gründung Roms das zentrale Thema der *Aeneis* ist.

(2) **Abbildende Wortstellung**

Durch das Hyperbaton können räumliche und zeitliche Vorstellungen oder auch bestimmte Handlungen sprachlich „abgebildet" werden.

Raum: Hic **vasto** rex Aeolus **antro** …

Die Wortstellung verdeutlicht hier die räumliche Situation: Die riesige Höhle „umgibt" den König Aeolus, der mitten in ihr wohnt.

Zeit: Iuno **aeternum** servans sub pectore **vulnus** …

Die zeitliche Dauer der Kränkung wird durch das „Überschreiten" angedeutet.

Handlung: … **parvumque** ad pectora **natum** // **Astyanacta** tenet.

Die „umfassende" Sperrung bildet die Handlung nach: Astyanax „umarmt" seine Mutter.

5 Verstehen und Übersetzen: Keine Angst vor lateinischen Gedichten!

Die Verse aus der *Ilias Latina* (Lesestück 31B) und Vergils *Aeneis* (Lesestück 32B) zeigen eine auffallende Eigenart von Dichtung: Die Wortstellung ist oft anders als in Prosatexten. Vor allem die Sperrung zwischen zusammengehörigen Satzgliedern, das Hyperbaton (vgl. GI 32.4), ist charakteristisch für die lateinische Dichtung. Wenn man diese häufigen Sperrungen berücksichtigt und zu dem meist vorangestellten Attribut gleich das passende Bezugswort sucht, ist die Übersetzung eines Gedichts am Satzfaden entlang kaum schwieriger als ein Prosatext. An den anderen Wortgebrauch und einige poetische Eigenheiten wie den poetischen Plural, Ortsbestimmungen ohne *in* usw. muss man sich allerdings gewöhnen.

Für das Verständnis eines Gedichts ist es besonders wichtig, dass der Leser von Anfang an die Reihenfolge der Satzglieder möglichst einhält, um so zu spüren, was der Dichter besonders betonen wollte. Dass dies leicht möglich ist, wenn man die Satzfadenregeln beachtet, zeigt die folgende Gegenüberstellung:

Hic I ➔ **P** I	Hier **unterdrückt**
vasto rex Aeolus *antro*	*in seiner riesigen Höhle* der König Aeolus
luctantes ventos tempestatesque sonoras	die kämpfenden Winde und tosenden Stürme
imperio	mit seinem Befehl
premit ac I ➔ **P** I vinclis et	und **zähmt** sie mit Fesseln und
carcere **frenat**.	Kerker.
Illi I ➔ **P** I indignantes	Jene **toben** unwillig
magno cum murmure montis	mit lautem Dröhnen des Berges
circum claustra **fremunt;**	um ihre Riegel;
celsa **sedet** Aeolus *arce*	*auf hochragender Burg* **sitzt** Aeolus,
sceptra tenens	das Zepter haltend,
mollitque animos	und **besänftigt** die Sinne
et **temperat** iras.	und **mildert** den Zorn.

5Ü Mache eine ebensolche Gegenüberstellung der sechs Verse der *Ilias Latina* in 31B. Markiere dabei im Lateinischen und Deutschen die wichtigen Übersetzungssignale und die zusammengehörigen Teile der Hyperbata.

Grammatiktraining

T 1 **Welches Adjektiv bzw. Partizip passt zu welchem Substantiv? Zum Teil gibt es mehrere Möglichkeiten.**

(1) dolum	(4) aedificia	(7) animali	(10) cantus
(2) carmine	(5) seditione	(8) clades	(11) senes
(3) adulescentis	(6) civibus	(9) plagis	(12) rei

a) alterius	d) accepta	g) finitus	j) pulchro
b) gravibus	e) poscentibus	h) eminentia	k) periculosa
c) supplices	f) tristis	i) vivente	l) adhibitum

Übersetze die Ausdrücke!

T 2 **Bilde alle dir bekannten Tempora im Indikativ und Konjunktiv, Aktiv und Passiv (soweit sinnvoll) von folgenden Formen:**

a) iaceo	d) fers	g) impediunt	j) obest
b) aperit	e) fregerat	h) incendis	k) antefert
c) exposui	f) docere	i) premimus	l) mollitis

T 3 **Formentraining: Fragt euch gegenseitig ab.**

a) Imperfekt b) Perfekt c) Plusquamperfekt

(1) ascendo	(4) alimini	(7) restituimus	(10) suades	(13) depelleris
(2) munis	(5) quaerimur	(8) repellitur	(11) conspiceris	(14) volvitur
(3) comprehendunt	(6) prodest	(9) expellor	(12) tenduntur	(15) adimunt

Beispiel: Wie heißt 1b?

Diese Liste könnt ihr selbst fortsetzen!

T 4 a **Die folgenden Ausgänge von Verbformen geben dir jeweils Informationen über Person, Numerus, Modus, Tempus und Genus verbi. Erkläre sie:**

-bamur, -visti, -issemus, -uerant, -veratis, -em, -eat, -ti/-si estis

b **Ergänze diese Bruchstücke zu ganzen Verbformen; wähle dabei aus folgendem Verbenvorrat:**

scribere, depellere, sentire, recipere, succurrere, maerere, rogare, docere, detrahere, repudiare

T 5 **Wiederhole AcI und NcI. Mache jeden der folgenden Sätze abhängig von *Vergilius narrat* und *dicitur/dicuntur*:**

a) Aeneas cum nonnullis comitibus e patria fugit.
b) Iuno ira mota Troianos diu Italia arcebat.
c) Vergilius in animo habuit carmen suum delere.
d) Dei Aeneae novam patriam promiserunt.
e) Venus mater Aeneae fuit.

T 6 **Trainiere die Konjugation von *ire* und setze jeweils in alle dir bekannten Tempora:**

eo, eat, ibas, eunt, ire, imus, it, istis, ierunt

T 7 a **Trainiere die Übersetzung des Ablativus absolutus:**

a) Praemio accepto serva nuntium ad dominam pertulit.
b) Gladio stricto miles fugientibus repente appropinquavit.
c) Navibus a Troianis deletis Graeci in summo periculo erant.
d) Rege expulso Romani duo consules creaverunt.
e) Pace cum Cleopatra facta frater novas insidias excogitavit.
f) Omnibus amicis in forum convocatis Marcus orationem habet.
g) Pompeio victo Cato consilium mutavit.
h) Qua re comperta Scipio in Aegyptum navigare festinavit.

b **Setze das Substantiv innerhalb des Ablativus absolutus jeweils in den Nominativ, das Partizip in den Infinitiv Präsens Aktiv (samt Stammformen):**

Beispiel (Satz a):

praemium – Belohnung; accipere, accipio, accepi, acceptum – annehmen, hinnehmen

T 8 **Übersetze folgende Fabel, die Phaedrus zu Beginn der Kaiserzeit in Versform brachte; achte dabei besonders auf die Hyperbata.**

Cum corvus (*Rabe*) in celsa sedens arbore caseum (*Käse*) raptum edere cuperet, vulpes (*Fuchs*) ei invidit. Deinde sic coepit dicere: „O, quae tuarum, corve, pennarum (*Federn*) est species! Quantum pulchritudinis corpore (*Körper*) et vultu geris! Si vocem haberes, nulla tibi praestaret avis.“ His verbis impulsus corvus stultus, dum vocem ostendit, amisit caseum, quem callida vulpes cupido rapuit ore.
Qui se laudari gaudet verbis falsis, plerumque sera (*spät*) punitur paenitentia (*Reue*).

Grammatische Impulse 33

1 Das Futur im Lateinischen und Deutschen

Die Prophezeiung Jupiters:

Romani olim omnibus gentibus impera**bu**nt,	Die Römer **werden** einst allen Völkern **befehlen,**
omnia maria omnesque terras imperio reg**e**nt,	alle Meere und alle Länder **werden** sie mit ihrer Herrschaft **regieren**,
domini mundi **erunt**.	Herren der Welt **werden** sie **sein**.
His ego neque fines neque tempora pon**a**m.	Diesen **werde** ich weder Grenzen noch Zeiten **festsetzen**.

Das Tempus für die Zeitstufe Zukunft ist das Futur. Es wird dadurch gebildet, dass zwischen den Präsensstamm und die Endung ein eigenes Tempussignal tritt. Für die a- und e-Konjugation (und für *ire*) ist dieses Futursignal ein ***b*** (Aussprechvokale *e, i, u*), für die anderen Konjugationen ein ***e*** (in der 1. Sg. ein ***a***).

2 Die Formen des Futur I

	a-Konjugation	*e-Konjugation*	*i-Konjugation*	→ *Misch-gruppe*	← *konsonant. Konjugation*
Stamm	laudā-	vidē-	audī-	cap(i)-	reg-
AKTIV					
Sg. 1.	laudā-**b**-ō	vidē-**b**-ō	audi-**a**-m	capi-**a**-m	reg-**a**-m
2.	laudā-**b**-*i*-s	vidē-**b**-*i*-s	audi-**ē**-s	capi-**ē**-s	reg-**ē**-s
3.	laudā-**b**-*i*-t	vidē-**b**-*i*-t	audi-**e**-t	capi-**e**-t	reg-**e**-t
Pl. 1.	laudā-**b**-*i*-mus	vidē-**b**-*i*-mus	audi-**ē**-mus	capi-**ē**-mus	reg-**ē**-mus
2.	laudā-**b**-*i*-tis	vidē-**b**-*i*-tis	audi-**ē**-tis	capi-**ē**-tis	reg-**ē**-tis
3.	laudā-**b**-*u*-nt	vidē-**b**-*u*-nt	audi-**e**-nt	capi-**e**-nt	reg-**e**-nt
PASSIV					
Sg. 1.	laudā-**b**-or	vidē-**b**-or	audi-**a**-r	capi-**a**-r	reg-**a**-r
2.	laudā-**b**-*e*-ris	vidē-**b**-*e*-ris	audi-**ē**-ris	capi-**ē**-ris	reg-**ē**-ris
3.	laudā-**b**-*i*-tur	vidē-**b**-*i*-tur	audi-**ē**-tur	capi-**ē**-tur	reg-**ē**-tur
Pl. 1.	laudā-**b**-*i*-mur	vidē-**b**-*i*-mur	audi-**ē**-mur	capi-**ē**-mur	reg-**ē**-mur
2.	laudā-**b**-*i*-minī	vidē-**b**-*i*-minī	audi-**ē**-minī	capi-**ē**-minī	reg-**ē**-minī
3.	laudā-**b**-*u*-ntur	vidē-**b**-*u*-ntur	audi-**e**-ntur	capi-**e**-ntur	reg-**e**-ntur
FUTURSIGNAL: **b** + Aussprechvokal			1. Sg.: **a**; sonst: **e**		

	esse	*posse*	*īre*	*ferre*	*ferri*
Stamm:	es-	potes-	ī-	fer-	fer-
Sg. 1.	er-ō	poter-ō	ī-b-ō	fer-**a**-m	fer-**a**-r
2.	er-*i*-s	poter-*i*-s	ī-b-*i*-s	fer-**ē**-s	fer-**ē**-ris
3.	er-*i*-t	poter-*i*-t	ī-b-*i*-t	fer-**e**-t	fer-**ē**-tur
Pl. 1.	er-*i*-mus	poter-*i*-mus	ī-b-*i*-mus	fer-**ē**-mus	fer-**ē**-mur
2.	er-*i*-tis	poter-*i*-tis	ī-b-*i*-tis	fer-**ē**-tis	fer-**ē**-minī
3.	er-*u*-nt	poter-*u*-nt	ī-b-*u*-nt	fer-**e**-nt	fer-**e**-ntur
FUTURSIGNAL: keines; s → r*			**b**	**a/e**	

* Das *s* wird zwischen zwei Vokalen zu *r* (Rhotazismus, vgl. WB 33.2: esam → eram, moses → mores).

2Ü a Übersetze. Welche Formen sind mehrdeutig?

a) facies c) audiam e) erro g) ero i) reges
b) duces d) ducem f) eam h) ibo j) impellam

2Ü b Ordne die folgenden Verbformen nach Konjugationen und übersetze sie. Erkläre jeweils die Bedeutung des **-e-**.

a) mov**e**ris c) dic**e**s e) faci**e**mus g) pugn**e**nt i) ten**e**nt
b) d**e**nt d) man**e**tis f) delect**e**tis h) pet**e**t j) puls**e**s

3 Die Wiedergabe des lateinischen Futurs im Deutschen

Mox te visita**bo**. → Bald **werde** ich dich **besuchen**. / Bald **besuche** ich dich.

Das deutsche Futursignal ist das Hilfsverb „werden“ (+ Infinitiv). Die Umschreibung mit „werden“ wird aber oft vermieden, wenn andere semantische Signale (z. B. das Adverb „bald“) oder der Kontext die Zeitstufe Zukunft ohnehin festlegen. In diesem Fall steht häufig das deutsche Präsens anstelle des Futurs. Die Anwendung im Lateinischen ist dagegen fest vorgeschrieben.

4 Verstehen und Übersetzen: Prädikatstrennung beim Futur

Auch bei der Übersetzung des Futurs kann man, wie bei den im Deutschen zusammengesetzten Formen des Perfekts oder des Passivs, die Prädikatstrennung ausnützen (vgl. GI 10.8, 12.4, 14.6).

4Ü Für die hervorgehobenen Prädikate sind mit Absicht bisher unbekannte Verben verwendet. Versuche, ihre Bedeutung aus dem Kontext und mithilfe der deutschen Prädikatstrennung beim Futur zu erschließen.

Nach dem verheerenden Seesturm nähern sich die übrig gebliebenen sieben Schiffe der Trojaner der afrikanischen Küste. Beim Anblick des rettenden Strandes sagt Aeneas zu seinen Gefährten:

„O socii, videtisne etiam vos illam oram ignotam? Ibi vi tempestatis fracta naves nostras *deligabimus*. Sub his arboribus, quas videtis, animos a laboribus fatigatos *recreabitis*. Ego autem una cum Achate amico naturam huius regionis *explorabo*. Una viam per montes et silvas *reperiemus*. Postea iter usque ad vicos urbesque incolarum *continuabimus*. Homines hanc terram incolentes nos certe bene *tractabunt*. Fortasse nos in numerum civium *asciscent* et in urbe sua *collocabunt*. Si autem animis ferocibus sunt, sine dubitatione naves nostras *oppugnabunt*."

Welche Bedeutung kann aus dem Kontext für die neuen Verben *deligare, recreare, explorare, reperire, continuare, tractare, asciscere, collocare, oppugnare* erschlossen werden? Überprüfe hinterher deine Vermutung in einem Lexikon.

5 Verstehen und Übersetzen: Übersetzungserleichterungen durch Prädikatstrennung (Zusammenfassung)

Das Verstehen und flüssige Übersetzen lateinischer Texte wird durch die Prädikatstrennung im Deutschen sehr erleichtert. Dies beruht darauf, dass sich dabei die Verstehenserwartung vom Satzanfang an auf den meist am Satzende stehenden Prädikatsteil richtet:

- beim deutschen Passiv (vgl. GI 10.8)
- beim deutschen Perfekt (vgl. GI 12.4; 14.6)
- beim deutschen Plusquamperfekt (vgl. GI 16.4)
- bei Modalverben + Infinitiv (vgl. GI 26.10)
- beim deutschen Futur (vgl. GI 33.4)

Wie hilfreich die bewusste Ausnutzung der Prädikatstrennung beim Lesen lateinischer Texte ist, kann das Gespräch zwischen Jupiter und Venus im Lesestück 33A zeigen:

Venus:

Quod scelus I ➔ **P** I meus Aeneas in te commi**sit**?	Welches Verbrechen **hat** mein Aeneas gegen dich **begangen**?
Cur I ➔ **P** I Troianis cunctus ob Italiam terrarum claudi**tur** orbis?	Warum **wird** den Trojanern der ganze Erdkreis gegen Italien hin **verschlossen**?
Tu I ➔ **P** I mihi sic promi**sisti**:	Du **hast** es mir so **versprochen**:
„Romani I ➔ **P** I olim omnibus gentibus impera**bunt**, omnia maria omnesque terras I ➔ **P** I imperio reg**ent**, domini mundi **erunt**.	„Die Römer **werden** einst allen Völkern **befehlen**, alle Meere und alle Länder **werden** sie mit ihrem Befehl **regieren**, Herren der Welt **werden** sie **sein**.
Cur, pater, I ➔ **P** I sententiam muta**visti**?"	Warum, Vater, **hast** du deine Meinung **geändert**?"

5Ü Stelle alle Sätze des Lesestücks 33A, Zeile 11–18, und ihre deutsche Übersetzung in dieser Weise einander gegenüber. Markiere dabei mit Pfeilen die Stelle von **P**.

Grammatiktraining

T 1 **Übersetze:**

a) sie wird Beifall klatschen
b) sie werden hervorragen
c) ich werde nicht wissen
d) es wird bewirkt werden
e) du wirst spielen
f) ich werde festhalten
g) ihr werdet nützen
h) wir werden irren

Wenn du die richtigen Verben gewählt hast, ergeben die Anfangsbuchstaben, hintereinander gelesen, den Namen einer klugen, beharrlichen Frau aus der griechischen Sage.

T 2 **Formensalat**

Setze die Teile so zusammen, dass mindestens 15 richtige lateinische Verbformen entstehen (verwende dabei jede der Formen im linken Kasten und jede Endung im rechten mindestens ein Mal!). Übersetze sie danach ins Deutsche:

accipie-	exspectabe-
divida-	excitabu-
desine-	adhibebi-
dilige-	lega-
depone-	laudab-

-ris	-o
-s	-nt
-ntur	-mus
-mur	-mini
-m	-or

T 3 ***Quid feriis facies/facietis?***

Beantworte diese Frage auf Lateinisch jeweils in der 1. Sg. und Pl.. Benutze dabei die folgenden Wendungen und übersetze danach ins Deutsche:

laboribus non vexari; magistris carere; montes ascendere; dormire; scholam desiderare; litteras scribere; in alienas terras abire; libros domi relinquere; in litore iacere; linguam Latinam neglegere.

Finde noch weitere Antworten.

T 4 **Übersetze: Vor der Lateinstunde**

a) Wer wird heute gefragt werden? b) Weil ich gestern müde war, konnte ich nicht lernen. c) Was wirst du machen, wenn du (auf)gerufen wirst? d) Wirst du mir helfen? e) Wenn ich kann (*Futur*), werde ich dir die Vokabeln (ein)sagen. f) Vielleicht wird der Lehrer heute nicht anwesend sein. g) Er wird sicher kommen, ich habe ihn schon gesehen.

T 5 a **Übersetze:** *Aus dem Eid des Hippokrates* (vgl. Lektion 9 F)
Omne detrimentum (*Schaden*) et omnem iniuriam (*Unrecht*) ab aegris prohibebo. Nullius viri preces apud me tantum valebunt, ut ei venenum (*Gift*) dem; neque ad hanc rem consilium dabo. Sancte (*heilig*) vitam et artem (*Kunst*) meam conservabo.

b **Übersetze:** *Aus der Bergpredigt*
Beati <sunt> pacifici, quia filii Dei vocabuntur. Beati <ii, qui sunt> mundo (*rein*) corde (*Herz*), quia ipsi Deum videbunt.

T 6 a In dem Märchen „Kalif Storch" heißt das Zauberwort *mutabor*. Was bedeutet das?

b *Placebo:* Übersetze die Form und informiere dich in einem Lexikon darüber, was unter dem „Placebo-Effekt" zu verstehen ist.

c Das Motto eines Herrschers aus dem Hause Habsburg lautete: *Austria erit in orbe ultima.* Was bedeutet es?

T 7 **Erinnere dich: Welcher Kasus antwortet auf die Frage „Wann?", welcher auf die Frage „Wie lange?"? Antworte mit einer lateinischen Zeitangabe.**
a) Wie viele Jahre ist Odysseus über die Meere gefahren? Wie lange war er von seiner Heimat Ithaca fern?
b) Im wievielten Jahr des Krieges haben die Griechen Troja erobert?
c) Wie lange dauerte die Herrschaft des Aeneas in Latium, wie lange die seines Sohnes?
d) Wie lange herrschte der Stamm des Aeneas in Alba Longa?
e) In welchem Jahr (unserer Zeitrechnung) wurde Caesar ermordet?

T 8 a **Formentraining. Nenne jeweils das PPP zu folgenden Verben und übersetze:**
regere, committere, respondere, ferre, condere, parere, accipere, claudere, finire, dare, percutere, invidere, dissuadere, sustinere, perrumpere, deficere, discedere, manere, submergere

b **Nenne jeweils den Infinitiv zu folgenden PPP und übersetze:**
dilectum, succursum, tentum, strictum, depulsum, restitutum, eiectum, effectum, perditum, confectum, ademptum, contemptum, provisum

Grammatische Impulse 34

1 Partizip der Nachzeitigkeit (Partizip Futur Aktiv: PFA)

Jupiters Auftrag an Merkur:

„Vola Carthaginem **nuntiaturus** Aeneae meum consilium.“ — „Fliege nach Karthago, **um** Aeneas meinen Entschluss **zu melden.**“

„Magna tibi **sum daturus** mandata.“ — „Wichtige Aufträge **werde (will) ich** dir **geben.**“/„**Ich habe vor (bin im Begriff),** dir wichtige Aufträge **zu geben.**“

Das **Partizip der Nachzeitigkeit** (*nuntiaturus*: einer, der melden wird) wird als Participium coniunctum in der Regel **final** („um zu“, „damit“) übersetzt.
In Verbindung mit den Formen von *esse* dient das Partizip der Nachzeitigkeit dazu, den Beginn einer zukünftigen Handlung auszudrücken:

Iturus sum. Ich habe vor zu gehen.
Ich bin im Begriff zu gehen.
Ich will gehen.
Ich werde gehen.

Bildung der Formen des Partizips Futur Aktiv: PPP-Stamm + *-urus, a, um.*
Das PFA hat immer **aktive Bedeutung**.

Die drei lateinischen Partizipien:

	vorzeitig	*gleichzeitig*	*nachzeitig*
Aktiv		capiēns, capientis	captūrus, a, um von *esse*: futūrus, a, um
Passiv	captus, a, um		

1Ü Bilde alle Partizipien (PPA, PPP, PFA) von:
a) dicere b) vincere c) invenire d) petere e) afficere f) dare g) tradere

2 Infinitiv der Nachzeitigkeit

Venus filium tutum **futurum (esse)** putabat.* — Venus glaubte, dass ihr Sohn sicher **sein werde.**

Iuno existimabat Troianos Carthagine man**suros (esse)**. — Juno glaubte, die Trojaner **würden** in Karthago **bleiben.**

Iuno Romam urbem numquam condi**tum iri** sperabat. — Juno hoffte, dass die Stadt Rom niemals **gegründet werde**.

Der Inhalt des AcI (z. B. *filium tutum futurum esse*) ist gegenüber dem Inhalt des übergeordneten Satzes (z. B. *Venus putabat*) **nachzeitig**. Deshalb steht hier der **Infinitiv der Nachzeitigkeit** (Infinitiv Futur).

* Beim AcI der Nachzeitigkeit kann das *esse* fehlen („Ellipse“).

Die drei Möglichkeiten des Zeitverhältnisses (vgl. auch GI 13.4):

Venus putabat
Venus glaubte,

vorzeitig	*gleichzeitig*	*nachzeitig*
filium tutum **fuisse**. dass ihr Sohn sicher **gewesen sei**.	filium tutum **esse**. dass ihr Sohn sicher **sei**.	filium tutum **futurum** (**esse**). dass ihr Sohn sicher **sein werde**.

Die sechs lateinischen Infinitive:

	vorzeitig	*gleichzeitig*	*nachzeitig*
Aktiv	cēpisse	capere	captūrum, am, um / ōs, ās, a esse
Passiv	captum, am, um / ōs, ās, a esse	capī	cap**tum īrī***

* captum (unveränderlich) + Passiv von *ire* („ man geht, um jemanden zu fangen"). Der passive Infinitiv der Nachzeitigkeit ist sehr selten.

2Ü Suche für jeden Satz die treffendste Übersetzung:

Volcatia cum Argulo catulo (*Hündchen*) exitura est. Volcatia exitura canem (*canis, -is: Hund*) vocat. Argulus Volcatiam exituram videns valde gaudet. In via Argulo alius canis appropinquat et contra adversarium pugnaturus accurrit. Hoc dominus canis alieni videt et eum retenturus advolat (*herbeieilen*); qui non paret. Dominus vocat se canem puniturum esse. Sed canis malus domino relicto Argulum fugat.

3 Das Futur II

a) Zeitverhältnisse

Für alle Zeitstufen gibt es ein Tempus der Vorzeitigkeit:

vorzeitig	← *Zeitstufe*
Plusquamperfekt Quia hoc fecerat, Weil er das getan hatte,	← **Vergangenheit** (Perfekt, Imperfekt, Plusquamperfekt, vgl. GI 16.1) laudatus est. wurde er gelobt.
Perfekt Quia hoc fecit, Weil er das getan hat,	← **Gegenwart** (Präsens) laudatur. wird er gelobt.
Futur II Si hoc fecerit, Wenn er das tut,	← **Zukunft** (Futur, Imperativ) laudabitur. wird er gelobt werden.

b) Übersetzung des Futurs II:

Quo ubi perven**eris**,	arcem conspici**es**.
Sobald du dort **ankommst (angekommen bist)**,	wirst du die Burg erblicken.
Sin mandata mea neglec**ta erunt**,	neque Aeneas neque Ascanius regnum obtine**bunt**.
Wenn aber meine Aufträge **missachtet werden**,	werden weder Aeneas noch Ascanius die Herrschaft haben.

Das Futur II kommt fast ausschließlich in Gliedsätzen vor: in Konditionalsätzen (*si, nisi*), in Temporalsätzen (*cum, ubi*), in Relativsätzen (*qui, quae, quod*). Weil das Zeitverhältnis fast immer aus dem Kontext ersichtlich ist, ist das Futur II im Deutschen selten; stattdessen wird in Gliedsätzen das Präsens oder Perfekt verwendet.

Im Deutschen kann das Futur II verwendet werden, um eine Vermutung auszudrücken: Ich weiß auch nicht, wo sie ist: Sie **wird** zu Freunden **gegangen sein**.

c) Die Formen des Futurs II

Stammformen: *capere:* capiō, **cēp-ī**, **capt-**um *esse:* sum, **fu-ī**, -

Aktiv	*Sg. 1.*	cēp-**erō**	ich werde gefangen haben *usw.*	fu-**erō**	ich werde gewesen sein *usw.*
	2.	cēp-**eris**		fu-**eris**	
	3.	cēp-**erit**		fu-**erit**	
	Pl. 1.	cēp-**erimus**		fu-**erimus**	
	2.	cēp-**eritis**		fu-**eritis**	
	3.	cēp-**erint**		fu-**erint**	
Passiv	*Sg. 1.*	cap**tus, a, um erō**	ich werde gefangen worden sein *usw.*		
	2.	cap**tus, a, um eris**			
	3.	cap**tus, a, um erit**			
	Pl. 1.	cap**tī, ae, a erimus**			
	2.	cap**tī, ae, a eritis**			
	3.	cap**tī, ae, a erunt**			

Bildung des Aktivs:
Perfektstamm + -erō, -eris, -erit, -erimus, -eritis, -erint
(Das Futur-II-Signal **erō, eris** usw. ist leicht einzuprägen, weil es mit den Futur-I-Formen von *esse* äußerlich übereinstimmt. Beachte aber das ***i*** in der 3. Pl.)
Bildung des Passivs:
PPP + Futur-I-Formen von *esse*: captus, a, um erit, entsprechend der Bildung des Perfekts / Plusquamperfekts Passiv.* Beachte die KNG-Kongruenz.

* vgl. GI 13.3 und 16.2

3Ü Bestimme die folgenden Formen:

a) fecerunt	d) fecerint	g) erant	j) erunt	m) fuerant
b) fuerit	e) iremus	h) ierimus	k) ceperis	n) caperis
c) capieris	f) neglecti erant	i) neglecti erunt	l) provideritis	o) fremuerunt

Grammatiktraining

T 1 **Welche Form passt jeweils nicht in die Reihe? Warum nicht?**

a) affuerunt – adierunt – aderunt – dederunt

b) potuerunt – moverunt – egerunt – poterunt

T 2 **Verbinde jeden der links aufgeführten Wortteile mit einem Wortteil im rechten Kasten, so dass mindestens 12 Partizipialformen entstehen. Übersetze diese:**

cae -	- tura
muta -	- tans
convocan -	- tus
sur -	- rectis
commis -	- tum
creden -	- tis
pugna -	- tes
habi -	- so
oppres -	- turi
mu -	- sis
despec -	- sum
laten -	- turus

T 3 a **Übersetze die folgenden Verben und bilde den lateinischen Infinitiv Futur Aktiv:**

hervorbringen, überfallen, bewegen, ans Ziel gelangen, erziehen, einrichten, opfern

b **Nenne zu diesen Verben die lateinischen Infinitive der Vorzeitigkeit. (Die Anfangsbuchstaben ergeben den Namen einer versunkenen Stadt und gleichzeitig den Namen eines großen römischen Feldherrn im Genitiv.)**

T 4 **Übersetze: Ein Gespräch auf dem Schulweg**

Marcus: Spero magistrum me hodie interrogaturum non esse. Sin autem me interrogaverit, me heri aegrum fuisse dicam.

Claudia: Eum tibi crediturum non esse puto. Scit enim te iam saepe causas invenisse. Si te vocabula non didicisse intellexerit, iram magistri certe non fugies.

Marcus: Timeo, ne verum dicas. Ubi in scholam pervenero, vocabula discam.

T 5 **Übersetze und achte dabei auf das Zeitverhältnis:**

a) Zuerst versprach Juno Paris, sie werde ihm großen Reichtum und Macht zum Geschenk geben. b) Danach erklärte Minerva, dass er alle Menschen an Weisheit übertreffen werde. c) Venus aber versprach, Paris werde die schöne Helena aus Sparta entführen und sie als Gattin in sein Haus bringen.

T 6 Übersetze: Gerechte Strafe

Latona, mater Apollinis et Dianae, iram Iunonis moverat, quia a Iove amata erat. Iram Iunonis fugiens cum ambobus liberis, quos pepererat, per multas terras errabat. Fatigata et siti vexata lacum (*See*) parvum invenit.

Aquam haustura lacui appropinquavit. Sperabat enim se et liberos ibi recreatum (*erfrischen*) iri. Agricolae autem, qui prope lacum laborabant, accedebant eam aqua prohibituri. Multis verbis dea eos imploravit: „Aqua mihi nectar (*Göttertrunk*) erit; si aquam hausero, iter pergam."

Hi tamen eam liberosque bibere vetuerunt et minas (*Drohungen*) addiderunt dicentes: „Nisi abieritis, vi vos fugabimus." Quin etiam in lacum saluerunt (*springen*) pedibus (*Fuß*) manibusque limum (*Schlamm*) moturi. Tum dea ira commota: „Semper", inquit, „vivatis in isto lacu!" Et statim agricolae mutabantur. Maledicturi ora aperuerunt – et voce ranarum (*Frosch*) clamaverunt. (nach Ovid, *Metamorphosen*)

T 7 Übersetze: Aus dem *Dies Irae* der mittelalterlichen Totenmesse

Quantus tremor (*Zittern*) est futurus,
Quando iudex est venturus
Cuncta stricte (*streng*) discussurus (*prüfen*).
Mors stupebit (*staunen*) et natura,
Cum (*wenn*) resurget creatura (*Schöpfung*)
Iudicanti responsura.
Quid sum miser tunc (= *tum*) dicturus,
Cum (*mit Konjunktiv: da doch*) vix iustus sit securus (*sicher*)?

T 8 a Suche aus dem Lektionstext 34A alle Konjunktionen, die einen Gliedsatz einleiten. Ordne sie danach, ob der Gliedsatz im Indikativ oder im Konjunktiv steht.

b Bestimme dann ihre Sinnrichtung (kausal, temporal ...) und das Satzglied, welches der Nebensatz vertritt.

T 9 a Verflixte Stammformen! Unter welchem Eintrag findest du folgende Formen im Vokabelverzeichnis oder Lexikon?

tolli, abstulissent, profuisti, paverunt, abeant, direxeras, ademi, corrupti estis, electum erat, clausistis, perrexit, genita erunt, transibitis, tetendit, mixtum erit, structum est

b Bestimme und übersetze diese Formen.

c Setze diese Formen, wo sinnvoll, in das andere Genus verbi (Aktiv/Passiv) und übersetze sie.

Grammatische Impulse 35

1 Genitivus possessivus (Genitiv des Besitzers/der Zugehörigkeit) bei *esse*

a. divitiae, quae **Caesaris fuerant** — der Reichtum, der **Caesar gehört hatte**

Der Genitivus possessivus ist hier nicht Attribut (vgl. GI 8.1), sondern Prädikatsnomen.

b. **Civium bonorum est** patriae prodesse. — **„Zu guten Bürgern gehört es,** dem Vaterland zu nützen." **Es ist Aufgabe (Pflicht, Gewohnheit) guter Bürger,** dem Vaterland zu nützen.

Der Genitiv steht manchmal als Prädikatsnomen bei einem unpersönlich verwendeten *est.* Er drückt eine **Zugehörigkeit** aus, die im Deutschen durch eine sinnvolle Ergänzung wiedergegeben werden muss: „Es ist Sache, Aufgabe, Eigentümlichkeit, Angewohnheit, Zeichen von" usw.

2 Genitivus pretii (Genitiv des Wertes)

Antonius luxuriam Aegypti **magni** putabat. — Antonius schätzte den Luxus Ägyptens **hoch** ein. Antonius hielt **viel** vom Luxus Ägyptens.

Bei Verben wie *putāre, aestimāre, facere* in der Bedeutung „schätzen", „für wert halten" wird der Grad der Wertschätzung im **Genitivus pretii** angegeben (*pretium* – Preis, Wert).

3 Genitivus partitivus (Genitiv des geteilten Ganzen)

pars hominum	ein Teil der Menschen
multum aquae	viel Wasser
quis hominum	wer von den Menschen
eo audaciae	bis zu einem solchen Ausmaß an Frechheit
magnus numerus agrorum	eine große Anzahl Ländereien

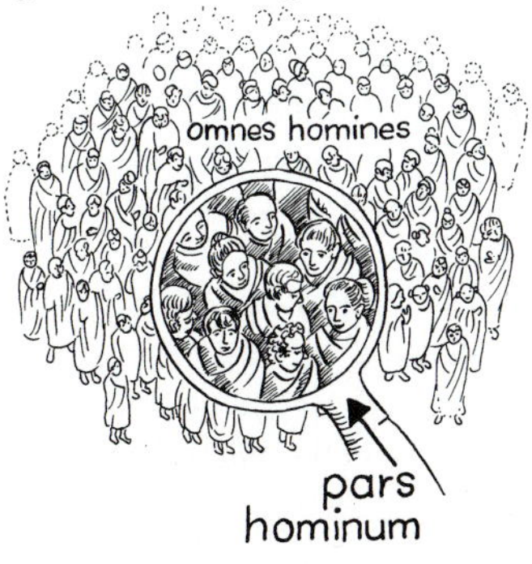

Der **Genitivus partitivus** gibt die Gesamtmenge an, von der ein **Teil** *(pars)* herausgenommen wird.

Merke: quis *nostrum* wer *von uns*
nemo *vestrum* niemand *von euch*

Von *nos* und *vos* heißt der Genitivus partitivus: *nostrum/vestrum.* Unterscheide davon den Genitivus obiectivus: *nostri/vestri* (vgl. Gl 16.5).

3Ü **Übersetze:**

a) magna copia frumenti
b) satis praesidii
c) nihil novi
d) nemo mortalium
e) utraque vestrum
f) tantum pecuniae
g) aliqui imitatorum
h) magnus numerus pugionum

4

Genitiv: Zusammenfassung

Kasus-Funktion	*Beispiele*		*Satzglied*
(1) **possessivus** vgl. Gl 35.1	domus patris civium bonorum est	das Haus des Vaters es ist Pflicht guter Bürger	Attribut PN
(2) **subiectivus** vgl. Gl 16.5	odium hostium	der Hass der Feinde (die Feinde hassen jemanden)	Attribut
(3) **obiectivus** vgl. Gl 16.5	odium hostium imperii cupidus Morum Romanorum immemor fuit. Der Genitivus obiectivus steht auch als Objekt bei Prädikaten, die ein Erinnern oder Vergessen ausdrücken.	der Hass auf die Feinde (jemand hasst die Feinde) begierig auf Herrschaft Er dachte nicht mehr an die römischen Sitten.	Attribut Objekt
(4) **qualitatis** vgl. Gl 12.5	viri summae auctoritatis Cicero magnae auctoritatis fuit.	Männer von höchstem Ansehen Cicero war sehr angesehen.	Attribut PN
(5) **explicativus** vgl. Gl 16.6	virtus modestiae	die Tugend der Bescheidenheit	Attribut
(6) **partitivus** vgl. Gl 35.3	quis hominum	wer von den Menschen	Attribut
(7) **pretii** vgl. Gl 35.2	magni aestimare	hoch einschätzen	AB der Art und Weise

4Ü Übersetze und erkläre jeweils die Kasusfunktion des Genitivs:

a) imitatio poetae
b) eo superbiae
c) nemo nostrum
d) puella magnae prudentiae
e) Quid novi?
f) amor matris
g) Magistri est liberos docere.
h) Pacem magni putamus.
i) maeror necis Caesaris

Grammatiktraining

T 1 a **Wiederhole die Bildung der Genitive in den fünf Deklinationsgruppen und bei den Pronomina (z. B. mithilfe der Tabellen auf S. 241 ff.). Zeichne das Schema der Deklinationenvilla in dein Heft. Schreibe dann folgende Formen in ihre „Wohnungen" ein:**

gloriae, murmuris, asperae, rerum, vultuum, domus, alterius, incolarum, fidei, sortis, ingenii, utrius, colloquiorum, cladis, umeri, istius, moenium, ventorum, nefariorum, sitis, quietis, promittentis, urbium, cornus, eiusdem, pugionum, vulnerum, pauperis, divitum, maris, placantium, difficilis, caedium, virium, fidelium

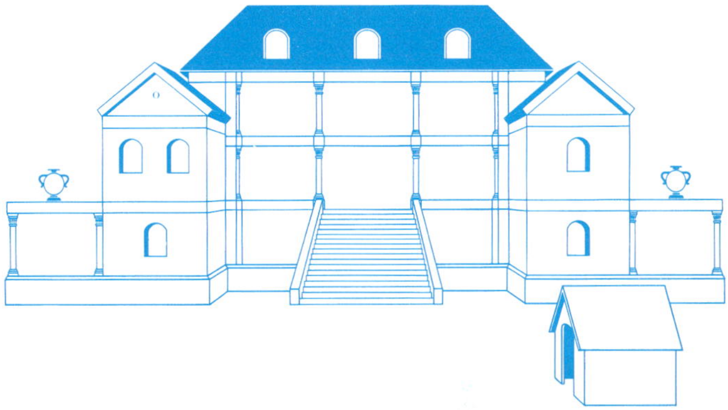

Wenn du die Wörter richtig verteilt hast, hat jedes Apartment (bis auf das links von der Treppe, in das die Komparative erst einziehen werden) zwei Bewohner; lediglich direkt über der Hundehütte (in der auch das Dachzimmer belegt ist) wohnt nur ein Einziger!

b **Wie lauten diese Formen im Nominativ?**

T 2 **In jeder Reihe sind zwei Wörter keine Genitive, in der letzten nur eines. Welche Wörter sind das? Was bedeuten diese Formen?**

a) brevi	belli	repeti	reliqui	senatorum
b) harum	ulli	toti	obeuntis	quietis
c) diei	uni	doli	satis	status
d) ceteris	celeris	vestrum	alti	alii
e) alterius	senatum	soli	signi	scriptorum
f) illius	rerum	impetuum	imperatum	urbi
g) studii	subi	tui	duarum	trium

Der Reihe nach gelesen, ergeben die Anfangsbuchstaben der gesuchten Formen die Namen von zwei Caesarmördern.

T 3 **Vorsicht, Verwechslungsgefahr! Sechs der folgenden Wörter sind eindeutig Genitive, die sechs anderen sind mehrdeutig. Welche sind das? Bestimme und übersetze sie:**

a) pectoris	c) formae	e) incolumis	g) cursuum	i) legis	k) oppugnantis
b) comitum	d) osculi	f) ludi	h) avis	j) nullius	l) vici

T 4 **Schreibe aus dem Lektionstext 35A alle Genitive heraus und bestimme ihre Kasusfunktion. (Manchmal ist die Bestimmung nicht eindeutig.) Um welches Satzglied handelt es sich jeweils?**

T 5 **Wiederhole die Funktionen des Genitivs. Übersetze dann folgende Genitivverbindungen; achte dabei, wo nötig, auf die richtigen Präpositionen. Bestimme, um welche Funktion es sich jeweils handelt.**

a) quantum odii
b) cupidi gloriae
c) memoria interfectoris (2)
d) immemor amoris
e) amicitia Ciceronis (2)
f) invidia Cleopatrae (2)
g) nomen dictatoris
h) victoria Antonii (2)
i) magna pars vatum
j) desiderium amicae (2)
k) aedes Dianae
l) amor sui

T 6 **Bilde aus jeweils einem Wort der linken Spalte und einem Genitiv der rechten Spalte einen sinnvollen Ausdruck und schreibe ihn mit der Übersetzung in dein Heft.**

(1) domus	a) pulchritudinis
(2) odium	b) magnae fortitudinis
(3) multum	c) aquae
(4) vir	d) hostium
(5) quid	e) regis
(6) cura	f) nostri
(7) quis	g) vestrum
(8) amor	h) novi

T 7 **Übersetze und erkläre jeweils die Funktion des Genitivs: Hannibal**

Quis nostrum nescit Hannibalem, Hamilcaris Poeni (*Punier*) filium, hostem acerrimum Romanorum fuisse? Iam puer novem annorum aram tenens patri iuraverat se odium populi Romani semper servaturum esse. Semper eorum verborum memor fuit. Bellum tanti aestimabat, ut precibus vehementibus a patre posceret, ut sibi bello instanti interesse liceret. Eo audaciae venit, ut cum magno numero elephantorum Alpes transiret.

Quamquam autem Hannibal vir magnae virtutis et prudentiae erat, tamen Romani a Poenis vinci non potuerunt.

T 8 **Beschreibe drei deiner Freunde/Freundinnen; verwende dabei möglichst oft den Genitivus qualitatis.**

Beispiel: Anna puella quattuordecim annorum et oculorum magnorum est. Discipula parvi studii, sed amica magnae fidei est.

Aus folgendem Vokabelvorrat kannst du dabei wählen:

puer, puella, vir, mulier, discipulus/a, amicus/a, filius/a, iuvenis, soror, frater;
ingenium, studium, fides, virtus, species, eloquentia, audacia, forma, pulchritudo, severitas, sapientia, fortitudo, animus, aetas, vis, celeritas, oculus, nasus *(Nase)*, capillus *(Haar)*;
maximus, (per)magnus, parvus, malus, terribilis, firmus, mirus, immanis, nimius, summus, incredibilis, ingens, longus, praeclarus; niger, nigra, nigrum *(schwarz)*; rufus *(rot)*; flavus *(blond)*; caeruleus *(blau)*; glaucus *(graugrün)*.

T 9 **Lies den Lektionstext 35A nochmals durch. Setze dann jeweils einen AcI aus der rechten Spalte zu den Ausdrücken in der linken Spalte, so dass inhaltlich richtige Aussagen entstehen; achte dabei auch auf die Reflexivpronomina:**

(1) Lepidus putavit	a) Cleopatram veneno se interfecisse.
(2) Uterque imperator speravit	b) Antonium amore Cleopatrae ardere.
(3) Octavianus affirmabat	c) Antonium gladio se percussisse.
(4) Romani riserunt audientes	d) bellum atrox inter cives Romanos gestum esse.
(5) Inimici Antonii dixerunt	e) se victorem summum civitatis locum habiturum esse.
(6) Suetonius narrat	f) eum in Aegypto luxuriae se dare.
(7) Cleopatra maxime doluit	g) se mores maiorum magni facere.
(8) Aegyptii maerebant	h) se amicum Antonii Octavianique esse.

T 10 **AcI-Training: Lies den Lektionstext 35B nochmals durch. Ergänze dann im folgenden Text die passenden Infinitive der unten angeführten Verben; achte bei jedem AcI auf den Kontext und das richtige Zeitverhältnis (gleichzeitig – vorzeitig – nachzeitig) und das Genus verbi (Aktiv – Passiv).**

afficere, convocare, dare, in matrimonium (*in die Ehe/zur Frau*) **dare, esse (2 x), immolare, lenire, occidere, rapere, servare, tenere, venire.**

Helenam mulierem pulcherrimam ● et a Paride Troiano e patria ● legimus. Audivimus Menelaum, Helenae coniugem, Agamemnone fratre adiuvante omnes Graecos ●, ut Troianos bello puniret.

Postquam naves et exercitus Graecorum Aulide retenti sunt, Calchas vates Agamemnonem cervam Dianae deae ● dixit. Iram deae morte filiae suae ● debere dux audivit. Milites formidine afficiuntur; cunctis enim notum erat Iphigeniam virginem summae virtutis ●.

Deinde Agamemnon Iphigeniam cum Clytaemnestra matre Aulidem ● per litteras iussit. Eo crudelitatis venit, ut se filiam Achilli, militi Graecorum clarissimo, in matrimonium ● promitteret. Sed mulieres magnopere decepit. Pater enim, quamquam Iphigeniam diligebat, amore gloriae patriaeque adductus tamen non vetuit eam in Dianae ara ●. Nemo exspectavit deam veniam ● et virginem ex ara et morte ●. Clytaemnestram autem filiam amatam memoria ● et magno odio mariti ● scimus.

Grammatische Impulse 36

1 Adverb

Iam **antea facile** animadverti potuerat eum **iuste feliciter**que imperaturum esse.

Schon **vorher** hatte man **leicht** merken können, dass er **gerecht** und **glücklich** herrschen werde.

In dem Beispielsatz gibt es vier Adverbiale Bestimmungen *(antea, facile, iuste, feliciter)*, die jeweils durch ein Einzelwort (Wortart: **Adverb**) gefüllt werden.

Die Wortart **Adverb** ist leicht zu bestimmen: Wenn im Deutschen eine Adverbiale Bestimmung von einem einzigen Wort ausgefüllt wird, handelt es sich immer um ein Adverb. Im Lateinischen kann auch ein einzeln stehendes Substantiv im Ablativ eine Adverbiale Bestimmung bilden.

Adverbien können auch wie Attribute zu einem anderen Adjektiv oder Adverb hinzutreten, z. B. **valde** bonus, **nimis** audax (**sehr** gut, **allzu** waghalsig).

Im Deutschen ist die attributive Verwendung von Adverbien und anderen adverbialen Ausdrücken bei Substantiven häufig, z. B. „die Menschen **dort**“, „das Haus **an der Ecke**“. Diese Verwendung ist im Lateinischen unüblich (vgl. GI 20.4).

2 Adjektiv und Adverb im Deutschen und Lateinischen

a) **Adjektiv als Attribut:**

imperator iustus et felix — ein gerechter und erfolgreicher Feldherr

b) **Adjektiv als Prädikatsnomen:**

Augustus, ut multi putabant, PN| iustus et felix |PN fuit. — Augustus war, wie viele glaubten, gerecht und erfolgreich.

c) **Adjektiv als Prädikativum:**

Augustus iustus et felix putabatur. — Augustus galt als gerecht und erfolgreich.

d) **von einem Adjektiv abgeleitetes Adverb als Adverbiale Bestimmung:**

Augustus iust**e** felici**ter**que rem publicam administrabat. — Augustus regierte den Staat gerecht und erfolgreich.

Zwischen Adjektiven und Adverbien besteht eine enge Beziehung. Viele Adverbien können unmittelbar von Adjektiven abgeleitet werden. Beachte dabei die Unterschiede zwischen deutschen und lateinischen Adverbien:

Im Deutschen wird nur das Adjektiv als Attribut (a) dekliniert; als Prädikatsnomen (b) oder Prädikativum (c) hat es keine Endung und unterscheidet sich formal nicht vom Adverb (d).

Im Lateinischen sind dagegen Adjektive nicht nur als Attribute, sondern auch als Prädikatsnomina und Prädikativa deklinierbar (vgl. GI 4.1 und 18.1) und stehen in KNG-Kongruenz zu ihrem Beziehungswort. Das Adverb hat eine eigene Endung und ist undeklinierbar (vgl. das englische Adverb auf *-ly*).

3 Die Normalformen des von Adjektiven abgeleiteten Adverbs

	Adjektiv	*Adverb*	
a/o-Deklination	iūst-us, a, um miser, a, um pulcher, -ra, -rum	iūst-**ē** miser-**ē** pulchr-**ē**	
Beachte:	bonus malus alius	bene male aliter	*mit kurzer Endsilbe*
i-Deklination	fēlīx, Stamm: fēlīci- ācer, Stamm: ācri- *aber:* prūdēns, Stamm: prūdenti-	fēlīci-**ter** ācri-**ter** prūden-**ter**	*bei den Adjektiven auf -ns ohne -i-*
Beachte:	facilis difficilis	facile difficulter	

3Ü a Übersetze:
fortiter dimicare, honeste vivere, atrociter interficere, callide respondere, feliciter vivere, inhumane dicere, male agere, misere perire, secure dives esse, celeriter currere, superbe imperare, vehementer gemere, timide rogare, graviter dolere

3Ü b Bilde das lateinische Adverb zu folgenden Adjektiven:
kurz, glücklich, mild, verschiedenartig, klug, wild

4 Andere Adverbformen

Viele Adverbien sind aus ursprünglichen Nominativ-, Akkusativ-, Ablativ- bzw. Lokativformen oder Präpositionalverbindungen entstanden:
a) ehemalige Nominative (z. B. satis, rursus)
b) ehemalige Akkusative (z. B. stat**im**, ol**im**, paul**um**, facil**e**)
c) ehemalige Ablative (z. B. cit**o**, ser**o**, di**u**, frustr**a**, un**a**, fort**e**)
d) ehemalige Präpositionalverbindungen (z. B. **ant**ea, **ob**viam, **pro**fecto)
e) daneben gibt es auch Einzelformen (z. B. ita, sic, semper)

4Ü a Schreibe aus dem Lektionstext 36A alle Adverbien heraus und ordne sie nach ihren Endungen.

4Ü b Bilde die Adverbien zu folgenden Adjektiven:

a) aeger	c) atrox	e) beatus	g) bonus	i) brevis	k) celer
b) clemens	d) difficilis	f) facilis	h) gravis	j) callidus	l) supplex

5 Besonderheiten des Relativsatzes I: die Stellung des Bezugswortes

(1) Suetonius in **eo, quod** de vita Caesarum scripsit, **opere** tradit …	Sueton überliefert in **demjenigen Werk, das** er über das Leben der Caesaren schrieb, …
(2) **Quo die** Octavianus natus est, in curia vehementer agebatur.	**An dem Tag, an welchem** Octavian geboren wurde, wurde in der Kurie heftig debattiert.
(3) Aliquando Augustus cenabat apud Vedium Pollionem, **hominem** divitem, **qui homo** propter inhumanitatem notus erat.	Einst speiste Augustus bei Vedius Pollio, einem reichen **Mann, der** wegen seiner Unmenschlichkeit bekannt war.

Im Lateinischen steht das Bezugswort meist – wie im Deutschen – **vor** dem Relativsatz (Normalstellung). Anders als im Deutschen kann es aber auch – je nachdem, was der Autor hervorheben will – anders gestellt werden:

(1) Bezugswort **hinter** dem Relativsatz	**in eo, quod** scripsit, **opere** → **in eo opere, quod** scripsit
(2) Bezugswort **im** Relativsatz	**quo die** natus est → **eo die, quo** natus est
(3) **Wiederholung** des Bezugswortes **im** Relativsatz	**hominem** divitem, **qui homo** → **hominem** divitem, **qui**

Weil im Deutschen das Bezugswort **vor** dem Relativsatz steht, muss es in den Fällen (1) und (2) vorgezogen werden. Die Wiederholung des Bezugswortes (3) wird im Deutschen weggelassen.

5Ü Übersetze. Welche Besonderheiten des Relativsatzes liegen vor?

a) Caesar omnes copias ad Portum Itium (*am Ärmelkanal, heute: Boulogne*) convenire iubet, quo ex portu in Britanniam transire facile est.

b) Caesar ultra (*jenseits von*) eum locum, quo in loco Germani consederant, castra munivit.

c) Hospitem violare (*verletzen*) Germani nefas putant. Qui ad eos venerunt, a malo prohibent sanctosque (*heilig*) habent. (vgl. GI 17.2)

d) Quos pueri mores didicerunt, tenent senes.

e) Bis (*zweimal*) dat, qui cito dat. (vgl. GI 17.2)

Grammatiktraining

T 1 Setze in jeden der folgenden Sätze das jeweils passende der folgenden Adverbien ein und übersetze:

bene, callide, diu, heri, olim, sic, vehementer

a) Magister noster ● narrare potest.

b) ● de Sirenis narravit.

c) ● Ulixes ad insulam Sirenarum venit, quae vocem et faciem (*Gesicht*) feminarum, corpus (*Körper*) autem avium habebant.

d) Eis tam ● vivere licebat, dum nemo cantum earum audiens praeter insulam navigavit.

e) Ulixes, qui cantum audire ● cupiebat, ● periculum fugit. Iussit enim aures (*Ohr*) sociorum cera (*Wachs*) compleri seque ad malum (*Mast*) navis alligari (*anbinden*).

f) ● hunc periculum effugit.

T 2 **Wiederhole die Formen der Adjektive der a/o-Deklination und der Dritten Deklination. Entscheide dann bei den folgenden Wörtern: Adjektiv oder Adverb?**

acerbe, acre, aperte, attente, bene, breve, civile, cottidie, difficile, divite, facile, fidele, forte, mane, paupere, repente, recte, vere, vetere

T 3 a **Achtung: ähnliche Endungen! In jeder Reihe befinden sich zwei Adverbien. Welche sind es?**

a) mortale	ante	libere	specie
b) sorte	paene	cole	timide
c) fere	acie	aspere	pare
d) certe	ferre	cupere	cupide
e) nave	aperire	aperte	humane
f) nobile	saepe	mare	grate

b **Bestimme und übersetze diejenigen Formen, die keine Adverbien sind (zwei pro Reihe).**

T 4 **Übersetze:**

a) Die Trojaner ließen sich von den Griechen leicht täuschen. b) Streng bestrafte Apollon Kassandra. c) Auch der Priester Laokoon, der die Trojaner richtig gewarnt hatte, wurde grausam bestraft. d) Nicht nur die Trojaner, sondern auch viele Griechen gingen elend zugrunde, als sie nach Hause segelten.

T 5 **Wiederhole die Funktion der drei Vergangenheitstempora Imperfekt, Perfekt, Plusquamperfekt im Indikativ. Achte bei der Übersetzung auf ihre jeweilige Verwendung:**

Graeci Agamemnone duce decem annos Troiam obsidebant, sed urbem capere non potuerunt. Multi milites tandem in patriam redire cupiebant, quam tam diu non viderant. Naves ascendere parati erant, cum Ulixes dolum callidum explicavit. Postquam duces consenserunt, iussit equum ligneum aedificari. Quem ante Troiae portas Graeci reliquerunt; nonnulli autem viri armati in equo se occultaverant. Dum ceteri ad insulam proximam navigant, viri in equi ventre (*Bauch*) sedentes quieti exspectabant. Troiani gaudentes, quod hostes tandem discesserant, equum intra muros urbis traxerunt. Quamquam Laocoon sacerdos negabat equum donum bonum Graecorum esse, consilium eius neglexerunt et laeti multas horas vino cibisque se delectaverunt. Ubi autem omnes dormiverunt, milites e ventre ligneo (*hölzern*) exierunt. Troianos atrocibus proeliis territos superaverunt et urbem incenderunt.

T 6 **Verbentraining A-Z (I): Bestimme folgende Formen und übersetze sie (Futur II muss nicht übersetzt werden).**

Beispiel: ceperas: 2. Sg. Ind. Plpf. Aktiv – du hattest gefangen

1) abducatur	6) adesses	11) admoneri	16) appropinquavistis
2) abi	7) addiderunt	12) advocatae erunt	17) arserant
3) accesserit	8) adducimini	13) affici	18) ascendet
4) accidet	9) adeunt	14) amabuntur	19) audiantur
5) accusabor	10) adiuventur	15) aperite	20) bibamus

Grammatische Impulse 37

1 Steigerung der Adjektive (Komparation)

Positiv:	M. Tullius Cicero M. T. Cicero war	clarus berühmt	erat. .
Komparativ:	C. I. Caesar G. J. Caesar gilt als	clar**ior** berühmt**er**	habetur. .
Superlativ:	Caesar Augustus C. Augustus gilt als	clar**issimus** der berühmt**este**	habetur. .
Elativ:	Caesar Augustus C. Augustus gilt als	clar**issimus** **sehr** berühmt	habetur. .

Die lateinische Steigerung (Komparation) der Adjektive entspricht mit den drei Stufen **Positiv** (Grundform, von *ponere – zugrunde legen*), **Komparativ** (Vergleichsform, von *comparare – vergleichen*) und **Superlativ** (höchste Stufe, von *super – darüber*) weitgehend der deutschen Steigerung. Der **Elativ** (Heraushebung, von *efferre – herausheben*), bei dem kein Vergleichspunkt genannt oder gedacht wird, fällt im Lateinischen mit dem Superlativ zusammen. Im Deutschen übersetzt man den Elativ mit „sehr", „überaus" usw. oder mithilfe verstärkender Zusammensetzungen, z. B. *clarissimus* – hochberühmt, *antiquissimus* – steinalt.

2 Bildung des Komparativs und Superlativs (Elativs)

Positiv	*Komparativ* *m/f*	*n*	*Superlativ/Elativ* *m*	*f*	*n*
clārus	clār-**ior,**	**ius**	clār-**issimus,**	**a,**	**um**
brevis	brev-**ior,**	**ius**	brev-**issimus,**	**a,**	**um**
pulcher	pulchr-**ior,**	**ius**	pulcher-**rimus,**	**a,**	**um**
ăcer	ăcr-**ior,**	**ius**	ăcer-**rimus,**	**a,**	**um**
facilis	facil-**ior,**	**ius**	facil-**limus,**	**a,**	**um**

Die **Bildesignale** des Komparativs sind **-ior** *(m/f)* und **-ius** *(n)*. Sie werden bei den Adjektiven der a/o- und der i-Deklination (ohne das Stamm-*i*) an den Stamm angehängt. Die Kasusformen der Komparative folgen der konsonantischen Deklination (vgl. GI 10.4, 26.1).
Der Superlativ mit dem Bildesignal **-issimus** gehört zur a/o-Deklination.

Beachte: Bei den Adjektiven mit dem Stammkonsonanten *r* und bei einigen Adjektiven auf *-lis* (z. B. pulcher, acer, facilis, difficilis) wird an Stelle des Superlativ-Signals *-issimus* nur **-rimus** bzw. **-limus** (aus *-simus* assimiliert) angehängt.

2Ü a Bilde zu den folgenden Adjektiven die Formen der fehlenden Komparationsstufen:

a) honestissimus c) aegra e) nobilior g) gratior
b) audax d) celerior f) sacerrimum h) celsius

2Ü b Suche für jeden der folgenden Elative eine treffende deutsche Übersetzung.
Beispiel: gravissimus – zentnerschwer

a) acerrimus c) dulcissimus e) divitissimus g) celerrimus
b) longissimus d) stultissimus f) pulcherrimus h) fortissimus

3 Die Deklinationsformen des Komparativs

Die Komparative gehören zur konsonantischen Deklination mit den Kennzeichen **-e, -a, -um** (vgl. Gl 26.1):

	Singular			*Plural*		
	m	*f*	*n*	*m*	*f*	*n*
Nom.	clārior	clārior	clārius	clāriōrēs	clāriōrēs	clāriōr**a**
Gen.	clāriōris	clāriōris	clāriōris	clāriōr**um**	clāriōr**um**	clāriōr**um**
Dat.	clāriōrī	clāriōrī	clāriōrī	clāriōribus	clāriōribus	clāriōribus
Akk.	clāriōrem	clāriōrem	clārius	clāriōrēs	clāriōrēs	clāriōr**a**
Abl.	clāriōr**e**	clāriōr**e**	clāriōr**e**	clāriōribus	clāriōribus	clāriōribus

Die Komparativformen füllen das bisher leer stehende letzte „Apartment" unserer Deklinationenvilla:

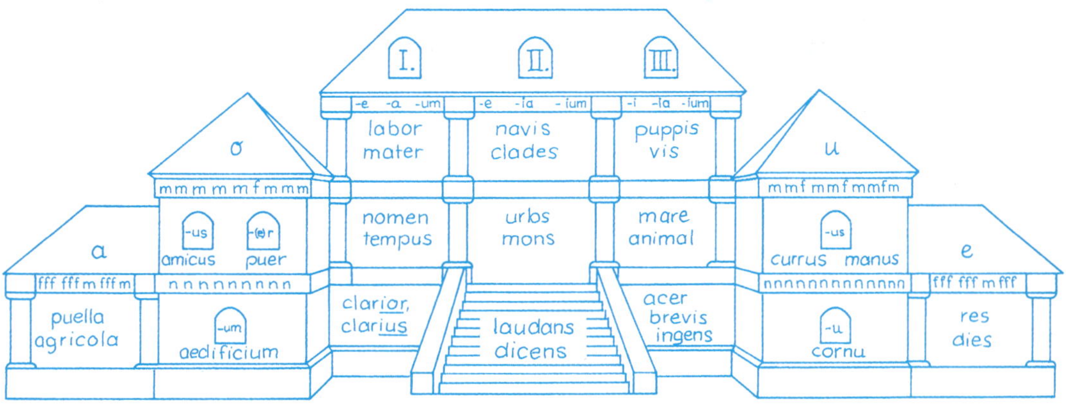

3Ü a Übersetze folgende Wendungen und verwandle sie in den Plural:

a) asperior via c) fidissimae coniugi e) stultioris discipuli
b) gratissima loca d) iustiorem iudicem f) saevissimae magistrae (2)

3Ü b Bilde zu den Adjektiven jeweils die entsprechende Form im Positiv (in Sg. und Pl.).

4 Die Steigerung der Adverbien

Positiv	*Komparativ*	*Superlativ/Elativ*
sevērē	sevē**rius**	sevē**rissimē**
crūdēli**ter**	crūdē**lius**	crūdē**lissimē**
ācri**ter**	ācr**ius**	ācer**rimē**
facile	facil**ius**	facil**limē**
diū	diūt**ius**	diūt**issimē**

Die Adverbien (vgl. GI 36.3) stimmen im Komparativ mit dem Neutrum überein *(-ius)*, im Superlativ oder Elativ enden sie wie alle von Adjektiven der a/o-Deklination abgeleiteten Adverbien auf *-e (-issime, -rime, -lime)*.

4Ü a Steigere folgende Adjektive und Adverbien:

a) acer   c) aeger   e) audacter   g) callide
b) cupidus   d) digna   f) dives   h) clementer

4Ü b Adverb oder Neutrum des Komparativs? Übersetze:

a) Iucundius est in pace vivere quam in bello.
b) Cornelia pulchrius canit quam Iulia.
c) Facilius est suadere quam agere.
d) Iter longius omnes fatigat.
e) Noli longius dicere.

5 Syntaktische „Begleiter" bei Komparativ und Superlativ

a) Die Konjunktion *quam* oder der Ablativus comparationis (Ablativ des Vergleichs)

Nemo per tempus longius regnabat **quam Caesar Augustus.** *oder* **Caesare Augusto.**	Niemand regierte länger **als Caesar Augustus.**
Templum humilius **monte,** sed altius **ponte** est.	Ein Tempel ist niedriger **als ein Berg,** aber höher **als eine Brücke**.

Dem deutschen „als" nach dem Komparativ entspricht die lateinische Konjunktion *quam.* Stattdessen kann gleichbedeutend auch der **Ablativus comparationis** (ohne *quam*) stehen.

Dieser Ablativ des Vergleichs gehört in den Bereich des Ablativus separativus, denn bei einem Vergleich kommt es immer auf den **Blickpunkt von einer anderen Stelle** an. Beispiel: Von einem Berg aus *(monte)* betrachtet, ist ein Tempel niedriger, von einer Brücke aus *(ponte)* ist er höher.

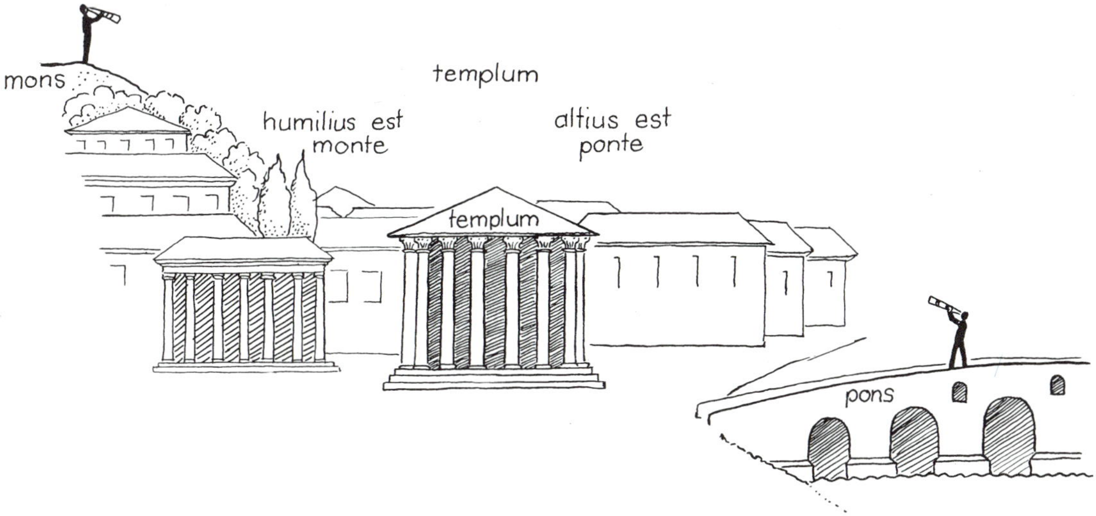

b) Komparative ohne Vergleichspunkt

Augustus in multos homines **severius** animadvertit.	Augustus ging gegen viele Menschen **(all)zu streng** vor.

Oft muss man bei einem lateinischen Komparativ den fehlenden Vergleichspunkt ergänzen: *severius* – strenger als normal, als üblich, als es gerecht ist usw. Im Deutschen steht in solchen Fällen kein Komparativ, sondern Formulierungen wie: „**zu** streng", „**ziemlich** streng".

c) Der Genitivus partitivus beim Superlativ
(vgl. GI 35.3)

Augustus erat clarissimus **omnium**.	Augustus war der berühmteste **von allen** / der **aller**berühmteste.

d) Der Ablativus mensurae (Ablativ des Maßes) vor dem Komparativ
(vgl. GI 17.7)

multo crudelius	**viel (um vieles)** grausamer
paucis annis diutius	**(um) wenige Jahre** länger
tribus pedibus longior	**(um) drei Fuß** länger

Der Ablativus mensurae steht immer **vor** dem Komparativ.

e) Verstärkungen des Superlativs

mons **longe** altissimus	der **bei weitem** höchste Berg
quam diutissime*	**möglichst** lange

* zu ergänzen: *potest* – „wie es am längsten möglich ist". Manchmal steht *potest* auch ausdrücklich im Text.

5Ü Ersetze in den folgenden Sätzen *quam* durch den Ablativus comparationis und umgekehrt:

a) Post tanta bella civilia Romanis nihil gratius erat quam pax.
b) Nulla alia urbs pulchrior iudicabatur Roma.
c) Romae senatores nobiliores habebantur quam ceteri cives.
d) Nemo fabulas iucundius narrat quam avus.
e) Quis beatius vivit philosopho?

Grammatiktraining

T 1 **Schreibe alle Adjektive und Adverbien aus dem Lektionstext 37A heraus und bilde jeweils die beiden fehlenden Steigerungsformen.**
Beispiel: iusti – iustiores – iustissimi

T 2 **Bilde die entsprechenden Formen von Adjektiven mit entgegengesetzter Bedeutung (Antonyme).**
Beispiel: tristium – laetorum/laetarum/laetorum

a) molesto	c) clementioribus	e) difficillimum	g) laetae (3)
b) cupidior	d) prudentissima	f) longius	h) audacissimos

T 3 **Vervollständige die Reihen in deinem Heft:**

Positiv	*Komparativ*	*Superlativ*
●●● (2)	dulcius	●●● (2)
●●●	●●●	humillime
similes	●●●	●●● (4)
●●●	●●●	improbissime
●●●	prudentiorum	●●● (2)
misera	●●● (3)	●●●

T 4 **Übersetze; achte dabei auf die syntaktischen „Begleiter" bei Komparativ und Superlativ:**
a) Mus rusticus hospitem optimum se praebet; quamquam pauperrimus omnium murum est, cibos quam dulcissimos apportat. b) Mus autem urbanus, quia urbem multo iucundiorem putat rure, amicum rusticum domum invitat. c) Sed mus rusticus intellegit vitam urbanam periculosiorem esse. d) Itaque sedem modestiorem, sed tutiorem urbi praeponit; vitam urbanam longe miserrimam iudicat.

T 5 **Übersetze:**
a) Ein Lehrer soll nicht zu streng gegen die Schüler vorgehen.
b) Im Sommer *(aestas, -atis)* ist das Klima angenehmer als im Winter.
c) Niemand war schlauer als Odysseus.
d) Die Sonne ist heller als der Mond *(luna)*.
e) Ein Richter soll möglichst gerecht urteilen.

T 6 **Übersetze:** *Zwei Angeber*

Marcus: Ego multo fortior sum quam tu. Fortissimus autem est frater meus.
Iulius: Numquam stultiora audivi. Noli te superbius gerere. Te Hercule fortiorem esse putas. Sed memor sum certaminis, ex quo tristior abisti.
Marcus: Eo die facile erat me vincere. Nam aeger fui.
Iulius: Semper causas invenis. Ego autem celerius currere et altius salire (*springen*) et hastam (*Speer*) longius iacere possum quam tu.
Marcus: Hominis prudentioris est stulto non respondere.

T 7 a **Wiederhole die Bildung des Konjunktivs. Nenne den Konjunktiv Präsens zu folgenden Verbformen:**

a) adhibetis	d) adsumus	g) convertit	j) deficiunt	m) dissuadeo
b) efficitis	e) erudiuntur	h) fertur	k) finio	n) fugis
c) laudatur	f) prodest	i) redit	l) struo	o) favetis

b **Wie heißen diese Formen im Konjunktiv Imperfekt und Plusquamperfekt?**

T 8 **Wiederhole die gelernten Fragewörter und -pronomina. Lies den Lektionstext 37A nochmals durch; beantworte dann folgende Fragen mit ganzen lateinischen Sätzen:**

Beispiel: Probasne hoc consilium? – Probo. *(Ja.)* / Non probo. *(Nein.)*
Quando venies? – Veniam proximo anno.

a) Quam diu imperatores civitatem Romanam regebant?
b) Num omnes viri, qui principatum obtinuerant, genere nobili fuerunt?
c) Quis imperium longius quam Octavianus tenuit?
d) Cur senatus Ianum Quirinum claudi iussit?
e) Ubi id templum situm erat?
f) Studiumne pacis, quod Augustus in inscriptionibus extulit, mirum fuit?
g) Cuius amicus Maecenas erat?
h) Augusto principe Vergilius atque Ovidius poetae carmina praeclarissima scripserunt. Carmina utriusque poetae homines magni faciebant. Utrum poetarum princeps antetulit?
i) Quo Ovidius relegatus est?
j) Nonne severitas imperatoris ab amicis poetae reprehendebatur?
k) Quas mulieres Augustus in insulas relegavit?

T 9 **Verbentraining A-Z (II): Bestimme die Formen und übersetze sie (Futur II muss nicht übersetzt werden).**

Beispiel: ceperas: 2. Sg. Ind. Plpf. Aktiv – du hattest gefangen

1) cades	6) cenabo	11) commoti sumus	16) confugiet
2) cecinerunt	7) clamaveratis	12) comparari	17) coniungimur
3) capta erit	8) claude	13) comprehendi (2)	18) consentitis
4) cave	9) coguntur	14) conditurам esse	19) considant
5) cessisset	10) cogitemus	15) contuli	20) conspecta essem

Grammatische Impulse 38

1 Abhängige Fragen als Objekt oder Subjekt – Coniunctivus subiunctivus

Direkte Frage	*Abhängige Frage als Objekt*	*Abhängige Frage als Subjekt*
Ubi habitas? Wo wohnst du?	Scio, **ubi** habit**es**. Ich weiß, wo du wohnst.	Notum est, **ubi** habit**es**. Es ist bekannt, wo du wohnst.

Ebenso wie Aussagen oder Aufforderungen können Fragen von einem übergeordneten Verb abhängig gemacht und so Objekt oder Subjekt eines Satzes werden. Diese „indirekten" oder „abhängigen" Fragesätze haben selbst keinen Fragecharakter, sondern geben eine Aussage wieder. Sie werden daher nicht durch Fragezeichen gekennzeichnet.
Im Deutschen verwenden wir für abhängige Fragen den Indikativ, wenn nicht andere Gründe eine konjunktivische Formulierung erfordern (z. B. Fragen in indirekter Rede: „Ich fragte ihn, wo er **wohne**.").

Im Lateinischen stehen indirekte Fragen im Konjunktiv.

Diese Verwendung des Konjunktivs ist dadurch zu erklären, dass durch ihn die Unterordnung besonders hervorgehoben werden soll. Daher wird er als **Coniunctivus subiunctivus** (Konjunktiv der Unterordnung) bezeichnet.

2 Zeitverhältnis und Zeitenfolge im abhängigen Fragesatz

Gegenwart:

gleichzeitig	Scio, ubi habit**es**.	Ich weiß, wo du wohnst.
vorzeitig	Scio, ubi habita**veris**.	Ich weiß, wo du gewohnt hast.

Vergangenheit:

gleichzeitig	Sciebam, ubi habita**res**.	Ich wusste, wo du wohntest.
vorzeitig	Sciebam, ubi habita**visses**.	Ich wusste, wo du gewohnt hattest.

Die Anwendung der vier Tempora des Konjunktivs in abhängigen Fragesätzen richtet sich nach der **Zeitstufe**, in der der ganze Satz steht, und nach dem **Zeitverhältnis** zwischen dem übergeordneten Satz und dem Gliedsatz (vgl. GI 16.1). Dadurch entsteht für das Verstehen eine gegenseitige Signal-Wirkung:

Steht der Satz in der ...	*dann steht im Gliedsatz:*
I. *Gegenwart/Zukunft,*	**Konjunktiv Präsens** oder **Perfekt (Konjunktiv I)**
II. *Vergangenheit,*	**Konjunktiv Imperfekt** oder **Plusquamperfekt (Konjunktiv II)**
Ist das Zeitverhältnis ...	*dann steht im Gliedsatz:*
gleichzeitig,	**Konjunktiv Präsens** oder **Imperfekt**
vorzeitig,	**Konjunktiv Perfekt** oder **Plusquamperfekt**

3 Verstehen und Übersetzen

Die Signale bei abhängigen Fragesätzen sind:
1. „Verb aus dem Kopf" oder ein unpersönlicher Ausdruck im übergeordneten Satz
2. Fragewort oder Fragepartikel
3. Konjunktiv im Gliedsatz

Diese Verstehenssignale erinnern an die Signale beim AcI (vgl. GI 7.3):

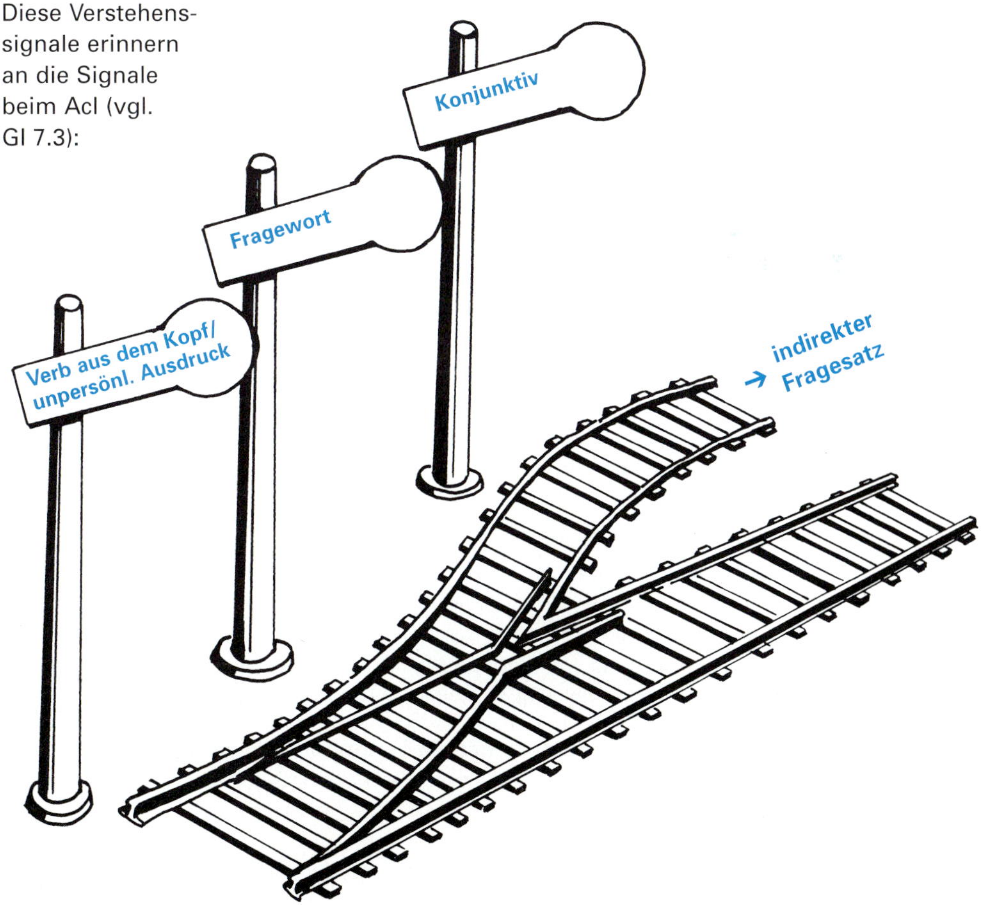

3Ü Schreibe bei den folgenden Sätzen (aus den Lektionstexten 38A und B) die Signale der indirekten Fragesätze ab, bestimme Zeitstufe und Zeitverhältnis und übersetze:

a) Alius interrogavit, cur poeta Augusto odio esset, cur imperator eum punivisset.
b) Quid scribit de causa, cur relegatus sit?
c) Scisne, de qua re Ovidius dicat?
d) Ovidius narravit, quomodo Romani virgines Sabinas rapuissent.
e) Docet, quanta commoda circus amantibus praebeat.
f) Quaeres a puella, cuius equos optimos putet.

4 Konjunktiv Perfekt: Formen

Beispiel: capere	*Ergänze jedes Mal: Narrat, …*	*Ergänze jedes Mal: Er erzählt, …*
Aktiv:		
cēp**-erim**	<quem> cēperim.	wen ich gefangen habe.
cēp**-eris**	<cūr eum> cēperis.	warum du ihn gefangen hast.
cēp**-erit**	<num eum> cēperit.	ob er ihn gefangen hat.
cēp**-erimus**	<ubi eum> cēperimus.	wo wir ihn gefangen haben.
cēp**-eritis**	<quid> cēperitis.	was ihr gefangen habt.
cēp**-erint**	<utrum eum> cēperint <an nōn>.	ob sie ihn gefangen haben oder nicht.
Passiv:		
capt**us, a, um sim**	<quandō> captus/a sim.	wann ich gefangen worden bin.
capt**ī, ae, a sīmus**	<ubī> captī/ae sīmus.	wo wir gefangen worden sind.
	usw.	*usw.*

Die Formenbildung bei den übrigen Perfektstämmen ist entsprechend:

laudare – lauda**verim** – laudat**us, a, um sim**
videre – vid**erim** – vis**us, a, um sim**
dare – ded**erim** – dat**us, a, um sim**
defendere – defend**erim** – defens**us, a, um sim**
ferre – tul**erim** – lat**us, a, um sim**

Die Bildung der Perfektformen im Konjunktiv:
Im **Aktiv** werden an den Perfektstamm das Signal **-eri-** und die Personalendung *m, s, t, mus, tis, nt* angehängt.
Das **Passiv** wird entsprechend den anderen Passivformen des Perfekts oder Plusquamperfekts mit dem PPP und der Präsensform von *esse (sim, sis, sit, simus, sitis, sint)* gebildet.

Die Formen des **Konjunktiv Perfekt** kommen – von wenigen Ausnahmen abgesehen (vgl. z. B. unten Gl 38.6) – vor allem in abhängigen Fragesätzen vor.[1]

---

[1] Grund: Die meisten Konjunktivfunktionen lassen von ihrer Bedeutung keine Vorzeitigkeit zu, z. B. jussiv, hortativ, deliberativ, final.

4Ü Ergänze in den folgenden abhängigen Fragesätzen das Prädikat im richtigen Konjunktiv und übersetze:

afficere, dolere, esse (2), movere, posse, scribere

a) Quis vestrum scit, quis Ovidius ●?
b) Amici eius interrogaverunt, qua re Ovidius iram principis ●.
c) Cotta et Messalla legent, quid Ovidius in litteris ●.
d) Nesciunt enim, utrum incolumis ● an non.
e) Nostris quoque temporibus multi quaerunt, cur Ovidius poena tam gravi ●.
f) Ovidius docet, quomodo puellae amorem iuvenum movere et se pulchriores reddere ●.
g) Ovidius in litteris ex Ponto scripsit, quam valde ●.

5 Zusammenfassung: Die vier Tempora des Konjunktivs

		Plusquamperfekt (*Konjunktiv II*)	*Imperfekt* (*Konjunktiv II*)	*Perfekt* (*Konjunktiv I*)	*Präsens* (*Konjunktiv I*)
AKTIV	*Sg. 1.*	cēp**issem**	cape**rem**	cēp**erim**	capi**am**
	2.	cēp**issēs**	cape**rēs**	cēp**eris**	capi**ās**
	3.	cēp**isset**	cape**ret**	cēp**erit**	capi**at**
	Pl. 1.	cēp**issēmus**	cape**rēmus**	cēp**erimus**	capi**āmus**
	2.	cēp**issētis**	cape**rētis**	cēp**eritis**	capi**ātis**
	3.	cēp**issent**	cape**rent**	cēp**erint**	capi**ant**
PASSIV	*Sg. 1.*	capt**us essem**	cape**rer**	capt**us sim**	capi**ar**
	2.	capt**us essēs**	cape**rēris**	capt**us sīs**	capi**āris**
	3.	capt**us esset**	cape**rētur**	capt**us sit**	capi**ātur**
	Pl. 1.	capt**ī essēmus**	cape**rēmur**	capt**ī sīmus**	capi**āmur**
	2.	capt**ī essētis**	cape**rēminī**	capt**ī sītis**	capi**āminī**
	3.	capt**ī essent**	cape**rentur**	capt**ī sint**	capi**antur**

5Ü Bestimme die folgenden Formen:

a) accesserit (2)
b) impediamus
c) ludemus
d) oppugnares
e) praestiteris (2)
f) adductus sis
g) fecissemus
h) abstulerim
i) acceptus erat
j) immineat
k) velavisses
l) aperti essent

6 Prohibitiv (Konjunktiv des Verbots)

Ne dubitav**eris**! Zögere nicht!
Ne dubitav**eritis**! Zögert nicht!

Eine verneinte Aufforderung (Verbot) wird oft durch die 2. Person des **Konjunktiv Perfekt** mit ***ne*** ausgedrückt. Man nennt diesen Konjunktiv des Verbots **Coniunctivus prohibitivus**.

Drei Möglichkeiten, eine verneinte Aufforderung auszudrücken:

	„Zögere nicht!"/„Zögert nicht!"
1. *noli/nolite* + Infinitiv (vgl. Gl 1.3)	Noli dubitare! / Nolite dubitare!
2. *ne* + Konjunktiv Präsens (Jussiv, vgl. Gl 26.5)	Ne dubites! / Ne dubitetis!
3. *ne* + Konjunktiv Perfekt (Prohibitiv)	Ne dubitaveris! / Ne dubitaveritis!

6Ü Setze jeweils in die beiden anderen Möglichkeiten des Verbotes:

a) Noli me tangere!
b) Ne implacabilis fueris!
c) Ne turpia probetis!
d) Nolite diutius manere!

Grammatiktraining

T 1 **Übersetze jeweils mit dem Prohibitiv:**

a) Klagt nicht an!
b) Sprich nicht Böses über andere!
c) Fallt nicht!
d) Kämpft nicht!
e) Komme nicht!
f) Weck mich nicht auf!
g) Fälle den Baum nicht!
h) Singe nicht!

T 2 **Füge jeweils einen Hauptsatz mit einem passenden abhängigen Fragesatz zusammen und übersetze:**

(1) Nescio, …
(2) Ovidius nescit, …
(3) Narra, …
(4) Nemo sciebat, …
(5) Messalla quaesivit, …

a) …, quid Ovidius in epistulis scripsisset.
b) …, quomodo poeta ibi vivat.
c) …, quid mali commiserit.
d) …, num amicus Tomis valeat.
e) …, qua re poeta iram principis movisset.

T 3 a **Übersetze:**

issent, rem, res, iam, it, vi, di, erunt, iretis

b **Rätsel: Verbinde diese neun lateinischen Wörter so mit den unten stehenden Bruchstücken, dass neue Verbformen entstehen! Der Reihe nach gelesen, ergeben die 4. Buchstaben den Namen eines römischen Gottes.**

da-, expul-, ad-, commis-, dissent-, ama-, recurr-, nesc-, intra-

T 4 **Verbentraining A-Z (III): Bestimme die Formen und übersetze sie (Futur II und Konjunktiv Perfekt müssen nicht übersetzt werden).**

Beispiel: ceperas: 2. Sg. Ind. Plpf. Aktiv – du hattest gefangen

1) creavisti
2) crescat
3) cupi
4) cucurrerat
5) custodite
6) dari
7) debuero
8) deceptus eras
9) defenderer
10) delectata es
11) descripserit (2)
12) desideratur
13) desperabunt
14) detracta esset
15) dixero
16) diligereris
17) dimittimur
18) diripies
19) didiceram
20) dissuadenti

T 5 **Adverb oder prädikatives Adjektiv (Prädikativum)? Setze in die folgenden Sätze die richtigen Formen ein:**

Beispiel: Octavianus *iustus* putabatur, sed hanc rem *iniuste* iudicavit.

a) Caesar Augustus ● habebatur, sed in Vedium ● animadvertit. (clemens – severus)
b) Regina cum filiis ● vixerat, sed Iphigenia perdita coniugem ● punivit. (felix – crudelis)
c) Servi saepe ● laborant; Saturnalibus solum ● vivunt. (invitus – iucundus)
d) Quintus a familiaribus ● existimatur, sed hoc consilium ● excogitavit. (stultus – prudens)
e) Venus ● a Paride iudicata est; tum ● optimum promissum ei dedit. (ultimus – celer)

T 6 **Weitere Ratschläge an junge Männer aus Ovids *Ars amatoria*: Übersetze und erkläre jeweils Funktion und Tempus des Konjunktivs.**

Iuvenis, qui puellam revisere (*wieder sehen*) cupit, ut propius eam cognoscat, ad eam litteras det. Poeta iuveni suadet, ut blanditias (*Komplimente*) potissimum et promissa amoris ferat haec epistula. Tum monet, ut iuvenis eloquentiam discat. Ut iudex gravis et senatus, sic etiam puella diserto (*redegewandt*) credet atque manum dabit. Sin autem verba scripta incredibilia essent, puella non moveretur. Dulcibus verbis epistula prima temptet iter et animum puellae exploret. Preces maximae addantur, nam lenitur etiam iratus deus voce rogante.
Ovidius: „Fortasse primo venient tibi litterae tristes, quibus illa te rogabit, ne se iterum adeas. Ne desperaveris, si puella scriptas non accipiet et inlectas remittet." Deinde poeta narrat, quomodo etiam saxum durissimum mollibus undis (*unda: Welle*) maris cavetur (*aushöhlen*). Sic et amans dulcibus verbis postremo vincet.

T 7 a **Wiederhole die Deklination der Demonstrativ- und Interrogativpronomina. Schreibe dann richtige Paare (z. T. gibt es mehrere Möglichkeiten) in dein Heft und übersetze sie:**

(1) hac	(9) quos	a) piratas	i) securi
(2) illius	(10) quibus	b) senatui	j) nuntiorum
(3) hi	(11) istum	c) rex	k) vela
(4) eorundem	(12) eam	d) linguas	l) insidiis
(5) idem	(13) ea	e) poenae	m) famam
(6) ipse	(14) cui	f) sacerdotes	n) pugionem
(7) ipsi	(15) easdem	g) poetae	o) discordia
(8) illo	(16) huic	h) pecus	p) die

b **Verändere die Paare, wo möglich, im Numerus (Singular → Plural, Plural → Singular).**

Grammatische Impulse 39

1 Cum-Sätze im Konjunktiv

a) Orpheus **cum** adulescens **esset,** ab Apolline lyra donatus est.	**Als** Orpheus ein junger Mann war, wurde er von Apollo mit einer Lyra beschenkt.
Orpheus **cum comperisset,** quanta calamitas sibi accidisset, multos dies flebat.	**Nachdem (als)** Orpheus erfahren hatte, welch großes Unglück ihm widerfahren war, weinte er viele Tage.
b) **Cum** Calliopea mater eius **esset,** a Musis lyra canere didicit.	**Weil (da)** Kalliope seine Mutter war, lernte er von den Musen, auf der Lyra zu spielen.
Cum Eurydicen ab inferis revocare non **posset,** ad ipsos inferos descendit.	**Weil (da)** er Eurydike nicht aus der Unterwelt zurückrufen konnte, stieg er zu den Unterirdischen selbst hinab.
c) Proserpina **cum** numquam precibus mortalium **moveretur,** carminibus Orphei resistere non potuit.	**Obwohl** sich Proserpina nie durch die Bitten der Sterblichen rühren ließ, konnte sie Orpheus' Liedern nicht widerstehen.
Tigres et leones, **cum** hominibus magno terrori esse **solerent,** tamen sono dulci molliebantur.	Tiger und Löwen ließen sich, **obwohl** sie gewöhnlich den Menschen großen Schrecken einflößten, dennoch von dem süßen Klang besänftigen.
d) **Cum** omnes eum primum inventorem artis musicae fuisse **consentiant,** Horatius poeta Orpheum hac ipsa arte omnibus animalibus pacem donavisse confirmat.	**Während** alle darin einig sind, dass er der erste Erfinder der Musik war, behauptet der Dichter Horaz, Orpheus habe gerade mit dieser Kunst allen Lebewesen den Frieden geschenkt.

Die Konjunktion ***cum*** mit dem Konjunktiv kann vier unterschiedliche Adverbialsätze einleiten:

a) *cum* historicum:	als, nachdem
b) *cum* causale:	da, weil
c) *cum* concessivum:	obwohl, obgleich
d) *cum* adversativum:	während (dagegen)

Übersetzungshinweise:

zu a): Statistisch der häufigste Fall; nur im Konjunktiv II (Konjunktiv Imperfekt/ Plusquamperfekt).

zu c): Signal ist manchmal *tamen* – „dennoch" im übergeordneten Satz.

zu d): Nicht mit temporalen Sätzen mit „während" *(dum)* verwechseln!

1Ü Suche jeweils die passendste Übersetzung für das *cum*:

a) Ovidius cum Romam relinqueret, valde dolebat.

b) Cum saepe Augustum precibus adiret, in urbem redire ei non licuit.

c) Cum Nioba Latonae deae iram movisset, omnes eius liberi occisi sunt.

d) Pygmalion cum statuam pulcherrimam confecisset, amore virginis eburneae (*aus Elfenbein*) captus est.

2 Übersicht: Konjunktivfunktionen

Funktion	*lateinisch*	*deutsch*
In Hauptsätzen:		
Aufforderung		
– Jussiv (vgl. Gl 26.5)	Veniat! Ne veniat!	Er soll (nicht) kommen!
– Optativ (erfüllbarer Wunsch) (vgl. Gl 26.6)	Utinam veniat! (Utinam) ne veniat!	Hoffentlich kommt er! Hoffentlich kommt er nicht!
– Hortativ (vgl. Gl 26.7)	(Ne) veniamus!	Wir wollen (nicht) kommen! Lasst uns (nicht) kommen!
Deliberativ (vgl. Gl 26.8)	Quid dicam? (Utrum) veniam an abeam?	Was soll ich sagen? Soll ich kommen oder gehen?
Unerfüllbarer Wunsch (vgl. Gl 28.5a)		
– der Gegenwart	Utinam (ne) venires!	Würdest du doch (nicht) kommen!
– der Vergangenheit	Utinam (ne) venisses!	Wärest du doch (nicht) gekommen!
Prohibitiv (vgl. Gl 38.6)	Ne veneris! Ne veneritis!	Komme nicht! Kommt nicht!
In Haupt- und Gliedsätzen:		
Irreale Bedingungssätze (vgl. Gl 28.5b)		
– der Gegenwart	Si mihi liceret, venirem.	Wenn ich dürfte, käme ich.
– der Vergangenheit	Si mihi licuisset, venissem.	Wenn ich gedurft hätte, wäre ich gekommen.
– gemischt:	Si invitatus essem, venirem.	Wenn man mich eingeladen hätte, würde ich kommen.

In Gliedsätzen: **Begehrsätze** (Objektsätze) (vgl. GI 27.2) verneint: *ne*	A te peto, *ut* venias. A te petivi, *ut* venires. Opto, *ne* veniant.	Ich bitte dich zu kommen. Ich bat dich zu kommen. Ich wünsche, dass sie nicht kommen.
– Negative Begehrsätze nach Verben des Fürchtens/Hinderns (vgl. GI 27.2)	Timeo, ***ne*** venias. Timeo, ***ut*** venias/***ne non*** venias. Eum impedivi, ***ne*** veniret.	Ich fürchte, **dass** du kommst. Ich fürchte, **dass** du **nicht** kommst. Ich hinderte ihn zu kommen.
Finalsätze (Adverbialsätze) (vgl. GI 27.3) verneint: *ne*	Properat, *ut* ad tempus adveniat. Properavit, *ut* ad tempus adveniret. Properavit, *ne* relinqueretur.	Er beeilt sich, damit er rechtzeitig ankommt. Er beeilte sich, um rechtzeitig anzukommen. Er beeilte sich, um nicht zurückzubleiben.
Erläuterungssätze (Subjektsätze nach Verben des Geschehens) (vgl. GI 27.5) verneint: *ut non*	Accidit, *ut* sero veniat. Accidit, *ut non* sero veniat.	Es kommt vor, dass er zu spät kommt. Es kommt vor, dass er nicht zu spät kommt.
Konsekutivsätze (Adverbialsätze) (vgl. GI 27.4) verneint: *ut non*	In tanta inopia erat, *ut* ad me veniret. In tanta inopia est, *ut non* veniat.	Er war in so großer Not, dass er zu mir kam. Er ist in so großer Not, dass er nicht kommt.
Indirekte Fragesätze (Objektsätze) (vgl. GI 38.1–2)	Scio, quis veniat. Scio, quis venerit. Sciebam, cur venires. Sciebam, cur venisses. Ex eo quaesivi, ubi esset.	Ich weiß, wer kommt. Ich weiß, wer gekommen ist. Ich wusste, warum du kamst. Ich wusste, warum du gekommen warst. Ich fragte ihn, wo er sei.
Cum-Sätze (Adverbialsätze) (vgl. GI 39.1) a) historisch (nur Vergangenheit) b) kausal c) konzessiv d) adversativ	 cum venirent cum venissent cum veniant/venirent/venerint/venissent cum veniant (usw. wie b) cum veniant (usw. wie b)	 *als* sie kamen *als (nachdem)* sie gekommen waren *weil (da)* sie kommen/kamen/gekommen sind/gekommen waren *obwohl* sie kommen (usw. wie b) *während* sie kommen (usw. wie b)

2Ü Suche aus dem Lektionstext 39B alle Konjunktive heraus und erkläre jeweils, warum hier der Konjunktiv stehen muss.

3

Verstehen und Übersetzen: Keine Angst vor längeren Satzgefügen! (Zusammenfassung)

Gliedsätze (und ebenso satzwertige Glieder, die durch deutsche Gliedsätze wiedergegeben werden) sind wegen ihrer starken Verstehenslenkung übersetzerfreundlich – vorausgesetzt, dass der Satzfaden konsequent beachtet wird (vgl. GI 8.6, GI 31.6). Vor allem bei längeren Satzperioden ist es für ein flüssiges Übersetzen wichtig, diese Wirkung auszunutzen. Aufgrund der Wortfolgeregeln der deutschen Sprache, in der in Gliedsätzen das Prädikat am Ende steht, kann die lateinische Reihenfolge meist beibehalten werden.
Es genügt bei **Gliedsätzen** meistens, drei Punkte zu beachten:

a) Das **Einleitewort** wird **vorgezogen**, wenn das gemeinsame Subjekt – oder manchmal auch ein anderes Satzglied, das Teil des Gliedsatzes ist – am Anfang steht (vgl. GI 8.6 b).

Beispiele aus Lektion 39:

A, Z. 2/3:

Qui **cum** adulescens esset,	**Als** dieser noch ein Jüngling war,
ab Apolline … donatus est.	wurde er von Apoll … beschenkt.

B, Z. 4/5:

Orpheus **cum** comperisset,	**Als** Orpheus erfahren hatte,
quanta calamitas sibi accidisset,	welch großes Unglück ihm widerfahren war,
multos dies flebat et coniugem	weinte er viele Tage und besang den Verlust
amissam carmine tristissimo canebat.	seiner Frau in einem sehr traurigen Lied.

b) Das **Subjekt im Gliedsatz** wird **vorgezogen.** Immer wenn es sich um ein **Pronomen** handelt (was in Kontextzusammenhängen der Regelfall ist), muss es im Deutschen **gleich hinter dem Einleitewort** stehen (vgl. GI 8.6a).

Beachte:
Es gibt im Deutschen auch Sätze ohne Subjekt, nämlich beim unpersönlichen Passiv (z. B. Lesestück 31B, Zeile 1)

Beispiele aus Lektion 39:

A, Z. 6/7:

Cum I ➔ **S** I hominibus magno terrori	Obwohl **sie** den Menschen großen
… esse solere**nt**,	Schrecken … einzujagen pflegten,
sono dulci carminum Orphei tamen	wurden sie durch den süßen Klang der
molliebantur.	Lieder des Orpheus dennoch besänftigt.

B, Z. 1/2:

Olim (Eurydice) prope fluminis	Einst ging Eurydice nahe am Flussufer
ripam per campos ibat,	durch die Felder,
cum I ➔ **S** I pedem in serpente posui**t**,	als **sie** den Fuß auf eine Schlange setzte,
quem I ➔ **S** I alta in herba latentem	die **sie**, im hohen Gras verborgen,
non videra**t**.	nicht gesehen hatte.

B, Z. 5–8:

Cum I ➔ **S** I autem Eurydicen ita	Als **er** aber Eurydice so
ab inferis revocare non posse**t**,	aus der Unterwelt nicht zurückrufen konnte,
ad ipsos inferos descendit,	stieg er zu den Unterirdischen selbst hinab,
ut I ➔ **S** I vi carminum regem	damit* **er** mit der Kraft seiner Lieder den König
et reginam umbrarum movere**t**,	und die Königin der Schatten bewege,
ut I ➔ **S** I uxorem carissimam sibi	dass* **sie** seine geliebte Frau ihm
reddere**nt** et e Tartaro dimittere**nt**.	zurückgäben und aus dem Tartarus entließen.

* Statt der „damit"-/„dass"-Sätze besser Infinitiv mit „(um) zu".

c) Das **Prädikat** wird **vorgezogen**, wenn von ihm ein Objekt in der Form eines satzwertigen Gliedes (z. B. AcI oder indirekte Frage) abhängt. Dieser Fall ist in langen Satzperioden relativ häufig.

A, Z. 11–15:

Cum enim omnes I ➔ **P** I *eum* primum inventorem artis musicae *fuisse* **consentiant**,	Denn während alle darin **übereinstimmen,** dass er der erste Erfinder der Musik war,
Horatius poeta Orpheum	behauptet der Dichter Horaz, dass Orpheus
hac ipsa arte musica hominibus	mit eben dieser Musik den Menschen
... pacem, mores, sapientiam	... Frieden, Gesittung und Weisheit
donavisse confirmat.	geschenkt habe.

Grammatiktraining

T 1 **Übersetze. Verwandle danach die Gliedsätze zu *cum*-Sätzen; achte dabei auf die nötigen Veränderungen des Prädikats:**

a) Orpheus, quia filius Calliopeae Musae erat, arte musica eruditus est. b) Postquam lyra canere didicit, et homines et bestias cantu dulci delectavit. c) Arbores, etiamsi moveri non solent, ad Orpheum se contulerunt carmina eius auditurae. d) Postquam serpens Eurydicen laesit, morte crudeli rapta est. e) Quamquam mortui redire non possunt, Orpheus de amore suo tristissime canens regem et reginam inferorum commovit. f) Deinde Orpheus, quod respexerat, Eurydicen amisit.

T 2 **Setze in den folgenden Sätzen jeweils den passenden Konjunktiv ein und übersetze. Manchmal gibt es mehrere Möglichkeiten.**

a) Si me visitavisses, me (delectare).
b) Saepe accidit, ut discipuli sero (venire). (2)
c) Utinam me (adiuvare), Cornelia! (3)
d) Timeo, ne magister me (vexare).
e) Quid (dicere), si me interrogaverit?
f) Dic mihi, ubi amici heri (esse)!
g) Tam tristis fui, ut epistulam scribere non (posse).
h) Cum epistulam tuam (accipere), magna cura liberatus sum.
i) Cum Orpheus apud inferos genibus flexis (orare), ut uxor (reddi), rex et regina inferorum commoti sunt.
j) Nescio, quamobrem Marcus tantum strepitum (facere). (2)

T 3 **Übersetze und erkläre jeweils die Funktion des Konjunktivs:**

Oedipus (I)

Laium, regem Thebanorum (*Einwohner der griechischen Stadt Theben*), olim oraculum Apollinis admonuerat, ut filium caveret; nam filium eum interfecturum esse praedixerat. Cum Iocasta uxor filium peperisset, eum in montibus exponi iussit.
Hunc pastor Corinthius (*korinthisch, aus Korinth*) invenit et Polybo, regi Corinthi, tradidit; qui puerum ut filium suum aluit et erudivit. Puer, cum pedes transfixos (*durchbohrt*) haberet, Oedipus (*griech. „Schwellfuß“*) nominatus est.
Postea autem iuvenis invidia motus ei dixit: „Tu non es filius Polybi.“ His verbis excitatus Oedipus Delphos iit, ut oraculum Apollinis adiret. Quod respondit: „Patrem occides et matrem uxorem duces (*heiraten*).“
Oedipus timens, ne scelera tam ingentia committeret, non iam in patriam redire constituit. In itinere autem accidit, ut ei obviam iret vir alienus. Cuius servi Oedipodem via cedere iusserunt. Tum ira permotus Oedipus virum ignotum occidit. Is autem Laius pater erat.

T 4 **Verbentraining A–Z (IV): Bestimme die Formen und übersetze sie (Futur II und Konjunktiv Perfekt müssen nicht übersetzt werden).**

Beispiel: ceperas: 2. Sg. Ind. Plpf. Aktiv – du hattest gefangen

1) docetur	6) elegi	11) exeat	16) fallaris
2) dolebit	7) emi (2)	12) existimavisse	17) favete
3) dormite	8) eripuissemus	13) expulisset	18) fugavimus
4) dubitans	9) evaserint (2)	14) explicatum est	19) fugimus (2)
5) edat	10) excutiebam	15) exposuerat	20) fundetur

T 5 **Wiederhole die Kasus für Ortsangaben bei Städtenamen. Übersetze:**

a Aulide, Cannas, Delphos, Dyrrhachio, domi, Ostiam, Corintho, Capuae, Miletum, Actii, Thebis

b aus Troja, nach Karthago, in Athen und Delphi, nach Hause, in Rom und Tusculum, von Utica, nach Antium, in Brundisium, aus Alexandria

c Lokalisiere diese Orte auf der Landkarte!

T 6 **Übersetze folgende Fabel, die Phaedrus zu Beginn der Kaiserzeit in Versform brachte:**

Olim rana (*Frosch*) bovem (*Ochse*) conspexit. Cum tantam bovis magnitudinem videret, rana ingenti invidia completa est. Cum ipsa animal parvum esset, tamen subito crescere cupivit; corpus igitur inflare (*aufblasen*) coepit. Tum natos suos interrogavit, num bove esset amplior; illi autem negaverunt.
Rursus rana omnibus viribus laborabat, ut cresceret; deinde simili modo quaesivit, an bovem nunc magnitudine superaret – sed filii verum dixerunt. Dum autem maximo studio superbe denuo se inflat, corpus ranae ruptum est.
Humilis, qui potenti (*mächtig*) similis esse temptat, perit.

Grammatische Impulse 40

1 Ablativus causae (Ablativ des Grundes)

Populus Romanus **socordia** Vari magnam contumeliam accepit.	Das römische Volk erlitt **wegen der Sorglosigkeit/durch die Sorglosigkeit** des Varus eine große Schmach.
Germani **libertate amissa** dolebant.	Die Germanen waren traurig **über den Verlust der Freiheit.**[1]

In beiden Beispielen geben die Ablative an, **warum** eine Handlung eintritt bzw. ein Gefühl geäußert wird. Man bezeichnet diesen Ablativ daher als **Ablativus causae**. Der Ablativ des Grundes steht häufig nach Verben und Adjektiven, die eine Gefühlsäußerung beschreiben; diese haben im Deutschen meist die Präposition „über“:

	gaudere/delectari	*dono*	sich über ein Geschenk freuen
	laetus/tristis	*dono*	froh/traurig über ein Geschenk

Statt eines Ablativus causae kann auch ein präpositionaler Ausdruck den Grund angeben und somit die Funktion einer Adverbialen Bestimmung übernehmen:

Pauci Germani non **libidine**, sed **ob nobilitatem** complures uxores in matrimonium ducunt.	Nur wenige Germanen heiraten mehrere Frauen – nicht **aus Begierde**, sondern **wegen ihres Adels**.

2 Ablativus limitationis (Ablativ der Beziehung/Begrenzung)

a) bei Adjektiven und Substantiven

Tum fuit iuvenis **genere** nobilis, **proelio** fortis, **ingenio** celer, **nomine** Arminius.	Damals gab es einen jungen Mann, der **der Herkunft nach** adelig, **im Kampf** tapfer und **im Denken** schnell war, **mit Namen** Arminius.

Stünden die drei Adjektive *nobilis, fortis* und *celer* jeweils ohne Ergänzung, so fiele die Charakterisierung des Arminius wohl zu allgemein aus. Es bliebe offen, **in welcher Beziehung/in welcher Hinsicht/worin** der junge Mann „adelig“, „tapfer“ und „schnell“ war. Durch das Hinzufügen der drei Ablative *genere, proelio* und *ingenio* aber wird die Aussage auf jeweils einen bestimmten Punkt **eingegrenzt.** Man bezeichnet diesen Ablativ daher als **Ablativ der Beziehung** oder **Begrenzung** (**ablativus limitationis**, von *limes* – die Grenze).
Bei *nomine* liegt keine wirkliche Eingrenzung vor, da weitere Möglichkeiten kaum in Frage kommen. Dieser Ablativus limitationis ist zu einem festen Ausdruck geworden.

[1] Zur Übersetzung des zweiten Satzes vgl. GI 20.3: Dominantes Partizip

Weitere Beispiele:

verbo liber	(nur) dem Wort nach frei, dem Namen nach frei
animo fractus	seelisch gebrochen
corpore valens	körperlich gesund
pedibus aeger	fußkrank
natione Syrus	der Herkunft nach Syrer
puer aetate	seinem Alter nach (noch) ein Kind
tres numero naves	drei Schiffe (an der Zahl)

b) bei Verben des Übertreffens und Beurteilens

Arminius ceteris Germanis **fortitudine** praestitit. — Arminius übertraf die übrigen Germanen **an Tapferkeit**.

Der Ablativus limitationis steht häufig bei Verben des Übertreffens und Beurteilens. Dazu zählen:

praestare (ceteris) superare, vincere (ceteros)	fortitudine	(die Übrigen) an Tapferkeit übertreffen
cedere (ceteris)	fortitudine	(den Übrigen) an Tapferkeit nachstehen
differre	fortitudine	sich durch Tapferkeit unterscheiden
iudicare, aestimare (ceteros)	fortitudine	(die Übrigen) nach der Tapferkeit beurteilen

3 Ablativ: Zusammenfassung

Man kann die verschiedenen Ablativ-Funktionen drei großen Bedeutungsgruppen zuordnen (vgl. GI 10.3):

a) Instrumenti (Mittel oder **Werkzeug**) – Frage: *Womit? Wodurch?*
b) Separativus (Trennung oder **Herkunft**) – Frage: *Woher? Wovon?*
c) Loci/Temporis (Ort/Zeit) – Frage: *Wo? / Wann?*

Kasusfunktion: Ablativus	*Beispiele*		*Satzglied*
a) INSTRUMENTI (Mittel/Werkzeug) vgl. GI 9.1	gladio pugnare	mit dem Schwert kämpfen	AB
	Germanos iure Romano placare	die Germanen mit dem röm. Recht/ durch das röm. Recht besänftigen	
modi (Art und Weise) vgl. GI 9.3	magno (cum) dolore	mit/unter großem Schmerz	AB
sociativus (Gemeinschaft) vgl. GI 9.2	cum tribus legionibus	mit drei Legionen	AB
qualitatis (Beschaffenheit) vgl. GI 12.5	homines magna calliditate	Menschen von/mit großer Schlauheit	Attribut
	Arminius magna fortitudine fuit.	Arminius war von großer Tapferkeit/ sehr tapfer.	PN
causae (Grund) vgl. GI 40.1	socordia Vari	durch die/wegen der Sorglosigkeit des Varus	AB
limitationis (Beziehung/ Begrenzung) vgl. GI 40.2	ceteros ingenio superare	die Übrigen an Scharfsinn übertreffen	AB
	corpore valens	körperlich gesund	
mensurae (Maß) vgl. GI 17.7	tribus annis post	(um) drei Jahre später	AB

b) SEPARATIVUS (Trennung/Herkunft) vgl. Gl 9.4; 19.7	(ex urbe) Roma discedere castris exire periculo liberare a matre laudari	aus (der Stadt) Rom weggehen aus dem Lager ausrücken aus einer Gefahr befreien von der Mutter gelobt werden	AB
comparationis (Vergleich) vgl. Gl 37.5a	Rei militaris peritior erat ceteris Germanis.	Er war im Kriegsdienst erfahrener als die übrigen Germanen.	AB
c) LOCI (Ort) vgl. Gl 10.1; 19.7	in foro Romano Athenis	auf dem Forum Romanum in Athen	AB
temporis (Zeit) vgl. Gl 10.2	eo tempore	zu dieser Zeit	AB

3Ü Bestimme die Funktion aller Ablative in den Lektionstexten 40A und 40B.

4 Besonderheiten des Relativsatzes II: der verschränkte Relativsatz

Eo tempore fuit in gente Cheruscorum iuvenis nomine Arminius,
quem genere nobilem, proelio fortem, ingenio celerem **fuisse constat**.

Zu dieser Zeit gab es im Stamm der Cherusker einen jungen Mann namens Arminius,

a) **von dem bekannt ist, dass er**
b) **der – wie bekannt ist –**
c) **der nach allgemeiner Meinung**
d) **der bekanntlich**

der Herkunft nach edel, im Kampf tapfer und im Denken schnell **war**.

Im Lateinischen kann ein AcI in einen Relativsatz **eingebettet** werden. Dabei werden beide Konstruktionen gleichsam ineinander „**verschränkt**".[1]

Da es im Deutschen keine direkte Entsprechung für den verschränkten Relativsatz gibt, muss man bei der Übersetzung umformen. Folgende **Übersetzungsmöglichkeiten** bieten sich an (nicht immer sind alle möglich):

a) die Wendung „von dem/der/denen ..., dass er/sie ..." (immer möglich)
(das Relativpronomen wird zweimal übersetzt)
b) Parenthese (eingeschobener Satz) (immer möglich)
c) präpositionale Wendung (oft möglich)
d) Adverb (selten möglich)
e) Oft kann man einen verschränkten Relativsatz auch als Relativischen Satzanschluss übersetzen:
Zu dieser Zeit gab es im Volk der Cherusker einen jungen Mann namens Arminius.
Es ist bekannt, dass dieser der Herkunft nach edel, im Kampf tapfer und im Denken schnell war.

4Ü Wende möglichst viele Übersetzungsvarianten für den Relativsatz an:
Varus ... cum tribus legionibus, quas fide dignas esse existimat, castris exit.
(40A, Zeile 18–20)

---

[1] Vom Prädikat des Relativsatzes (*constat*) hängt ein AcI (*quem ... ingenio celerem fuisse*) ab; das Relativpronomen wird so zum Subjekt des AcI.

5 Verstehen und Übersetzen: Relativische Verschränkung

Wenn das **Relativpronomen im Akkusativ** steht, achte auf die Weichenstellung. Wie die Weiche gestellt ist, welche Richtung also eingeschlagen werden muss, zeigen wieder die jeweiligen **Signale** an (vgl. GI 7.3). Prüfe bei **Relativpronomina im Akkusativ** daher sofort nach, ob es sich um ein „normales" Akkusativ-Objekt handelt oder ob – wie bei dem Beispiel oben in GI 40.4 – die beiden anderen AcI-Signale (**Infinitiv** und ein **„Verb aus dem Kopf"** bzw. ein **unpersönlicher Ausdruck**) folgen:

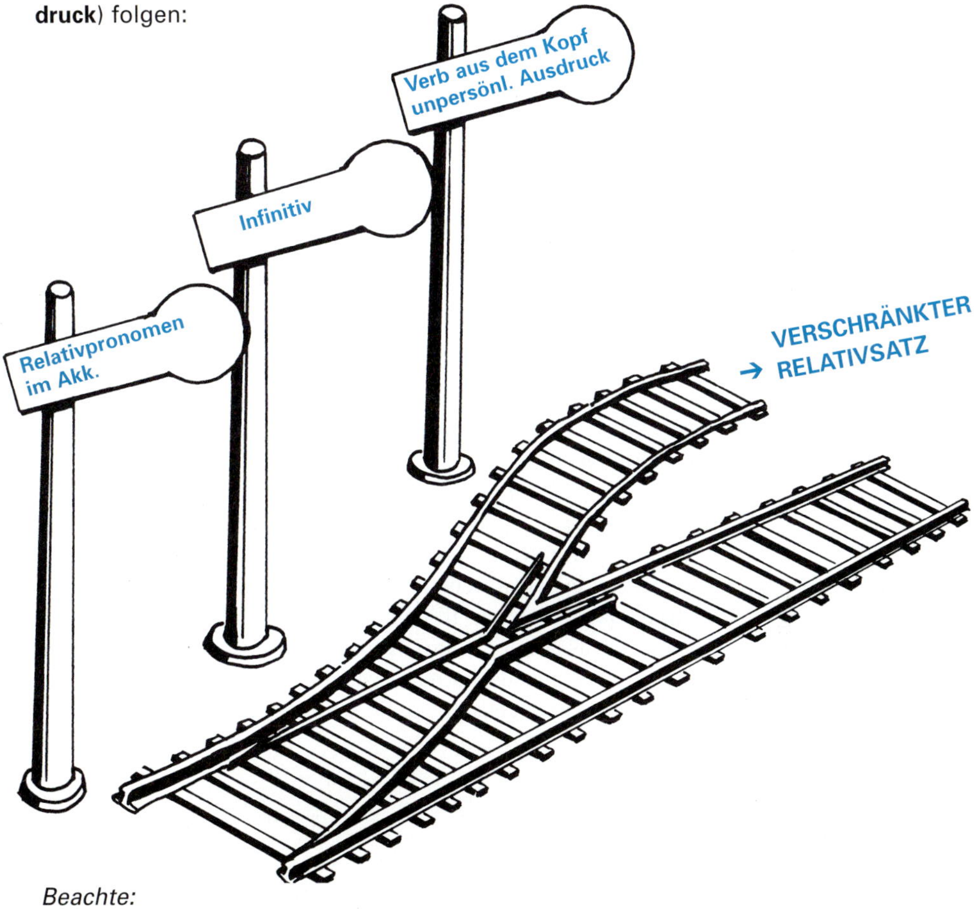

Beachte:
Das Relativpronomen muss nicht mit dem Subjekt des AcI übereinstimmen:

Tum fuit iuvenis nomine Arminius,	Damals gab es einen jungen Mann namens Arminius,
cui magnam virtutem **fuisse scimus.**	**von dem wir wissen, dass er** großen Mut **besaß.**
Mulieres Germanae,	Die germanischen Frauen,
quarum fidem Tacito **placuisse legimus,**	**deren** Treue, **wie wir gelesen haben,** Tacitus **gefiel,**
in bello sociae maritorum fuerunt.	waren im Krieg Gefährtinnen ihrer Ehemänner.

In diesem Fall sehen die Signale folgendermaßen aus:

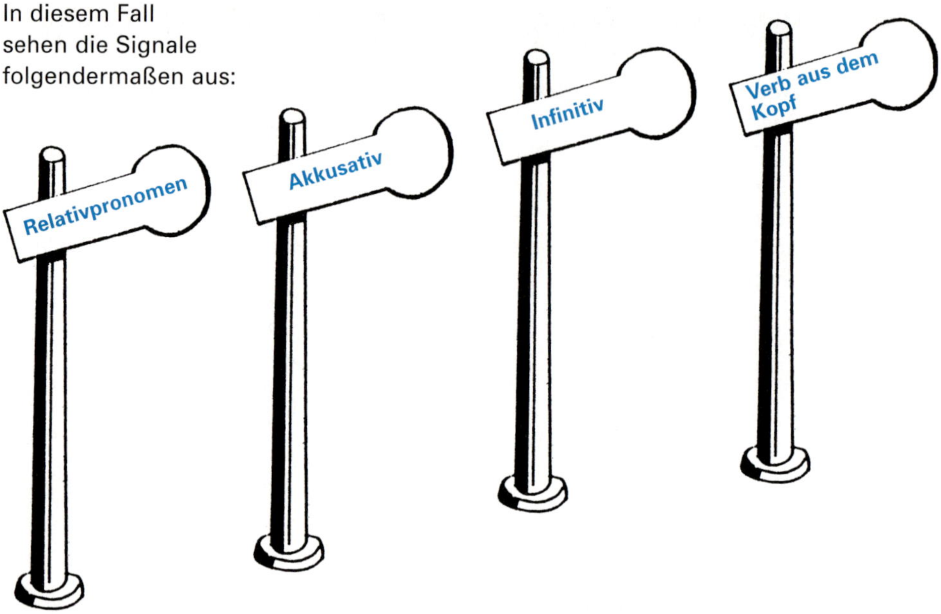

5Ü Übersetze; gib bei den verschränkten Relativsätzen immer mehrere Übersetzungsmöglichkeiten an.

Tacitus über die Germanen:

a) Germani Herculem, quem in Germania fuisse putant, primum omnium virorum fortium ituri in proelia canunt. His carminibus, quae barditum (*Schlachtgeschrei*) vocari comperi, animi pugnantium incitantur.

b) Ara Ulixis, quem in longo illo errore in illam partem maris delatum esse et Germaniae terras adisse dicunt, in ripa Rheni sita est.

c) Germani, quibus magna corpora, caeruleos (*blau*) oculos, rutilos (*rötlich*) capillos (*Haare*) esse constat, specie sua Romanos valde terrent.

(nach Tacitus, *Germania* 3–4)

Grammatiktraining

T 1 **Füge in die folgenden Sätze die angegebenen Ablative jeweils an der passenden Stelle ein und übersetze:**

ira, verbo, Homero, re vera, officio, verbis, odio, disciplina et scientia rei militaris, factis, magno cum dolore, eius carminibus, temporibus nostris

a) Nemo poeta Graecus clarior erat ●. Non solum temporibus antiquis opera eius persaepe legebantur, sed etiam ● multi homines ● gaudent.

b) Multi homines ● liberi, ● servi sunt. Nam aut ● aut ● reguntur.

c) Homines non eorum ●, sed ● iudices!

d) Nulla vitae pars libera ● esse potest.

e) Augustus, cum nuntium cladis gravis accepisset, ● exclamavisse traditur: „Quintili Vare, legiones redde!“

f) Arminius ceteros Germanos ● superavit.

T 2 Übersetze und bestimme die darin vorkommenden Ablativ-Funktionen: Aus der Schulordnung der Rottweiler Lateinschule (1563)

Magistri sint prudentes et ingenio celeres. Hoc est autem primum, ut sint moribus bonis. Sunt enim vivum (*lebendig*) exemplum, quod ab omnibus discipulis videtur. Natura haec maxime tenemus, quae primis annis accepimus. Malis exemplis liberi facile corrumpuntur.

Sin autem magistrum virum magna virtute esse viderint, facile ad eius mores se accommodabunt (*sich angleichen*) et ei virtute non cedere studebunt (*sich bemühen*). Sit igitur haec prima cura magistrorum, ut morum pietate exemploque vitae praestent pueris. Vivant ita sapienter (*weise*), ita pie, ut omnes illis quam simillimi esse optent. Alterum est, ut sint litterarum bonarum doctrina (*Lehre*) et sapientia eruditi.

T 3 Übersetze: Oedipus (II)

Illo tempore Thebani a Sphinge (*Sphinx*), quam monstrum (*Ungeheuer*) terribile fuisse scitis, vexabantur. Quod monstrum Thebanis aenigma (*Rätsel*) proponebat et eis, qui id solvere cupiebant, dicere solebat: „Si aenigma solveris, liber abibis et urbs a pestilentia liberabitur; si non solveris, te interficiam."

Creon, qui post Lai necem rex factus erat, dixit: „Ei viro, qui aenigma solverit, regnum et Iocastam uxorem dabo."

Multis viris a Sphinge occisis Oedipus tandem aenigma solvit; qua re et rex et Iocastae maritus factus est. Nonnullis annis post Oedipus intellexit se patrem occidisse et matrem in matrimonium duxisse; formidine percussus sibi oculos effodit (*ausstechen*) et magno cum dolore Thebis abiit.

T 4 Verbentraining A-Z (V). Bestimme die Formen und übersetze sie (Futur II muss nicht übersetzt werden):

Beispiel: ceperas: 2. Sg. Ind. Plpf. Aktiv – du hattest gefangen

1) gaudebis	6) haurientes	11) importati erant	16) institui (2)
2) gemueramus	7) iecissem	12) incidas	17) intelleges
3) gignit	8) impediatur	13) coepisse	18) intersit
4) habuisse	9) imperabamus	14) illatum esse	19) interrogata eris
5) habitatis	10) imponi	15) inistis	20) invadebant

L Lernwortschatz

A		quid? *(Adv.)*	warum? weshalb?	
		cessāre (*vgl.* cēdere)	zögern	
		somnus	Schlaf	
		excitāre (*vgl.* incitāre)	aufwecken; erregen	**E** exciting
	5	nē *(m. Konj.)*	nicht	
		timidus, a, um (*vgl.* timēre) *(Adv.:* timidē*)*	furchtsam, ängstlich	
		utinam *(m. Konj.)*	wenn doch; hoffentlich	
		occultāre	verstecken, verbergen	**D** Okkultismus
		an *(in Doppelfragen)*	oder	
	10	manēre, maneō, mānsī, mānsum	bleiben	
		mēnsis, -is *m*	Monat	
		celebrāre	besuchen; feiern	**D** zelebrieren **E** to celebrate
		vetus, veteris	alt	**D** Veteran
		sīgnificāre (*vgl.* sīgnum, facere)	anzeigen, bezeichnen	**D** signifikant
	15	mūnus, -eris *n*	Geschenk; Aufgabe; Amt	
		cōnficere, cōnficiō, cōnfēcī, cōnfectum (*vgl.* facere)	vollenden; erledigen	**D** Konfekt
		• laetitia (*vgl.* laetus)	*(↗ WB 18)*	
		dīves, dīvitis (*vgl.* dīvitiae)	reich	
		pauper, -eris	arm	**E** poor **F** pauvre
		discrīmen, -inis *n*	Entscheidung; Unterschied; Gefahr	
	20	pulsāre (*vgl.* pellere) iānuam pulsāre	schlagen, klopfen an die Tür klopfen	
		fortūnātus, a, um (*vgl.* fortūna)	glücklich, vom Schicksal begünstigt	
		parentēs, -ium (-um) *m*	Eltern	**E / F** parents
		vestīmentum	Kleidung(sstück)	
		pōculum	Becher	**D** Pokal
B	25	īnscrībere, īnscrībō, īnscrīpsī, īnscrīptum (*vgl.* scrībere) fābula Mōstellāria īnscrībitur	hineinschreiben, darauf schreiben; überschreiben, betiteln das Stück hat den Titel *Mostellaria*	
		ālea	Würfel; Würfelspiel	
		perdere, perdō, perdidī, perditum	zugrunde richten; verschwenden; verlieren	
		quandō? *(Adv.)*	wann?	
		heu/ēheu (mē miserum)!	ach (ich Armer)!	
	30	quantus, a, um?	wie groß? wie viel?	**D** Quantität

	miseria (*vgl.* miser)	Unglück; Elend	**E** misery
	sōlus, a, um (*vgl.* nōn sōlum …, sed etiam)	allein	**D** Solo
	oboedīre (*vgl.* audīre)	gehorchen, sich fügen	
	formīdō, -inis *f*	Grausen, Furcht	
35	obsecrāre	inständig bitten, beschwören	
	obesse, obsum, obfuī, –	*(entgegenstehen:)* schaden	
L/F:	patricius	Patrizier	
	plēbēius	Plebejer	
J:	prīmā lūce	bei Tagesanbruch	
	clamōrem tollere	Geschrei erheben, schreien	
	partēs dominōrum agere	die Rolle der Herren übernehmen / spielen	
	Sāturnālia agere	das Fest der Saturnalien feiern	
	amīcō grātiās agere	dem Freund Dank sagen, danken	
	dē mē āctum est	um mich ist es geschehen, es ist aus mit mir	
	mente captus	verrückt	
	precibus cēdere	den Bitten nachgeben	
Z:	in malam crucem abīre	zum Teufel gehen	
	pigritia	Trägheit, Faulheit	
	faustus, a, um	günstig, Glück bringend	
	nux, nucis *f*	Nuss	
	placenta	Kuchen	
	Hercle!	beim Herkules!	
	ēbrius, a, um	betrunken	
	larva	böser Geist, Gespenst	
	propitius, a, um	gnädig gesinnt, gewogen	

WB

Das Suffix *-idus*

tim-ēre (fürchten) ⇒ tim-**idus** (furchtsam)

Adjektive mit dem Suffix ***-idus*** bezeichnen eine **dauerhafte Eigenschaft**. Meist leiten sie sich von Verben der ē-Konjugation ab.

W1a **Übersetze und bilde die Adjektivform:**
valere, cupere, rapere

W1b Die englischen Adjektive *valid, rapid, timid* leiten sich von diesen lateinischen Adjektiven ab.
Überprüfe mit einem Wörterbuch bzw. Wörterverzeichnis, ob auch ihre Bedeutung dieselbe geblieben ist.

W2 **Bilde ein lateinisches Sachfeld zum Thema „Zeit, Jugend, Alter".**

W3 **Nahe Verwandte (oder: Ähnlichkeiten nicht zufällig):**

E	F	I	Sp	L	D
honour	l'honneur	l'onore	el honor	●●●	●●●
part	la part	la parte	la parte	●●●	●●●
fortune	la fortune	la fortuna	la fortuna	●●●	●●●
wine	le vin	il vino	el vino	●●●	●●●
sole	seul	solo	solo	●●●	●●●

W4 **Erkläre Herkunft und Bedeutung der hervorgehobenen Fremdwörter:**
Ein *Pokal* wird häufig nach antikem Vorbild als Siegespreis vergeben.
Sonntags *zelebriert* der Priester die Messe.
Im Kaufhaus suchten wir nach der *Konfektions*abteilung.
In der Großstadt *pulsiert* das Leben bei Tag und Nacht.

W5 **Berühmte Worte**
Gaudeamus igitur! *(aus einem Studentenlied)*
Vivat, crescat, floreat! *(ein alter Glückwunsch)* — florere: blühen
Vivamus, mea Lesbia, atque amemus! *(Catull)*
Ne differas in crastinum! *(Cicero)* — crastinum: morgen
Dum vivimus, vivamus. *(Grabinschrift)*
Sit tibi terra levis! (*Grabinschrift, oft abgekürzt:* S T T L) — levis: leicht
Nemo solus sapit satis. *(Plautus)* — sapere: wissen, verstehen
Múnera, créde mihí, capiúnt hominésque deósque. *(Ovid)*

L Lernwortschatz

A		ūnā *(Adv.)*	zusammen	
		ūnā cum *(m. Abl.)*	zusammen mit	
		īnstāre, īnstō, īnstitī, – (*m. Dat.; vgl.* stāre)	*(jdn.)* verfolgen, bedrängen; bevorstehen	
		optāre	wünschen	**D** Option
		ut *(m. Konj.)*	dass; damit; so dass	
		optō, ut	ich wünsche, dass	
		accidit, ut	es kommt (kam) vor, dass	
	5	dīmicāre	kämpfen	
		nē *(m. Konj.)*	dass nicht; damit nicht	
		dēficere, dēficiō, dēfēcī, dēfectum (*vgl.* facere)	ausgehen, fehlen; abfallen	**D** Defizit, **D** Defekt
		animō dēficere	den Mut verlieren	
		mox *(Adv.)*	bald	
		• perrumpere, perrumpō, perrūpī, perruptum (*vgl.* rumpere)	*(↗ WB 25)*	
		sustinēre, sustineō, sustinuī, sustentum (*vgl.* tenēre)	aushalten, ertragen; aufrechterhalten	
	10	sollicitūdō, -inis *f*	Unruhe, Besorgnis	
		cōnsūmere, cōnsūmō, cōnsūmpsī, cōnsūmptum	verbrauchen	**D** Konsum
		inopia	Mangel, Armut	
		metuere, metuō, metuī, –	fürchten	
		metuō, nē	ich fürchte, dass	
		memor, -oris *(m. Gen.)* (*vgl.* memoria)	eingedenk, sich erinnernd *(an)*	**E** memory
		memorēs sumus victōriae	wir erinnern uns an den Sieg	
	15	parere, pariō, peperī, partum (*vgl.* parentēs)	hervorbringen, gebären; erwerben	
		victōriam parere	einen Sieg erringen	
		discēdere, discēdō, discessī, discessum (*vgl.* cēdere)	auseinander gehen, weggehen	
B		rēgnāre (*vgl.* rēgnum)	König sein, herrschen	**E** to reign
		prūdentia (*vgl.* prūdēns)	Klugheit	
		rēgius, a, um (*vgl.* rēgnāre)	königlich	
	20	fidēlis, e	treu, zuverlässig	**F** fidèle
		volvere, volvō, volvī, volūtum	wälzen, drehen, rollen	
		• involvere, involvō, involvī, involūtum (*vgl.* volvere)	*(↗ WB 4)*	
		• ēvolvere, ēvolvō, ēvolvī, ēvolūtum (*vgl.* volvere)	*(↗ WB 3)*	
		• calliditās, -ātis *f* (*vgl.* callidus)	*(↗ WB 15)*	

supplex, -icis	demütig bittend, flehentlich	
auctōritās, -ātis *f* (*vgl.* auctor)	Ansehen, Einfluss	**D** Autorität
efficere, efficiō, effēcī, effectum (*vgl.* facere)	bewirken, durchsetzen	**D** effizient, Effekt
25 addūcere, addūcō, addūxī, adductum (*vgl.* dūcere)	hinführen, veranlassen	
cavēre, caveō, cāvī, cautum (*m. Akk.*)	sich hüten *(vor)*, sich in Acht nehmen *(vor)*	**D** Kaution
cēnāre (*vgl.* cēna)	speisen, essen	
improbus, a, um	ruchlos, schlecht	
frangere, frangō, frēgī, frāctum	brechen, zerbrechen	**D** Fraktur, Fragment
30 rēgīna (*vgl.* rēx)	Königin	
ingenium	(natürliche) Begabung, Geist, Talent	
humilis, e	niedrig, unbedeutend; unterwürfig	

J:	prohibēre, nē	verhindern, dass
	animum recipere	wieder Mut fassen
	bellum, quod dīcitur, Alexandrīnum	der sogenannte „Alexandrinische Krieg“

Z:	tapēte, -is *n*	Teppich

WB

Das Suffix *-ia*

prūdēns, prūdent-is	(klug)	⇒	prūdent-**ia**	(Klugheit)
differēns, different-is	(sich unterscheidend, verschieden)	⇒	different-**ia**	(Unterschied, Verschiedenheit)

Substantive, die auf das Suffix ***-ia*** enden, leiten sich meist von Adjektiven oder vom Partizip Präsens Aktiv ab. Wie die Substantive auf ***-itia*** (*vgl. WB 18*) bezeichnen sie eine **Eigenschaft** oder einen **Zustand**.

W1a **Bilde ein neues Substantiv und übersetze:**

vehemens, tolerans, audax, abundans, ignorans, oboediens, constans, miles, adulescens

W1b **Führe die folgenden dir bekannten Substantive auf ihre Ausgangsform zurück und übersetze diese:**

memoria, scientia, victoria, miseria, clementia, eloquentia

W1c **Im Englischen können wir oft eine ähnliche Bildeweise beobachten:**

L clemens / clementia – **E** clemen**t**
L prudens / prudentia – **E** pruden**t** – pruden**ce**
L memor / memoria – **E** memor**y**

Bilde das englische Adjektiv und Substantiv zu:
vehemens, tolerans, ignorans, eloquentia

Bilde das englische Substantiv zu:
miser, victoria, sciens

Überprüfe deine Lösungen mit einem englischen Wörterbuch oder Wörterverzeichnis.

W2 **Mit welchen lateinischen Wörtern kann man die menschliche Lebensweise (Essen, Trinken, Lebensstandard) beschreiben? Bilde dazu ein Sachfeld.**

W3 **Welche lateinischen Substantive fallen dir zum Thema „Frau" ein?**

W4 **Vergleiche:**
volvere – involvere – evolvere – convolvere – revolvere
Erkläre die Bedeutung der hervorgehobenen Fremdwörter:
Gerollte Verzierungen an antiken Säulen heißen *Voluten*.
Die Ablösung einer Gesellschaftsordnung durch eine andere kann durch eine *Revolution* geschehen.
Ein *Konvolut* ist ein Bündel von Schriftstücken.

W5 **Berühmte Worte**
Cúr non míttо meós tibi, Póntiliáne, libéllos?
  Né mihi tú mittás, Póntiliáne, tuós. (*Martial*)

libellus: Büchlein

Gratia gratiam parit. (*nach Sophokles*)
Oportet edere, ut vivas, non vivere, ut edas. (*nach Sokrates*)

Lernwortschatz

A

adversārius	Gegner, Feind	
eō *(Adv.)*	dorthin	
interficere, interficiō, interfēcī, interfectum	töten	
nex, necis *f*	Ermordung, Mord; Tod	
superāre	übertreffen; besiegen	
metus, -ūs (*vgl.* metuere)	Furcht	
cubiculum	Schlafzimmer	
cāsus, -ūs (*vgl.* cadere)	Fall, Untergang; Unglück; Zufall	**D** Kasus **E** case
maerēre, maereō, maeruī, –	trauern, betrauern	
incidere, incidō, incidī, – (*vgl.* cadere)	hineinfallen, hineingeraten	
līber, a, um (*vgl.* līberāre)	frei	**D** liberal
lēx, lēgis *f*	Gesetz	**D/E** legal
decem *(indekl.)*	zehn	**D** Dezember
dēdere, dēdō, dēdidī, dēditum (*vgl.* dare)	übergeben, ausliefern	
impedīre	(be)hindern; verhindern	
Caesarem impedīre, nē	Caesar davon abhalten, dass	
aliter *(Adv.)*	anders, auf andere Weise	
iacere, iaciō, iēcī, iactum	werfen, schleudern	
anima (*vgl.* animus)	Seele; Atem; Leben	**D** Reanimation
percutere, percutiō, percussī percussum	durchbohren; erschüttern; schlagen	
invidēre, invideō, invīdī, invīsum (*vgl.* vidēre)	*(scheel ansehen:)* beneiden, missgönnen	
(m. Dat.:) tibi invideō	dich beneide ich	
laudī tuae invideō	deinen Ruhm missgönne ich dir	

B

• dīgnitās, -ātis *f* (*vgl.* dīgnus)	*(↗ WB 15)*	
ēgregius, a, um	hervorragend, vorzüglich	
ōrātor, -ōris *m* (*vgl.* ōrātiō)	Redner	
sevērus, a, um	streng, ernst	**E** severe
lingua	Zunge; Sprache	**E** language
acerbus, a, um (*vgl.* ācer)	herb, bitter, hart	
• sevēritās, -ātis *f* (*vgl.* sevērus)	*(↗ WB 15)*	
luxuria	Überfluss; Verschwendungssucht	**D** Luxus **E** luxury **F** luxe
optimus, a, um	der beste	**D** optimal
certāre (*vgl.* certāmen)	streiten, kämpfen	

dissuādēre, dissuādeō, dissuāsī, dissuāsum (*vgl.* suādēre)	abraten (*von*)	
(*m. Akk.:*) lēgem dissuādēre	von einem Gesetz abraten	
30 nimius, a, um	übermäßig, zu groß, zu viel	
ēicere, ēiciō, ēiēcī, ēiectum (*vgl.* iacere)	hinauswerfen, vertreiben	**E** to eject
vērē (*Adv.*)	wahrhaftig, wirklich	

L/F:

cēnsūra	Zensur (*Amt des Zensors*)
philosophia (*griech.*)	Philosophie

J:

magistrātum gerere	ein Amt ausüben, bekleiden
(dē) senātū movēre	aus dem Senat entfernen
operam dare, ut (*m. Konj.*)	sich Mühe geben, dass; sich bemühen, dass
inter omnēs cōnstat (*m. AcI*)	es ist allgemein bekannt (*dass*)

WB

Das Präfix *dis-*

dis-cēdere	**auseinander** gehen
dis-suādēre	**ab**-raten

Das Präfix ***dis-*** drückt bei Verben und Adjektiven eine **Trennung** oder eine **Verneinung** aus.

W1a **Übersetze und erkläre die Wortbildung:**
differre, diripere

W1b **Erschließe die Bedeutung folgender Wörter. Welche lautlichen Veränderungen kannst du beobachten?**
discurrere, dispellere, displicere, disicere, distrahere, distinere, dissimilis, disiungere, diducere, diffugere, difficilis, dimovere, dirumpere

W2 **Bilde ein Sachfeld zum Thema „Angst / Mut".**

W3 **Bilde eine Wortfamilie zu *facere*.**

W4 **Rechtsregeln und -sprichwörter werden auch heute noch gern auf Lateinisch zitiert. Kannst du die folgenden Beispiele übersetzen?**

Audiatur et altera pars!
Do, ut des.
Nulla poena sine lege.
In dubio pro reo. — dubium: *vgl.* dubitare
Qui se excusat, se accusat. — excusare: rechtfertigen

Lernwortschatz

A	hic, haec, hoc	dieser, diese, dies(es)	
	potissimum (*Adv.*)	hauptsächlich, gerade	
	grātus, a, um (*vgl.* grātia)	dankbar; angenehm, willkommen	
	quiētus, a, um	ruhig	**E** quiet
	5 discordia	Zwietracht, Uneinigkeit	
	ille, illa, illud	jener, jene, jenes	
	cīvīlis, e (*vgl.* cīvis) bellum cīvīle	bürgerlich, Bürger-; öffentlich Bürgerkrieg	**E/F** civil
	sentīre, sentiō, sēnsī, sēnsum	fühlen, merken; meinen	**D** sensibel **F** sentir
	summus, a, um	der höchste, der oberste	**D** Summe
	10 iste, ista, istud	dieser, diese, dies(es) (da/bei dir); *verächtlich:* der, die, das da	
	quiēs, quiētis *f* (*vgl.* quiētus)	Ruhe, Erholung	
	māgnopere (*Adv.; vgl.* māgnus)	sehr	
	permittere, permittō, permīsī, permissum (*vgl.* mittere)	erlauben, gestatten	**E** to permit
	iūdicium (*vgl.* iūdex)	Gericht; Urteil	
	15 maeror, -ōris *m* (*vgl.* maerēre)	Trauer	
	• cōnstantia (*vgl.* cōnstāns)	(↗ *WB 27)*	
	restituere, restituō, restituī, restitūtum (*vgl.* statuere)	wiederherstellen	**D** Restitution
B	vērus, a, um (*vgl.* vērē)	wahr, wirklich	
	potestās, -ātis *f* (*vgl.* posse)	Macht, (Amts-)Gewalt; Möglichkeit	
	cōnsentīre (cum Cicerōne), cōnsentiō, cōnsēnsī, cōnsēnsum (*vgl.* sentīre)	(mit Cicero) übereinstimmen	**E** to consent
	20 exīstimāre	schätzen; glauben, meinen; halten für	
	nātiō, -iōnis *f*	Volk, Volksstamm	**D** Nation **E/F** nation
	regere, regō, rēxī, rēctum (*vgl.* rēx)	lenken, leiten	**D** regieren
	superbus, a, um (*vgl.* superbia)	hochmütig, überheblich; stolz	
	īnstituere, īnstituō, īnstituī īnstitūtum (*vgl.* statuere)	einrichten; unterrichten, unterweisen	**D** Institut
	25 genus, -eris *n* (*vgl.* gēns)	Art; Geschlecht, Abstammung	**D** Genus
	paulātim (*Adv.; vgl.* paulum)	allmählich	
	plērumque *(Adv.)*	meistens	

	(con)vertere, (con)vertō, (con)vertī, (con)versum	umdrehen, wenden; verwandeln	**D** konvertieren
	miscēre, misceō, miscuī, mixtum	(ver)mischen	**E** to mix
L/F:	cūria	Kurie (*Senatsgebäude*)	
	cōnsulātus, -ūs	Konsulat (*Amt des Konsuls*)	
	tyrannus	Tyrann (*Alleinherrscher, der widerrechtlich an die Macht gekommen ist*)	
J:	rēs pūblica in summō discrīmine est	der Staat ist in höchster Gefahr	

W1 **Bilde ein lateinisches Sachfeld zum Thema „Wahrnehmung / Erkenntnis".**

W2 **Welche Vokabeln fallen dir zu der Wortfamilie *regere* ein?**

W3 **Latein in der Sprache der Universität: Lies laut und übersetze die hervorgehobenen Begriffe. Erkläre ihre Herkunft.**

Bewertungen einer Doktorarbeit und -prüfung:
cum laude, magna cum laude, summa cum laude
Ein *dies academicus* bedeutet für die Studenten einen vorlesungsfreien Tag. Grund dafür kann die Einführung eines neuen *Rektors* sein. Die Mitglieder des Universitäts*senats* erscheinen zu diesem Anlass im feierlichen *Ornat* und beglückwünschen *Magnifizenz* (so lautet die offizielle Anrede für den *Rektor*).

W4 **Berühmte Worte**

Beatus ille, qui procul negotiis. (*Horaz*)
In vino veritas! (*nach Alkaios*) — veritas: *vgl.* verus ↗ *WB 15*
Veritatis simplex oratio est. (*Seneca*) — simplex: einfach

Meinungen über den Wandel:
Omnia mutantur, nihil interit. (*Ovid*)
Témpora mútantúr, et nós mutámur in íllis.
(*Lothar I., römisch-deutscher Kaiser 840-855*)
Fortuna non mutat genus. (*Horaz*)
Usus tyrannus. (*Platon*)
Iacta alea est. *(Caesar beim Überschreiten des Rubicon)*
Si tacuisses, philosophus mansisses. *(nach Boethius)*
Fames est optimus coquus. — coquus: Koch
Oder: Fames optimum condimentum. *(Sprichwort)* — condimentum: Gewürz

L Lernwortschatz

A/B

herī (*Adv.*)	gestern	
• commūtāre (*vgl.* mūtāre)	(*↗ WB 9*)	
orbis, -is *m*	Kreis	
orbis terrārum	Erdkreis	
ōrdō, ōrdinis *m*	Reihe, Ordnung; Stand	**E** order
ex ōrdine	der Reihe nach	
ōrdō senātōrius	Senatorenstand	
cōnsuētūdō, -inis *f*	Gewohnheit; Umgang (*mit jdm.*)	
praeter cōnsuētūdinem	entgegen der Gewohnheit	
5 sollicitāre (*vgl.* sollicitūdō)	heftig erregen, beunruhigen	
exilium	Exil, Verbannung	**E** exile
simul (*Adv.*)	zugleich, gleichzeitig	**D** simultan
prīmum (*Adv.*) (*vgl.* prīmus, prīmō)	anfangs, zuerst; zum ersten Mal	
atrōx, -ōcis	grässlich, schrecklich	
10 repudiāre	zurückweisen, ablehnen	
repente (*Adv.*)	plötzlich	
comprehendere, comprehendō, comprehendī, comprehēnsum	ergreifen, fassen; begreifen	**E** comprehension **F** comprendre
umerus	Schulter	
• dētrahere, dētrahō, dētrāxī, dētractum (*vgl.* trahere)	(*↗ WB 23*)	
stringere, stringō, strīnxī, strictum	(*eine Waffe*) zücken, ziehen	
15 pūgiō, -iōnis *m*	Dolch	
coniūrāre (*vgl.* coniūrātiō)	sich verschwören	
coniūrātus	Verschwörer	
secundus, a, um	der zweite; günstig	**E/F** second
aetās, -ātis *f*	(Lebens-)Alter; Zeitalter	
plāga	Stich, Schlag	**D** Plage
20 prīvāre (*m. Abl.*)	(*einer Sache*) berauben	
eum pecūniā prīvāre	ihn des Geldes berauben, ihm das Geld wegnehmen	
cōnscius, a, um (*m. Gen.*) (*vgl.* scīre)	mitwissend, eingeweiht (*in*); Mitwisser	
• dēpellere, dēpellō, dēpulī, dēpulsum	(*↗ WB 23*)	
adimere, adimō, adēmī, adēmptum (*vgl.* emere)	an sich nehmen, wegnehmen	
dī (*Kurzform von* deī)	die Götter	
• cōnservāre (*vgl.* servāre)	(*↗ WB 9*)	
Rōmā (*Abl. separativus*)	aus Rom, von Rom (weg, her)	

L/F:	prōpraetor	Proprätor (*ehemaliger Prätor, der nach seinem Amtsjahr Statthalter einer Provinz wurde*)
	Īdūs Mārtiae	Iden des März (*15. März*)
	theātrum	Theater
	toga	Toga (*Obergewand des römischen Bürgers, äußeres Zeichen seiner Würde*)
	Kalendae Aprīlēs	die Kalenden des April, der 1. April (*vgl. L/F 17*)
J:	Caesar sēdem suam petit	Caesar geht auf seinen Sitz zu
	Caesar undique petitur	Caesar wird von allen Seiten angegriffen
Z:	conticēscere	verstummen, schweigen

Zum Lernvokabular dieser Lektion gehören auch die Zahlwörter. (vgl. GI 30.1)

WB

Das Suffix *-bilis* (*-ilis*)

rēs incrēd-*i*-**bilis** eine unglaub-**liche** Sache

Adjektive, die auf das Suffix ***-bilis*** oder ***-ilis*** enden, bezeichnen meist eine **Möglichkeit** oder **Fähigkeit**. Sie leiten sich von Verben ab, wobei in der konsonantischen Konjugation ein Aussprechvokal zwischen Verbalstamm und Endung eingeschoben wird *(vgl. GI 2.2)*.

W1a **Erschließe die Bedeutung der folgenden Adjektive, indem du sie auf die ihnen zugrunde liegenden Verben zurückführst. Gleiche dann das Adjektiv in seiner korrekten Form an ein Substantiv deiner Wahl an.**

Beispiel: flebilis – flere – exilium flebile: die beweinenswerte Verbannung

habitabilis, spectabilis, mutabilis, incredibilis, laudabilis, innumerabilis (*↗ WB 22*), irrevocabilis (*↗ WB 3 und 22*), stabilis, tolerabilis, mobilis (*verkürzt aus* mov-*i*-bilis), terribilis, possibilis, immobilis (*↗ WB 22*), optabilis

W1b **Welche Suffixe gebrauchen wir für solche Adjektive im Deutschen?**

W1c Das Englische hat die meisten dieser Wörter fast unverändert übernommen: aus ***-abilis/-ibilis*** wurde ***-able*** oder ***-ible*** (z. B. incredible), aus ***-ilis*** wurde ***-ile*** (z. B. agile).

Bilde von den in 1a) aufgelisteten lateinischen Adjektiven von *incredibilis* an die englischen Entsprechungen!

W2 **Lateinische Zahlen im Deutschen**

a) **Erkläre folgende Fremdwörter:**

Duett, Trio, Quartett, Quintett, Dezimalsystem, sekundär, primär, Zentner, Millimeter, Tertiär

b) In der Musik nennt man das Intervall zwischen den Noten c und d eine Sekunde, das zwischen d und g eine Quarte.

Wie heißen die folgenden Intervalle:

c – e, c – g, c – a, g – d, a – f, f – f, f – g?

c) **Erkläre den Ursprung folgender römischer Vornamen:**
Quintus, Sextus, Septimius, Octavius, Decimus

d) Die neun Klassen des Gymnasiums bezeichnete man früher folgendermaßen: Sexta, Quinta, Quarta, Untertertia, Obertertia, Untersekunda, Obersekunda, Unterprima, Oberprima
Versuche, diese Bezeichnungen zu erklären!

W3 Zahlen der „Tochtersprachen": Welches lateinische Zahlwort liegt jeweils zugrunde?
neuf *(F)*, cinco *(Sp)*, tre *(I)*, dos *(Sp)*, vingt *(F)*, sette *(I)*, cuatro *(Sp)*, otto *(I)*, trois *(F)*

W4 Latein im Deutschen – Erkläre die folgenden Begriffe:
ad hoc; *(das tut)* nihil ad rem; confer (*abgekürzt:* cf.); Deus det!; et cetera (etc.); id est (i.e.); in absentia; persona (non) grata
Wem gilt der päpstliche Segen *urbi et orbi?*

W5 Berühmte Worte

Consuetudo est quasi altera natura. (*Cicero*) — quasi: gleichsam, wie
De nihilo nihil. (*Lukrez*)
Timeo lectorem unius libri. (*Sprichwort*) — lector: *vgl.* legere ↗ *WB 16*
Einige römische Meinungen über den Krieg:
Incerti sunt exitus belli. *(Cicero)* — in-certus, a, um: un-sicher, un-gewiss
Pecunia est nervus belli. *(Cicero)* — nervus: Nerv; Triebfeder
Inter arma silent Musae. *(Sprichwort)* — silere ≈ tacere
Núlla salús belló, pacém te póscimus ómnes! *(Vergil)*

L Lernwortschatz

A

umquam *(Adv.)*	jemals	
ēminēre, ēmineō, ēminuī, –	herausragen, sich auszeichnen	**D/E** eminent
nātus, a, um	geboren; Sohn / Tochter	**E** native
saeculum	Jahrhundert; Zeitalter	**F** siècle
• perpaucī, ae, a (*vgl.* paucī)	*(↗ WB 25)*	
5 docēre, doceō, docuī, doctum	lehren, unterrichten; informieren	**D** Dozent
doctus, a, um *(PPP)*	gelehrt, gebildet	**D** Doktor
ipse, ipsa, ipsum (*Gen.* ipsīus) post ipsum proelium	selbst, persönlich unmittelbar nach dem Kampf	
• permultī, ae, a (*vgl.* multī)	*(↗ WB 25)*	
gignere, gignō, genuī, genitum (*vgl.* genus)	erzeugen, hervorbringen	
uterque, utraque, utrumque (*Gen.* utrīusque)	jeder (von beiden), beide	
• factum (*vgl.* facere)	*(↗ WB 13)*	
īdem, eadem, idem (*vgl.* is, ea, id)	derselbe, dieselbe, dasselbe	**D** identisch **E** identity
10 pius, a, um	pflichtbewusst; *(gegenüber Göttern:)* fromm; *(gegenüber Eltern, Kindern:)* liebevoll	
prōmittere, prōmittō, prōmīsī, prōmissum (*vgl.* mittere)	versprechen	**E** to promise
neuter, neutra, neutrum (*Gen.* neutrīus)	keiner (von beiden)	**D** Neutrum
posterus, a, um (*vgl.* post) posterī, -ōrum *(Pl.)*	nachfolgend *(die Nachfolgenden:)* die Nachkommen	
dīligere, dīligō, dīlēxī, dīlēctum	hoch achten, lieben	
15 uter, utra, utrum? (*Gen.* utrīus)	welcher (von beiden)? wer (von beiden)?	
ūllus, a, um (*Gen.* ūllīus)	irgendein	
• dubitātio (*vgl.* dubitāre)	*(↗ WB 13)*	
anteferre, anteferō, antetulī, antelātum	vorziehen, bevorzugen	
imitātor, -ōris *m*	Nachahmer	**D** Imitator
20 imitātiō, -iōnis *f*	Nachahmung	**D** Imitat, Imitation
plērīque, plēraeque, plēraque (*vgl.* plērumque)	die meisten, sehr viele	

B	sacerdōs, -ōtis *m/f*	Priester, Priesterin	
	aedēs (aedis), -is *f* (*vgl.* aedificāre)	Tempel *(ein Raum)*	
	aedēs, -ium (*Pl.*)	Haus *(mehrere Räume)*	
	• imperātum (*vgl.* imperāre)	*(↑ WB 13)*	
	dexter, dext(e)ra, dext(e)rum	der (die, das) rechte; rechts	
	dextra (manus)	die Rechte, die rechte Hand	
	arripere, arripiō, arripuī, arreptum (*vgl.* rapere)	an sich reißen, ergreifen	
	25 impellere, impellō, impulī, impulsum	anstoßen, antreiben; veranlassen	**D** Impuls
	succurrere, succurrō, succurrī, succursum (*vgl.* sub, currere)	zu Hilfe eilen	
	festīnāre	eilen, sich beeilen	
	coniūnx (coniūx), -iugis *m/f* (*vgl.* coniungere)	Gatte; Gattin	
	fīdus, a, um	treu, zuverlässig	
	30 nūtrīx, -īcis *f*	Amme, Ernährerin	
	pectus, -oris *n*	Brust; das Innere (Herz, Geist, Seele)	
	misericordia (*vgl.* miser)	Mitleid, Barmherzigkeit	
	tendere, tendō, tetendī, tentum (*vgl.* ostendere)	ausstrecken; dehnen	**D** Tendenz
	vultus, -ūs *m*	Gesicht; Miene	
	• dēpōnere, dēpōnō, dēposuī, dēpositum (*vgl.* pōnere)	*(↑ WB 23)*	
	35 ōsculum (*vgl.* ōs)	*(Mündchen:)* Kuss	
	colloquium	Gespräch, Unterredung	**D** Kolloquium
	īnfāns, -antis *m/f*	(kleines) Kind	**D** infantil **F** enfant
	• terribilis, e (*vgl.* terrēre)	*(↑ WB 30)*	
J:	dē imperiō certāre	um die Herrschaft streiten	
	rē vērā	in Wirklichkeit, in Wahrheit	
Z:	epicus, a, um *(griech.)*	episch, Helden-	
	poēsis, -is *f (griech.)*	Dichtung	
	galea	Helm	
	crista	Helmbusch	

WB

Ablaut

Vergleiche: spr**e**che – spr**a**ch – gespr**o**chen
Spr**e**chen – Spr**a**che – Spr**u**ch – Spr**i**chwort

Aus dem Deutschen wissen wir, dass in den Formen eines Wortes und in Wörtern mit gleichem Stamm der **Stammvokal wechseln** kann. Diesen Wechsel nennen wir ABLAUT. Auch das Lateinische kennt einen Ablaut (vgl. die Vokalschwächung, die durch den Wechsel vom Simplex zum Kompositum begründet ist: *rapere – arripere*, ↑ *WB 7*).

a) c**o**lere – c**o**lo – c**o**lui – c**u**ltum (*pflegen; verehren*); c**u**ltus (*Pflege; Verehrung*)
p**a**rcere – p**a**rco – p**e**perci (*schonen*)

Qualitativer Ablaut: Die Klangfarbe (Qualität) des Vokals ändert sich.

b) r**e**gere – r**e**go – r**ē**xi- r**ē**ctum (*leiten*); r**ē**x (*König*)

Quantitativer Ablaut: Die Sprechdauer (Quantität) des Vokals ändert sich.

W1a **Bilde zu folgenden Verben je eine oder zwei Formen mit qualitativem Ablaut:**
canere, pellere, obtinere, parere (gebären, hervorbringen), punire, dare

W1b Oft liegt quantitativer und qualitativer Ablaut gleichzeitig vor.
Vergleiche: c**a**pere – c**a**pio – c**ē**pi – c**a**ptum
In welcher Form liegt bei folgenden Verben sowohl qualitativer als auch quantitativer Ablaut vor?
agere, facere, stare, frangere, obsidere

W2 **Vornamen lateinischer Herkunft: Was bedeuten sie?**
Klemens, Grace, Patrick, Patrizia, Pia, Pius, Renate, Vera, Fortunat

W3 **Erkläre Herkunft und Bedeutung der hervorgehobenen Fremdwörter:**
Bei einer Gegenüberstellung wurde der Beschuldigte als Täter *identifiziert.*
Die *Neutralität* des Schiedsrichters wurde allgemein angezweifelt.
Der Streit endete schließlich mit einem *Kompromiss.*
Wertsachen sollte man im Safe des Hotels *deponieren.*
Infant war der Titel der königlichen Prinzen in Spanien und Portugal.
Frisches Obst oder Gemüse hat mehr *Vitamine* als *Konserven.*

W4 **Suche mindestens zehn Fremdwörter, die aus der lateinischen Wortfamilie *ponere* abgeleitet sind. Versuche, diese Fremdwörter mit Hilfe deiner Kenntnisse der lateinischen Wortbildung zu erklären.**

W5 **Berühmte Worte**
In utrumque paratus. *(Vergil)*
Duo cum idem faciunt, non est idem. *(Terenz)*
Séd fugit ínterea, fugit írreparábile témpus. *(Vergil)*
Festina lente! *(Sprichwort)*

irreparabilis, e: unwiederbringlich
lente (Adv.): langsam, bedächtig

L Lernwortschatz

A		comes, -itis *m/f*	Begleiter(in), Gefährte (-in)	
		fātum	Schicksal; Götterspruch	**D** fatal **E** fate
		pergere, pergō, perrēxī, perrēctum (*vgl.* regere)	fortsetzen, fortfahren *(etwas zu tun)*	
		iter pergit	er setzt die Reise fort	
		nārrāre pergit	er fährt fort zu erzählen, er erzählt weiter	
		ōra	Küste	
	5	iactāre (*vgl.* iacere)	(wiederholt) werfen, hin- und herwerfen; (heftig) werfen, schleudern	
		difficilis, e (*vgl.* facilis)	schwierig, schwer	**E** difficult **F** difficile
		vulnus, -eris *n*	Wunde	
		aeternus, a, um (*vgl.* aetās)	ewig	**E** eternal
		arcēre, arceō, arcuī, –	fern halten, abwehren	
	10	pervenīre, perveniō, pervēnī, perventum (*vgl.* venīre)	(ans Ziel) kommen, gelangen	
		obīre, obeō, obiī, obitum (*vgl.* īre)	entgegengehen	
		mortem obīre	sterben	
		fallere, fallō, fefellī, –	täuschen	
		tot *(indekl.)*	so viele	
		• impius (*vgl.* pius)	*(↗ WB 22)*	
B		ventus	Wind	**D** Ventilator **F** vent
	15	tempestās, -ātis *f* (*vgl.* tempus)	Gewitter, Sturm; Zeit	**E** tempest
		dēscrībere, dēscrībō, dēscrīpsī, dēscrīptum (*vgl.* scrībere)	beschreiben, schildern; abschreiben	**D** deskriptiv **E** to describe
		vāstus, a, um (*vgl.* vāstāre)	gewaltig, groß; öde, wüst	**E** vast
		premere, premō, pressī, pressum	drücken; unterdrücken	**D** pressen **E** to press
		murmur, -uris *n*	Dröhnen, Rauschen; Murmeln	
		claustra, -ōrum (*Pl.*)	Riegel, Verschluss	**D** Kloster
	20	fremere, fremō, fremuī, fremitum	lärmen, brausen, toben	
		(ex)celsus, a, um	hoch, erhaben	
		mollīre	erweichen; mildern, besänftigen	
		temperāre	*(m. Dat.)* mäßigen, zurückhalten; *(m. Akk.)* ordnen, leiten	**D** temperiert
		sibi temperāre	sich beherrschen	
		rem pūblicam lēgibus temperāre	den Staat durch Gesetze leiten	

25	flūctus, -ūs (*vgl.* flūmen)	Flut; (Meeres-)Woge	
	inimīcus, a, um (*vgl.* amīcus)	feindlich; Feind(in)	**E** enemy
	submergere, submergō, submersī, submersum	versenken	
	immānis, e	ungeheuer groß, riesig; schrecklich	
	ter	dreimal	
30	quater	viermal	
	moenia, -ium (*Pl.*)	Stadtmauer(n)	
	dēferre, dēferō, dētulī, dēlātum (*vgl.* ferre)	wegbringen; hinbringen	
L/F:	scēptrum	Zepter	
J:	cursum in Italiam tenēre	Kurs auf Italien halten	

WB

Verba frequentativa – Verba intensiva

iacere (werfen)	**iact**-um	**iact-āre**	(**wiederholt** werfen, hin- und herwerfen, **heftig** werfen, schleudern)
vertere (drehen)	**vers**-um	**vers-āre**	(**oft** drehen, hin- und herdrehen)

Verben der ā-Konjugation, die sich vom PPP-Stamm ihres Grundwortes ableiten, bezeichnen eine **wiederholte** oder **verstärkte Handlung**. Man nennt sie **Verba frequentativa** (*frequens: häufig*) bzw. **Verba intensiva**.

Manchmal dient als Grundlage der Ableitung auch der Präsensstamm, an den das Suffix ***-itāre*** angehängt wird: ag-**itāre** (eifrig betreiben).

W1a **Übersetze und führe die folgenden Verba frequentativa / intensiva auf ihr Grundwort zurück:**

– **Frequentativa:** cessare, cursare, dictare, rogitare
– **Intensiva:** raptare, captare, ostentare, pulsare, imperitare, clamitare

W1b Manchmal wird ein Verbum frequentativum / intensivum nochmals verstärkt, indem das Suffix ***-itare*** angehängt wird.
Vergleiche: currere – cursare – cursitare
Was bedeutet dann *dictitare*?

W2 **Silbenrätsel: Bilde aus den Silben Wörter mit der Bedeutung** 1. Redner; 2. Furcht; 3. Schiff; 4. derselbe; 5. glücklich; 6. irgendeine; 7. Priester
a – be – cer – dem – dos – i – la – me – na – o – ra – sa – tor – tus – tus – ul – vis
Schreibe die Wörter untereinander in dein Heft. Senkrecht gelesen, ergeben die Anfangsbuchstaben ein lateinisches Wort für ein deutsches Verkehrsmittel.
Kannst du die Bedeutung dieses Wortes erklären?

W3 **Berühmte Worte**
Spes alit et fallit. *(Sprichwort)*

L Lernwortschatz

	Latein	Deutsch	Fremdsprachen
A	ob *(Präp. b. Akk.)*	nach … hin, entgegen; wegen	
	claudere, claudō, clausī, clausum *(vgl.* claustra)	schließen, versperren	**D** Klausur **E** to close
	mundus	Welt, Weltall	**F** monde
	sententia (*vgl.* sentīre)	Meinung; Ausspruch; Satz	**D** Sentenz **E** sentence
	• immōtus, a, um (*vgl.* movēre)	*(↗ WB 22)*	
5	ferōx, -ōcis	wild; trotzig	
	cōgnōmen, -inis *n* (*vgl.* nōmen)	Beiname	
	addere, addō, addidī, additum (*vgl.* dare)	*(dazugeben:)* hinzufügen	**D** addieren **E** to add
	• trānsferre, trānsferō, trānstulī, trānslātum (*vgl.* ferre)	*(↗ WB 18)*	
	gravidus, a, um	schwanger	
	asper, aspera, asperum	rau, hart; barsch	
10	favēre, faveō, fāvī, fautum	gewogen sein, begünstigen	**D** Favorit **E** favourite
	(m. Dat.:) Rōmānīs favēre	den Römern gewogen sein	
	tribuere, tribuō, tribuī, tribūtum	zuteilen, verleihen	**D** Tribut
	ūsque ad *(m. Akk.)*	bis zu	
	prōferre, prōferō, prōtulī, prōlātum (*vgl.* ferre)	hervorholen; ausdehnen	
B	vātēs, -is *m/f*	Seher(in), Dichter(in)	
15	futūrus, a, um	zukünftig	**D** Futur **E/F** future
	prōvidēre, prōvideō, prōvīdī, prōvīsum (*vgl.* vidēre)	*(m. Akk.:)* vorhersehen; *(m. Dat.:)* sorgen für	**D** provisorisch, Provision **E** to provide
	futūra prōvidēre	die Zukunft voraussehen	
	salūtī hominum prōvidēre	für das Wohl der Menschen sorgen	
	voluntās, -ātis *f*	Wille, Absicht	
	• permovēre, permoveō, permōvī, permōtum (*vgl.* movēre)	*(↗ WB 25)*	
	dōnum	Geschenk	
	repetere, repetō, repetīvī, repetītum (*vgl.* petere)	zurückverlangen; zurückholen; wiederholen	**E** to repeat
20	fidēs, fideī (*vgl.* fidēlis)	Treue; Vertrauen, Glaube	
	fidem habēre	Glauben schenken, vertrauen	
	contemnere, contemnō, contempsī, contemptum	verachten, verschmähen	**E** contempt
	malum (*vgl.* malus)	Übel, Leid	**F** mal

J:	incolās suō ē / ā nōmine nōmināre	die Einwohner nach seinem Namen nennen
	Cassandram vātem reddere	Kassandra zur Seherin machen
Z:	subrīdēre	(zu)lächeln

WB

1. Das Präfix *ob-*

ob-īre — **entgegen**-gehen
of-ferre — **entgegen**-tragen, anbieten

Die Präposition ***ob*** kann in der Bedeutung **„entgegen"** als Präfix vor ein Verb treten. Dabei tritt häufig Assimilation ein.

W1a **Wiederhole die folgenden mit dem Präfix *ob-* beginnenden Verba composita und erkläre ihre Grundbedeutung. Beachte dabei lautliche Veränderungen wie Assimilation und Vokalschwächung:**
obesse, obsidere, occidere, oboedire (ob+audire), ostendere

W1b **Erkläre die Grundbedeutung des Adverbs *obviam*.**

W1c **Für die folgenden noch unbekannten Vokabeln ist eine Übersetzung angegeben. Erkläre jeweils, wie es zu der Bedeutung kommt.**
obrogare (*einen Gegenantrag stellen*); oppugnare (*angreifen, bestürmen*); opprimere (*unterdrücken*)

W1d **Erschließe die Bedeutung folgender Verben:**
obstare, obducere, obicere, occurrere, opponere

W1e **Erkläre die deutschen Fremdwörter „opponieren" und „Opposition".**

WB

2. Rhotazimus

Vergleiche:	mōs (Sitte)	*Gen.*	*mōsis	> mō**r**is
	est (er, sie, es ist)	*Impf.*	*esat	> e**r**at
		Fut.	*esit	> e**r**it

s* zwischen Vokalen wird meist zu *r (vgl. im Deutschen: Verlu**s**t – verlie**r**en). Man nennt diesen Vorgang ***Rhotazismus*** (nach dem griechischen Buchstaben *rho*).

W2a **Weise bei folgenden Nomina einen Rhotazismus nach, indem du den Genitiv Singular bildest:**
genus, vulnus, os, munus, litus, scelus, honos, vetus, pectus

W2b **Übersetze und zeige einen Rhotazismus auf:** Hoffnung – hoffen

Lernwortschatz

A		interim (*Adv.; vgl.* inter)	inzwischen	
		latēre, lateō, latuī, –	verborgen sein, versteckt sein	**D** latent
		dēspicere, dēspiciō, dēspexī, dēspectum (*vgl.* cōnspicere)	herabblicken; verachten	**D** despektierlich
		• immemor, -is (*vgl.* memor)	(↗ *WB 22 und WB* 5)	
		mandāre (*vgl.* manus, dare)	übergeben, anvertrauen, auftragen	**D** Mandat
		• mandātum (*vgl.* mandāre)	(↗ *WB 13)*	
	5	volāre	fliegen; eilen	
		struere, struō, strūxī, strūctum	(er)bauen	**D** konstruieren, Struktur
		socius / socia	Gefährte / Gefährtin; Bundesgenosse	**D** Sozius, sozial
		incolumis, e	wohlbehalten, unversehrt	
		sīn (*verstärkt:* sīn autem)	wenn aber	
		• volātus, -ūs (*vgl.* volāre)	(↗ *WB 13)*	
	10	glōria	Ruhm, Ehre	**E** glory **F** gloire
		solvere, solvō, solvī, solūtum	lösen; befreien; zahlen	**E** to solve
		dīrigere, dīrigō, dīrēxī, dīrēctum (*vgl.* regere)	gerade machen; lenken	**D** Dirigent, Direktor
		respicere, respiciō, respexī, respectum (*vgl.* dēspicere)	zurückblicken; berücksichtigen, Rücksicht nehmen (*auf*)	**D** Respekt
		tellūs, -ūris *f*	Erde, Boden	
	15	opprimere, opprimō, oppressī, oppressum (*vgl.* premere)	unterdrücken; überfallen, überraschen	**E** to oppress **F** opprimer
B		pecus, -oris *n*	Vieh, Viehherde	
		pāscere, pāscō, pāvī, pāstum	(das Vieh) weiden, weiden lassen	
		iūstus, a, um	gerecht	**E** just **F** juste
		māximē (*Adv.; vgl.* māximus)	am meisten; besonders	
	20	corrumpere, corrumpō, corrūpī, corruptum (*vgl.* rumpere)	verderben; bestechen	**D** korrumpieren **E** to corrupt
		• prōmissum (*vgl.* prōmittere)	(↗ *WB 13)*	
		• mortālis, e (*vgl.* mors)	(↗ *WB 17)*	
		sapientia	Weisheit	
		fōrma	Form, Gestalt; Schönheit	**E** form **F** forme
		quōmodo? (*Adv.; vgl.* quī, modus)	auf welche Weise? wie?	
		• disiungere, disiungō, disiūnxī, disiūnctum (*vgl.* iungere)	(↗ *WB 28)*	
		ēligere, ēligō, ēlēgī, ēlēctum (*vgl.* legere)	*(auslesen:)* auswählen, aussuchen	**E** to elect

25 iūdicāre (*vgl.* iūdicium)	urteilen, entscheiden
diūturnus, a, um (*vgl.* diū)	lang anhaltend, lange (dauernd)

J:

nāvem solvere	die Anker lichten, absegeln
cursum in Italiam dīrigere	den Kurs nach Italien lenken
officia servāre	die Pflichten erfüllen

W1 **Adverbien des Ortes, der Zeit, der Art und Weise: Wiederhole ihre deutsche Bedeutung, lege eine Tabelle mit drei Spalten in deinem Heft an und ordne ein:**
quomodo, primum, primo, eo, hodie, vere, mox, valde, bene, cito, ita, ibi, statim, certe, procul, antea, postea, rursus, olim, diu, magnopere, paulatim, plerumque, potissimum, repente, subito, adhuc, aliquando, cottidie, deinde, denique, frustra, heri, mane, interea, imprimis, interim, nondum, nonnumquam, quidem, recte, saepe, satis, semel, simul, vix

W2 **Bilde Wortfamilien zu den Wörtern**
timere, dare, iurare, sentire

W3 **Nahe Verwandte (oder Ähnlichkeiten nicht zufällig):**

E	F	I	Sp	L	D
liberty	la liberté	la libertà	la libertad	●●●	●●●
virtue	la vertu	la virtù	la virtud	●●●	●●●
counsel	le conseil	il consiglio	el consejo	●●●	●●●
glory	la gloire	la gloria	la gloria	●●●	●●●
form	la forme	la forma	la forma	●●●	●●●
arch	l'arc	l'arco	el arco	●●●	●●●

W4 **Latein im Deutschen: Kannst du folgende Wendungen erklären?**
casus belli, tertius gaudens, tertium comparationis, bona fide, expressis verbis

W5 **Berühmte Worte**

Dónec erís felíx, multós numerábis amícos; — donec ≈ dum
  témpora sí fuerínt núbila, sólus erís. *(nach Ovid)* — nubilus: wolkig
Non possidentem multa recte voca beatum. *(nach Horaz)* — possidere: besitzen
Nil sine magno vita labore dedit mortalibus. *(Horaz)* — nil = nihil
Barbarus hic ego sum, quia non intellegor ulli. *(Ovid aus der Verbannung)* — ulli ≈ ab ullo
Sum, quod eris; quod es, ante fui. *(Grabinschrift)*
Quot homines, tot sententiae. *(Terenz)* — quot: wie viele
Néc, quae praéteriit, iterúm revocábitur únda,
  néc, quae praéteriit, hóra redíre potést. *(Ovid)* — praeterire: vgl. praeter, ire
Quídquid id ést, timeó Danaós et dóna feréntes! *(Laokoon in Vergils Aeneis)*
quidquid: was auch immer — Danai: Griechen

L Lernwortschatz

A	minuere, minuō, minuī, minūtum	vermindern, verkleinern; schwächen	**D** Minute
	• interfector, -ōris *m* (*vgl.* interficere)	(↗ *WB 16*)	
	dissentīre, dissentiō, dissēnsī, dissēnsum (*vgl.* cōnsentīre)	verschiedener Meinung sein, uneinig sein	**D** Dissens
	modestia (*vgl.* modus)	Mäßigung, Bescheidenheit	**E** modesty
	temperantia (*vgl.* temperāre)	Mäßigung, Selbstbeherrschung	
5	aestimāre parvī aestimāre	schätzen, (be)urteilen gering schätzen	**E** to estimate **F** estimer
	• audācia (*vgl.* audāx)	(↗ *WB 27*)	
	affirmāre	bekräftigen; behaupten	**E** to affirm
	• improbitās, -ātis *f* (*vgl.* improbus)	(↗ *WB 15*)	
	adeō *(Adv.)*	so sehr	
	plācāre	besänftigen; versöhnen	
	dēnuō *(Adv.)*	erneut, wiederum	
10	armāre (*vgl.* arma)	bewaffnen	
	classis, -is *f*	Abteilung; Flotte	**D** Klasse **E** class
	cōnflīgere, cōnflīgō, cōnflīxī, cōnflīctum	zusammenstoßen, kämpfen	**D** Konflikt **E** conflict
	oppūgnāre (*vgl.* ob, pūgnāre)	bestürmen, angreifen	
	brevī (*Adv.; vgl.* brevis)	in kurzer Zeit, bald	
15	venēnum	Gift	
B	adversus, a, um (*vgl.* adversārius)	entgegenstehend, feindlich; ungünstig	**E** adverse
	quamobrem? (*Adv.; vgl.* quī, ob, rēs)	weshalb?, *(RSA:)* deshalb	
	interest *(m. Gen.)* Neptūnī interest *aber:* meā / tuā interest	es ist wichtig *(für)* es ist für Neptun wichtig es ist für mich / dich wichtig	
	nefās *n (indekl.)*	Unrecht, Frevel	
20	cervus / cerva	Hirsch / Hirschkuh	
	nefārius, a, um (*vgl.* nefās)	gottlos, frevelhaft	
	facinus, -oris *n* (*vgl.* factum)	Tat; Untat, Verbrechen	
	sanguis, sanguinis *m*	Blut	**F** sang
	nūbēs, -is *f*	Wolke	
25	vēlāre (*vgl.* vēlum)	verhüllen	**E** to veil
	marītus	Ehemann	**F** mari
	ārdēre, ārdeō, ārsī, –	brennen, glühen	

J:	eō audāciae vēnit, ut …	er ging in seiner Kühnheit so weit, dass …
	māgnī putāre / facere	hoch schätzen
	poenam sceleris solvere	*(die Strafe für ein Verbrechen zahlen:)* für ein Verbrechen büßen, bestraft werden

WB

Die Suffixe *-ius, -ārius, -icus*

rēx, rēg-is (König)	⇒	rēg-**ius, a, um**	(*„zu einem König gehörig“*:) königlich
nefās (Unrecht)	⇒	nef-**ārius, a, um**	(*„zum Unrecht, Frevel gehörig“*:) gottlos, frevelhaft
bellum, bell-ī (Krieg)	⇒	bell-**icus, a, um**	(*„zum Krieg gehörig“*:) Kriegs-, kriegerisch

Adjektive, die auf die Suffixe ***-ius, -ārius*** und ***-icus*** enden, bezeichnen eine **Zugehörigkeit** oder **Eigenschaft**. Sie werden von Substantivstämmen abgeleitet.
Oft werden die Ableitungen auf *-ārius* als Substantive verwendet:
advers-us, a, um (feindlich) ⇒ advers-*ārius* (Feind, Gegner)

W1a **Führe jedes Adjektiv auf das ihm zugrunde liegende Substantiv zurück und übersetze:**
amor patrius, domus patria; ordo senatorius; homo plebeius; homo patricius; miles legionarius; milites voluntarii; severitas modica; res publica (*aus:* pop(u)lica)

W1b Unter einer *lex agraria* verstand man in der Antike ein *Siedlergesetz*.
Führe das Adjektiv *agraria* auf das zugrunde liegende Substantiv zurück. Worum ging es also in einem Siedlergesetz?

W1c **Vergleiche:**
nefas – nefarius
Wie nennt man diese sprachliche Entwicklung von *s* zu *r*?

W2 **Latein im Alltag der Schule:**
In Mathematik lernt man *addieren, subtrahieren, multiplizieren, dividieren*.
Heute *zensiert* unser Deutschlehrer die *Rezitation* des Gedichtes.
Für den Vortrag in der Lateinstunde darf ich mein *Manuskript* nicht benutzen.
Mit Paul kann beim Wettlauf niemand *konkurrieren*: Er ist immer Sieger.
Im Biologieunterricht haben wir über die *Assimilation* der Pflanzen gesprochen.
In unserer *Klasse* sind 29 Schüler. Wenn es *Konflikte* gibt, klären wir sie in einem Gespräch.
Erkläre Bildung und Bedeutung der hervorgehobenen Fremdwörter.

W3 **Suche für die Verben in der ersten Reihe die dazugehörigen Antonyme (gegensätzlichen Begriffe) aus der zweiten:**
a) aperire – armare – defendere – cessare – maerere – struere
b) festinare – delere – velare – gaudere – armis privare – oppugnare

L Lernwortschatz

A	prīnceps, -ipis *m* (*vgl.* prīmus)	der erste, angesehenste; Anführer; Prinzeps *(Titel des Augustus)*	**D** Prinz
	opus, -eris *n*	Werk; Arbeit	**D** Opus
	ōmen, -inis *n*	Vorzeichen	**D** Omen
	animadvertere, animadvertō, animadvertī, animadversum *(in)* (*vgl.* animus, vertere)	wahrnehmen, bemerken; einschreiten *(gegen)*	
	in Vedium animadvertere	gegen Vedius einschreiten, Vedius bestrafen	
5	mora	Verzögerung, Aufschub	
	• partus, -ūs (*vgl.* parere)	*(↗ WB 13)*	
	occupāre	einnehmen, besetzen	**D** okkupieren
	apertus, a, um (*vgl.* aperīre)	offen; offenkundig	
	• praedīcere, praedīcō, praedīxī, praedictum (*vgl.* prae, dīcere)	*(↗ WB 8)*	
	prīncipātus, -ūs (*vgl.* prīnceps)	führende Stellung; Vorherrschaft; Prinzipat *(von Augustus eingeführte Staatsform: der Kaiser als der „Erste im Staat")*	
	sūmere, sūmō, sūmpsī, sūmptum	nehmen, annehmen	
10	cōnsultum	Beschluss	
	senātūs cōnsultum	Senatsbeschluss	
	• inhūmānitās, -ātis *f* (*vgl.* hūmānus)	*(↗ WB 15 und 22)*	
	obicere, obiciō, obiēcī, obiectum (*vgl.* ob, iacere)	entgegenwerfen, vorwerfen	**D** Objekt
	piscis, -is *m*	Fisch	
	saevus, a, um	wütend, wild, grausam	
	ēvādere, ēvādō, ēvāsī, ēvāsum	herausgehen; entkommen	
	• cōnfugere, cōnfugiō, cōnfūgī, – (*vgl.* fugere)	*(↗ WB 9)*	
15	pēs, pedis *m*	Fuß	**D** Pedal
	• novitās, -ātis *f* (*vgl.* novus)	*(↗ WB 15)*	
	dīmittere, dīmittō, dīmīsī, dīmissum (*vgl.* mittere)	wegschicken; loslassen	
	cōram *(Präp. b. Abl.)*	in Gegenwart von	
	cōram amīcō	in Gegenwart des Freundes	
	(dif)fundere, (dif)fundō, (dif)fūdī, (dif)fūsum	ausgießen; ausbreiten, verbreiten	**D** diffus
	fāma	Gerücht; (guter *oder* schlechter) Ruf; Ruhm	**D** infam **E** fame

		• iūstitia (*vgl.* iūstus)	*(↗ WB 18)*	
		• pietās, -ātis *f* (*vgl.* pius)	*(↗ WB 15)*	
B	20	impudēns, -entis	unverschämt, schamlos	**E** impudent
		• adventus, -ūs (*vgl.* advenīre)	*(↗ WB 13,2)*	
		simulāre (*vgl.* similis)	vortäuschen, heucheln	**D** simulieren
		balneum	Bad	
		lavāre, lavō, lāvī, lautum	waschen, baden	
		tergum	Rücken	
		ā tergō	von hinten	
	25	secūris, -is *f*	Beil	
		necāre (*vgl.* nex)	töten	
		urgēre, urgeō, ursī, –	drängen, bedrängen	**E** to urge
		situs, a, um	gelegen, liegend	**E** situated
		ferus, a, um (*vgl.* ferōx)	wild, ungezähmt	
		fera, -ae *(Subst.)*	wildes Tier	
L/F:		testāmentum	Testament, letzter Wille	
		ōrāculum	Orakel(-stätte; -spruch)	
J:		vīgintī annōs nātus	zwanzig Jahre alt	
		dē coniūrātiōne agitur	es wird über die Verschwörung verhandelt, debattiert	
		aliter atque / ac	anders als	
		prīncipātum inīre	den Prinzipat antreten	
		Augustum cōgnōmen sūmere	den Beinamen „Augustus“ annehmen	
		fāma diffunditur	ein Gerücht wird verbreitet, breitet sich aus	
Z:		crystallinum	Kristallgefäß	
		mūrēna	Muräne (Speisefisch mit giftigem Biss)	
		piscīna (*vgl.* piscis)	Fischbecken, Fischteich	
		frāter patruēlis	Vetter	

WB

Das Suffix *-or*

dol-ēre (leiden, Schmerz empfinden) ⇒ dol-**or** (der Schmerz)

Manche Substantive mit dem Suffix ***-or*** sind von Verben (meist der ē-Konjugation) abgeleitet, und zwar vom Präsensstamm. Sie bezeichnen meist einen **Zustand**, selten eine **Tätigkeit**.

Achtung: Davon zu unterscheiden sind die Substantive, die das Suffix ***-or*** an den PPP-Stamm des zugrunde liegenden Verbs anhängen und eine tätige Person bezeichnen (z. B. *script-or, vgl. WB 16*)

W1a **Gib das zugrunde liegende Verb an und übersetze:**
timor, terror, maeror, valor, ardor, favor, clamor, amor

W1b **Ziehe ein englisches Lexikon heran und prüfe nach, welche der in 1a) genannten Substantive die englische Sprache übernommen hat. Wie heißt das Suffix im britischen, wie im amerikanischen Englisch?**

W1c Das in die deutsche und englische Sprache übernommene lateinische Wort *horror* kann man mit *Entsetzen* wiedergeben.
Was bedeutet dann *entsetzt sein* auf Lateinisch (Verb der e-Konjugation)?

W2 **So viele Wörter, aber nur zwei „Familien":**
praesidium, recipere, considere, insidiae, praeceptum, captivus, obsidere, decipere, sedes
Nenne die deutsche Bedeutung und ordne in deinem Heft die Wörter nach ihrer Wortfamilie ein. Wie heißen die beiden „Familienoberhäupter"?

W3 **Latein in der Botanik: Kannst du die Namen erklären?**
Primeln sind unter den ersten Blumen, die wir im Frühling finden.
Gladiolen heißen auch Schwertblumen.
Strohblumen nennt man auch *Immortellen.*

W4 **Typische Eigenschaften: Sammle passende Attribute**
a) für einen *servus, iuvenis, dominus;*
b) für eine *uxor, nutrix, vates;*
c) für die *milites, parentes, reginae.*

W5 **Berühmte Worte**
Quídquid agís, prudénter agás et réspice fínem. (*aus den Gesta Romanorum*)
quidquid: alles, was
Félix, quí, quod amát, deféndere fórtiter aúdet. *(Ovid)* — audere: wagen
Amore, more, re iunguntur amicitiae. *(Sprichwort)*
Fortiter in re, suaviter in modo. *(Claudio Aquaviva, Jesuit um 1600)* — suavis: sanft
Bene dicit, qui prudenter intellegit. *(Sprichwort)*
Nomen est omen. *(Sprichwort)*
Manus manum lavat. *(Sprichwort)*
Dícis amóre tuí bellás ardére puéllas, — bellus: hübsch
qui faciém sub aquá, Séxte, natántis habés. *(Martial)* — facies: Gesicht; natare: schwimmen
Impedit ira animum, ne possit cernere verum. *(Cato Maior)* — cernere ≈ cognoscere

L Lernwortschatz

	Latein	Deutsch	
A	honestus, a, um (*vgl.* honor)	ehrenvoll; angesehen; anständig	**E** honest **F** honnête
	nōbilis, e	adlig, vornehm; berühmt	**D** nobel **E/F** noble
	• īgnōbilis, e (*vgl.* nōbilis)	*(↗ WB 22)*	
	clārus, a, um (*vgl.* praeclārus)	hell; klar; berühmt	**E** clear **F** clair
	paene *(Adv.)*	beinahe, fast	
5	quam (*beim Komparativ*)	als	
	probāre	prüfen; billigen; beweisen	**D** probieren
	• improbāre (*vgl.* probāre)	*(↗ WB 22)*	
	sollemnis, e	feierlich, festlich	**E** solemn
	caerimōnia	Feier	**D** Zeremonie **E** ceremony
	dēmōnstrāre (*vgl.* mōnstrāre)	zeigen; beweisen	**D** demonstrieren **E** to demonstrate
	• īnscrīptiō, -iōnis *f* (*vgl.* inscrībere)	*(↗ WB 13)*	
10	proptereā (*Adv.; vgl.* propter, is)	deshalb	
	amplus, a, um	weit, ausgedehnt; bedeutend	**E/F** ample
	modestus, a, um (*vgl.* modus)	maßvoll, bescheiden	**E** modest
	ars, artis *f*	Kunst, Geschicklichkeit	**D** Artist **E/F** art
	• dissimilis, e (*vgl.* similis)	*(↗ WB 28)*	
	velut (*vgl.* ut)	wie, wie zum Beispiel	
15	mātrimōnium (*vgl.* māter)	Ehe	**E** matrimony
	quam *(mit Superlativ)* quam sevērissimē	möglichst möglichst streng, so streng wie möglich	
	• redūcere, redūcō, redūxī, reductum (*vgl.* dūcere)	*(↗ WB 3)*	
	crīmen, -inis *n*	Vorwurf; Verbrechen	**D** kriminell **E** crime
	relēgāre	verbannen	
	nepōs, -ōtis *m* / neptis, -is *f*	Enkel / Enkelin	**D** Nepotismus
20	turpis, e	schändlich; hässlich	
B	ratiō, -iōnis *f*	Berechnung; Art und Weise; Vernunft; Grund	**D** Ration, rational **E** reason **F** raison
	molestus, a, um	lästig, beschwerlich, unangenehm	
	rūs, rūris *n*	Land; Landgut	
	cārus, a, um	lieb, teuer	**D** Caritas **F** cher
25	sermō, -ōnis *m*	Gespräch; Redeweise	
	illūstris, e	hell, glänzend; berühmt	**D** illustriert
	vōtum	Wunsch; Gelübde	**D** Votum **E** vote
	urbānus, a, um (*vgl.* urbs)	städtisch, gebildet; Städter	**E** urban

	ambitiō, -iōnis *f*	Ehrgeiz	**E** ambition
30	mūs, mūris *m*	Maus	**E** mouse
	rūsticus, a, um (*vgl.* rūs)	ländlich, bäuerlich; Bauer	**D** rustikal
	tenuis, e	dünn; dürftig; arm	**E** thin
	iuvāre, iuvō, iūvī, iūtum (*vgl.* adiuvāre)	erfreuen; unterstützen, helfen	
	tē iuvat	es erfreut dich, macht dir Freude	
	commodum	Vorteil; Bequemlichkeit	**D** Kommode
35	praepōnere, praepōnō, praeposuī, praepositum (*vgl.* pōnere)	voranstellen; vorziehen	**D** Präposition
	noctū *(Adv.)*	nachts, bei Nacht	
	strepitus, -ūs	Lärm, Getöse	
	canis, canis *m/f*	Hund/Hündin	

L/F:	collēga, -ae *m*	Kollege, Amtsgenosse
J:	lēgem dē mātrimōniō ferre	ein Ehegesetz einbringen
	crīminī dare	zum Vorwurf machen
	aliā ratiōne atque/ac	auf andere Weise als; aus einem anderen Grunde als
	illud Horātiī	jenes (berühmte) Wort des Horaz
	vītam urbānam molestē ferre	das Stadtleben unangenehm finden
	sermōnem habēre cum amīcā	ein Gespräch mit einer Freundin führen
	Horātius eum hanc fābulam nārrantem facit.	Horaz lässt ihn folgende Geschichte erzählen.
Z:	laterīcius, a, um	aus Ziegeln (gebaut)
	marmoreus, a, um	aus Marmor (gebaut)
	exolēscere	verschwinden, in Vergessenheit geraten
	avēna	Hafer
	cicer, -eris *n*	Kichererbse
	lārdum	Speck

WB

Das Suffix *-tus*

fortūna (Schicksal; Glück)	⇒	fortūn**ā-tus, a, um**	(*„mit Glück ausgestattet“*:) vom Schicksal begünstigt, glücklich
honor/honōs (Ehre)	⇒	hon**es-tus, a, um**	(*„mit Ehre ausgestattet“*:) geehrt, angesehen

Adjektive, die auf das Suffix ***-tus*** enden, sind meist von Substantiven abgeleitet. Sie geben an, dass jemand mit dem Inhalt des zugrunde liegenden Substantives (mit „Glück“, „Ehre“ usw.) **„ausgestattet“** ist. Das Suffix erscheint immer in der Form ***-atus*** oder ***-estus***.

W1 **Nenne das zugrunde liegende Substantiv und übersetze:**
togatus, litteratus, scelestus / sceleratus, iratus

W2 **Antonyme (gegensätzliche Begriffe):**
Beispiel: nihil – omne; adesse-deesse
Wie heißt das Gegenteil zu
notus / •••; amicus / •••; similis / •••; consentire / •••; suadere / •••; coniungere / •••; nobilis / •••; laudare / •••; lacrimare / •••

W3 **Was stört hier? Warum?**

a) honestus	nobilis	laetus	clarus	illustris	crudelis
b) equus	avis	canis	lupus	homo	serpens
c) labor	feriae	officium	schola	opus	magistratus
d) brevis	altus	facilis	longus	amplus	ingens
e) iudicium	iterum	consilium	convivium	matrimonium	mandatum
f) balneum	atrium	triclinium	vestimentum	cubiculum	templum

W4 Seit dem 3. Jh. n. Chr. sind Bezeichnungen für Wochentage gebräuchlich, die sich von römischen Götternamen herleiten.

a) **Vergleiche die lateinischen Begriffe mit den modernen deutschen, englischen, französischen und italienischen. In welchen Wochentagen lebt das Lateinische in den modernen Sprachen fort?**

L	D	E	F	I
Dies Lunae	Montag	Monday	lundi	lunedi
Dies Martis	Dienstag	Tuesday	mardi	martedi
Dies Mercurii	Mittwoch	Wednesday	mercredi	mercoledi
Dies Iovis	Donnerstag	Thursday	jeudi	giovedi
Dies Veneris	Freitag	Friday	vendredi	venerdi
Dies Saturni	Samstag/Sonnabend	Saturday	samedi	sabato
Dies Solis	Sonntag	Sunday	dimanche	domenica

b) **Übersetze die lateinischen Bezeichnungen. Welche der Götter kennst du? Informiere dich über die anderen Götter in einem Lexikon.**

W5 **Berühmte Worte**
Vita brevis, ars longa. *(Seneca)*
Sibi imperare ars difficillima. *(Sprichwort)*

Cave canem! *(Inschrift auf Fußbodenmosaiken in röm. Hauseingängen)*

L Lernwortschatz

A		utrum … an	*(direkte Frage:)* – … oder *(indirekte Frage:)* ob … oder	
		calamitās, -ātis *f*	Unglück, Schaden	**D** Kalamität
		diūtius (*Adv.; vgl.* diū)	länger; ziemlich lange	
		nox, noctis *f* (*vgl.* noctū)	Nacht	**E** night **F** nuit
	5	imāgō, -inis *f*	Bild	**E/F** image
		suprēmus, a, um	der höchste; der letzte	**E** supreme
		plūrimī, ae, a	die meisten, sehr viele	
		ūtilitās, -ātis *f*	Nutzen, Vorteil	
		nē … quidem nē nōs quidem	nicht einmal … nicht einmal wir	
		• implācābilis, e (*vgl.* plācāre)	*(↗ WB 22 und WB 30)*	
	10	sōlācium	Trost, Trostmittel	
B		complūrēs, complūra (*Gen.* -ium)	mehrere, ziemlich viele	
		praecipere, praecipiō, praecēpī, praeceptum (*vgl.* capere)	vorwegnehmen; vorschreiben; lehren	
		vītāre	meiden, vermeiden	
		digitus	Finger	**D** digital
	15	tangere, tangō, tetigī, tāctum	berühren	**D** Tangente
		forte (*Adv.; vgl.* fortūna)	zufällig	
		pulvis, -eris *m*	Staub	**D** Pulver
		vestis, -is *f* (*vgl.* vestīmentum)	Kleid, Kleidung	**D** Weste
		excutere, excutiō, excussī, excussum (*vgl.* percutere)	herausschlagen; abschütteln	
	20	humus, -ī *f* (*vgl.* humilis)	Boden, Erde	**D** Humus
		pretium	Preis, Wert; Lohn	**E** price **F** prix
		crūs, crūris *n*	Bein	
		nūdus, a, um	nackt, unbekleidet	**E** nude
		genū, genūs *n*	Knie	**F** genou
	25	mollis, e (*vgl.* mollīre)	weich, zart; mild	**D** Moll
		• ūtilis, e (*vgl.* inūtilis, ūtilitās)	*(↗ WB 21 und 22)*	
		tabella (*vgl.* tabula)	Täfelchen, *hier:* Fächer	**D** Tabelle
		• aditus, -ūs (*vgl.* adīre)	*(↗ WB 13)*	
L/F:		circus	Zirkus *(Ort der Wagenrennen, bis zur Errichtung der Amphitheater im 1. Jh. v. Chr. auch Schauplatz von Gladiatorenkämpfen und Tierhetzen)*	

Z:

gutta	Tropfen
pallium	Mantel
pulvīnus	Polster, Sitzkissen

WB

Ableitung von Verben

līber, līber-ī (frei) ⇒ liber-**āre** (befreien)
custōs, custōd-is (Wächter) ⇒ custōd-**īre** (bewachen)

Viele Verben der **ā-Konjugation** und der **ī-Konjugation** werden vom Stamm eines Nomens abgeleitet. Sie bedeuten meist eine **Tätigkeit**, seltener einen **Zustand**.

W1 **Mache die Probe! Führe die (zum Teil noch unbekannten) Verben auf die ihnen zugrunde liegenden Nomina zurück und übersetze sie:**
salutare, numerare, regnare, cenare, hiemare, vocare, honorare, laborare, laudare, fugare, pacare, iudicare, lacrimare, militare, vulnerare, pugnare, alienare, novare, vastare, memorare, armare, donare;
servire, finire, vestire, mollire, saevire

W2 **Führe folgende englische Wörter auf ihren lateinischen Ursprung zurück und übersetze sie:**
calamity, implacable, doctor, quantity, precious, nudity, utility, preceptor, inscription, imitation

W3 **Übersetze:**
mehrere Kinder (Bäume, Gebäude, Vorzeichen, Spiele, Becher)
die meisten Bücher (Künste, Philosophen, Pflichten, Reichtümer, Täfelchen)
sehr viele Nächte (Tage, Jahre, Winter, Stürme, Trostmittel)

W4 **Ergänze Stammformen und deutsche Bedeutungen:**

tangere	●●●	●●●	●●●	berühren
●●●	percutio	●●●	●●●	●●●
excutere	●●●	●●●	●●●	●●●
●●●	●●●	maerui	–	●●●
●●●	●●●	●●●	submersum	●●●
●●●	●●●	antetuli	●●●	●●●

W5 **Verflixte Fremdwörter! Was bedeutet:**

a) Dozent
- Lehrender
- Lernender
- Gelehrter

b) sein Veto einlegen
- Geld auf die Bank bringen
- etwas verbieten
- ein Gelübde ablegen

c) Nudismus
- Wirtschaftssystem
- Fußballtaktik
- Freikörperkultur

d) ambitioniert sein
- verletzt sein
- ehrgeizig sein
- Mitglied einer Vereinigung sein

L Lernwortschatz

A	cum *(m. Konj.)*	als; da, weil; obwohl; während (dagegen)	
	dōnāre (*vgl.* dōnum)	schenken, beschenken	**F** donner
	leō, -ōnis *m*	Löwe	**E** lion
	• terror, -ōris *m* (*vgl.* terrēre)	*(↗ WB 36)*	
	sonus	Ton, Klang, Laut	**E** sound **F** son
	5 cantāre (*vgl.* canere)	singen	**D** Kantate
	• inventor, -ōris *m* (*vgl.* invenīre)	*(↗ WB 16)*	
	immō *(Adv.)*	im Gegenteil; ja sogar	
	cōnfirmāre (*vgl.* affirmāre)	bekräftigen, versichern; stärken	**D** Konfirmation
	dīvīnus, a, um (*vgl.* deus)	göttlich	**E** divine
B	herba	Gras, Kraut; Pflanze	**D** Herbarium **E** herb **F** herbe
	10 dēns, dentis *m*	Zahn	**D** Dentist
	laedere, laedō, laesī, laesum	verletzen; beleidigen	**D** lädieren
	repentīnus, a, um (*vgl.* repente)	plötzlich	
	īnferus, a, um	der untere	
	īnferī, -ōrum *(Pl.)*	die Unterirdischen, die Unterwelt	
	tenebrae, -ārum *(Pl.)*	Dunkelheit, Finsternis	
	15 nervus	Sehne; Saite	**D** Nerv **E** nerve
	tunc *(Adv.)*	dann, darauf; damals	
	priusquam / antequam	bevor	
	sōl, sōlis *m*	Sonne	**D** Solarium
	flectere, flectō, flexī, flexum	beugen, biegen; umdrehen	
	20 ingemīscere, ingemīscō, ingemuī, – (*vgl.* gemere)	aufseufzen	
	āiō (*3. Sg.* āit / *3. Pl.* āiunt)	sagen	
	furor, -ōris *m*	Wut, Raserei; Wahnsinn	
	ēn	siehe! da ist	
	retrō *(Adv.)*	zurück, rückwärts	**D** Retrospektive
L/F:	lyra	Lyra, Laute *(Saiteninstrument)*	
	lyrā canere	auf der Lyra spielen	
	tigris, -is *m/f*	Tiger	**E** tiger
	mūsicus, a, um	musisch; musikalisch, Musik-	
J:	neque … iam	und nicht mehr	
	viam cōnficere	einen Weg zurücklegen	
	eā lēge, ut / nē *(m. Konj.)*	unter der Bedingung, dass / dass nicht	

WB

Verba incohativa

gemere (seufzen) ⇒ ingemi-**sc**-ere (zu seufzen **beginnen: auf**-seufzen)

Verben mit dem Suffix ***-sc-*** bezeichnen den **Beginn** einer Handlung oder eines Zustandes. Man nennt sie **Verba incohativa** *(incohāre – beginnen)*. Sie leiten sich vom Präsensstamm des zugrunde liegenden Verbs ab. Gehört dieses zur konsonantischen Konjugation, tritt ein Aussprechvokal zwischen Präsensstamm und Suffix *-sc-* (z. B. ingem-***i***-sc-ere).
Häufig werden sie noch durch ein Präfix verstärkt (*z. B. in-*). Alle Verba incohativa gehören zur konsonantischen Konjugation.

W1 **Führe folgende Verba incohativa auf das zugrunde liegende Verb zurück und übersetze:**
concupiscere, obdormiscere, conticescere (beachte den Ablaut *-i-*), convalescere, exardescere, revivescere (beachte das Präfix *re-, ↗ WB 3*), extimescere

W2 **Nahe Verwandte (oder Ähnlichkeiten nicht zufällig)**

E	F	I	Sp	L	D
difficult	difficile	difficile	difícil	●●●	●●●
human	humain	umano	humano	●●●	●●●
divine	divin	divino	divino	●●●	●●●
prudent	prudent	prudente	prudente	●●●	●●●
just	juste	giusto	justo	●●●	●●●

W3 **Latein hilft beim Einprägen englischer Vokabeln: Erkläre Herkunft und Bedeutung folgender Wörter** (alle leiten sich von Vokabeln dieser Lektion ab):
to confirm, dental, donation, fury, herbal
Überprüfe deine Lösungen mit einem Wörterbuch bzw. Wörterverzeichnis.

W4 ***Tigres et leones aliaeque bestiae*** **… Bilde ein Sachfeld mit allen Tiernamen, die du auf Lateinisch kennst.**

W5 **Berühmte Worte**
Praesenti ne credas fortunae! *(Livius)* — praesens: gegenwärtig
Eritis sicut Deus scientes bonum et malum. *(aus dem Alten Testament)* — sicut: wie
Quid sit futurum cras, fuge quaerere! *(Horaz)* — cras: morgen
Fide, sed cui fidas, vide! *(Sprichwort)* — fidere: vertrauen

Lernwortschatz

A		redigere, redigō, redēgī, redāctum (*vgl.* agere)	zurücktreiben, zurückbringen; in einen Zustand bringen	**D** Redakteur
		in potestātem redigere	in seine Gewalt bringen	
		praeesse, praesum, praefuī, –	*(davor sein:)* vorstehen, leiten	
		(m. Dat.:) exercituī praeesse	an der Spitze eines Heeres stehen, ein Heer befehligen	
		membrum	(Körper-)Glied; Teil	**E** member **F** membre
		socordia	Sorglosigkeit	
	5	iūs, iūris *n* (*vgl.* iūdicāre, iūdex)	Recht	**D** Jurist
		medius, a, um	der mittlere; mitten, in der Mitte	**E** middle
		in mediā Germāniā	mitten in Germanien	
		perniciēs, -iēī	Verderben, Untergang	
		mīlitāre (*vgl.* mīles)	Kriegsdienst leisten, Soldat sein	**D** militant
		perītus, a, um *(m. Gen.)*	erfahren, kundig *(in)*	
	10	sēcūrus, a, um (*vgl.* cūra)	ohne Sorge, sorglos; sicher	**E** secure, sure
		frequēns, -entis	häufig, zahlreich	**D** Frequenz **E** frequent
		• sēcūritās, -ātis *f* (*vgl.* sēcūrus)	*(↗ WB 15)*	
		persuādēre (eī), *ut* …	(ihn) überreden, *dass* …	**E** to persuade
		(eī) *m. AcI*	(ihn) überzeugen, *dass* …	**F** persuader
		persuādeō, persuāsī, persuāsum (*vgl.* suādēre)		
		saltus, -ūs	Wald(tal); Waldgebirge	
		fingere, fingō, fīnxī, fictum	formen, gestalten; erdichten	**D** Fiktion, fiktiv
	15	palūs, -ūdis *f*	Sumpf	
		• inclūdere, inclūdō, inclūsī, inclūsum (*vgl.* claudere)	*(↗ WB 4 und WB 7)*	
		invādere, invādō, invāsī, invāsum (*vgl.* ēvādere)	eindringen, angreifen, überfallen	**D** Invasion **E** to invade
		in hostem invādere	den Feind angreifen	
		contumēlia	Schmach, Schande; Beleidigung	
		collocāre (*vgl.* locus)	aufstellen	
		os, ossis *n*	Knochen	
		ossa, -ium *(Pl.)*	Gebeine	
B	20	corpus, -oris *n*	Körper	**D** korpulent
		firmus, a, um (*vgl.* cōnfirmāre)	stark, fest	**E** firm
		bellicōsus, a, um (*vgl.* bellum)	kriegerisch	
		commendāre (*vgl.* mandāre)	anvertrauen; empfehlen	**E** to recommend
		excipere, excipiō, excēpī, exceptum (*vgl.* capere)	(her)ausnehmen; aufnehmen	**E** except
		exceptīs paucīs	mit Ausnahme weniger	

25	libīdō, -inis *f*	Lust, Begierde; Willkür	
	• nōbilitās, -ātis *f* (*vgl.* nōbilis)	*(↗ WB 15)*	
	dōs, dōtis *f* (*vgl.* dare)	Mitgift	
	propinquus, a, um (*vgl.* prope)	nahe, benachbart; verwandt; Nachbar; Verwandter	
	opus est (*m. Abl.; vgl.* opus)	es ist nötig, man braucht *(etwas)*	
	mihi mūneribus opus nōn est	ich brauche keine Geschenke	
	bōs, bovis *m/f*	Rind; Ochse	**E** beefsteak
	• bellāre (*vgl.* bellum)	*(↗ WB 38)*	
30	cūrāre (*m. Akk.; vgl.* cūra)	versorgen, sorgen *(für)*, sich kümmern *(um)*	**D** kurieren
	vulnera cūrāre	Wunden versorgen	
	aliēna negōtia cūrāre	sich um fremde Angelegenheiten kümmern	
	• captīvitās, -ātis *f* (*vgl.* captīvus)	*(↗ WB 15)*	
	sānctus, a, um	geweiht, heilig	**E/F** saint
	• numerōsus, a, um (*vgl.* numerus)	*(↗ WB 24)*	
	adulterium	Ehebruch	
	• indīgnus, a, um (*vgl.* dīgnus)	*(↗ WB 22)*	
	suspīciō, -iōnis *f*	Verdacht; Vermutung	**E** suspicion
	verber, -eris *n*	Hieb, Schlag	
35	illīc (*Adv.; vgl.* ille)	dort	
	vitium	Fehler, Laster	**E** vice

J:

Coniūrātī Vārō persuādent, ut auctōrēs sēditiōnis pūniat.	Die Verschwörer überreden Varus, die Urheber des Aufstands zu bestrafen.
Coniūrātī Vārō persuādent id iūstum esse.	Die Verschwörer überzeugen Varus, dass dies gerecht sei.
exercitum in Germāniā collocāre	das Heer in Germanien stationieren
uxōrem in mātrimōnium dūcere	eine Frau heiraten
memoriae trādere	der Nachwelt überliefern

Z:

obiectus, -ūs (*vgl.* obicere)	das Entgegenhalten, Darbieten

W1 **Sammle die dir bekannten Wörter zum Thema „Recht, Gesetz" und bilde daraus ein Sachfeld.**

W2 **Wiederhole die Regeln der lateinischen Wortbildung. Erkläre und übersetze folgende Wörter, indem du sie in ihre Bildungselemente zerlegst:**
cupidus – cupiditas; facilis – difficilis – facilitas; novare – renovare – novitas; enumerare – innumerabilis; raptus – diripere – direptor; puerilis – pueritia

W3 **Wiederhole die bekannten Prinzipien der Wortbildung anhand der folgenden englischen Vokabeln. Von welchen lateinischen Wörtern aus den Lektionen 39–40 stammen sie, nach welchen WB-Regeln sind sie gebildet?**
persuasion, to include, fiction, exception, security, nobility, suspicious, numerous, to cure, captivity, adultery

W4 **Latein im Deutschen: Was bedeuten die hervorgehobenen Phrasen?**
etwas *coram publico* erklären; *per pedes* nach Hause kommen; *stante pede* umkehren; *de facto* der Chef sein; *de iure* nicht zuständig sein; eine Volksgruppe *sui iuris*; etwas zu einer *cura posterior* erklären

W5 **Berühmte Worte**
In medias res. *(Horaz)*
Medium tenuerunt beati. *(Sprichwort)*
Sero venientibus ossa. *(Sprichwort)*
In medio virtus. *(Sprichwort)*
Medio tutissimus ibis. *(Ovid)*
Nám tua rés agitúr, pariés cum próximus árdet. *(Horaz)* — paries *m:* Wand
Homo sum, humani nil a me alienum puto. *(Terenz)* — nil = nihil

Eigennamen und Sachbegriffe

In der Regel erscheinen die Eintragungen in lateinischer Schreibweise (z. B. ***C**leopatra* für dt. „**K**leopatra", *Stoicus* für dt. „stoisch", *Aesculapius* für dt. „Äskulap" und griech. „Asklepios").

Achilles	griech. Achilleus, Sohn der Göttin Thetis und des Sterblichen Peleus, berühmtester griech. Held im Trojanischen Krieg und im Epos ↗ *Ilias*
Actium	Landzunge an der westlichen Küste Griechenlands, 31 v. Chr. Schauplatz der entscheidenden Seeschlacht zwischen ↗ Octavian und Marcus ↗Antonius, die mit dem Sieg Octavians das Ende des Bürgerkrieges und den Beginn seiner Alleinherrschaft bedeutete
Aegisthus	griech. Aigisthos; er tötet zusammen mit ↗ Clytaemnestra ihren Gatten ↗ Agamemnon nach dessen Rückkehr aus ↗ Troja und herrscht in ↗ Mycenae, bis ihn ↗ Orestes aus Rache ermordet
Aegyptus *f*	Ägypten, seit 30 v. Chr. röm. Provinz
Aegyptius	Ägypter, *Adj.*: ägyptisch
Aeneas	Sohn der Göttin ↗ Venus und des Trojaners ↗Anchises, der nach dem Fall ↗ Trojas den göttlichen Auftrag erhält, in ↗ Latium eine neue Heimat zu suchen, der Sage nach Ahnherr der Römer; Held des röm. Nationalepos ↗*Aeneis*
Aeneis	letztes und größtes Werk des Dichters ↗ Vergil, entstanden 29–19 v. Chr., röm. Nationalepos in zwölf Büchern; es schildert das Schicksal des ↗Aeneas von seiner Flucht aus ↗ Troja bis zur Ansiedlung in ↗ Latium
Aeolus	in der griech.-röm. Sage Herr der Winde; sein Wohnsitz ist eine der Äolischen Inseln nordöstlich von Sizilien
Aesculapius	Äskulap, griech. Asklepios, Gott der Heilkunst, Sohn ↗Apollos; sein Tempel in Rom stand auf der Tiberinsel
Aetna	Vulkan bei ↗ Tauromenium im Nordosten Siziliens (↗ Sicilia)
Africanus	Afrikaner, *Adj.*: afrikanisch; Ehrenname der beiden berühmtesten Scipionen: Publius Cornelius Scipio (235–183 v. Chr.), der als Feldherr den 2. ↗ Punischen Krieg gegen ↗ Carthago für Rom entschied, und Publius Cornelius Scipio Aemilianus (185–129 v. Chr.), welcher als Sieger im 3. ↗ Punischen Krieg 146 die Stadt Carthago einnahm und völlig zerstörte
Agamemno	griech. Agamemnon, König von ↗ Mycenae und Heerführer der Griechen gegen ↗ Troja, Bruder des ↗ Menelaus; bei der Rückkehr aus Troja von seiner Gattin ↗ Clytaemnestra und ihrem Geliebten ↗ Aegisthus ermordet
Agrippina (Iulia A. Minor)	Agrippina die Jüngere (15–59 n. Chr.), Tochter des ↗ Germanicus und Schwester des ↗ Caligula; in dritter Ehe Gemahlin des Kaisers ↗ Claudius, den sie 54 n. Chr. vergiftete; schließlich selbst von ihrem Sohn ↗ Nero ermordet
Akropolis	Burgberg ↗Athens seit mykenischer Zeit; auf ihm sind Tempel (↗ Parthenon, Niketempel, Erechtheion) und der Torbau (Propyläen) aus klassischer Zeit (5. Jh. v. Chr.) erhalten
Alba Longa	in der Nähe des heutigen Castel Gandolfo gelegen, der Sage nach von ↗ Ascanius, dem Sohn des ↗Aeneas, gegründete Stadt in den Albaner Bergen
Alcaeus	griech. Alkaios, Dichter von der Insel Lesbos (um 600 v. Chr.)
Alcmena	griech. Alkmene, Gemahlin des Amphitryon, Geliebte des ↗ Zeus und Mutter des ↗ Hercules
Alexander (A. Magnus)	Alexander der Große (356–323 v. Chr.), makedonischer König, der ein Weltreich von Griechenland bis ↗Ägypten und zu den Grenzen Indiens schuf; sein Grabbau befand sich in ↗ Alexandria
Alexandria	Stadt im Nildelta, 332 v. Chr. von ↗ Alexander dem Großen gegründet, danach Regierungssitz des Ptolemäerreiches (↗ Ptolemaeus) und international bedeutende Metropole, seit 30 v. Chr. Hauptstadt der röm. Provinz ↗Ägypten
Alexandrinus	alexandrinisch
bellum Alexandrinum	alexandrinischer Krieg (48/47 v. Chr.), der Kampf ↗ Caesars und ↗ Cleopatras gegen ihren Bruder um die Herrschaft in ↗Alexandria
Amor	röm. Gott der Liebe, dem griech. Eros gleichgesetzt, Sohn der ↗ Venus; oft als geflügelter Knabe dargestellt
Anacreon	Anakreon, griech. Dichter des 6. Jh.s v. Chr.

Anchises	trojanischer Geliebter der Göttin ↗Venus und Vater des ↗Aeneas, von dem er aus dem brennenden ↗Troja gerettet wird
Andromacha	griech. Andromache, in der ↗*Ilias* Gemahlin ↗Hectors und Mutter des ↗Astyanax; nach dem Fall ↗Trojas als Beutefrau nach Griechenland verschleppt, später mit dem Trojaner ↗Helenus (dem Bruder ↗Hectors) verheiratet
Annales	Geschichtswerk des Cornelius ↗Tacitus, das die Zeit vom Tode des ↗Augustus bis zum Ende ↗Neros (also die Jahre 14–68 n. Chr.) behandelt
Antium	Hafenstadt in ↗Latium, heute: Anzio
Antonius (Marcus)	Mark Anton, röm. Feldherr und Politiker (82–30 v. Chr.), Anhänger ↗Caesars und als Verbündeter und Schwager des ↗Octavian Verfolger der Caesarmörder; seit 40 Herrscher in den östlichen Provinzen einschließlich ↗Ägyptens und seit 36 Gatte der ägyptischen Königin ↗Cleopatra, Gegenspieler des Octavian im Bürgerkrieg; nach der Niederlage bei ↗Actium (31 v. Chr.) und der Einnahme von ↗Alexandria beging er Selbstmord
Antoninus Pius (Titus Aelius Hadrianus)	röm. Kaiser 138–161, Adoptivsohn und Nachfolger des Kaisers ↗Hadrian
Anubis	ägyptischer Totengott, Sohn des ↗Osiris; hunde- oder schakalköpfig dargestellt
Apollo	griech. Apollon, Gott der Weissagung, der Wissenschaften und der Musik; Zwillingsbruder der ↗Artemis; seine berühmteste Orakelstätte war ↗Delphi in Mittelgriechenland
Apollonius Molon	berühmter Rhetoriklehrer auf Rhodos um 100 v. Chr.; zu seinen Schülern zählte auch ↗Cicero
Argolis	Landschaft im Nordosten der Peloponnes mit der Hauptstadt Argos und weiteren ehemals bedeutenden Städten wie ↗Mycenae, Nauplia, Epidauros
Aristoteles	griech. Philosoph (384–322 v. Chr.), Erzieher ↗Alexanders des Großen und Gründer der Philosophenschule „Peripatos"
Arminius	Fürst der ↗Cherusker (19 v. Chr.–19 n. Chr.), der 9 n. Chr. das röm. Heer unter Quinctilius ↗Varus im ↗Teutoburger Wald vernichtend schlug
Ars Amatoria	„Liebeskunst", Werk des Dichters ↗Ovid in drei Büchern, entstanden um die Zeitenwende
Ars Poetica	„Dichtkunst", Lehrgedicht des Dichters ↗Horaz zu Fragen der Dichtung in Form eines Briefes an einen Freund, veröffentlicht 14 v. Chr.
Artemis	griech. Göttin der Jagd, auch als Geburtsgöttin verehrt; Zwillingsschwester ↗Apollons, von den Römern mit ↗Diana gleichgesetzt
Ascanius	Sohn des ↗Aeneas und seiner ersten Gattin Kreusa, der mit dem Vater aus dem brennenden ↗Troja entkam; später Iulus genannt, legendärer Gründer von ↗Alba Longa
Asia	Kleinasien (Asia minor), seit 129 v. Chr. röm. Provinz
Astyanax	kleiner Sohn ↗Hectors und ↗Andromaches, beim Fall ↗Trojas als letzter überlebender Thronerbe von den Griechen getötet
Athenae	Athen, Hauptstadt Attikas, im 5. Jh. v. Chr. neben ↗Sparta politisches Zentrum Griechenlands; hatte nach der Einnahme durch Sulla 86 v. Chr. nur noch kulturelle Bedeutung
Atheniensis	Athener, *Adj.*: athenisch
Augustus	„der Erhabene", seit 27 v. Chr. Beiname und offizieller Titel des ↗Octavian (63 v. Chr.–14 n. Chr.), des Adoptivsohns und Erben ↗Caesars, der in langen Machtkämpfen durch Ausschaltung aller Rivalen (31 v. Chr.: Sieg bei ↗Actium über Marcus ↗Antonius) und Unterstützung des Militärs Alleinherrscher über das röm. Reich wurde; mit ihm begann die röm. Kaiserzeit
Aulis	Hafenstadt an der griech. Ostküste; von dort brach die versammelte griech. Flotte unter ↗Agamemnon gegen ↗Troja auf
Bacchus	griech. Bakchos oder Dionysos, Gott des Weines, des Rausches und der Fruchtbarkeit
Boethius (Anicius Manlius Severinus)	röm. Philosoph (ca. 480–524 n.Chr.), der vor seiner Hinrichtung im Gefängnis die Trostschrift *Consolatio philosophiae* verfasste
Britanni	die keltischen Einwohner ↗Britanniens
Britannia	Britannien, die britische Hauptinsel; ihre Eroberung wurde von ↗Caesar

	55 und 54 v. Chr. versucht; unter den Kaisern ↗Claudius und ↗Hadrian wurde England südlich vom Hadrianswall (Carlisle – Newcastle) röm. Provinz
Britannicus (Tiberius Claudius Caesar)	Beiname des Tiberius, des Sohnes von Kaiser ↗Claudius und ↗Messalina (41–55 n. Chr.), von ↗Nero aus der Thronfolge verdrängt und ermordet
Brutus (Lucius Iunius)	in der röm. Sage der Begründer der röm. Republik: er vertrieb um das Jahr 500 den letzten König ↗Tarquinius Superbus
Brutus (Marcus Iunius)	Neffe und Schwiegersohn des jüngeren ↗Cato, Verfechter der röm. Republik, Anführer der Verschwörung der Caesarmörder (85–42 v. Chr.)
Caesar (Gaius Iulius)	röm. Feldherr und Politiker (100–44 v. Chr.); nach langen innenpolitischen Krisen setzte er als *imperator* und *dictator* auf Lebenszeit die Staatsform der Republik außer Kraft und wurde deshalb bei einem politischen Attentat von Anhängern der Republik ermordet; Autor von *De bello Gallico* und *De bello civili*
Caesarion	Sohn der ägyptischen Königin ↗Cleopatra und ↗Caesars (47–30 v. Chr.); sein Königsname als Mitregent seiner Mutter war Ptolemaeus XV. Caesar; auf Befehl ↗Octavians getötet
Calchas	griech. Kalchas, Seher des griech. Heeres im Trojanischen Krieg
Caligula	„Stiefelchen", Beiname des Gaius Caesar Germanicus, Sohn des ↗Germanicus, dritter röm. Kaiser 37–41 n. Chr.
Calliopea	griech. Kalliope, eine der neun ↗Musen, Mutter des ↗Orpheus
Calpurnia	dritte Gemahlin des C. Iulius ↗Caesar
Cannae	Ort im süditalienischen Apulien, bekannt durch die Niederlage der Römer in der Schlacht bei Cannae 216 v. Chr. gegen ↗Hannibal im 2. ↗Punischen Krieg
Capitolium	auch *Capitolinus mons* genannt, das Kapitol, der Haupthügel und Burgberg Roms, mit wichtigen Tempeln, Staatsarchiv und Münzanstalt; ital. Campidoglio; heute Sitz der röm. Stadtverwaltung
Capitolinus	kapitolinisch, zum Kapitol gehörig
Caracalla	„Kapuze": Beiname des Marcus Aurelius Severus Antoninus, röm. Kaiser 211–217 n. Chr.; Sohn des ↗Septimius Severus
Carthago	Karthago, heute: Carthage; Stadt in Nordafrika im heutigen Tunesien, Zentrum des mächtigen phönizischen Staates, große Handelsmacht und Konkurrenz für Rom; wurde in den drei ↗Punischen Kriegen besiegt und schließlich völlig zerstört (146 v. Chr.); Neugründung unter ↗Caesar als *Colonia Iulia Carthago* in der Provinz Africa
Casca (Publius Servilius)	Caesarmörder, führend in der Verschwörung
Cassandra	griech. Kassandra, Tochter des ↗Priamus und der ↗Hecuba, Seherin und Apollopriesterin, nach dem Fall ↗Trojas als Sklavin von ↗Agamemnon nach ↗Mycenae verschleppt, wo sie von ↗Clytaemnestra ermordet wird
Cassius (Gaius Longinus)	Caesarmörder, der nach der Schlacht bei ↗Philippi 42 v. Chr. Selbstmord beging
Catilina (Lucius Sergius)	röm. Politiker (108–62 v. Chr.), der eine Revolution, die sog. Catilinarische Verschwörung, und die Machtübernahme in Rom plante, was aber vom Konsul (↗Consul) ↗Cicero vereitelt wurde
Cato (Marcus Porcius C.; C. Censorius; C. Maior)	Cato „der Ältere", röm. Staatsmann (234-149 v. Chr.), unerbittlicher Feind ↗Carthagos, bekannt für seine Sittenstrenge und konservativen politischen Ziele, Autor von *De agri cultura*
Cato (Marcus Porcius C.; C. Uticensis)	Cato „der Jüngere", Urenkel des ↗Cato Censorius, kompromissloser Verfechter der röm. Republik und Gegner ↗Caesars, Anhänger der ↗stoischen Philosophie (95–46 v. Chr.)
Catullus (Gaius Valerius)	Catull, röm. Dichter (ca. 84–54 v. Chr.); berühmt sind seine Liebesgedichte an Lesbia
Censor	Zensor, hoher Beamter der röm. Republik, der für fünf Jahre gewählt wurde, um den Zensus (Volkszählung) als Grundlage für Bürgerlisten, Steuerklassen und Militärdienst durchzuführen
Censura	das Amt des Zensors, die Zensur
Centurio	Führer einer *Centuria*, der kleinsten röm. Legionseinheit von ursprgl. 100 Mann
Cerberus	griech. Kerberos, mehrköpfiger riesiger Wachhund am Eingang zur Unterwelt

Cherusci	die Cherusker, ein germanischer Stamm zwischen Weser und Elbe, Bundesgenossen Roms; 9 n. Chr. unternahmen sie unter ↗ Arminius einen Aufstand gegen die Römer
Christiani	Christen, zunächst im röm. Staat verfolgt; nach dem sog. „Toleranzedikt von Mailand" (313 n. Chr.) unter Kaiser ↗ Constantin entwickelte sich das Christentum zur Staatsreligion
Cicero (Marcus Tullius)	Politiker, Redner und Schriftsteller der späten röm. Republik (106–43 v. Chr.), als ↗ *homo novus* 63 v. Chr. bis zum Konsul (↗ Consul) aufgestiegen, Verfechter der republikanischen Staatsform und daher Gegner ↗ Caesars, auf Befehl des Marcus ↗ Antonius ermordet; von seinen Werken sind Reden, philosophische, rhetorische und staatstheoretische Abhandlungen sowie Briefe erhalten
Cimber (Lucius Tillius)	einer der Caesarmörder; in der Schlacht bei ↗ Philippi 42 v. Chr. getötet
Cimbri	die Kimbern, ein germanischer Stamm, der in Gemeinschaft mit den Teutonen seit 113 v. Chr. das röm. Reich im Norden bedrohte und nur mit Mühe von ↗ Marius zurückgeschlagen werden konnte
Circe	griech. Kirke, Tochter des ↗ Sol, Zauberin auf der Insel Aiaia, die die Gefährten des Odysseus (↗ Ulixes) in Tiere verwandelt
Circus Maximus	die älteste und größte Wagenrennbahn Roms (600 m lang, 150 m breit), zwischen Palatin und Aventin gelegen, umgeben von Sitzreihen mit Tribüne; zunächst für ca. 60.000, nach Umbau in der Kaiserzeit für 180.000 Zuschauer
Claudius (Tiberius C. Nero Germanicus)	Sohn des ↗ Drusus, vierter röm. Kaiser 41–54 n. Chr., von seiner vierten Frau ↗ Agrippina vergiftet
Claudius Marcellus (Gaius)	erster Gatte der ↗ Octavia, übergab als Konsul (↗ Consul) 50 v. Chr. ↗ Pompeius den Oberbefehl zum Schutz des Staates gegen ↗ Caesar, gest. 40 v. Chr.
Cleopatra	Kleopatra VII., letzte Königin der Ptolemäer-Dynastie in Ägypten (69–30 v. Chr.), die ihre Herrschaft durch Verbindungen mit ↗ Caesar und später mit Marcus ↗ Antonius zu halten suchte; nach dem Sieg des ↗ Octavian im Bürgerkrieg gegen Marcus Antonius beging sie Selbstmord
Clytaemnestra	griech. Klytaimnestra, die Gattin und Mörderin ↗ Agamemnons, zusammen mit ihrem Geliebten ↗ Aegisthus Regentin von ↗ Mycenae, Mutter von ↗ Iphigenia, Electra und ↗ Orestes, der sie als Rächer des Vaters tötet
Codex iuris civilis	oder *Corpus iuris civilis,* röm. Gesetzessammlung, aus älteren Gesetzestexten unter Kaiser Justinian ab 528 n. Chr. zusammengestellt
Cohors	Kohorte, militärische Einheit des röm. Heeres; zehn Kohorten (je 600 Mann) bildeten eine ↗ Legion
Colonia	röm. Siedlung zunächst in Italien, später auch in den Provinzen
Colonia Claudia Ara Agrippinensium	heute: Köln, Hauptort der Ubier und Verwaltungshauptstadt von ↗ Germania Inferior, benannt nach der dort geborenen ↗ Agrippina d. J.
Commodus (Marcus Aurelius C. Antonius)	Sohn und Mitregent des Kaisers ↗ Marcus Aurelius, röm. Kaiser 180–192 n. Chr.; in einer Palastverschwörung ermordet
Constantinus I. (Flavius Valerius)	Konstantin der Große; röm. Kaiser 306–337 n. Chr. ; nach seinem Sieg über Maxentius an der Milvischen Brücke 312 n. Chr. Alleinherrscher; wählte Byzanz (Konstantinopel) als Reichshauptstadt; durch sein „Toleranzedikt von Mailand" im Jahre 313 wurde das Christentum gleichberechtigte röm. Staatsreligion
Constantius I. Chlorus (Gaius Flavius Valerius)	röm. Kaiser 305–306 n. Chr., seit 293 n. Chr. Mitregent in der Tetrarchie ↗ Diokletians, Vater Konstantins des Großen (↗ Constantinus I.)
Consul	Konsul, Inhaber des höchsten Regierungsamtes der röm. Republik; je zwei Konsuln wurden von der Volksversammlung für die Amtszeit von einem Jahr gewählt; in der Kaiserzeit blieb dieses Amt bestehen, wurde jedoch vom Herrscher, der es oft selbst bekleidete, als Ehre ohne die frühere Bedeutung verliehen
Consulatus	das Konsulat, das Amt der Konsuln
Corinthus	Korinth, reiche Handelsstadt am griech. Isthmos, 146 v. Chr. von den Römern zerstört
corpus iuris civilis	oder ↗ *codex iuris civilis*
Cotta Messalinus (Marcus Aurelius)	Sohn des ↗ Messalla Corvinus, 20 n. Chr. Konsul (↗ Consul), ein Briefpartner ↗ Ovids
Curia	die Kurie, das Versammlungsgebäude des ↗ Senats auf dem Forum Romanum

Cyclops	Kyklop, ein Riese, benannt nach dem einen, runden Auge in der Mitte der Stirn; der bekannteste der inselbewohnenden Kyklopen bei Homer (↗Homerus) ist Polyphem, der viele Gefährten des Odysseus (↗Ulixes) verschlingt und von diesem geblendet wird
Daedalus	griech. Daidalos, in der Sage ein erfindungsreicher Künstler und Baumeister (u. a. des Labyrinths auf Kreta); von König Minos auf Kreta gefangengesetzt, flieht er mit Hilfe von selbstgebauten Flügeln zusammen mit seinem Sohn ↗Icarus
De vita Caesarum	Titel einer Sammlung von zwölf Herrscherbiographien (von ↗Caesar bis Domitian) des ↗Suetonius
Delphi	bedeutendste Orakelstätte der Antike, in Mittelgriechenland gelegen, mit altem Apolloheiligtum; in seinem Inneren verkündete die Priesterin Pythia, auf einem Dreifuß sitzend, die Antworten des Gottes auf private und politische Anfragen; erst durch Kaiser Theodosius am Ende des 4. Jh.s geschlossen, als alle nichtchristlichen Kulte verboten wurden
Delphicus	delphisch, aus/von Delphi
Diana	italische Mondgöttin, Beschützerin der Frauen, mit der griech. ↗Artemis gleichgesetzt
Dido	in der röm. Sage Königin von ↗Carthago; in ↗Vergils ↗*Aeneis* verliebt sie sich in ↗Aeneas und nimmt sich selbst das Leben, als er sie auf Befehl ↗Jupiters verlässt
Diocletianus (Gaius Aurelius Valerius)	Diokletian, röm. Kaiser 284–305 n. Chr.; führte als neue Regierungsform die Tetrarchie ein (zwei Augusti und zwei Caesares als Regenten); unter ihm fand die letzte große Christenverfolgung statt; dankte 305 n. Chr. freiwillig ab
Dodona	berühmte Orakelstätte des ↗Zeus im Nordwesten Griechenlands
Drusus (Nero Claudius D. Germanicus)	Sohn der ↗Livia aus erster Ehe, Bruder des späteren Kaisers ↗Tiberius, Vater des ↗Germanicus, leitete 12–9 v. Chr. den großen Feldzug gegen die ↗Germanen (38–9 v. Chr.)
Dyrrhachium	heute Durrës/Durazzo (Albanien); Hafenstadt an der illyrischen Balkanküste, seit 228 v. Chr. römisch; Ausgangspunkt für die Überfahrt nach Brundisium (Brindisi); Schlachtfeld im Bürgerkrieg zwischen ↗Caesar und ↗Pompeius
Epicurus	Epikur, griech. Philosoph und Gründer einer Philosophenschule in ↗Athen (341–270 v. Chr.)
Epirus	griech. Epeiros, nordwestgriechische, ursprünglich eigenständige Landschaft, später mit Makedonien verbunden
Etrusci	auch Tusci genannt, die Etrusker, ein Volk ungeklärter Herkunft, das sich im 1. Jahrtausend v. Chr. vor allem im nördlichen Mittelitalien (Etrurien, Toscana) angesiedelt hatte; sie übten großen kulturellen Einfluss auf die Entwicklung Roms, wurden aber bis zum 1. Jh. v. Chr. von den Römern immer mehr unterworfen und romanisiert
Euripides	neben Aischylos und ↗Sophokles wichtigster griech. Tragödiendichter (ca. 485–406 v. Chr.); 18 seiner Dramen sind erhalten, darunter *Medea, Elektra* und zwei *Iphigenie*-Dramen
Eurydice	griech. Eurydike, in der griech. Sage die Gemahlin des ↗Orpheus
Eurylochus	Gefährte des Odysseus (↗Ulixes) im homerischen Epos ↗*Odyssee*
Eurystheus	legendärer Herrscher von Tiryns und ↗Mycenae; in seinen Diensten muss ↗Hercules die zwölf Arbeiten erfüllen
Furiae	die Furien, Rachegöttinnen, die Übeltäter (besonders Verwandtenmörder) durch innere Unruhe zum Wahnsinn treiben; sie entsprechen den griech. Erinyen
Gallia	das Siedlungsgebiet der Gallier (Kelten) zwischen Rhein, Alpen, Mittelmeer, Pyrenäen und Atlantik, von ↗Caesar 58–51 v. Chr. erobert; unter Kaiser ↗Augustus neu aufgeteilt in die Provinzen Narbonensis, Lugdunensis (= Celtica), Belgica und Aquitania
Germani	die Germanen; ihr Siedlungsgebiet lag zur Zeit ↗Caesars zwischen Rhein, Donau, Weichsel und dem Meer im Norden
Germania	Werk des ↗Tacitus über Land, Herkunft und Lebensweise der Germanen (vollständiger Titel: *De origine et situ Germanorum*), vermutlich 98 n. Chr. veröffentlicht
Germania Inferior	die röm. Provinz Niedergermanien, entstanden aus der Teilung der Provinz Germania unter Kaiser Domitian (90 n. Chr.); umfasste Teile der

Niederlande, Belgiens und des Niederrheingebietes; Verwaltungssitz war Köln (↗ Colonia Claudia Ara Agrippinensium)

Germania Superior — die röm. Provinz Obergermanien, entstanden aus der Teilung der Provinz Germania unter Kaiser Domitian (90 n. Chr.); umfasste links- und rechtsrheinische Gebiete bis zum Limes; Verwaltungssitz war Mainz (↗ Mogontiacum)

Germanicus (C. Iulius Caesar) — 15 v. Chr.–19 n. Chr., Sohn des ↗ Drusus, von ↗ Tiberius 4 n. Chr. adoptiert, bedeutender Feldherr, berühmt vor allem durch seine Erfolge in Germanien

Geta (Publius Septimius) — Sohn des ↗ Septimius Severus, röm. Kaiser 211–212 n. Chr.; von seinem Bruder und Mitregenten ↗ Caracalla ermordet

Gladiatoren — Schaukämpfer, meist Sklaven, Kriegsgefangene oder verurteilte Kriminelle, aber auch Freiwillige, die speziell ausgebildet wurden und im Amphitheater mit unterschiedlichen Waffen gegeneinander und gegen Tiere kämpften, oft mit tödlichem Ausgang

Hades — griech. Unterwelts- und Totengott, Gemahl der Persephone (↗ Proserpina); mit Pluto gleichgesetzt; auch Bezeichnung für sein Reich, das unterirdische Land der Verstorbenen

Hadrianus (Publius Aelius) — Hadrian, röm. Kaiser 117–138 n. Chr.

Hannibal — bedeutendster karthagischer Feldherr (247–183 v. Chr.), der im 2. ↗ Punischen Krieg über die Alpen zog und die Römer mehrfach schlug, u. a. 216 v. Chr. in der Schlacht bei ↗ Cannae; er erlitt bei Zama (im heutigen Tunesien) 202 v. Chr. eine entscheidende Niederlage und beging später Selbstmord

Hector — griech. Hektor, der Sage nach trojanischer Prinz und Thronfolger, Sohn des ↗ Priamus und der ↗ Hecuba, Held im Krieg gegen die Griechen, im Kampf gegen ↗ Achilles gefallen

Hecuba — griech. Hekabe, Gemahlin des Trojanerkönigs ↗ Priamus und Mutter u. a. von ↗ Hector, ↗ Paris und ↗ Cassandra; nach dem Fall ↗ Trojas dem Odysseus (↗ Ulixes) als Sklavin zugeteilt

Helena — in der griech. Sage die schönste aller Frauen, Tochter des ↗ Zeus und der Leda, Gattin des Spartanerkönigs ↗ Menelaus; sie folgt ↗ Paris nach ↗ Troja, was den Trojanischen Krieg auslöst; nach dessen Ende kehrt sie mit ihrem ersten Ehemann nach ↗ Sparta zurück

Helenus — griech. Helenos, Sohn von ↗ Priamus und ↗ Hecuba und Zwillingsbruder der ↗ Cassandra, trojanischer Prinz, Priester und Seher, der nach dem Fall ↗ Trojas dem Griechen Neoptolemus als Kriegsbeute zufällt und nach dessen Tod ↗ Andromache heiratet

Hercules — griech. Herakles, bekanntester Heros der griech. Sage, Sohn des ↗ Zeus und der ↗ Alkmene, der zwölf schwere Taten bestehen muss (z. B. Kampf mit dem ↗ Nemeischen Löwen, Ausmisten der Augias-Ställe, Bändigung des Höllenhundes ↗ Cerberus)

Hermes — ↗ Mercurius

Heron — von ↗ Alexandria, Mathematiker und Ingenieur um 100 n. Chr., Verfasser von berühmten Lehrbüchern u. a. zur Geometrie und Mechanik

Hippocrates — griech. Hippokrates, bedeutender griech. Arzt von Kos (ca. 460–370 v. Chr.); der sog. „Eid des Hippokrates“ ist in der Medizin heute noch gültig

Hispania — die spanische Halbinsel, seit dem 2. ↗ Punischen Krieg von den Römern eingenommen; der eroberte Teil wurde im 2. Jh. v. Chr. in zwei Provinzen, Hispania Citerior und Hispania Ulterior, eingeteilt; vollständig unterworfen erst unter ↗ Augustus

Homerus — Homer, griech. Sänger und Dichter, dem die früheste europäische Literatur zugeschrieben wird, die Epen ↗ *Ilias* und ↗ *Odyssee* (entstanden wohl im 8. Jh. v. Chr.)

Homo novus — „Neuling“, röm. Amtsträger (v. a. ↗ Consul) der als erster seiner Familie Mitglied des ↗ Senats wurde

Horatius (Quintus H.Flaccus) — Horaz, großer Dichter der augusteischen Zeit (65–8 v. Chr.); zu seinen Hauptwerken zählen die *Satiren*, die *Oden* und die *Episteln*

Ianus (Quirinus) — uralter röm. Gott mit Doppelgesicht, Herr des Anfangs, des Ein- und Ausgangs; die Tore seines Tempels auf dem Forum Romanum waren in Kriegszeiten geöffnet, in Friedenszeiten geschlossen; der Name wurde auch für den Tempel selbst verwendet

Icarus	griech. Ikaros, in der Sage Sohn des Daedalus; beim Fliegen gerät er zu nahe an die Sonne und stürzt vom Himmel
Ida mons	das Idagebirge bei ↗ Troja, auf dem der Sage nach das Parisurteil stattfindet
Idus	die Iden, im röm. Kalender der 13. bzw. (im März, Mai, Juli, Oktober) 15. Tag des Monats
Ilias	älteste Dichtung Europas, ein Heldenepos in Hexametern über den Kampf um ↗ Troja, dem griech. Dichter ↗ Homer zugeschrieben
Iocasta	griech. Iokaste, in der Sage Königin von ↗ Theben und unglückliche Mutter und Gattin des ↗ Oedipus; aus dieser Ehe gehen die Kinder Eteokles, Polyneikes, Antigone und Ismene hervor. Als sie erfährt, dass Oedipus ihr Sohn ist, nimmt sie sich das Leben
Iovis	*Gen.* von ↗ Iupiter
Iphigenia	älteste Tochter von ↗ Agamemnon und ↗ Clytaemnestra; ihr Vater will sie in ↗ Aulis der ↗ Artemis opfern, damit die griech. Flotte nach ↗ Troja absegeln kann, von der Göttin wird sie aber heimlich gerettet; danach Priesterin im Land der ↗ Taurer, bis ihr Bruder ↗ Orestes sie nach Hause bringt
Iris	griech.-röm. Botin der Götter
Isis	ägyptische Muttergottheit, Schwester und Gattin des ↗ Osiris; vom 2. Jh. v. Chr. bis ins 5. Jh. n. Chr. genoss sie auch in Italien Verehrung
Iuba	Juba I., König von ↗ Numidien (heute: Ostalgerien), Gegner ↗ Caesars im Bürgerkrieg; nach seiner Niederlage bei ↗ Thapsus (46 v. Chr.) beging er Selbstmord
Iulia	Name weiblicher Familienmitglieder der Gens der Julier; im besonderen:
Iulia (1)	Tochter des Iulius ↗ Caesar und der Cornelia, glücklich mit ↗ Pompeius verheiratet (76–54 v. Chr.)
Iulia (2)	einziges Kind des ↗ Augustus und der Scribonia (39 v. Chr.–14 n. Chr.), Gattin erst des Marcellus, dann des Agrippa, dem sie fünf Kinder gebar; in dritter Ehe mit ↗ Tiberius verheiratet; von ihrem Vater 2 v. Chr. in die Verbannung geschickt, wo sie starb
Iulia (3)	Enkelin des ↗ Augustus und Tochter der ↗ Iulia (2) aus zweiter Ehe (19 v. Chr.–28 n. Chr.), von Augustus 8 n. Chr. aus Rom verbannt
Iulia (4)	Urenkelin des ↗ Augustus (ca. 6–43 n. Chr.), auf Veranlassung ↗ Messalinas von Kaiser ↗ Claudius hingerichtet
Iulia (5) Livilla	Tochter des ↗ Germanicus und Schwester ↗ Caligulas, Urenkelin des ↗ Augustus (17–42 n. Chr.), auf Veranlassung ↗ Messalinas von Kaiser ↗ Claudius hingerichtet
Iulier	Mitglieder der Gens Iulia, die ihren Ursprung von Iulus (↗ Ascanius) und damit von ↗ Aeneas und der Göttin ↗ Venus herleitete
julisch-claudisches Haus	die röm. Kaiser ↗ Augustus, ↗ Tiberius, ↗ Caligula, ↗ Claudius und ↗ Nero und ihre Familien
Iulus	anderer Name des ↗ Ascanius
Iuno	italische Gottheit, die mit der griech. Hera gleichgesetzt wurde, Gattin ↗ Jupiters, Beschützerin der Frauen, der Ehe und der Geburten; zusammen mit ↗ Minerva und ↗ Jupiter im Haupttempel Roms auf dem Kapitol (↗ Capitolium) verehrt; Feindin der Trojaner und des ↗ Aeneas
Iup(p)iter, *Gen.* Iovis	italischer Himmelsvater, der mit dem griech. ↗ Zeus, dem obersten der olympischen Götter, gleichgesetzt wurde; Herr des Himmels, des Wetters und der Eide; oberster Schutzherr Roms; der wichtigste Tempel Roms war der des Iupiter Optimus Maximus auf dem Kapitol (↗ Capitolium)
Iustinianus	Justinian (527–565 n. Chr.), christlicher Kaiser des oströmischen Reiches
Kalendae	im röm. Kalender der erste Tag des Monats
Laius	griech. Laios, König von ↗ Theben und Vater des ↗ Oedipus
Latium	ital. Lazio; Region in Mittelitalien, in der Rom liegt
Latinus	lateinisch
Latona	griech. Leto, Geliebte des ↗ Jupiter, die Mutter der Zwillingsgötter ↗ Apollo und ↗ Diana
Lavinium	Stadt in ↗ Latium, die der Sage nach ↗ Aeneas gegründet und nach seiner zweiten Gattin Lavinia, der Tochter des Königs Latinus, benannt haben soll; im 6. und 5. Jh. v. Chr. Bundeshauptstadt der Latiner; lange Zeit bedeutender Kultort

Legatus	a) Legat, Unterfeldherr: Stabsoffizier mit Kommando über eine ↗Legion; b) Gesandter
Legio	Legion, Kerntruppe des röm. Heeres, Sollstärke 6000 Mann, in der Realität häufig weniger (zur Zeit ↗Caesars etwa 4000 Mann Fußvolk plus Reiter und Hilfstruppen)
Lepidus (Marcus Aemilius)	röm. Politiker (ca. 90–12 v. Chr.), Anhänger ↗Caesars, bildete zusammen mit ↗Octavian und ↗Antonius ab 43 v. Chr. das sog. Zweite Triumvirat, zog sich aber 36 v. Chr. unter dem Druck Octavians ins Privatleben zurück
Lernaea hydra	neunköpfiges Schlangenungeheuer von Lerna (See bei Argos auf der Peloponnes); seine Beseitigung ist die zweite Arbeit des ↗Hercules
Libya	ursprgl. griech. Name für Afrika; für die Römer: Libyen, nordöstlicher Küstenstreifen Afrikas, westlich von ↗Ägypten gelegen
Lictores	die Liktoren, röm. Beamte mit polizeilichen Aufgaben, die die *fasces* (Rutenbündel) als Zeichen der obersten Amtsgewalt den höchsten Magistraten vorantrugen; der Konsul (↗Consul) z. B. verfügte über zwölf Liktoren
Limes	durchgehende Befestigungsanlage entlang der röm. Reichsgrenze zur Abwehr der feindlichen Völker seit dem 1. Jh. n. Chr., bestehend aus Gräben, Wällen, Wachtürmen und Kastellen; in ↗Germanien zog er sich vom nördlichen Rhein bis nach Regensburg
Livia Drusilla	Tochter des Volkstribunen Marcus Livius Drusus (58 v. Chr.–29 n. Chr.), in zweiter Ehe mit ↗Octavian, dem späteren Kaiser ↗Augustus verheiratet und damit die erste röm. Kaiserin
Livius (Titus)	röm. Geschichtsschreiber (59 v. Chr.–17 n. Chr.), Freund des ↗Augustus; Hautpwerk: *Ab urbe condita*, eine Geschichte Roms in 142 Büchern von der Gründung der Stadt bis zum Jahr 9 v. Chr.
Lucilius (L. Iunior)	Freund des Philosophen ↗Seneca, der ihm mehrere Werke widmete und seine *Epistulae morales* an ihn adressierte
Lucretius (Titus L. Carus)	Lukrez, röm. Dichter (ca. 95–55 v. Chr.), Verfasser des Lehrgedichtes *De rerum natura*, einer Darstellung der Philosophie ↗Epikurs in Versen
Lydia	Lydien, Landschaft an der Westküste Kleinasiens (↗Asia)
Maecenas (Gaius Cilnius)	Freund des ↗Augustus (ca. 70–8 v. Chr.), wohlhabender Förderer der Dichter ↗Horaz, ↗Vergil und Properz
Maia	in der griech. Sage Tochter des Atlas und Mutter des Hermes (↗Mercurius); oft gleichgesetzt mit der altitalischen Fruchtbarkeitsgöttin, nach der der Monat Mai benannt ist
Mantua	Stadt in Norditalien, die Heimat des Dichters ↗Vergil
Marcus Antonius	↗Antonius (Marcus)
Marcus Aurelius (M. A. Antoninus)	Mark Aurel, röm. Kaiser 161–180 n. Chr. und Vertreter der ↗stoischen Philosophie, von ↗Antoninus Pius adoptiert und mit dessen Tochter Faustina verheiratet; regierte als dessen Nachfolger zusammen mit seinem Bruder Verus, später mit seinem Sohn ↗Commodus
Marcomanni	die Markomannen, ein germanischer Stamm aus dem Maingebiet, der nach der Vertreibung durch ↗Drusus (i. J. 9 v. Chr.) in Böhmen siedelte,
Marius (Gaius)	röm. Feldherr, Heeresreformer und Politiker (157–86 v. Chr.), der als ↗*homo novus* sieben Mal Konsul (↗Consul) wurde;
Mars	röm. Kriegsgott, dem griech. Ares gleichgesetzt; nach ihm wurde der erste Monat des alten röm. Jahres benannt (*mensis Martius* = März); der Sage nach Vater von ↗Romulus und Remus, also Ahnherr der Römer
Campus Martius	das Marsfeld, das Gelände zwischen Tiber, ↗Quirinal und Kapitol (↗Capitolium), wo die großen Heeres- und Wahlversammlungen stattfanden
Martialis (Marcus Valerius)	Martial, röm. Dichter von Epigrammen (ca. 40–104 n.Chr.)
Massinissa	König von ↗Numidien (um 240–148 v. Chr.), Bundesgenosse der Römer; seine Übergriffe auf Gebiete ↗Carthagos lösten den 3. ↗Punischen Krieg aus
Melita	röm. Name für die Insel Malta südlich von Sizilien (↗Sicilia); seit 218 v. Chr. unter röm. Herrschaft
Menander	griech. Komödiendichter (ca. 342–290 v. Chr.), wichtigster Vertreter der „Neuen Komödie"
Menelaus	in der griech. Sage König von ↗Sparta und Gemahl der schönen ↗Helena

Mercurius	Merkur, röm. Gott des Handels, der Kaufleute und Diebe; Götterbote, der auch die Seelen der Verstorbenen in die Unterwelt geleitet; mit dem griech. Hermes gleichgesetzt
Messalina (Valeria)	dritte Ehefrau des Kaisers ↗ Claudius (ca. 25–48 n. Chr.), Mutter des ↗ Britannicus; vermutlich aufgrund ihrer Beteiligung an einer Verschwörung gegen ↗ Claudius hingerichtet; berüchtigt für ihren ausschweifenden Lebenswandel
Messalla Corvinus (Marcus Valerius)	zunächst Gegner, später Freund ↗ Octavians (ca. 64 v. Chr.–13 n. Chr.), bedeutender Redner und Staatsmann, Patron eines Dichterkreises, Freund ↗ Ovids, der mehrere Briefe aus der Verbannung an ihn adressierte
Metamorphosen	griech. „Verwandlungen", in der Mythologie die von Menschen in Tiere, Steine, Bäume, Feuer, Wasser usw.; Titel des Hauptwerks ↗ Ovids in 15 Büchern, entstanden im ersten Jahrzehnt n. Chr., das etwa 250 Verwandlungssagen umfasst und große Wirkung auf die europäische Kunst, Literatur und Musik hatte
Minerva	Göttin der Künste und des Handwerks, der griech. Athene gleichgesetzt; zusammen mit ↗ Jupiter und ↗ Juno im bedeutendsten Tempel Roms auf dem Kapitol (↗ Capitolium) verehrt
Misenum	Vorgebirge am Golf von ↗ Neapel, unter ↗ Augustus ein röm. Flottenstützpunkt; Todesort des Kaisers ↗ Tiberius
Mogontiacum	heute: Mainz, Hauptstadt der röm. Provinz ↗ Germania Superior
Mostellaria	„Die Gespensterkömodie", Titel einer Komödie des ↗ Plautus
Moyses	Moses, der große Gesetzgeber der Israeliten im Alten Testament
Municipium	Stadtgemeinde in Italien mit röm. Bürgerrecht
Musae	die neun Göttinnen des Wissens und aller Künste, Töchter des ↗ Zeus und der Mnemosyne, der Göttin der Erinnerung; von ihnen werden die Dichter und Sänger inspiriert
Mycenae	Mykene, frühgriechische Burganlage im Nordosten der Peloponnes; bei ↗ Homer die Residenz des Königs ↗ Agamemnon
Neapolis	„Neustadt", ursprgl. griech. Stadt (ca. 680 v. Chr. gegründet) in Süditalien, heute: Neapel; bis in die Kaiserzeit ein Zentrum griech. Kultur, seit 327 v. Chr. mit Rom verbündet, seit 89 v. Chr. mit röm. Bürgerrecht
Nemaeus leo	der nemeische Löwe, ein sagenhaftes Untier in Nemea (Tal südlich von Korinth), dessen Beseitigung die erste Arbeit des ↗ Hercules war
Neptunus	Neptun, der Gott des Meeres, mit dem griech. ↗ Poseidon gleichgesetzt
Nero (Nero Claudius)	Sohn der ↗ Agrippina d. J. aus erster Ehe, von seinem Stiefvater ↗ Claudius adoptiert und nach dessen Tod 54–68 n. Chr. der fünfte röm. Kaiser; in seine Regierungszeit fallen der Brand Roms (64) und die ersten Christenverfolgungen in der Hauptstadt
Nioba	Niobe, in der griech. Sage Königin von Theben, die voll Stolz auf ihre sieben Töchter und sieben Söhne die Göttin ↗ Latona verspottet, die nur zwei Kinder hat (↗ Apollo und ↗ Diana); zur Strafe töten diese beiden Götter alle Kinder Niobes, worauf diese aus Schmerz zu Stein erstarrt
Numida	Bewohner von Numidien, dem Küstenland Nordafrikas (heute: Ostalgerien) westlich von ↗ Carthago
Oceanus	der Ozean, nach griech.-röm. Vorstellung das Weltmeer, das die Erdscheibe umfließt
Octavia	ältere und beim Volk beliebte Schwester des ↗ Augustus (ca. 69–11 v. Chr.), in zweiter Ehe mit Marcus ↗ Antonius verheiratet, der sich wegen ↗ Cleopatra von ihr scheiden ließ; Vermittlerin zwischen ihrem Gatten und ihrem Bruder; Mutter von fünf Kindern
Octavianus (Gaius Iulius)	Oktavian, Adoptivname für Gaius Octavius, den späteren Kaiser ↗ Augustus (63 v. Chr.–14 n. Chr.)
Octavius (Gaius)	röm. Feldherr und Politiker (ca. 101–59 v. Chr.), verheiratet mit Atia, einer Nichte ↗ Caesars; Vater des ↗ Augustus und der ↗ Octavia
Odyssea	die *Odyssee*, das jüngere der beiden homerischen Epen, das die zehn Jahre währende Irrfahrt des Odysseus (↗ Ulixes) nach dem Trojanischen Krieg und seine Abenteuer bis zu seiner Heimkehr nach Ithaka schildert
Odysseus	↗ Ulixes
Oeagrus	griech. Oiagros; ein Thraker, der neben ↗ Apollo als Vater des mythischen Sängers ↗ Orpheus gilt
Oedipus	Ödipus, in der griech. Sage König von ↗ Theben, der unwissentlich sei-

	nen Vater tötet und seine Mutter heiratet und sich selbst blendet, als er dies erkennt; Vater u. a. von Antigone
Olympia	uralte griech. Kultstätte des ↗Zeus und der Hera (↗Iuno) auf der Peloponnes, Schauplatz der Olympischen Spiele, die 776 v. Chr. zum ersten Mal stattfanden
Olympus mons	der Olymp, ein Bergmassiv in Nordgriechenland, das den Griechen als Sitz der Götter galt
Omphale	in der griech. Sage Königin von ↗Lydien, bei der ↗Hercules drei Jahre lang Sklavendienste verrichten musste, um einen Mord zu sühnen
Orestes	Sohn des ↗Agamemnon und der ↗Clytaemnestra, Bruder von Elektra und ↗Iphigenie; er tötet seine Mutter, um deren Mord an seinem Vater zu rächen; Tragödiengestalt u. a. bei Aischylos, ↗Sophokles und ↗Euripides
Orpheus	mythischer Sänger und Lyraspieler aus ↗Thrakien, Sohn der Muse Kalliope (↗Calliopea) und des ↗Apollo; er bewegt durch seine Kunst sogar wilde Tiere, Steine und Bäume; als seine Gattin ↗Eurydike stirbt, versucht er vergeblich, sie aus der Unterwelt zurückzuholen
Osiris	ägyptischer Totengott, Bruder und Gatte der ↗Isis; in Rom zählte er seit Kaiser ↗Caligula zu den Staatsgöttern
Ovidius (Publius O. Naso)	röm. Dichter (43 v. Chr.–18 n. Chr.), i. J. 8 n. Chr. von ↗Augustus aus Rom verbannt, berühmt durch seine Liebesdichtungen *Amores* und ↗*Ars Amatoria* und sein mythologisches Epos ↗*Metamorphosen* („Verwandlungssagen“)
Paris	in der griech. Sage ein Sohn des Trojanerkönigs ↗Priamus und der ↗Hecuba; er entschied den Schönheitswettbewerb der Göttinnen ↗Juno, ↗Minerva und ↗Venus (griech. Hera, Athene und Aphrodite) und bekam zum Lohn ↗Helena zur Frau
Parthenon	Marmortempel der Göttin Athene Parthenos auf der ↗Akropolis in ↗Athen, unter ↗Perikles ca. 447–432 v. Chr. erbaut
Pater patriae	„Vater des Vaterlandes“, in der röm. Republik ein hoher Ehrentitel für besondere Verdienste um den Staat; danach gehörte er meist automatisch zu den Titeln des Kaisers
Patres conscripti	offizielle Anrede der röm. ↗Senatoren (die eigentlichen Patrizier, *patres*, und die seit dem 4. Jh. v. Chr. in die Senatorenliste zusätzlich „eingeschriebenen“ plebejischen Mitglieder des Senats)
Patria potestas	väterliche Macht über die ganze Familie, die erst mit dem Tode des Vaters endete; sie umfasste ursprgl. auch die Entscheidung über Leben und Tod der Hausangehörigen
Pericles	griech. Perikles (ca. 495–429 v. Chr.), seit 461 v. Chr. einflussreichster athenischer Staatsmann und Demokrat, herausragender Stratege am Anfang des Peleponnesischen Krieges
Peristyl	Säulengang, der den Garten des röm. Hauses umschloss
Phaedo	griech. *Phaidon*, Titel eines philosophischen Dialoges ↗Platons über die Unsterblichkeit der Seele
Phaëthon	in der griech. Sage Sohn des Sonnengottes Helios (lat. ↗Sol), der beim Lenken des Sonnenwagens aus der Bahn gerät, einen riesigen Brand verursacht und vom Himmel stürzt
Pharos	Insel vor ↗Alexandria mit berühmtem Leuchtturm (einem der sieben Weltwunder), von ↗Alexander dem Großen mit dem Festland durch einen Damm verbunden
Pharsalus	griech. Pharsalos, heute: Pharsala; Stadt in Thessalien im Norden Griechenlands, 48 v. Chr. Stätte der Entscheidungsschlacht zwischen ↗Caesar und ↗Pompeius
Philippi	Stadt in Nordostgriechenland, Ort der Entscheidungsschlacht von ↗Antonius und ↗Octavian gegen die Caesarmörder ↗Brutus, ↗Cassius u. a. (42 v. Chr.)
Phocis	Landschaft in Mittelgriechenland
Phoebus	griech. Phoibos, Beiname des griech.-röm. Gottes ↗Apollo
Phoenices	die Phönizier, ein mächtiges orientalisches Seefahrervolk
Pilatus (Pontius)	26–36 n. Chr. röm. Verwalter der Provinz Judaea; während seiner Amtszeit fand der Prozess gegen Jesus statt
Plato	griech. Platon, bedeutender griech. Philosoph; lebte 427–347 v. Chr. in ↗Athen

Plautus (Titus Maccius)	röm. Komödiendichter (ca. 250–184 v. Chr.), der 130 Stücke geschrieben haben soll; 20 sind erhalten, darunter *Amphitruo* und ↗*Mostellaria*
Plutarch	griech. Schriftsteller (ca. 45–125 n. Chr.); Hauptwerke: eine Biographiensammlung, die jeweils einen berühmten Römer einem Griechen gegenüberstellt, sowie philosophische Schriften
Poeni	↗Puni
Pompeii	Pompeii, blühende Stadt im südital. Kampanien, seit 80 v. Chr. röm. Kolonie (↗Colonia), 79 n. Chr. durch den Ausbruch des ↗Vesuvs völlig verschüttet; um 1600 wiederentdeckt, seit dem 18. Jh. systematische Ausgrabungen
Pompeius (Gnaeus P. Magnus)	röm. Feldherr und Politiker (106–48 v. Chr.), Sieger u. a. über die Seeräuber, Schwiegersohn ↗Caesars; zuerst mit diesem und ↗Crassus im Machtbündnis des sog. Ersten Triumvirates vereint, dann aber als Gegner Caesars im Bürgerkrieg geschlagen
Pompeius (Sextus)	jüngerer Sohn und Mitkämpfer des Gnaeus ↗Pompeius (ca. 66–35 v. Chr.), der auch nach dem Tod seines Vaters den Kampf gegen ↗Caesar und danach auch gegen ↗Octavian fortsetzte
Pompeiani	die Pompeianer, Anhänger des Gnaeus ↗Pompeius im Bürgerkrieg gegen ↗Caesar
Pontus Euxinus	griech. „gastliches Meer“, das Schwarze Meer
Pontica terra	Landstrich am Schwarzen Meer in Kleinasien (↗Asia)
Ponticum mare	das Schwarze Meer
Poseidon	griech. Gott des Meeres, röm. ↗Neptun; Bruder des ↗Zeus; Feind des Odysseus (↗Ulixes)
Praetor	Prätor, hoher röm. Beamter, jeweils für ein Jahr gewählt, zuständig für Recht und Gericht sowie für die Provinzverwaltung
Priamus	griech. Priamos, mythischer König von ↗Troja, Gatte der ↗Hecuba, Vater u. a. von ↗Hector, ↗Paris und ↗Cassandra
Principatus	der Prinzipat, die erste Periode des röm. Kaisertums, die Herrschaft des Kaisers als *princeps* („erster Bürger“)
Propraetor	ehemaliger ↗Praetor, der nach Ablauf seiner Amtszeit als Statthalter kleinerer Provinzen tätig war
Proserpina	griech. Persephone, Göttin der Unterwelt, Gemahlin des Pluto (griech. ↗Hades)
Ptolemaeus	griech. Ptolemaios, Königsname des Herrscherhauses der Ptolemäer in ↗Ägypten, das von Ptolemaios I. (ca. 366–283 v. Chr.), einem makedonischen Feldherrn und Nachfolger ↗Alexanders des Großen, begründet wurde; Ptolemaios XIII. (61–47 v. Chr.) regierte zusammen mit seiner Schwester ↗Cleopatra
Puni / Poeni	die Punier, die phönizische Bevölkerung ↗Carthagos und Nordafrikas
Punische Kriege	drei große Kriege zwischen Rom und dem mächtigen punischen (phönizischen) Reich ↗Carthagos; im 1. Punischen Krieg (264–241 v. Chr.) nahm Rom Sizilien (↗Sicilia) ein; durch den 2. Punischen Krieg (218–201 v. Chr.), in dem ↗Hannibal auch gegen die Stadt Rom zog, gewann Rom Spanien und nordafrikanische Reichsteile; nach dem 3. Punischen Krieg (149–146 v. Chr.) wurde ↗Carthago vollständig zerstört und seine gesamte Bevölkerung versklavt
Pylades	der Pflegebruder und treue Freund des ↗Orestes
Quirinalis mons	der Quirinal, einer der sieben Hügel Roms
Res Gestae Divi Augusti	„Tatenbericht“ des Kaisers ↗Augustus, der in Stein gemeißelt vor seinem Mausoleum und überall im Imperium aufgestellt war; bekannt ist der Inhalt v. a. durch eine in Ankara gefundene Abschrift, das sog. *Monumentum Ancyranum*, in lat. und griech. Sprache
Rhetor	griech. Lehrer der Redekunst (Rhetorik); der Unterricht bei ihm war der Abschluss der höheren Bildung eines Römers
Roma	die Stadt Rom, nach antiker Berechnung 753 v. Chr. gegründet
Romulus	sagenhafter Gründer und erster König Roms
Rubico	der Rubikon, Grenzfluss zwischen Italien und Gallia Cisalpina, berühmt durch ↗Caesars Ausspruch „Der Würfel ist gefallen“, als er ihn beim Marsch auf die Stadt Rom 49 v. Chr. überschritten und damit den Bürgerkrieg gegen ↗Pompeius begonnen hatte
Sabini	das mittelitalische Volk der Sabiner, die den Römern benachbart waren und von ihnen für Ureinwohner gehalten wurden

Sabinus	*Adj.*: sabinisch
Sabinum	das in den Sabiner Bergen nordöstlich von Rom gelegene Landgut des Dichters ↗Horaz, ein Geschenk des ↗Maecenas
Sappho	griech. Dichterin aus Lesbos (um 600 v. Chr.); ihr Werk war Vorbild u.a. für ↗Catull und ↗Horaz
Satyr	mythisches menschenähnliches Wesen mit Pferdeohren, Pferdeschweif und seltener auch Pferdehufen; ausgelassener und lüsterner Begleiter des ↗Bacchus/Dionysos
Scipio (Publius Cornelius S. Nasica)	röm. Politiker und Feldherr, Schwiegervater und Verbündeter des ↗Pompeius im Bürgerkrieg gegen ↗Caesar, gest. 46 v. Chr.; Adoptivname: Q. Caecilius Metellus Pius Scipio; vgl. Africanus
Schliemann, Heinrich	deutscher Altertumsforscher und Archäologe, 1822 (bei Rostock)–1890 (Neapel); Leiter von Ausgrabungen in Griechenland und Kleinasien (↗Asia), Entdecker von ↗Troja
Senator	Mitglied des ↗Senats
Senatus	der röm. Senat, ursprgl. „Ältestenrat" (vgl. *senex*), dem die diensthabenden und ehemaligen hohen Beamten auf Lebenszeit angehörten; ihm oblagen die Bestätigung von Volksbeschlüssen, Gesetzen und Wahlen, die Außenpolitik, das Finanzwesen und die Steuern; in der röm. Kaiserzeit existierte er zwar fort, doch verlor er immer mehr seiner einstigen Befugnisse und Macht an den Herrscher
Seneca (Lucius Annaeus)	Politiker, ↗stoischer Philosoph und Schriftsteller (4 v. Chr.–65 n. Chr.), Autor von moralischen Abhandlungen, Briefen und Tragödien; Erzieher des Kaisers ↗Nero, von dem er, in Ungnade gefallen, zum Selbstmord gezwungen wurde
Septimius Severus (Lucius S. S. Pertinax)	röm. Kaiser 193–211 n. Chr., Vater des ↗Caracalla
Sibylle von Cumae	Seherin, mit deren Hilfe ↗Aeneas in die Unterwelt gelangt; der Sage nach verkauft sie dem röm. König Tarquinius Priscus die drei prophetischen „Sibyllinischen Bücher", die in Rom zu Notzeiten befragt wurden
Sicilia	Sizilien, seit dem 8. Jh. v. Chr. von griech. Auswanderern besiedelt, seit 241 v. Chr. die erste röm. Provinz
Sirenae	die Sirenen, Sagenwesen mit Vogelkörper und Frauenkopf, die mit ihrem wunderbaren Gesang Seeleute betören, so dass diese an den Klippen scheitern; nur Odysseus (↗Ulixes) kann sich ihrem tödlichen Zauber entziehen
Sisyphus	in der griech. Sage Sisyphos, ein schlauer König von Korinth (↗Corinthus), der ↗Zeus verrät und den Tod fesselt; wegen dieser Frevel gegen die Götter muss er in der Unterwelt ohne Ende einen Felsblock auf einen hohen Berg wälzen
Socrates	Sokrates, bedeutender athenischer Philosoph (geb. um 470 v. Chr.), berühmt durch die von seinem Schüler ↗Platon verfassten Dialoge; wegen angeblicher Gottlosigkeit und als Verderber der Jugend 399 v. Chr. durch Gift hingerichtet
Sol	röm. Sonnengott, dem griech. Helios gleichgesetzt
Sophocles	Sophokles, griech. Dichter (497–405 v. Chr.), von dessen 123 Tragödien sieben erhalten sind, darunter *Antigone* und ↗*Oedipus*
Sparta	Stadt im Süden der Peloponnes, im 6. und 5. Jh. v. Chr. neben ↗Athen der bedeutendste griech. Stadtstaat; seit 146 v. Chr. römisch
Sphinx, *Gen.* Sphingis	die Sphinx, ein ägyptisch-griech. Sagenwesen mit geflügeltem Löwenkörper und Frauenkopf, das bei ↗Theben den Vorübergehenden Rätsel stellt und diese tötet, wenn sie sie nicht lösen können; nur ↗Oedipus kann die Aufgabe bewältigen und die Sphinx besiegen und wird so Gatte der Königin ↗Iocasta
Stadion	Rennbahn für Wettläufe, benannt nach einem griech. Längenmaß (in ↗Olympia ca. 192 m); besonders berühmt war das Stadion im Zeusheiligtum von Olympia
Stoicus	Stoiker (*Adj.*: stoisch): Anhänger der Philosophie der Stoa, die eine an der Vernunft und der Natur ausgerichtete Moral und innere Unabhängigkeit von äußeren Zwängen und Begierden lehrte (um 300 v. Chr. in ↗Athen von Zenon begründet)
Suebi	die Sueben, ein größerer westgermanischer Volksverband, von dem ein

	Teil zur Zeit ↑ Caesars im Flussgebiet des Main siedelte; von Caesar 58 v. Chr. geschlagen
Suetonius (Gaius S.Tranquillus)	Sueton, röm. Geschichtsschreiber (ca. 70–140 n. Chr.), Autor der zwölf Herrscher-Biographien ↑ *De vita Caesarum*
Sugambri	Sugambrer, germanische Völkerschaft am rechten Ufer des Mittelrheins
Tacitus (Publius Cornelius)	röm. Geschichtsschreiber (ca. 55–120 n. Chr); Hauptwerke: *Historiae*, ↑*Annales* und die ethnographische Schrift ↑ *Germania*
Tantalus	griech. Tantalos, Sohn des ↑ Zeus, reicher König von Phrygien (in der heutigen Türkei); er muss in der Unterwelt seine Frevel an den Göttern mit ewigem Hunger und Durst („Tantalusqualen") büßen
Tarquinius Superbus	letzter der legendären sieben Könige der Frühzeit Roms
Tartarus	dunkler Ort tief unter der Erde, Teil der griech. Unterwelt, an dem die größten Verbrecher nach ihrem Tod für ihre Vergehen mit ewigen Qualen bestraft werden
Tauri	die Taurer, skythische Völkerschaft auf der heutigen Krim, in der Antike bekannt für ihre Wildheit und angebliche Sitte der Menschenopfer
Tauromenium	heute Taormina, Stadt an der Ostküste Siziliens (↑ Sicilia), in der Antike berühmt durch ihre herrliche Lage und ihr großes Theater
Tencteri	die Tenkterer, eine westgermanische Völkerschaft, von ↑ Caesar vernichtend geschlagen; 17–11 v. Chr. zusammen mit den ↑ Usipetern und ↑ Sugambrern erneut mit den Römern im Krieg und von diesen geschlagen
Terentia	Gattin ↑ Ciceros (79–46 v. Chr.)
Terentius (Publius Afer)	Terenz, röm. Dichter von Komödien, von denen sechs erhalten sind (ca. 190–159 v. Chr.)
Teutoburgiensis saltus	Teutoburger Wald, zwischen Osnabrück und Detmold gelegen, jedoch nicht genau lokalisierbar; unter ↑ Arminius vernichteten hier die ↑ Germanen 9 n. Chr. drei röm. Legionen unter Publius Quinctilius ↑ Varus
Thapsus	Küstenstadt in Nordafrika (am heutigen Kap Ras Dimas in Tunesien gelegen), bei der 46 v. Chr. die Entscheidungsschlacht zwischen ↑ Caesar und den ↑ Pompeianern unter ↑ Cato stattfand
Thebae	Theben, Stadt in Böotien (Mittelgriechenland), in der viele griech. Sagen spielen
Thebanus	Thebaner; *Adj.*: thebanisch
Thracia	Thrakien, Gebiet auf der östlichen Balkanhalbinsel; gehört heute zu Griechenland, Bulgarien und der Türkei
Tiberius (T. Claudius Nero)	als Sohn der ↑ Livia Adoptivsohn und Nachfolger des ↑ Augustus, röm. Kaiser 14–37 n. Chr.
Tiro (Marcus Tullius)	Sekretär und Vertrauter ↑ Ciceros sowie Herausgeber von dessen Schriften (103–4 v. Chr.); Erfinder eines Kurzschriftsystems („Tironische Noten"); als Sklave geboren, trug er später, wie jeder Freigelassene, den Namen seines Herrn
Titus (T. Flavius Vespasianus)	röm. Kaiser 79–81 n. Chr.
Toga	Obergewand der freien röm. Bürger aus Wollstoff, das in der Öffentlichkeit getragene Kleidungsstück; erwachsene Männer trugen die Toga weiß, ↑ Senatoren mit einem Purpurrand besetzt
Tomi	röm. Stadt an der Westküste des Schwarzen Meeres (↑ Pontus Euxinus), heute Constanza (Rumänien); Verbannungsort des Dichters ↑ Ovid
Traianus (Marcus Ulpius)	Trajan, röm. Kaiser 98–117 n. Chr.; unter seiner Herrschaft erreichte das röm. Reich die größte Ausdehnung
Triclinium	Speisezimmer des röm. Hauses mit meist drei Speisesofas für je drei Personen
Troia	Stadt im Norden Kleinasiens (↑ Asia), auch Ilion genannt; in der griech. Sage Ort des Trojanischen Krieges, von dem das Epos *Ilias* handelt
Troianus	Trojaner; *Adj.*: trojanisch
Tullia	Tochter ↑ Ciceros und ↑ Terentias (ca. 78–45 v. Chr.)
Tusculum	Ort in den Albaner Bergen südöstlich von Rom
Tusculanum	das Landgut ↑ Ciceros bei Tusculum
Tyros	heute: Sur (Libanon); mächtige phönizische Handelsstadt, seit 64 v. Chr. römisch
Tyrrhenum mare	das tyrrhenische Meer, der nach den Tyrrhenern (↑ Etruskern) benannte Teil des Mittelmeers westlich von Italien
Ulixes	griech. Odysseus, Held der homerischen Epen ↑ *Ilias* und ↑ *Odyssee*, der

	nach dem Trojanischen Krieg zehn Jahre lang Irrfahrten hinter sich bringen muss, bevor er in seine Heimat Ithaka zurückkehren kann
Usipetes	Usipeter, westgermanisches Volk am rechten Rheinufer, das mit den ↗ Tenkterern in enger Verbindung stand und deren Schicksale teilte
Utica	antike Hafenstadt in Nordafrika, nördlich von ↗ Carthago gelegen
Varus (Publius Quinctilius)	röm. Offizier (ca. 46 v. Chr.–9 n. Chr.), Statthalter und Oberbefehlshaber in ↗ Germanien; nachdem drei röm. Legionen unter seiner Führung im Teutoburger Wald von den ↗ Germanen unter dem Cherusker ↗ Arminius vernichtend geschlagen waren, beging er Selbstmord
Vedius Pollio (Publius)	reicher Freund des ↗ Augustus; sein Luxus war sprichwörtlich (gest. 15 v. Chr.)
Venus	röm. Göttin der Liebe und Fruchtbarkeit, gleichgesetzt mit der griech. Aphrodite; sie galt als Mutter des ↗ Aeneas und wurde seit der Zeit ↗ Caesars als Stammmutter und Schutzherrin Roms verehrt
Vergilius (Publius V. Maro)	Vergil, bedeutender röm. Dichter (70–19 v. Chr.), mit Kaiser ↗ Augustus eng befreundet; sein Epos ↗ *Aeneis* erzählt das Schicksal des ↗ Aeneas von der Flucht aus ↗ Troja bis zur Ansiedlung in Italien
Vesta	Göttin des Herdfeuers, wichtig in der röm. Staatsreligion; ihr Rundtempel stand auf dem ↗ Forum Romanum
Vesuvius mons	der Vesuv, größter Vulkan des europäischen Festlandes, am Golf von ↗ Neapel gelegen; bei seinem verheerenden Ausbruch 79 n. Chr. gingen die Städte ↗ Pompeii und Herculaneum unter
Xanthippe	Frau des ↗ Sokrates; sie wurde als Typus der zänkischen, launenhaften Ehefrau sprichwörtlich
Zeus	oberster der griech. Götter, Gatte der Hera (↗ Iuno); von den Römern mit ↗ Jupiter gleichgesetzt

Grammatisches Register

Die folgenden Begriffe, Regeln und Lernstoffe findest du in den Grammatischen Impulsen:

Bildnachweis:

Ch. Aumann, Niederhausen: 98, 143, 246; **L. Balensiefen, Berlin**: Umschlagfoto, 7, 8 (oben), 15 (rechts), 24, 30, 42 (unten), 64 (oben), 69; **British Museum, London**: 34 (oben); **Deutsches Archäologisches Institut, Rom**: 8 (3x: unten links, unten Mitte, unten rechts), 9, 13 (2x: oben Mitte, unten) 28, 31, 32 (2x: oben links, unten links), 40 (rechts), 42 (oben), 52 (links), 60 (oben), 61, 62 (unten), 74; **U. Fleißner, München**: 44; **Fratelli Alinari, Florenz**: 13 (Mitte), 32 (oben rechts); **Gerhard-Marcks-Stiftung, Bremen**: 73; **J. Lindauer Verlagsarchiv**: 13 (2x: oben links, oben rechts), 15 (links), 17, 23, 34 (unten), 46, 52 (rechts), 53, 57 (2x: unten links, unten rechts), 64 (unten), 66, 70 (rechts), 71, 80, 81 (oben), 83, 84, 122, 203; **D. Lohmann, Tübingen**: 102, 120; **Martin-von-Wagner-Museum, Würzburg**: 38; **Musée Rèattu, Arles**: 57 (oben); **Ny Carlsberg Glyptotek, Kopenhagen**: 32 (unten rechts), 59; **Photo Réunion des Musées Nationaux, Paris**: 40 (links), 50; **Prähistorische Staatssammlung, München (M. Eberlein)**: 81 (2x: unten links, unten rechts); **K. Schulz, Salzmünde**: 113; **Staatliche Antikensammlungen und Glyptothek, München (Foto Museum)**: 70 (links); **Staatliche Museen, Kassel**: 47; **H. D. Stöver, Rheinbach**: 95, 96, 97, 118, 157, 171, 172; **A. Wätjen, Pullach**: 79, 88, 91, 108, 109, 114, 115, 116, 123, 127, 134, 137, 141, 151, 153, 247; **Württembergisches Landesmuseum, Stuttgart**: 60 (2x: Mitte links, Mitte rechts); 62 (2x: oben links, oben rechts)

Wegweiser

I. Satzlehre (Syntax)

1. Die Bestimmung und Kennzeichnung der Satzglieder

Beispielsatz:

Heute erzählt der Lehrer den Schülern eine neue Geschichte.
Z~~~Z ═══ ─── D- - - - - -D Ak- - - - - - - - - -Ak
Adj⊢⊣Adj

Hodie magister discipulis fabulam novam narrat.
Z~~~Z ─── D- - - - -D Ak- - - - - -Ak ═══
Adj⊢⊣Adj

Fragen	*Antwort*	*grammatische Bezeichnung des Satzglieds*
Wer (oder **was**) erzählt? **Quis** (aut **quid**) narrat?	der Lehrer magister	SUBJEKT (Satzgegenstand)
Was wird (über den Lehrer) ausgesagt? Quid (de magistro) praedicatur?	(er) erzählt narrat	PRÄDIKAT (Satzaussage)
(**Wen** oder) **was** erzählt er? (**Quem** aut) **quid** narrat?	eine neue Geschichte Ak- - - - - - - - - -Ak fabulam novam Ak- - - - - -Ak	OBJEKT (Ergänzung) im Akkusativ: AKKUSATIV-OBJEKT
Wem erzählt er die neue Geschichte? **Cui** fabulam novam narrat?	den Schülern D- - - - - -D discipulis D- - - - -D	OBJEKT (Ergänzung) im Dativ: DATIV-OBJEKT
Wann erzählt er? **Quando** narrat?	heute Z~~~Z hodie Z~~~Z	ADVERBIALE BESTIMMUNG (Umstandsbestimmung) hier: AB der Zeit
Was für eine Geschichte? **Qualem** fabulam?	eine neue Geschichte Adj⊢⊣Adj fabulam novam Adj⊢⊣Adj	ATTRIBUT (Beifügung) hier: Adjektiv-Attribut

Ein Satz kann **vier selbstständige Satzglieder** haben: SUBJEKT, PRÄDIKAT, OBJEKT(E), ADVERBIALE BESTIMMUNG(EN). Zur besonderen Rolle des fünften Satzgliedes, des PRÄDIKATIVUMS, vgl. GI 18.

Dazu kommt das immer unselbstständige ATTRIBUT. Es ist deshalb unselbstständig, weil es nie allein steht, sondern immer zu einem Satzglied gehört. Beim Unterstreichen ist darauf zu achten, dass zuerst das gesamte **übergeordnete** Satzglied, darunter (in der „zweiten Etage") das unselbstständige Satzglied gekennzeichnet wird.

Um den Bau eines Satzes zu verstehen, unterstreichen wir die einzelnen Satzglieder in der oben angegebenen Weise.

Dabei ist zu beachten:

a) Ein Substantiv oder Adjektiv, das zur Vervollständigung eines PRÄDIKATS notwendig ist, bezeichnet man als PRÄDIKATSNOMEN.

Beispiel:

Die Geschichte ist PN | *neu* | PN.	Gaius ist PN | *ein Schüler* | PN.
Fabula PN | *nova* | PN est.	Gaius PN | *discipulus* | PN est.

Ein Prädikatsnomen kommt regelmäßig bei dem Hilfsverb *sein* vor.

b) Bei den anderen Satzgliedern gibt es weitere Unterscheidungen, z. B.:
- Akkusativ-, Dativ-, Genitiv-, Präpositional-Objekte
- Adverbiale Bestimmungen der Zeit, des Ortes, der Art und Weise, des Grundes usw.
- Adjektiv-, Genitiv-, Präpositionalattribute, Appositionen usw.

Zur Kennzeichnung kann man entsprechende Abkürzungen rechts und links neben die Unterstreichungslinie schreiben.

2. Die Formen der Satzglieder – die ERSATZPROBE

Ein **Satzglied** kann verschiedene **Formen** haben. Seine **syntaktische Funktion,** d. h. seine **Rolle im Satz**, bleibt dennoch gleich, wie die folgenden Beispiele zeigen:

(1) **Adverbiale Bestimmung** (der Zeit)

a. Heute (Hodie)
b. In der ersten Stunde (Prima hora)
c. Wenn der Unterricht beginnt (Cum schola incipit),

} erzählt der Lehrer eine Geschichte.

(2) **Objekt**

Heute erzählt der Lehrer {
a. eine Geschichte (fabulam).
b. von Herkules und dem Löwen (de Hercule et leone).
c., dass Herkules einen Löwen besiegte (Herculem leonem vicisse).
d., warum Herkules den Löwen besiegte (cur Hercules leonem vicerit).

(3) **Subjekt**

a. Die Geschichte (Fabula)
b. Dass der Lehrer Geschichten erzählt (Magistrum fabulas narrare),
c. Was der Lehrer erzählt (Quae magister narrat),

} macht den Kindern Spaß.

(4) **Attribut**

a. Die lustige Geschichte (Fabula iocosa)
Adj Adj / Adj Adj
b. Die Geschichte des Lehrers (Fabula magistri)
G G / G G
c. Eine Geschichte, die lustig ist, (Fabula, quae iocosa est)
Rel Rel / Rel Rel

} gefällt den Kindern.

Wie die **Ersatzprobe** beweist, kann ein Satzglied ein einzelnes Wort, eine Wortgruppe (oft mit Präposition = Präpositionaler Ausdruck), ein satzwertiges Glied (z. B. AcI) oder ein Gliedsatz sein. Es gilt ebenso die Umkehrregel, dass grundsätzlich jeder Gliedsatz, ebenso jeder AcI (oder ein satzwertiges Glied) ***ein*** Satzglied ist.

Achte bei der Unterstreichung von komplexen Satzgliedern (z. B. bei Gliedsätzen) darauf, dass die Bestimmung immer **vom Ganzen zum Teil** fortschreitet: Zuerst wird das übergeordnete Satzglied bestimmt, dann in der zweiten, dritten usw. „Etage" die untergeordneten Glieder.

3. Die Stellung der Satzglieder

(1) Das Prädikat eines deutschen Aussagesatzes steht immer an zweiter Satzgliedposition. Besteht das Prädikat aus zwei Teilen, besetzt der konjugierte Bestandteil (Personalform) die zweite, der unkonjugierte Teil in der Regel die letzte Stelle des Satzes:

Der Lehrer [wird] den Schülern heute eine Geschichte [erzählen].

(2) Daraus folgt, dass vor dem Prädikat immer nur **ein** Satzglied stehen kann. An der ersten Position kann jedes Satzglied außer dem Prädikat stehen. Zu den Fragesätzen vgl. Lektion 5.

(3) Im Lateinischen ist die Stellung der Satzglieder wesentlich freier als im Deutschen.

II. Verstehen und Übersetzen

1. Für die Übersetzung vom Lateinischen ins Deutsche gilt folgende Regel:

Behalte grundsätzlich die ursprüngliche Reihenfolge der Satzglieder bei! **Stelle nicht unnötig um!**

AB	S	Dat.-Obj.	Akk.-Obj.	P
Cum schola incipit,	magister	discipulis	fabulam	narrat.

Wenn die Schule beginnt, erzählt der Lehrer den Schülern eine Geschichte.

2. Daraus ergibt sich als Schrittfolge für die Übersetzung:

(1) Übersetze das erste Satzglied.

(2) Übersetze danach das Prädikat bzw. den Teil des Prädikats, der im deutschen Satz die zweite Satzgliedposition besetzt.

(3) Übersetze die anderen Satzglieder.

3. Hat ein Satzglied die Form eines Gliedsatzes, gilt als Reihenfolge:

(1) Einleitewort

(2) Subjekt

(3) Die übrigen Satzglieder; das Prädikat steht normalerweise am Ende.

4. Kleinere Umstellungen sind in folgenden Fällen nötig:

- bei vorangestelltem Genitiv-Attribut
  z. B. magistri fabula – die Geschichte des Lehrers
- bei nachgestelltem Adjektiv-Attribut
  z. B. fabula nova – die neue Geschichte

- bei Trennung von Attribut und Beziehungswort durch andere Satzglieder (Hyperbaton)
  z. B. Magna proponit praemia. – Große Belohnungen setzt er aus.
- bei nachgestellter Nebensatzeinleitung (Inversion)
  z. B. Quod ubi Caesar cognovit, ... – Sobald Caesar das erfahren hatte, ...
- bei Relativsätzen, wenn das Beziehungswort nachgestellt ist oder im Gliedsatz selbst steht
  z. B. Habetis, quam petivistis, **facultatem**. – Ihr habt die **Möglichkeit**, die ihr verlangt habt.
- bei einem AcI wird das übergeordnete Verb meist vorgezogen; diese Regel gilt bei einem AcI innerhalb eines Gliedsatzes immer
  z. B. Caesar ubi hostes castra movisse **cognovit,** ... – Sobald Caesar **erfahren hatte**, dass die Feinde aufgebrochen waren, ...

III. Wortarten

Zwischen Satzgliedern und Wortarten muss genau unterschieden werden. Satzglieder können aus verschiedenen Wortarten bestehen; jede Wortart kann zu verschiedenen Satzgliedern gehören (vgl. die Ersatzprobe in I 2). So besteht die AB „Wenn die Schule morgens beginnt" aus den Wortarten Konjunktion (Subjunktion), Artikel, Substantiv, Adverb, Verb.
Alle Wörter lassen sich den folgenden Wortarten zuordnen:

Wortarten	*Untergruppen*	*Beispiele*
flektierbar (man kann das Wort konjugieren oder deklinieren): 1. VERB (Zeitwort) (konjugierbar)	a. Vollverb b. Hilfsverb c. Modalverb	kommen / venire sein / esse können / posse
2. SUBSTANTIV (Hauptwort) (deklinierbar)		Tisch / mensa Freude / gaudium
3. ADJEKTIV (Eigenschaftswort) (deklinierbar)		schön / pulcher
4. PRONOMEN (Fürwort) (deklinierbar)	a. Personal- b. Possessiv- c. Demonstrativ- d. Relativ- e. Interrogativ- f. Indefinit- g. Reflexiv-	ich, du / ego, tu mein / meus jener / ille welcher / qui wer? / quis? irgendeiner / aliquis sich / se
5. ARTIKEL (Geschlechtswort) (deklinierbar)	a. bestimmt b. unbestimmt	der, die, das / – ein, eine / –

Wortarten	*Untergruppen*	*Beispiele*
unflektierbar (unkonjugierbar und undeklinierbar): 6. ADVERB (Umstandswort)		deshalb / itaque schön / pulchre
7. PRÄPOSITION (Verhältniswort)		durch den Fluß / per flumen in dem Garten/in horto
8. INTERJEKTION (Ausrufewort)		ach! / vae!
9. KONJUNKTION (Bindewort)	a. koordinierend: verbindet gleiche Satzglieder oder Sätze b. subordinierend (SUBJUNKTION): leitet Gliedsätze ein	und / et denn / nam weil / quod wenn / si

Zu den flektierbaren Wortarten:

1. Konjugation (Verb)

Unterschieden werden:

- Person – 1., 2., 3.
- Numerus – Singular, Plural
- Modus – Indikativ, Konjunktiv, Imperativ
- Tempus – *L:* Präsens, Imperfekt, Futur I, Perfekt, Plusquamperfekt, Futur II
  – *D:* Präsens, Präteritum, Futur I, Perfekt, Plusquamperfekt, Futur II
- Genus verbi (Handlungsart) – Aktiv, Passiv

Beispiel: laudaris – 2. Sg. Ind. Präs. Pass.

2. Deklination (Substantiv, Adjektiv, Pronomen, Artikel)

Unterschieden werden:

- Kasus – *L:* Nominativ, Genitiv, Dativ, Akkusativ, Ablativ, Vokativ
  – *D:* Nominativ, Genitiv, Dativ, Akkusativ
- Numerus – Singular, Plural
- Genus – Masculinum (*m*), Femininum (*f*), Neutrum (*n*)

Beispiel: amorem – Akk. Sg. *m*

IV. Formenlehre

1. Konjugation (Verb)

a) Aktiv

		a-Konjugation	*e-Konjugation*	*i-Konjugation*	*Mischgruppe*	*konsonantische Konjugation*
Präsensstamm		spectā-	monē-	audī-	cap(i)-	trah-
Infinitiv Präsens		spectā-**re**	monē-**re**	audī-**re**	cap-**e-re**	trah-**e-re**
Präsens Indikativ	*Sg. 1*	spect-**ō**	mone-**ō**	audi-**ō**	capi-**ō**	trah-**ō**
	2	spectā-**s**	monē-**s**	audī-**s**	cap-**i-s**	trah-**i-s**
	3	specta-**t**	mone-**t**	audi-**t**	cap-**i-t**	trah-**i-t**
	Pl. 1	spectā-**mus**	monē-**mus**	audī-**mus**	cáp-**i-mus**	tráh-**i-mus**
	2	spectā-**tis**	monē-**tis**	audī-**tis**	cáp-**i-tis**	tráh-**i-tis**
	3	specta-**nt**	mone-**nt**	audi-**u-nt**	cápi-**u-nt**	tráh-**u-nt**
Präsens Konjunktiv	*Sg. 1*	spect-**e-m**	mone-**a-m**	audi-**a-m**	capi-**a-m**	trah-**a-m**
	2	spect-**ē-s**	mone-**ā-s**	audi-**ā-s**	capi-**ā-s**	trah-**ā-s**
	3	spect-**e-t**	mone-**a-t**	audi-**a-t**	capi-**a-t**	trah-**a-t**
	Pl. 1	spect-**ē-mus**	mone-**ā-mus**	audi-**ā-mus**	capi-**ā-mus**	trah-**ā-mus**
	2	spect-**ē-tis**	mone-**ā-tis**	audi-**ā-tis**	capi-**ā-tis**	trah-**ā-tis**
	3	spect-**e-nt**	mone-**a-nt**	audi-**a-nt**	capi-**a-nt**	trah-**a-nt**
Imperfekt Indikativ	*Sg. 1*	spectā-**ba-m**	monē-**ba-m**	audi-**ēba-m**	capi-**ēba-m**	trah-**ēba-m**
	2	spectā-**bā-s**	monē-**bā-s**	audi-**ēbā-s**	capi-**ēbā-s**	trah-**ēbā-s**
	3	spectā-**ba-t**	monē-**ba-t**	audi-**ēba-t**	capi-**ēba-t**	trah-**ēba-t**
	Pl. 1	spectā-**bā-mus**	monē-**bā-mus**	audi-**ēbā-mus**	capi-**ēbā-mus**	trah-**ēbā-mus**
	2	spectā-**bā-tis**	monē-**bā-tis**	audi-**ēbā-tis**	capi-**ēbā-tis**	trah-**ēbā-tis**
	3	spectā-**ba-nt**	monē-**ba-nt**	audi-**ēba-nt**	capi-**ēba-nt**	trah-**ēba-nt**
Imperfekt Konjunktiv	*Sg. 1*	spectā-**re-m**	monē-**re-m**	audī-**re-m**	cáp-**e-re-m**	tráh-**e-re-m**
	2	spectā-**rē-s**	monē-**rē-s**	audī-**rē-s**	cap-**e-rē-s**	trah-**e-rē-s**
	3	spectā-**re-t**	monē-**re-t**	audī-**re-t**	cap-**e-re-t**	trah-**e-re-t**
	Pl. 1	spectā-**rē-mus**	monē-**rē-mus**	audī-**rē-mus**	cap-**e-rē-mus**	trah-**e-rē-mus**
	2	spectā-**rē-tis**	monē-**rē-tis**	audī-**rē-tis**	cap-**e-rē-tis**	trah-**e-rē-tis**
	3	spectā-**re-nt**	monē-**re-nt**	audī-**re-nt**	cap-**e-re-nt**	trah-**e-re-nt**
Futur I	*Sg. 1*	spectā-**b-ō**	monē-**b-ō**	audi-**a-m**	capi-**a-m**	trah-**a-m**
	2	spectā-**b-i-s**	monē-**b-i-s**	audi-**ē-s**	capi-**ē-s**	trah-**ē-s**
	3	spectā-**b-i-t**	monē-**b-i-t**	audi-**e-t**	capi-**e-t**	trah-**e-t**
	Pl. 1	spectā́-**b-i-mus**	monē-**b-i-mus**	audi-**ē-mus**	capi-**ē-mus**	trah-**ē-mus**
	2	spectā́-**b-i-tis**	monē-**b-i-tis**	audi-**ē-tis**	capi-**ē-tis**	trah-**ē-tis**
	3	spectā-**b-u-nt**	monē-**b-u-nt**	audi-**e-nt**	capi-**e-nt**	trah-**e-nt**
Imperativ	*Sg.*	spectā	monē	audī	cap-**e**	trah-**e**
	Pl.	spectā-**te**	monē-**te**	audī-**te**	cáp-**i-te**	tráh-**i-te**
Partizip Präsens	*Nom.*	spectā-**ns**,	monē-**ns**,	audi-**ē-ns**,	capi-**ē-ns**,	trah-**ē-ns**,
	Gen.	specta-**ntis**	mone-**ntis**	audi-**e-ntis**	capi-**e-ntis**	trah-**ē-ntis**

Perfektstamm		spectāv-	monu-	audīv-	cēp-	trāx-
Infinitiv Perfekt		spectāv-**isse**	monu-**isse**	audīv-**isse**	cēp-**isse**	trāx-**isse**
Perfekt Indikativ	*Sg. 1*	spectāv-**ī**	monu-**ī**	audīv-**ī**	cēp-**ī**	trāx-**ī**
	2	spectāv-**istī**	monu-**istī**	audīv-**istī**	cēp-**istī**	trāx-**istī**
	3	spectāv-**it**	monu-**it**	audīv-**it**	cēp-**it**	trāx-**it**
	Pl. 1	spectāv-**imus**	monú-**imus**	audīv-**imus**	cēp-**imus**	trāx-**imus**
	2	spectāv-**istis**	monu-**istis**	audīv-**istis**	cēp-**istis**	trāx-**istis**
	3	spectāv-**ḗrunt**	monu-**ḗrunt**	audīv-**ḗrunt**	cēp-**ḗrunt**	trāx-**ḗrunt**
Perfekt Konjunktiv	*Sg. 1*	spectā́v-**erim**	monú-**erim**	audī́v-**erim**	cḗp-**erim**	trā́x-**erim**
	2	spectāv-**eris**	monu-**eris**	audīv-**eris**	cēp-**eris**	trāx-**eris**
	3	spectāv-**erit**	monu-**erit**	audīv-**erit**	cēp-**erit**	trāx-**erit**
	Pl. 1	spectāv-**erimus**	monu-**erimus**	audīv-**erimus**	cēp-**erimus**	trāx-**erimus**
	2	spectāv-**eritis**	monu-**eritis**	audīv-**eritis**	cēp-**eritis**	trāx-**eritis**
	3	spectā́v-**erint**	monú-**erint**	audīv-**erint**	cēp-**erint**	trāx-**erint**
Plusquam-perfekt Indikativ	*Sg. 1*	spectā́v-**eram**	monú-**eram**	audī́v-**eram**	cḗp-**eram**	trā́x-**eram**
	2	spectāv-**erās**	monu-**erās**	audīv-**erās**	cēp-**erās**	trāx-**erās**
	3	spectāv-**erat**	monu-**erat**	audīv-**erat**	cēp-**erat**	trāx-**erat**
	Pl. 1	spectāv-**erāmus**	monu-**erāmus**	audīv-**erāmus**	cēp-**erāmus**	trāx-**erāmus**
	2	spectāv-**erātis**	monu-**erātis**	audīv-**erātis**	cēp-**erātis**	trāx-**erātis**
	3	spectāv-**erant**	monu-**erant**	audīv-**erant**	cēp-**erant**	trāx-**erant**
Plusquam-perfekt Konjunktiv	*Sg. 1*	spectāv-**issem**	monu-**issem**	audīv-**issem**	cēp-**issem**	trāx-**issem**
	2	spectāv-**issēs**	monu-**issēs**	audīv-**issēs**	cēp-**issēs**	trāx-**issēs**
	3	spectāv-**isset**	monu-**isset**	audīv-**isset**	cēp-**isset**	trāx-**isset**
	Pl. 1	spectāv-**issēmus**	monu-**issēmus**	audīv-**issēmus**	cēp-**issēmus**	trāx-**issēmus**
	2	spectāv-**issētis**	monu-**issētis**	audīv-**issētis**	cēp-**issētis**	trāx-**issētis**
	3	spectāv-**issent**	monu-**issent**	audīv-**issent**	cēp-**issent**	trāx-**issent**
Futur II	*Sg. 1*	spectā́v-**erō**	monú-**erō**	audī́v-**erō**	cḗp-**erō**	trā́x-**erō**
	2	spectāv-**eris**	monu-**eris**	audīv-**eris**	cēp-**eris**	trāx-**eris**
	3	spectāv-**erit**	monu-**erit**	audīv-**erit**	cēp-**erit**	trāx-**erit**
	Pl. 1	spectāv-**erimus**	monu-**erimus**	audīv-**erimus**	cēp-**erimus**	trāx-**erimus**
	2	spectāv-**eritis**	monu-**eritis**	audīv-**eritis**	cēp-**eritis**	trāx-**eritis**
	3	spectāv-**erint**	monu-**erint**	audīv-**erint**	cēp-**erint**	trāx-**erint**
Partizip Futur		spectāt-**ūrus, a, um**	monit-**ūrus, a, um**	audīt-**ūrus, a, um**	capt-**ūrus, a, um**	tract-**ūrus, a, um**
Infinitiv Futur		spectāt-**ūrum, am, um/ōs, ās, a esse**	monit-**ūrum, am, um/ōs, ās, a esse**	audīt-**ūrum, am, um/ōs, ās, a esse**	capt-**ūrum, am, um/ōs, ās, a esse**	tract-**ūrum, am, um/ōs, ās, a esse**

b) Passiv

		a-Konjugation	*e-Konjugation*	*i-Konjugation*	*Mischgruppe*	*konsonantische Konjugation*
Präsensstamm		spectā-	monē-	audī-	cap(i)-	trah-
Infinitiv Präsens		spectā-**rī**	monē-**rī**	audī-**rī**	cap-**ī**	trah-**ī**
Präsens Indikativ	*Sg. 1*	spect-**or**	mone-**or**	audi-**or**	capi-**or**	trah-**or**
	2	spectā-**ris**	monē-**ris**	audī-**ris**	cáp-**e-ris**	tráh-**e-ris**
	3	spectā-**tur**	monē-**tur**	audī-**tur**	cáp-**i-tur**	tráh-**i-tur**
	Pl. 1	spectā-**mur**	monē-**mur**	audī-**mur**	cáp-**i-mur**	tráh-**i-mur**
	2	spectā́-**minī**	monē-**minī**	audī-**minī**	cap-**i-minī**	trah-**i-minī**
	3	specta-**ntur**	mone-**ntur**	audi-**u-ntur**	capi-**u-ntur**	trah-**u-ntur**
Präsens Konjunktiv	*Sg. 1*	spect-**e-r**	mone-**a-r**	audi-**a-r**	capi-**a-r**	trah-**a-r**
	2	spect-**ē-ris**	mone-**ā-ris**	audi-**ā-ris**	capi-**ā-ris**	trah-**ā-ris**
	3	spect-**ē-tur**	mone-**ā-tur**	audi-**ā-tur**	capi-**ā-tur**	trah-**ā-tur**
	Pl. 1	spect-**ē-mur**	mone-**ā-mur**	audi-**ā-mur**	capi-**ā-mur**	trah-**ā-mur**
	2	spect-**ē-minī**	mone-**ā-minī**	audi-**ā-minī**	capi-**ā-minī**	trah-**ā-minī**
	3	spect-**e-ntur**	mone-**a-ntur**	audi-**a-ntur**	capi-**a-ntur**	trah-**a-ntur**
Imperfekt Indikativ	*Sg. 1*	spectā-**ba-r**	monē-**ba-r**	audi-**ēba-r**	capi-**ēba-r**	trah-**ēba-r**
	2	spectā-**bā-ris**	monē-**bā-ris**	audi-**ēbā-ris**	capi-**ēbā-ris**	trah-**ēbā-ris**
	3	spectā-**bā-tur**	monē-**bā-tur**	audi-**ēbā-tur**	capi-**ēbā-tur**	trah-**ēbā-tur**
	Pl. 1	spectā-**bā-mur**	monē-**bā-mur**	audi-**ēbā-mur**	capi-**ēbā-mur**	trah-**ēbā-mur**
	2	spectā-**bā-minī**	monē-**bā-minī**	audi-**ēbā-minī**	capi-**ēbā-minī**	trah-**ēbā-minī**
	3	spectā-**ba-ntur**	monē-**ba-ntur**	audi-**ēba-ntur**	capi-**ēba-ntur**	trah-**ēba-ntur**
Imperfekt Konjunktiv	*Sg. 1*	spectā-**re-r**	monē-**re-r**	audī-**re-r**	cáp-**e-re-r**	tráh-**e-re-r**
	2	spectā-**rē-ris**	monē-**rē-ris**	audī-**rē-ris**	cap-**e-rē-ris**	trah-**e-rē-ris**
	3	spectā-**rē-tur**	monē-**rē-tur**	audī-**rē-tur**	cap-**e-rē-tur**	trah-**e-rē-tur**
	Pl. 1	spectā-**rē-mur**	monē-**rē-mur**	audī-**rē-mur**	cap-**e-rē-mur**	trah-**e-rē-mur**
	2	spectā-**rē-minī**	monē-**rē-minī**	audī-**rē-minī**	cap-**e-rē-minī**	trah-**e-rē-minī**
	3	spectā-**re-ntur**	monē-**re-ntur**	audī-**re-ntur**	cap-**e-re-ntur**	trah-**e-re-ntur**
Futur I	*Sg. 1*	spectā-**b-or**	monē-**b-or**	audi-**a-r**	capi-**a-r**	trah-**a-r**
	2	spectā-**b-e-ris**	monē-**b-e-ris**	audi-**ē-ris**	capi-**ē-ris**	trah-**ē-ris**
	3	spectā-**b-i-tur**	monē-**b-i-tur**	audi-**ē-tur**	capi-**ē-tur**	trah-**ē-tur**
	Pl. 1	spectā-**b-i-mur**	monē-**b-i-mur**	audi-**ē-mur**	capi-**ē-mur**	trah-**ē-mur**
	2	spectā-**b-i-minī**	monē-**b-i-minī**	audi-**ē-minī**	capi-**ē-minī**	trah-**ē-minī**
	3	spectā-**b-u-ntur**	monē-**b-u-ntur**	audi-**e-ntur**	capi-**e-ntur**	trah-**e-ntur**
Infinitiv Futur		spectāt-**um īrī**	monit-**um īrī**	audīt-**um īrī**	capt-**um īrī**	tract-**um īrī**

Partizipialstamm		spectāt-	monit-	audīt-	capt-	tract-
Infinitiv Perfekt		spectāt**um, am, um/** spectāt**ōs, ās, a esse**	monit**um, am, um/** monit**ōs, ās, a esse**	audīt**um, am, um/** audīt**ōs, ās, a esse**	capt**um, am, um/** capt**ōs, ās, a esse**	tract**um, am, um/** tract**ōs, ās, a esse**
Perfekt Indikativ	*Sg. 1*	spectāt**us, a, um sum**	monit**us, a, um sum**	audīt**us, a, um sum**	capt**us, a, um sum**	tract**us, a, um sum**
	2	spectāt**us, a, um es**	monit**us, a, um es**	audīt**us, a, um es**	capt**us, a, um es**	tract**us, a, um es**
	3	spectāt**us, a, um est**	monit**us, a, um est**	audīt**us, a, um est**	capt**us, a, um est**	tract**us, a, um est**
	Pl. 1	spectāt**ī, ae, a sumus**	monit**ī, ae, a sumus**	audīt**ī, ae, a sumus**	capt**ī, ae, a sumus**	tract**ī, ae, a sumus**
	2	spectāt**ī, ae, a estis**	monit**ī, ae, a estis**	audīt**ī, ae, a estis**	capt**ī, ae, a estis**	tract**ī, ae, a estis**
	3	spectāt**ī, ae, a sunt**	monit**ī, ae, a sunt**	audīt**ī, ae, a sunt**	capt**ī, ae, a sunt**	tract**ī, ae, a sunt**
Perfekt Konjunktiv	*Sg. 1*	spectāt**us, a, um sim**	monit**us, a, um sim**	audīt**us, a, um sim**	capt**us, a, um sim**	tract**us, a, um sim**
	2	spectāt**us, a, um sīs**	monit**us, a, um sīs**	audīt**us, a, um sīs**	capt**us, a, um sīs**	tract**us, a, um sīs**
	3	spectāt**us, a, um sit**	monit**us, a, um sit**	audīt**us, a, um sit**	capt**us, a, um sit**	tract**us, a, um sit**
	Pl. 1	spectāt**ī, ae, a sīmus**	monit**ī, ae, a sīmus**	audīt**ī, ae, a sīmus**	capt**ī, ae, a sīmus**	tract**ī, ae, a sīmus**
	2	spectāt**ī, ae, a sītis**	monit**ī, ae, a sītis**	audīt**ī, ae, a sītis**	capt**ī, ae, a sītis**	tract**ī, ae, a sītis**
	3	spectāt**ī, ae, a sint**	monit**ī, ae, a sint**	audīt**ī, ae, a sint**	capt**ī, ae, a sint**	tract**ī, ae, a sint**
Plusquam-perfekt Indikativ	*Sg. 1*	spectāt**us, a, um eram**	monit**us, a, um eram**	audīt**us, a, um eram**	capt**us, a, um eram**	tract**us, a, um eram**
	2	spectāt**us, a, um erās**	monit**us, a, um erās**	audīt**us, a, um erās**	capt**us, a, um erās**	tract**us, a, um erās**
	3	spectāt**us, a, um erat**	monit**us, a, um erat**	audīt**us, a, um erat**	capt**us, a, um erat**	tract**us, a, um erat**
	Pl. 1	spectāt**ī, ae, a erāmus**	monit**ī, ae, a erāmus**	audīt**ī, ae, a erāmus**	capt**ī, ae, a erāmus**	tract**ī, ae, a erāmus**
	2	spectāt**ī, ae, a erātis**	monit**ī, ae, a erātis**	audīt**ī, ae, a erātis**	capt**ī, ae, a erātis**	tract**ī, ae, a erātis**
	3	spectāt**ī, ae, a erant**	monit**ī, ae, a erant**	audīt**ī, ae, a erant**	capt**ī, ae, a erant**	tract**ī, ae, a erant**
Plusquam-perfekt Konjunktiv	*Sg. 1*	spectāt**us, a, um essem**	monit**us, a, um essem**	audīt**us, a, um essem**	capt**us, a, um essem**	tract**us, a, um essem**
	2	spectāt**us, a, um essēs**	monit**us, a, um essēs**	audīt**us, a, um essēs**	capt**us, a, um essēs**	tract**us, a, um essēs**
	3	spectāt**us, a, um esset**	monit**us, a, um esset**	audīt**us, a, um esset**	capt**us, a, um esset**	tract**us, a, um esset**
	Pl. 1	spectāt**ī, ae, a essēmus**	monit**ī, ae, a essēmus**	audīt**ī, ae, a essēmus**	capt**ī, ae, a essēmus**	tract**ī, ae, a essēmus**
	2	spectāt**ī, ae, a essētis**	monit**ī, ae, a essētis**	audīt**ī, ae, a essētis**	capt**ī, ae, a essētis**	tract**ī, ae, a essētis**
	3	spectāt**ī, ae, a essent**	monit**ī, ae, a essent**	audīt**ī, ae, a essent**	capt**ī, ae, a essent**	tract**ī, ae, a essent**
Futur II	*Sg. 1*	spectāt**us, a, um erō**	monit**us, a, um erō**	audīt**us, a, um erō**	capt**us, a, um erō**	tract**us, a, um erō**
	2	spectāt**us, a, um eris**	monit**us, a, um eris**	audīt**us, a, um eris**	capt**us, a, um eris**	tract**us, a, um eris**
	3	spectāt**us, a, um erit**	monit**us, a, um erit**	audīt**us, a, um erit**	capt**us, a, um erit**	tract**us, a, um erit**
	Pl. 1	spectāt**ī, ae, a erimus**	monit**ī, ae, a erimus**	audīt**ī, ae, a erimus**	capt**ī, ae, a erimus**	tract**ī, ae, a erimus**
	2	spectāt**ī, ae, a eritis**	monit**ī, ae, a eritis**	audīt**ī, ae, a eritis**	capt**ī, ae, a eritis**	tract**ī, ae, a eritis**
	3	spectāt**ī, ae, a erunt**	monit**ī, ae, a erunt**	audīt**ī, ae, a erunt**	capt**ī, ae, a erunt**	tract**ī, ae, a erunt**
Partizip Perfekt		spectāt-**us, a, um**	monit-**us, a, um**	audīt-**us, a, um**	capt-**us, a, um**	tract-**us, a, um**

c) Unregelmäßige Verben

Infinitiv Präsens		*esse*	*posse*	*prōdesse*	*īre*	*ferre*	*ferrī*
Präsensstamm		(e)s-	pot-(e)s-	prōd-(e)s-	e-/ī-	fer-	fer-
Präsens Indikativ	*Sg. 1*	**sum**	pos**sum**	prō**sum**	e-**ō**	fer-**ō**	fer-**or**
	2	es	potes	prōdes	ī-**s**	fer-**s**	fer-**ris**
	3	est	potest	prōdest	i-**t**	fer-**t**	fer-**tur**
	Pl. 1	**sumus**	pós**sumus**	prṓ**sumus**	ī-**mus**	fer-**i-mus**	fer-**i-mur**
	2	es**tis**	potes**tis**	prōdes**tis**	ī-**tis**	fer-**tis**	fer-**i-minī**
	3	**sunt**	pos**sunt**	prō**sunt**	e-**u-nt**	fer-**u-nt**	fer-**u-ntur**
Präsens Konjunktiv	*Sg. 1*	**sim**	pos**sim**	prō**sim**	e-**a-m**	fer-**a-m**	fer-**a-r**
	2	**sīs**	pos**sīs**	prō**sīs**	e-**ā-s**	fer-**ā-s**	fer-**ā-ris**
	3	**sit**	pos**sit**	prō**sit**	e-**a-t**	fer-**a-t**	fer-**ā-tur**
	Pl. 1	**sīmus**	pos**sīmus**	prō**sīmus**	e-**ā-mus**	fer-**ā-mus**	fer-**ā-mur**
	2	**sītis**	pos**sītis**	prō**sītis**	e-**ā-tis**	fer-**ā-tis**	fer-**ā-minī**
	3	**sint**	pos**sint**	prō**sint**	e-**a-nt**	fer-**a-nt**	fer-**a-ntur**
Imperfekt Indikativ	*Sg. 1*	er-**a-m**	póter-**a-m**	prōder-**a-m**	ī-**ba-m**	fer-**ēba-m**	fer-**ēba-r**
	2	er-**ā-s**	poter-**ā-s**	prōder-**ā-s**	ī-**bā-s**	fer-**ēbā-s**	fer-**ēbā-ris**
	3	er-**a-t**	poter-**a-t**	prōder-**a-t**	ī-**ba-t**	fer-**ēba-t**	fer-**ēbā-tur**
	Pl. 1	er-**ā-mus**	poter-**ā-mus**	prōder-**ā-mus**	ī-**bā-mus**	fer-**ēbā-mus**	fer-**ēbā-mur**
	2	er-**ā-tis**	poter-**ā-tis**	prōder-**ā-tis**	ī-**bā-tis**	fer-**ēbā-tis**	fer-**ēbā-minī**
	3	er-**a-nt**	poter-**a-nt**	prōder-**a-nt**	ī-**ba-nt**	fer-**ēba-nt**	fer-**ēba-ntur**
Imperfekt Konjunktiv	*Sg. 1*	es-**se-m**	pos-**se-m**	prōdes-**se-m**	ī-**re-m**	fer-**re-m**	fer-**re-r**
	2	es-**sē-s**	pos-**sē-s**	prōdes-**sē-s**	ī-**rē-s**	fer-**rē-s**	fer-**rē-ris**
	3	es-**se-t**	pos-**se-t**	prōdes-**se-t**	ī-**re-t**	fer-**re-t**	fer-**rē-tur**
	Pl. 1	es-**sē-mus**	pos-**sē-mus**	prōdes-**sē-mus**	ī-**rē-mus**	fer-**rē-mus**	fer-**rē-mur**
	2	es-**sē-tis**	pos-**sē-tis**	prōdes-**sē-tis**	ī-**rē-tis**	fer-**rē-tis**	fer-**rē-minī**
	3	es-**se-nt**	pos-**se-nt**	prōdes-**se-nt**	ī-**re-nt**	fer-**re-nt**	fer-**re-ntur**
Futur I	*Sg. 1*	er-**ō**	póter-**ō**	prōder-**ō**	ī-**b-ō**	fer-**a-m**	fer-**a-r**
	2	er-**i-s**	poter-**i-s**	prōder-**i-s**	ī-**b-i-s**	fer-**ē-s**	fer-**ē-ris**
	3	er-**i-t**	poter-**i-t**	prōder-**i-t**	ī-**b-i-t**	fer-**e-t**	fer-**ē-tur**
	Pl. 1	er-**i-mus**	poter-**i-mus**	prōder-**i-mus**	ī-**b-i-mus**	fer-**ē-mus**	fer-**ē-mur**
	2	er-**i-tis**	poter-**i-tis**	prōder-**i-tis**	ī-**b-i-tis**	fer-**ē-tis**	fer-**ē-minī**
	3	er-**u-nt**	poter-**u-nt**	prōder-**u-nt**	ī-**b-u-nt**	fer-**e-nt**	fer-**e-ntur**
Imperativ	*Sg.*	es		prōdes	ī	fer	
	Pl.	es-**te**		prōdes-**te**	ī-**te**	fer-**te**	
Partizip Präsens	*Nom.*				i-**ē-s**,	fer-**ē-ns**,	
	Gen.				e-**u-ntis**	fer-**ē-ntis**	

Perfektstamm		fu-	potu-	prōfu-	i-	tul-	lāt-
Infinitiv Perfekt		fu-**isse**	potu-**isse**	prōfu-**isse**	i-**isse > īsse**	tul-**isse**	lāt**um, am, um/ ōs, ās, a esse**
Perfekt Indikativ	*Sg. 1*	fu-**ī**	potu-**ī**	prōfu-**ī**	i-**ī**	tul-**ī**	lāt**us, a, um sum**
	2	fu-**istī**	potu-**istī**	prōfu-**istī**	i-**istī > īstī**	tul-**istī**	lāt**us, a, um es**
	3	fu-**it**	potu-**it**	prōfu-**it**	i-**it**	tul-**it**	lāt**us, a, um est**
	Pl. 1	fú-**imus**	potú-**imus**	prōfú-**imus**	í-**imus**	túl-**imus**	lāt**ī, ae, a sumus**
	2	fu-**istis**	potu-**istis**	prōfu-**istis**	i-**istis > īstis**	tul-**istis**	lāt**ī, ae, a estis**
	3	fu-**ḗrunt**	potu-**ḗrunt**	prōfu-**ḗrunt**	i-**ḗrunt**	tul-**ḗrunt**	lāt**ī, ae, a sunt**
Perfekt Konjunktiv	*Sg. 1*	fú-**erim**	potú-**erim**	prōfú-**erim**	í-**erim**	túl-**erim**	lāt**us, a, um sim**
	2	fu-**eris**	potu-**eris**	prōfu-**eris**	i-**eris**	tul-**eris**	lāt**us, a, um sīs**
	3	fu-**erit**	potu-**erit**	prōfu-**erit**	i-**erit**	tul-**erit**	lāt**us, a, um sit**
	Pl. 1	fu-**érimus**	potu-**érimus**	prōfu-**érimus**	i-**érimus**	tul-**érimus**	lāt**ī, ae, a sīmus**
	2	fu-**éritis**	potu-**éritis**	prōfu-**éritis**	i-**éritis**	tul-**éritis**	lāt**ī, ae, a sītis**
	3	fú-**erint**	potú-**erint**	prōfú-**erint**	í-**erint**	túl-**erint**	lāt**ī, ae, a sint**
Plusquam-perfekt Indikativ	*Sg. 1*	fú-**eram**	potú-**eram**	prōfú-**eram**	í-**eram**	túl-**eram**	lāt**us, a, um eram**
	2	fu-**erās**	potu-**erās**	prōfu-**erās**	i-**erās**	tul-**erās**	lāt**us, a, um erās**
	3	fu-**erat**	potu-**erat**	prōfu-**erat**	i-**erat**	tul-**erat**	lāt**us, a, um erat**
	Pl. 1	fu-**erāmus**	potu-**erāmus**	prōfu-**erāmus**	i-**erāmus**	tul-**erāmus**	lāt**ī, ae, a erāmus**
	2	fu-**erātis**	potu-**erātis**	prōfu-**erātis**	i-**erātis**	tul-**erātis**	lāt**ī, ae, a erātis**
	3	fú-**erant**	potu-**erant**	prōfu-**erant**	i-**erant**	tul-**erant**	lāt**ī, ae, a erant**
Plusquam-perfekt Konjunktiv	*Sg. 1*	fu-**issem**	potu-**issem**	prōfu-**issem**	**īssem**	tul-**issem**	lāt**us, a, um essem**
	2	fu-**issēs**	potu-**issēs**	prōfu-**issēs**	**īssēs**	tul-**issēs**	lāt**us, a, um essēs**
	3	fu-**isset**	potu-**isset**	prōfu-**isset**	**īsset**	tul-**isset**	lāt**us, a, um esset**
	Pl. 1	fu-**issēmus**	potu-**issēmus**	prōfu-**issēmus**	**īssēmus**	tul-**issēmus**	lāt**ī, ae, a essēmus**
	2	fu-**issētis**	potu-**issētis**	prōfu-**issētis**	**īssētis**	tul-**issētis**	lāt**ī, ae, a essētis**
	3	fu-**issent**	potu-**issent**	prōfu-**issent**	**īssent**	tul-**issent**	lāt**ī, ae, a essent**
Futur II	*Sg. 1*	fú-**erō**	potú-**erō**	prōfú-**erō**	í-**erō**	túl-**erō**	lāt**us, a, um erō**
	2	fu-**eris**	potu-**eris**	prōfu-**eris**	i-**eris**	tul-**eris**	lāt**us, a, um eris**
	3	fu-**erit**	potu-**erit**	prōfu-**erit**	i-**erit**	tul-**erit**	lāt**us, a, um erit**
	Pl. 1	fu-**érimus**	potu-**érimus**	prōfu-**érimus**	i-**érimus**	tul-**érimus**	lāt**ī, ae, a erimus**
	2	fu-**éritis**	potu-**éritis**	prōfu-**éritis**	i-**éritis**	tul-**éritis**	lāt**ī, ae, a eritis**
	3	fú-**erint**	potú-**erint**	prōfú-**erint**	í-**erint**	túl-**erint**	lāt**ī, ae, a erunt**
Partizip Futur		fut-**ūrus, a, um**		prōfut-**ūrus, a, um**	it-**urus, a, um**	lat-**ūrus, a, um**	
Infinitiv Futur		fut-**ūrum, am, um/ ūrōs, ās, a** esse		prōfut-**ūrum, am, um/ ūrōs, ās, a** esse	it-**ūrum, am, um/ ūrōs, ās, a** esse	lāt-**ūrum, am, um/ ūrōs, ās, a** esse	lāt-**um īrī**

2. Deklination

a) Substantive

	a-Deklination	*o-Deklination*			
Sg. Nom.	puell**a** (*f*)	amīc**us** (*m*)	puer (*m*)	magister (*m*)	templ**um** (*n*)
Gen.	puell**ae**	amīc**ī**	puer**ī**	magistr**ī**	templ**ī**
Dat.	puell**ae**	amīc**ō**	puer**ō**	magistr**ō**	templ**ō**
Akk.	puell**am**	amīc**um**	puer**um**	magistr**um**	templ**um**
Abl.	puell**ā**	amīc**ō**	puer**ō**	magistr**ō**	templ**ō**
*Vok.**		amīce**			
Pl. Nom.	puell**ae**	amīc**ī**	puer**ī**	magistr**ī**	templ**a**
Gen.	puell**ārum**	amīc**ōrum**	puer**ōrum**	magistr**ōrum**	templ**ōrum**
Dat.	puell**īs**	amīc**īs**	puer**īs**	magistr**īs**	templ**īs**
Akk.	puell**ās**	amīc**ōs**	puer**ōs**	magistr**ōs**	templ**a**
Abl.	puell**īs**	amīc**īs**	puer**īs**	magistr**īs**	templ**īs**

* Der Vokativ wird nur angeführt, wenn er anders lautet als der Nominativ.
** Bei Substantiven auf -ius endet der Vokativ auf -ī: Cornēl-ius – Cornēl-ī.

	Dritte Deklination					
	konsonantische Deklination		*Mischgruppe*		*i-Deklination*	
Sg. Nom.	soror (*f*)	nōmen (*n*)	nāv**is** (*f*)	urb**s** (*f*)	pupp**is** (*f*)	mar**e** (*n*)
Gen.	sorōr**is**	nōmin**is**	nāv**is**	urb**is**	pupp**is**	mar**is**
Dat.	sorōr**ī**	nōmin**ī**	nāv**ī**	urb**ī**	pupp**ī**	mar**ī**
Akk.	sorōr**em**	nōmen	nāv**em**	urb**em**	pupp**im**	mar**e**
Abl.	sorōr**e**	nōmin**e**	nāv**e**	urb**e**	pupp**ī**	mar**ī**
Pl. Nom.	sorōr**ēs**	nōmin**a**	nāv**ēs**	urb**ēs**	pupp**ēs**	mar**ia**
Gen.	sorōr**um**	nōmin**um**	nāv**ium**	urb**ium**	pupp**ium**	mar**ium**
Dat.	sorōr**ibus**	nōmin**ibus**	nāv**ibus**	urb**ibus**	pupp**ibus**	mar**ibus**
Akk.	sorōr**ēs**	nōmin**a**	nāv**ēs**	urb**ēs**	pupp**ēs**	mar**ia**
Abl.	sorōr**ibus**	nōmin**ibus**	nāv**ibus**	urb**ibus**	pupp**ibus**	mar**ibus**

	u-Deklination		*e-Deklination*	
Sg. Nom.	curr**us** (*m*)	corn**ū** (*n*)	r**ēs** (*f*)	di**ēs** (*m*)
Gen.	curr**ūs**	corn**ūs**	r**eī**	di**ēī**
Dat.	curr**uī**	corn**ū**	r**eī**	di**ēī**
Akk.	curr**um**	corn**ū**	r**em**	di**em**
Abl.	curr**ū**	corn**ū**	r**ē**	di**ē**
Pl. Nom.	curr**ūs**	corn**ua**	r**ēs**	di**ēs**
Gen.	curr**uum**	corn**uum**	r**ērum**	di**ērum**
Dat.	curr**ibus**	corn**ibus**	r**ēbus**	di**ēbus**
Akk.	curr**ūs**	corn**ua**	r**ēs**	di**ēs**
Abl.	curr**ibus**	corn**ibus**	r**ēbus**	di**ēbus**

b) Adjektive

	Adjektive der a- / o-Deklination					
	m	*f*	*n*	*m*	*f*	*n*
Sg. Nom.	māgn**us**	māgn**a**	māgn**um**	pulcher	pulchr**a**	pulchr**um**
Gen.	māgn**ī**	māgn**ae**	māgn**ī**	pulchr**ī**	pulchr**ae**	pulchr**ī**
Dat.	māgn**ō**	māgn**ae**	māgn**ō**	pulchr**ō**	pulchr**ae**	pulchr**ō**
Akk.	māgn**um**	māgn**am**	māgn**um**	pulchr**um**	pulchr**am**	pulchr**um**
Abl.	māgn**ō**	māgn**ā**	māgn**ō**	pulchr**ō**	pulchr**ā**	pulchr**ō**
Pl. Nom.	māgn**ī**	māgn**ae**	māgn**a**	pulchr**ī**	pulchr**ae**	pulchr**a**
Gen.	māgn**ōrum**	māgn**ārum**	māgn**ōrum**	pulchr**ōrum**	pulchr**ārum**	pulchr**ōrum**
Dat.	māgn**īs**	māgn**īs**	māgn**īs**	pulchr**īs**	pulchr**īs**	pulchr**īs**
Akk.	māgn**ōs**	māgn**ās**	māgn**a**	pulchr**ōs**	pulchr**ās**	pulchr**a**
Abl.	māgn**īs**	māgn**īs**	māgn**īs**	pulchr**īs**	pulchr**īs**	pulchr**īs**

	Adjektive der Dritten Deklination (i-Stämme)								
	m	*f*	*n*	*m*	*f*	*n*	*m*	*f*	*n*
Sg. Nom.	ācer	ācr**is**	ācr**e**	fort**is**	fort**is**	fort**e**	ingēns	ingēns	ingēns
Gen.	ācr**is**	ācr**is**	ācr**is**	fort**is**	fort**is**	fort**is**	ingent**is**	ingent**is**	ingent**is**
Dat.	ācr**ī**	ācr**ī**	ācr**ī**	fort**ī**	fort**ī**	fort**ī**	ingent**ī**	ingent**ī**	ingent**ī**
Akk.	ācr**em**	ācr**em**	ācr**e**	fort**em**	fort**em**	fort**e**	ingent**em**	ingent**em**	ingēns
Abl.	ācr**ī**	ācr**ī**	ācr**ī**	fort**ī**	fort**ī**	fort**ī**	ingent**ī**	ingent**ī**	ingent**ī**
Pl. Nom.	ācr**ēs**	ācr**ēs**	ācr**ia**	fort**ēs**	fort**ēs**	fort**ia**	ingent**ēs**	ingent**ēs**	ingent**ia**
Gen.	ācr**ium**	ācr**ium**	ācr**ium**	fort**ium**	fort**ium**	fort**ium**	ingent**ium**	ingent**ium**	ingent**ium**
Dat.	ācr**ibus**	ācr**ibus**	ācr**ibus**	fort**ibus**	fort**ibus**	fort**ibus**	ingent**ibus**	ingent**ibus**	ingent**ibus**
Akk.	ācr**ēs**	ācr**ēs**	ācr**ia**	fort**ēs**	fort**ēs**	fort**ia**	ingent**ēs**	ingent**ēs**	ingent**ia**
Abl.	ācr**ibus**	ācr**ibus**	ācr**ibus**	fort**ibus**	fort**ibus**	fort**ibus**	ingent**ibus**	ingent**ibus**	ingent**ibus**

	Adjektive der Dritten Deklination (konsonantische Stämme)		
	m	*f*	*n*
Sg. Nom.	vetus	vetus	vetus
Gen.	veter**is**	veter**is**	veter**is**
Dat.	veter**ī**	veter**ī**	veter**ī**
Akk.	veter**em**	veter**em**	vetus
Abl.	veter**e**	veter**e**	veter**e**
Pl. Nom.	veter**ēs**	veter**ēs**	veter**a**
Gen.	veter**um**	veter**um**	veter**um**
Dat.	veter**ibus**	veter**ibus**	veter**ibus**
Akk.	veter**ēs**	veter**ēs**	veter**a**
Abl.	veter**ibus**	veter**ibus**	veter**ibus**

	Komparative (konsonantische Stämme) *m*	*f*	*n*
Sg. Nom.	clārior	clārior	clārius
Gen.	clāriōr**is**	clāriōr**is**	clāriōr**is**
Dat.	clāriōr**ī**	clāriōr**ī**	clāriōr**ī**
Akk.	clāriōr**em**	clāriōr**em**	clārius
Abl.	clāriōr**e**	clāriōr**e**	clāriōr**e**
Pl. Nom.	clāriōr**ēs**	clāriōr**ēs**	clāriōr**a**
Gen.	clāriōr**um**	clāriōr**um**	clāriōr**um**
Dat.	clāriōr**ibus**	clāriōr**ibus**	clāriōr**ibus**
Akk.	clāriōr**ēs**	clāriōr**ēs**	clāriōr**a**
Abl.	clāriōr**ibus**	clāriōr**ibus**	clāriōr**ibus**

c) Pronomina

(1) Personalpronomina

	1. Person	*2. Person*	*3. Person* *nicht-reflexiv*	*reflexiv*
Sg. Nom.	ego	tū	wird ersetzt durch das	–
Gen.	meī	tuī	Demonstrativpronomen	suī
Dat.	mihi	tibi	is, ea, id	sibi
Akk.	mē	tē		sē
Abl.	ā mē, mēcum	ā tē, tēcum		ā sē, sēcum
Pl. Nom.	nōs	vōs	wird ersetzt durch das	–
Gen.	nostrī, nostrum	vestrī, vestrum	Demonstrativpronomen	suī
Dat.	nōbīs	vōbīs	eī, eae, ea	sibi
Akk.	nōs	vōs		sē
Abl.	ā nōbīs, nōbīscum	ā vōbīs, vōbīscum		ā sē, sēcum

(2) Possessivpronomina

1. Person	*2. Person*	*3.Person* *nicht-reflexiv*	*reflexiv*
meus, mea, meum	tuus, tua, tuum	wird ersetzt durch den Genitiv des Demonstrativpronomens: eius	suus, sua, suum
noster, nostra, nostrum	vester, vestra, vestrum	wird ersetzt durch den Genitiv des Demonstrativpronomens: eōrum, eārum, eōrum	suus, sua, suum

(3) Demonstrativpronomina

	m	*f*	*n*	*m*	*f*	*n*
Sg. Nom.	is	ea	id	hic	haec	hoc
Gen.	eius	eius	eius	huius	huius	huius
Dat.	eī	eī	eī	huic	huic	huic
Akk.	eum	eam	id	hunc	hanc	hoc
Abl.	eō	eā	eō	hōc	hāc	hōc
Pl. Nom.	eī (iī)	eae	ea	hī	hae	haec
Gen.	eōrum	eārum	eōrum	hōrum	hārum	hōrum
Dat.	eīs (iīs)	eīs (iīs)	eīs (iīs)	hīs	hīs	hīs
Akk.	eōs	eās	ea	hōs	hās	haec
Abl.	eīs (iīs)	eīs (iīs)	eīs (iīs)	hīs	hīs	hīs

	m	*f*	*n*	*m*	*f*	*n*
Sg. Nom.	iste	ista	istud	ille	illa	illud
Gen.	istīus	istīus	istīus	illīus	illīus	illīus
Dat.	istī	istī	istī	illī	illī	illī
Akk.	istum	istam	istud	illum	illam	illud
Abl.	istō	istā	istō	illō	illā	illō
Pl. Nom.	istī	istae	ista	illī	illae	illa
Gen.	istōrum	istārum	istōrum	illōrum	illārum	illōrum
Dat.	istīs	istīs	istīs	illīs	illīs	illīs
Akk.	istōs	istās	ista	illōs	illās	illa
Abl.	istīs	istīs	istīs	illīs	illīs	illīs

	m	*f*	*n*	*m*	*f*	*n*
Sg. Nom.	ipse	ipsa	ipsum	īdem	éadem	idem
Gen.	ipsīus	ipsīus	ipsīus	eiúsdem	eiúsdem	eiúsdem
Dat.	ipsī	ipsī	ipsī	eīdem	eīdem	eīdem
Akk.	ipsum	ipsam	ipsum	eundem	eandem	idem
Abl.	ipsō	ipsā	ipsō	eōdem	eādem	eōdem
Pl. Nom.	ipsī	ipsae	ipsa	eīdem*	eaedem	éadem
Gen.	ipsōrum	ipsārum	ipsōrum	eōrúndem	eārúndem	eōrúndem
Dat.	ipsīs	ipsīs	ipsīs	eīsdem**	eīsdem**	eīsdem**
Akk.	ipsōs	ipsās	ipsa	eōsdem	eāsdem	éadem
Abl.	ipsīs	ipsīs	ipsīs	eīsdem**	eīsdem**	eīsdem**

* *auch iīdem/īdem;*
** *auch iīsdem/īsdem*

(4) Relativpronomen

	m	*f*	*n*
Sg. Nom.	quī	quae	quod
Gen.	cuius	cuius	cuius
Dat.	cui	cui	cui
Akk.	quem	quam	quod
Abl.	quō	quā	quō
Pl. Nom.	quī	quae	quae
Gen.	quōrum	quārum	quōrum
Dat.	quibus	quibus	quibus
Akk.	quōs	quās	quae
Abl.	quibus	quibus	quibus

(5) Interrogativpronomina

substantivisch (wer? was?)	*m / f*	*n*	*adjektivisch (welcher? welche? welches?)*
Nom.	quis	quid	*formengleich mit dem Relativpronomen, in Sg. und Pl. (vgl. oben)*
Gen.	cuius	cuius	
Dat.	cui	cui	
Akk.	quem	quid	
Abl.	quō	quō	

(6) Pronominaladjektive und Indefinitpronomina

	alius			*alter*			*nemo*	*nihil*
	m	*f*	*n*	*m*	*f*	*n*		
Sg. Nom.	alius	alia	aliud	alter	altera	alterum	nēmō	nihil
Gen.	alterīus	alterīus	alterīus	alterīus	alterīus	alterīus	nūllīus	nūllīus reī
Dat.	aliī	aliī	aliī	alterī	alterī	alterī	nēminī	nūllī reī
Akk.	alium	aliam	aliud	alterum	alteram	alterum	nēminem	nihil
Abl.	aliō	aliā	aliō	alterō	alterā	alterō	nūllō	nūllā rē
Pl. Nom.	aliī	aliae	alia					
Gen.	aliōrum	aliārum	aliōrum					
Dat.	aliīs	aliīs	aliīs					
Akk.	aliōs	aliās	alia					
Abl.	aliīs	aliīs	aliīs					

Auch die Pronominaladjektive *unus, ullus, nullus, uter, neuter* haben im Genitiv und Dativ Sg. die Endungen **-īus** und **-ī**; ebenso *solus* und *totus*.

VILLA ROMANA QUINQUE DECLINATIONUM

A–Deklination -a (meist femininum)	O–Deklination -us, -er (meist masculinum) -um (neutrum)	Dritte Deklination (alle drei Geschlechter) I. konsonantisch (-e -a -um)	II. Misch-Gruppe (-e -ia -ium)	III. i-Gruppe (-i -ia -ium)	U–Deklination -us, Gen.-us (meist masculinum) -u (neutrum)	E–Deklination -es, Gen.-ei (meist femininum)

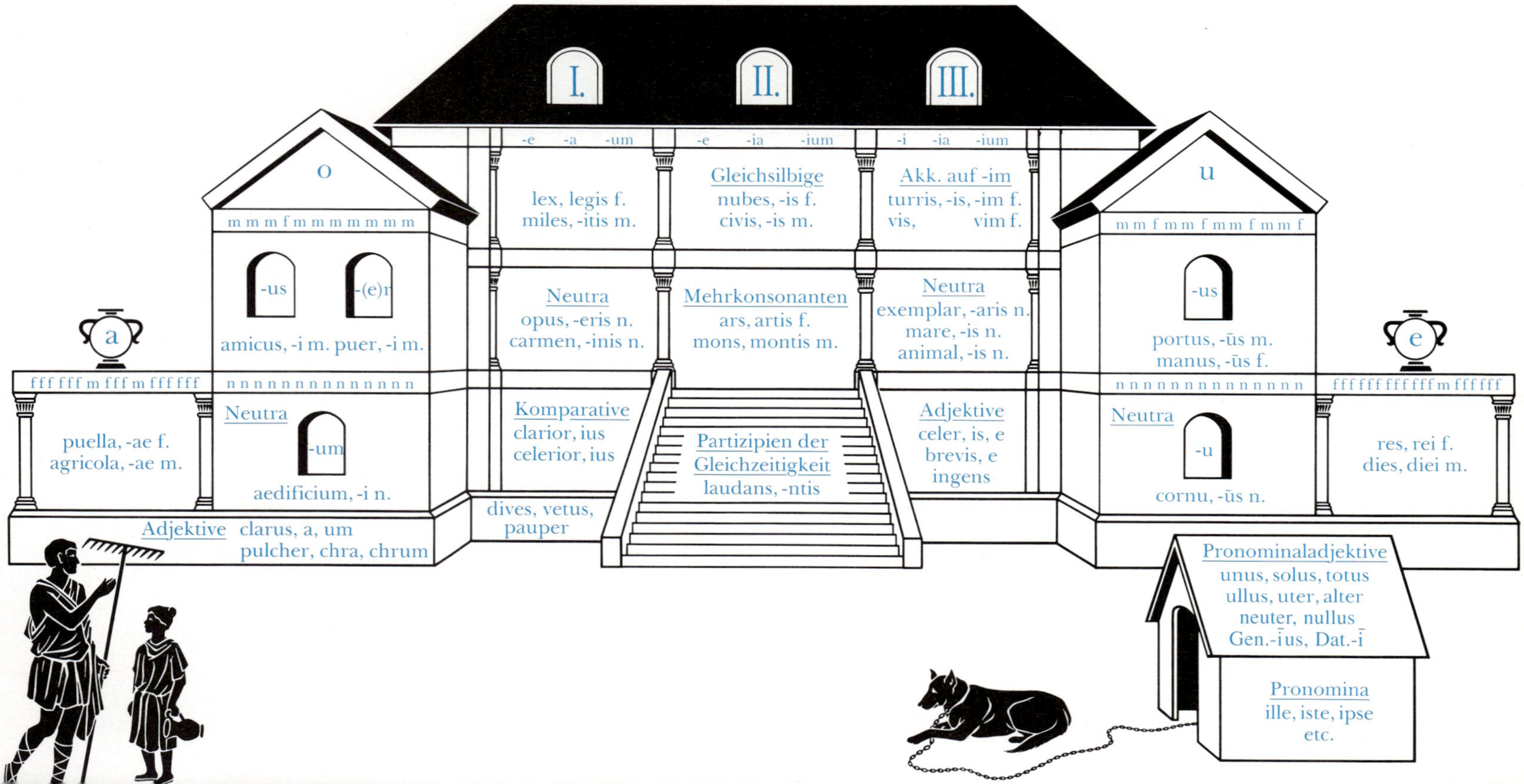

NAVIS TEMPORUM ROMANA

Beispiele:
Aktiv und Passiv
der 3. Person Sg./Pl.
von *capere*

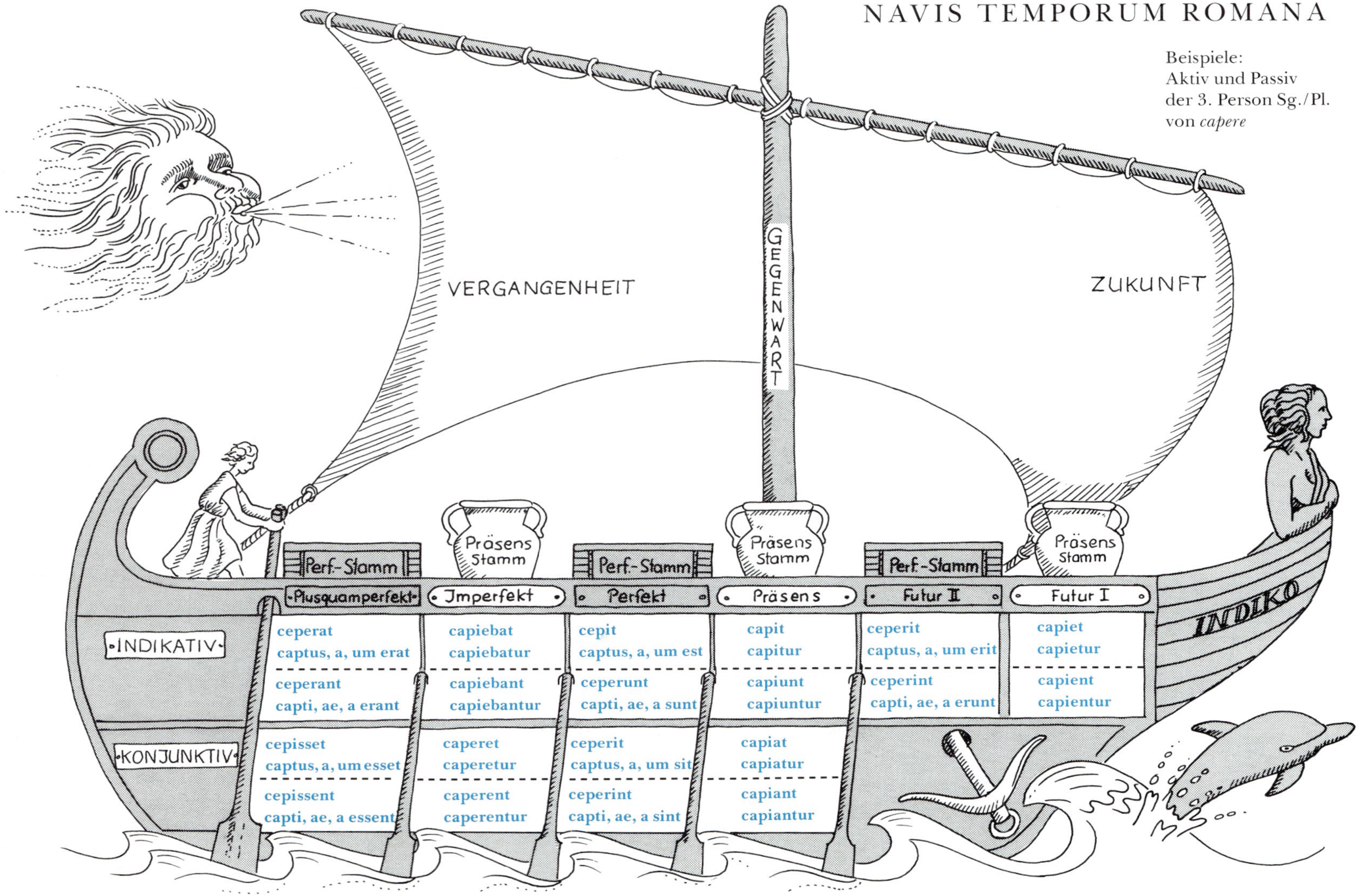

Lateinisch-deutsches Wörterverzeichnis

Die Zahlen geben an, in welcher Lektion die Vokabeln und Junkturen erstmals auftreten.

a / ab *(Präp. b. Abl.)* **9** von, von ... her / weg
abducere, abduco, -duxi, -ductum **10** wegführen
abire, abeo, abii, abitum **18** weggehen
abundare *(m. Abl.)* **21** überfließen, Überfluss haben *(an)*
ac **19** und
accedere, accedo, accessi, accessum **13** herangehen, sich nähern
accidere, accidit, accidit **25** sich ereignen, zustoßen
  accidit, ut **27** es kommt (kam) vor, dass
accipere, accipio, -cepi, -ceptum **4** annehmen, empfangen
accusare **23** anklagen, beschuldigen
acer, acris, acre **15** scharf, spitz; heftig
acerbus, a, um **28** herb, bitter, hart
acies, -ei *f* **15** Schärfe; Schlachtordnung; Schlacht
ad *(Präp. b. Akk.)* **4** zu *(wohin?)*; an, bei *(wo?)*
  ad unum omnes **23** alle ohne Ausnahme, alle bis auf den letzten Mann
addere, addo, addidi, additum **33** *(dazugeben:)* hinzufügen
adducere, adduco, adduxi, -ductum **27** hinführen, veranlassen
adeo **35** so sehr
adesse, adsum, adfui, – **1** dasein; helfen
adhibere, adhibeo, adhibui, adhibitum **21** anwenden; hinzuziehen
adhuc **23** bis jetzt; immer noch
adimere, adimo, ademi, ademptum **30** an sich nehmen, wegnehmen
adire, adeo, adii, aditum **18** herangehen, sich wenden an; besuchen
  imperatorem adire **18** an den Feldherrn herantreten, sich an den Feldherrn wenden
aditus, -us **38** Herangehen; Zutritt, Zugang
adiungere, adiungo, -iunxi, -iunctum **20** hinzufügen
  se Spartaco adiungere **22** sich Spartacus anschließen
adiuvare, adiuvo, -iuvi, -iutum *(m. Akk.)* **7** unterstützen, helfen *(jdm.)*
administrare **25** verwalten, leiten
admiratio, -ionis *f* **16** Bewunderung; Staunen
  admirationem movere **22** Bewunderung einflößen
admonere **11** (er)mahnen; erinnern
admonitio, -ionis *f* **11** Ermahnung
adulescens, -entis *m* **18** junger Mann; jung
adulterium **40** Ehebruch
advenire, advenio, -veni, -ventum **9** ankommen
adventus, -us **36** Ankunft
adversarius **28** Gegner, Feind
adversus, a, um **35** entgegenstehend, feindlich; ungünstig
advocare **12** herbeirufen
aedes (aedis), -is *f* **31** Tempel *(ein Raum)*;
  aedes, -ium *(Pl.)* **31** Haus *(mehrere Räume)*
aedificare **9** (er)bauen
aedificium **6** Gebäude, Bauwerk
aedilis, -is *m* **18** Ädil
  aedilis designatus **18** der designierte *(für das Amt bestimmte)* Ädil
aeger, aegra, aegrum **7** krank
aegre *(Adv.)* **24** mit Mühe, kaum
  aegre ferre *(m. Akk. / AcI)* **24** sich ärgern *(über / dass)*
aestimare **35** schätzen, (be)urteilen
  parvi aestimare **35** gering schätzen
aetas, -atis *f* **30** (Lebens-)Alter; Zeitalter
aeternus, a, um **32** ewig
afferre, affero, attuli, allatum **23** herbeitragen; zufügen; melden
  vim afferre *(m. Dat.)* **23** *(jdm.)* Gewalt antun
afficere, afficio, -feci, -fectum *(m. Abl.)* **21** versehen *(mit)*
  amicos ira afficere **21** die Freunde mit Zorn erfüllen, zornig machen
affirmare **35** bekräftigen; behaupten
ager, agri **23** Acker, Feld; Gebiet
agere, ago, egi, actum **2** tun; (ver)handeln; treiben
  amico gratias agere **26** dem Freund Dank sagen, danken
  de coniuratione agitur **36** es wird über die Verschwörung verhandelt, debattiert
  de me actum est **26** um mich ist es geschehen, es ist aus mit mir
  hiemem agere **17** den Winter verbringen
  partes dominorum agere **26** die Rolle der Herren übernehmen / spielen
  Saturnalia agere **26** das Fest der Saturnalien feiern
  vitam (miseram) agere **12** ein (elendes) Leben führen, (elend) leben
agricola *m* **9** Bauer
aio *(3. Sg.* **ait** */ 3. Pl.* **aiunt***)* **39** sagen
alea **26** Würfel, Würfelspiel
alere, alo, alui, altum **12** ernähren
alienus, a, um **10** fremd
aliquando **12** irgendeinmal, einst
aliter **28** anders, auf andere Weise
  aliter atque / ac **36** anders als

alius, a, ud **4** ein anderer
alia ratione atque/ac **37** auf andere Weise als; aus einem anderen Grunde als
alii … alii **11** die einen … die anderen
alter, altera, alterum **12** der, die, das andere *(von zweien)*
alter … alter **12** der eine … der andere
altus, a, um **4** hoch; tief
amare **3** lieben
ambitio, -ionis *f* **37** Ehrgeiz
ambo, ambae, ambo **12** beide
amica **3** Freundin; befreundet
amicitia **23** Freundschaft
amicus **3** Freund; befreundet
amittere, amitto, amisi, amissum **20** verlieren
amor, -oris *m* **10** Liebe
amore capi **10** sich verlieben
amphitheatrum **22** Amphitheater
amplus, a, um **37** weit, ausgedehnt; bedeutend
an *(in Doppelfragen)* **26** oder
anima **28** Seele; Atem; Leben
animadvertere, animadverto, -verti, -versum *(in)* **36** wahrnehmen, bemerken; einschreiten *(gegen)*
in Vedium animadvertere **36** gegen Vedius einschreiten, Vedius bestrafen
animal, animalis *n* **10** Lebewesen, Tier
animus **10** Sinn, Geist; Herz; Mut
animum recipere **27** wieder Mut fassen
animo deficere **27** den Mut verlieren
in animo habere **10** im Sinn haben, beabsichtigen, vorhaben
laeto animo **14** fröhlich
annus **14** Jahr
ante **6** *(Adv.:)* vorher, früher; *(Präp. b. Akk.:)* vor *(räuml. und zeitl.)*
ante diem **7** vor Tagesanbruch
antea **16** vorher, früher
anteferre, antefero, antetuli, antelatum **31** vorziehen, bevorzugen
antequam **39** bevor
antiquus, a, um **11** alt, altertümlich
aperire, aperio, aperui, apertum **3** öffnen
apertus, a, um **36** offen; offenkundig
apparere **6** erscheinen, sich zeigen
apportare **10** heranbringen, herbeitragen
appropinquare **11** sich nähern
Aprilis (mensis) 30 GI April
apud *(Präp. b. Akk.)* **17** bei
aqua **5** Wasser
aquaeductus, -us **5** Aquädukt *(Wasserleitung)*
ara **9** Altar
arbor, arboris *f* **4** Baum
arcere, arceo, arcui, – **32** fernhalten, abwehren
arcus, -us **5** Bogen, Wölbung
ardere, ardeo, arsi, – **35** brennen, glühen
argentum **19** Silber
arma, -orum *n (Pl.)* **14** Waffen
arma capere **15** zu den Waffen greifen
arma ferre contra Romanos **23** gegen die Römer kämpfen
vi et armis **14** mit Waffengewalt
armare **35** bewaffnen
arripere, arripio, arripui, arreptum **31** an sich reißen, ergreifen
ars, artis *f* **37** Kunst, Geschicklichkeit
arx, arcis *f* **16** Burg
ascendere, ascendo, ascendi, ascensum **3** hinaufsteigen, besteigen
asper, aspera, asperum **33** rau, hart; barsch
atque **19** und
atrium **7** Atrium *(Hauptraum eines römischen Hauses)*
atrox, -ocis **30** grässlich, schrecklich
attentus, a, um **5** aufmerksam
auctor, -oris *m* **12** Autor; Urheber
auctor rerum gestarum *m* **21** Geschichtsschreiber
Caesare auctore **22 GI** auf Veranlassung Caesars
auctoritas, -atis *f* **27** Ansehen, Einfluss
audacia **35** Kühnheit, Mut; Verwegenheit, Frechheit
audax, -acis **21** kühn; verwegen, frech
audire **1** hören, zuhören
auditor, -oris *m* **19** Zuhörer
auferre, aufero, abstuli, ablatum **23** weg-, davontragen
augere, augeo, auxi, auctum **22** vergrößern, vermehren
Augustus (mensis) 30 GI August
aurum **16** Gold
aut **8** oder
aut … aut **8** entweder … oder
autem *(nachgestellt)* **2** aber, jedoch
autumnus **10** Herbst
auxilium **7** Hilfe
auxilia, -orum *n (Pl.)* **7** Hilfstruppen
auxilium ferre **23** Hilfe bringen
consilium mihi auxilio est **11 GI** der Rat ist mir hilfreich, hilft mir
avis, avis *f* **13** Vogel
avus **6** Großvater
balneum **36** Bad
barbarus, a, um **23** barbarisch, fremd; ungebildet
beatus, a, um **25** *(innerlich)* glücklich; reich
bellare **40** Krieg führen, kämpfen
bellicosus, a, um **40** kriegerisch
bellum **11** Krieg
bellum civile **29** Bürgerkrieg
bellum inferre *(m. Dat.)* **23** Krieg beginnen *(mit)*
bene *(Adv.)* **2** gut
bestia **22** (wildes) Tier
bibere, bibo, bibi, – **19** trinken
bonus, a, um **4** gut
bos, bovis *m / f* **40** Rind; Ochse

brevi *(Adv.)* **35** in kurzer Zeit, bald
brevis, e **15** kurz
brevi tempore **15** in kurzer Zeit
cadere, cado, cecidi, – **19** fallen
caedere, caedo, cecidi, caesum **13** fällen; niederhauen, töten
caelum **11** Himmel
caerimonia **37** Feier
calamitas, -atis *f* **38** Unglück, Schaden
calliditas, -atis *f* **27** Schlauheit
callidus, a, um **8** schlau
campus **13** Feld, Ebene
canere, cano, cecini, – **3** singen
lyra canere **39** auf der Lyra spielen
canis, canis *m / f* **37** Hund / Hündin
cantare **39** singen
cantus, **-us** **3** Lied, Gesang
capere, capio, cepi, captum **4** fassen, fangen; nehmen
amore capi **10** sich verlieben
arma capere **15** zu den Waffen greifen
consilium capere **8** einen Entschluss fassen
mente captus **26** verrückt
captivitas, -atis *f* **40** Gefangenschaft
captivus **20** Gefangener; gefangen
carcer, carceris *m* **20** Gefängnis
carere *(m. Abl.)* **21** entbehren; nicht haben
pecunia carere **21** kein Geld haben
carmen, **carminis** *n* **11** Lied; Gedicht
carus, a, um **37** lieb, teuer
castra, **-orum** *n* *(Pl.)* **22** Lager, Feldlager
castra ponere **22** ein Lager aufschlagen
casus, **-us** **28** Fall, Untergang; Unglück; Zufall
causa **11** Grund, Ursache; Rechtsfall, Prozess
causam clientis defendere **17** den Rechtsfall eines Klienten vertreten, einen Klienten im Prozess verteidigen
qua de causa **19** *(interrogativ:)* aus welchem Grund; *(relativ:)* aus diesem Grund
cavere, caveo, cavi, cautum *(m. Akk.)* **27** sich hüten (*vor*), sich in Acht nehmen (*vor*)
cedere, cedo, cessi, cessum **3** gehen; weggehen, weichen
precibus cedere **26** den Bitten nachgeben
celebrare **26** besuchen, feiern
celer, celeris, celere **15** schnell
celeritas, **-atis** *f* **9** Schnelligkeit
celsus, a, um **32** hoch, erhaben
cena **17** Essen, Mahlzeit; Gastmahl
cenare **27** speisen, essen
censere, censeo, censui, censum **21** glauben; schätzen
censura **28** Zensur *(Amt des Zensors)*
centesimus, a, um **30 GI** der (die, das) hundertste
centum **30 GI** hundert
certamen, **-inis** *n* **22** Wettstreit; Kampf
certare **28** streiten, kämpfen
de imperio certare **31** um die Herrschaft kämpfen
certe **10** sicherlich
cerva **35** Hirschkuh
cervus **35** Hirsch
cessare **26** zögern
ceteri, ae, a *(Pl.)* **3** die übrigen, die anderen
ceterum **21** übrigens
cibus **4** Nahrung, Speise, Futter
circum *(Präp. b. Akk.)* **25** um ... herum
circumdare, circumdo, -dedi, -datum **13** umgeben
circus **38** Zirkus *(Ort der Wagenrennen, bis zur Errichtung der Amphitheater im 1. Jh. v. Chr. auch Schauplatz von Gladiatorenkämpfen und Tierhetzen)*
cito **3** schnell
civilis, e **29** bürgerlich, Bürger-; öffentlich
bellum civile **29** Bürgerkrieg
civis, **civis** *m / f* **14** Bürger(in)
civitas, **-atis** *f* **14** Bürgerschaft, Staat; Bürgerrecht
clades, **-is** *f* **16** Niederlage, Unglück; Verlust
clam **9** heimlich
clamare **1** schreien, rufen
clamor, **-oris** *m* **9** Geschrei
clamorem tollere **26** Geschrei erheben, schreien
clarus, a, um **37** hell; klar; berühmt
classis, -is *f* **35** Abteilung; Flotte
claudere, claudo, clausi, clausum **33** schließen, versperren
claustra, -orum *n* *(Pl.)* **32** Riegel, Verschluss
clemens, **-entis** **20** mild, nachsichtig
clementia **19** Milde
cliens, **-tis** *m* **7** Klient *(Schützling)*
coepisse, coepi, coeptum (*Perf. zu* incipere) **13** angefangen haben
cogere, cogo, coegi, coactum **12** zusammenbringen, versammeln; zwingen
cogitare **14** (nach)denken; planen
cognomen, -inis *n* **33** Beiname
cognoscere, cognosco, cognovi, cognitum **18** erkennen, kennen lernen; erfahren
cohors, **cohortis** *f* **19** Kohorte *(zehnter Teil einer Legion)*
colere, colo, colui, cultum **9** verehren; bebauen; pflegen
collega, -ae *m* **37** Kollege, Amtsgenosse
collocare **40** aufstellen
exercitum in Germania collocare **40** das Heer in Germanien stationieren
colloquium **31** Gespräch, Unterredung
color, **-oris** *m* **25** Farbe
comes, -itis *m / f* **32** Begleiter(in)
commendare **40** anvertrauen; empfehlen
committere, committo, -misi, -missum **13** zustande bringen; anvertrauen
proelium committere **23** den Kampf beginnen
scelus committere **13** ein Verbrechen begehen

commodum **37** Vorteil; Bequemlichkeit
commovere, commoveo, -movi, -motum **20** bewegen, veranlassen
communis, e **15** gemeinsam
commutare **30** (sehr) verändern, (ganz) verwandeln
comparare **25** beschaffen; vergleichen
comperire, comperio, -peri, -pertum **24** (genau) erfahren, in Erfahrung bringen
complere, compleo, -plevi, -pletum **9** (an)füllen; erfüllen
complures, complura *(Gen.* **-ium**) **38** mehrere, ziemlich viele
comprehendere, comprehendo, -prehendi, -prehensum **30** ergreifen, fassen; begreifen
concurrere, concurro, -curri, -cursum **23** zusammenlaufen
condere, condo, condidi, conditum **13** gründen; verbergen; aufbewahren
conferre, confero, contuli, collatum **23** zusammentragen; beitragen; vergleichen
  Romam se conferre **23** sich nach Rom begeben
conficere, conficio, -feci, -fectum **26** vollenden; erledigen
  viam conficere **39** einen Weg zurücklegen
confirmare **39** bekräftigen, versichern; stärken
confligere, confligo, -flixi, -flictum **35** zusammenstoßen; kämpfen
confugere, confugio, -fugi, – **36** fliehen, sich flüchten
coniungere, coniungo, -iunxi, -iunctum **15** verbinden
coniunx (coniux), -iugis *m / f* **31** Gatte; Gattin
coniurare **30** sich verschwören
  coniuratus **30** Verschwörer
coniuratio, -ionis *f* **21** Verschwörung
conscius, a, um *(m. Gen.)* **30** mitwissend, eingeweiht *(in)*; Mitwisser
consentire, consentio, -sensi, -sensum **29** übereinstimmen
  consentire cum Cicerone **29** mit Cicero übereinstimmen
conservare **30** (gut) bewahren, erhalten, retten
considere, consido, -sedi, -sessum **2** sich (hin)setzen; sich niederlassen
consilium **8** Plan, Entschluss; Rat; Ratsversammlung
  consilium capere **8** einen Entschluss fassen
  consilium habere *(de)* **12** beraten *(über)*
  consilium inire **20** einen Entschluss fassen
consistere, consisto, -stiti, – **6** Halt machen, stehen bleiben
conspicere, conspicio, -spexi, -spectum **16** erblicken
constans, -antis **25** beständig, standhaft
constantia **29** Standhaftigkeit; Beständigkeit
constat, constitit *(m. AcI)* **13** es steht fest, es ist bekannt *(dass)*
  inter omnes constat *(m. AcI)* **28** es ist allgemein bekannt *(dass)*
constituere, constituo, -stitui, -stitutum **24** aufstellen; festsetzen, beschließen
consuetudo, -inis *f* **30** Gewohnheit; Umgang *(mit jdm.)*
consul, -is *m* **22** Konsul
consulatus, -us **29** Konsulat *(Amt des Konsuls)*
consultum **36** Beschluss
  senatus consultum **36** Senatsbeschluss
consumere, consumo, -sumpsi, -sumptum **27** verbrauchen
contemnere, contemno, -tempsi, -temptum **33** verachten, verschmähen
contentus, a, um *(m. Abl.)* **14** zufrieden *(mit)*
contra **18** *(Adv.:)* dagegen; gegenüber; *(Präp. b. Akk.:)* gegen
controversia *(de)* **13** Streit, Meinungsverschiedenheit *(über)*
contumelia **40** Schmach, Schande; Beleidigung
convenire, convenio, -veni, -ventum **9** zusammenkommen
  amicum convenire **17** einen Freund besuchen
  in insulam convenire **9** auf der Insel zusammenkommen
  pax convenit **16** Frieden kommt zustande, es wird Frieden geschlossen
convertere, converto, -verti, -versum **29** umdrehen, wenden; verwandeln
conviva *m* **18** Gast
convivium **17** Gastmahl, Gelage
convocare **20** zusammenrufen
copia **22** Menge, Vorrat
  copiae, -arum *(Pl.)* **22** Vorräte; Truppen
coram *(Präp. b. Abl.)* **36** in Gegenwart von
  coram amico **36** in Gegenwart des Freundes
cornu, -us *n* **19** Horn; Flügel *(eines Heeres)*
corona **9** Kranz
corpus, -oris *n* **40** Körper
corrumpere, corrumpo, -rupi, -ruptum **34** verderben; bestechen
cottidie **7** täglich
creare **18** wählen; (er)schaffen
credere, credo, credidi, creditum **8** glauben; anvertrauen
crescere, cresco, crevi, cretum **14** wachsen
crimen, -inis *n* **37** Vorwurf; Verbrechen
  crimini dare **37** zum Vorwurf machen
crudelis, e **15** grausam
crudelitas, -atis *f* **16** Grausamkeit
crus, cruris *n* **38** Bein
crux, crucis *f* **23** Kreuz
  in crucem tollere **23** ans Kreuz schlagen
cubiculum **28** Schlafzimmer
cuius? **8** wessen?
cum *(m. Ind.)* *(inversivum)* **14** als;
  (iterativum) **8** (jedesmal) wenn

cum *(m. Konj.)* **39** als; da, weil; obwohl; während (dagegen)
cum *(Präp. b. Abl.)* **9** mit
  una cum **27** zusammen mit
cuncti, ae, a *(Pl.)* **2** alle
cupere, cupio, cupivi, cupitum **4** wünschen, wollen
cupiditas, **-atis** *f* **16** Begierde, Verlangen
cupidus, a, um *(m. Gen.)* **20** begierig *(nach)*
cur? **1** warum?
cura **7** Sorge; Pflege, Sorgfalt
curare *(m. Akk.)* **40** versorgen, sorgen *(für)*, sich kümmern *(um)*
  aliena negotia curare **40** sich um fremde Angelegenheiten kümmern
  vulnera curare **40** Wunden versorgen
curia **29** Kurie *(Senatsgebäude)*
currere, curro, cucurri, cursum **3** laufen, rennen
currus, **-us** **2** Wagen
cursus, **-us** **15** Lauf
  cursum in Italiam dirigere **34** den Kurs nach Italien lenken
  cursum in Italiam tenere **32** Kurs auf Italien halten
custodire **8** bewachen, beschützen
custos, **custodis** *m* **13** Wächter, Hüter
dare, do, dedi, datum **11** geben
  crimini dare **37** zum Vorwurf machen
  epistulam (litteras) ad amicum dare **17** einen Brief an den Freund schreiben
  operam dare *(m. Dat.)* **11** sich Mühe geben, sich bemühen *(um)*
  operam dare, ut **28** sich Mühe geben, dass ...; sich bemühen, dass ...
  otio se dare **17** sich der Muße hingeben, die freie Zeit genießen
  veniam dare *(m. Dat.)* **11** *(jdm.)* verzeihen
de *(Präp. b. Abl.)* **9** von ... herab; von, über
dea **6** Göttin
debere **7** müssen; schulden; verdanken
  cessare non debetis **8** ihr dürft nicht trödeln
  properare debetis **8** ihr müsst eilen
decem **28** zehn
decimus, a, um **30 GI** der (die, das) zehnte
December, bris, bre **17** zum Dezember gehörig, Dezember-
decipere, decipio, decepi, deceptum **25** täuschen
dedere, dedo, dedidi, deditum **28** übergeben, ausliefern
deesse, desum, defui, – **15** fehlen, mangeln *(an)*
  pecunia mihi deest **15** ich habe kein Geld
defendere, defendo, -fendi, -fensum *(a / ab)* **14** verteidigen *(gegen)*
  causam clientis defendere **17** den Rechtsfall eines Klienten vertreten, einen Klienten im Prozess verteidigen
deferre, defero, detuli, delatum **32** wegbringen; hinbringen
deficere, deficio, defeci, defectum **27** ausgehen, fehlen; abfallen
  animo deficere **27** den Mut verlieren
deicere, deicio, deieci, deiectum **16** herabwerfen
deinde **11** dann, darauf
delectare **3** erfreuen, Spaß machen
delere, deleo, delevi, deletum **21** zerstören, vernichten
demonstrare **37** zeigen; beweisen
denique **18** schließlich, endlich
dens, dentis *m* **39** Zahn
denuo **35** erneut, wiederum
depellere, depello, depuli, depulsum **30** hinab-, forttreiben, vertreiben
deponere, depono, deposui, depositum **31** niederlegen, wegstellen, ablegen
descendere, descendo, -scendi, -scensum **7** herabsteigen, hinuntergehen
describere, describo, descripsi, descriptum **32** beschreiben, schildern; abschreiben
deserere, desero, -serui, -sertum **20** im Stich lassen, aufgeben
desiderare **14** ersehnen; vermissen
desiderium **14** Sehnsucht, Verlangen
desinere, desino, desii, desitum **5** aufhören
desperare *(de)* **22** die Hoffnung verlieren *(auf)*, verzweifeln *(an)*
despicere, despicio, despexi, despectum **34** herabblicken; verachten
detrahere, detraho, detraxi, detractum **30** herab-, wegziehen, fortschleppen
deus **6** Gott
dexter, dext(e)ra, dext(e)rum **31** der, (die, das) rechte; rechts
  dextra (manus) **31** die Rechte, die rechte Hand
di *(Kurzform von* dei) **30** die Götter
dicere, dico, dixi, dictum **2** sagen, sprechen; nennen
  bellum, quod dicitur, Alexandrinum **27** der sogenannte „Alexandrinische Krieg"
  recte dicis **21** du hast Recht
  salutem dicere *(m. Dat.)* **11** grüßen *(am Briefanfang)*
dies, diei *m* **4** Tag
  ante diem **7** vor Tagesanbruch
  in dies **14** von Tag zu Tag
differre, differo, distuli, dilatum **23** sich unterscheiden; aufschieben
  in aliud tempus differre **23** auf einen anderen Zeitpunkt verschieben, auf später verschieben
  inter se differe **23** sich voneinander unterscheiden
difficilis, e **32** schwierig, schwer
diffundere, diffundo, diffudi, diffusum **36** ausgießen; ausbreiten, verbreiten
  fama diffunditur **36** ein Gerücht wird verbreitet, breitet sich aus
digitus **38** Finger

dignitas, -atis *f* **28** Würde, Ansehen
dignus, a, um *(m. Abl.)* **24** würdig, angemessen
dignus summa laude **24** höchsten Lobes wert
diligere, diligo, dilexi, dilectum **31** hoch achten, lieben
dimicare **27** kämpfen
dimittere, dimitto, dimisi, dimissum **36** wegschicken; loslassen
dirigere, dirigo, direxi, directum **34** gerade machen; lenken
cursum in Italiam dirigere **34** den Kurs nach Italien lenken
diripere, diripio, diripui, direptum **21** ausrauben, plündern
discedere, discedo, -cessi, -cessum **27** auseinander gehen, weggehen
discere, disco, didici, – **11** lernen
disciplina **22** Zucht; Ordnung; Unterricht(sfach)
discipula / discipulus **1** Schülerin / Schüler
discordia **29** Zwietracht, Uneinigkeit
discrimen, -inis *n* **26** Entscheidung; Unterschied; Gefahr
res publica in summo discrimine est **29** der Staat ist in höchster Gefahr
disiungere, disiungo, -iunxi, -iunctum **34** ab-, losbinden, trennen
dissentire, dissentio, -sensi, -sensum **35** verschiedener Meinung sein, uneinig sein
dissimilis, e **37** unähnlich, verschieden
dissuadere, dissuadeo, -suasi, -suasum *(m. Akk.)* **28** abraten *(von)*
legem dissuadere **28** von einem Gesetz abraten
diu **2** lange (Zeit)
diutius **38** länger; ziemlich lange
diuturnus, a, um **34** lang anhaltend, lange (dauernd)
dives, divitis **26** reich
dividere, divido, -visi, -visum **18** teilen, trennen
divinus, a, um **39** göttlich
divitiae, -arum *(Pl.)* **23** Schätze, Reichtum
docere, doceo, docui, doctum **31** lehren, unterrichten; informieren
doctus, a, um *(PPP)* **31** gelehrt, gebildet
dolere **2** leiden, traurig sein; bedauern
dolor, -oris *m* **21** Schmerz
dolus **14** List, Betrug
domi *(Lokativ)* **17** zu Hause
domi nostrae (suae) **17** bei uns (ihm) zu Hause
domina **1** Herrin
dominus **7** Herr
domum **15** nach Hause
domus, -us *f* **11** Haus
donare **39** schenken, beschenken
donum **33** Geschenk
dormire **1** schlafen
dos, dotis *f* **40** Mitgift
dubitare **7** zögern; zweifeln
dubitatio, -ionis *f* **31** Zögern; Zweifel
ducere, duco, duxi, ductum **5** führen, leiten
nomen ducitur a/ab **16** der Name wird abgeleitet, kommt von
uxorem in matrimonium ducere **40** eine Frau heiraten
dulcis, e **19** süß; angenehm
dum **10** während; solange; (solange) bis
duo, duae, duo **12** zwei
duodecim **13** zwölf
duodecimus, a, um **30 GI** der (die, das) zwölfte
durus, a, um **20** hart; hartherzig, streng
dux, ducis *m / f* **12** Führer(in), Anführer(in)
Caesare duce **22 GI** unter Führung Caesars
e / ex *(Präp. b. Abl.)* **9** aus ... (heraus)
ecce **3** da! sieh (seht) mal!
edere, edo, edi, esum **19** essen
efferre, effero, extuli, elatum **24** heraustragen; herausheben
laudibus efferre **24** mit Lob überhäufen, rühmen
efficere, efficio, effeci, effectum **27** bewirken, durchsetzen
ego **5** ich
egregius, a, um **28** hervorragend, vorzüglich
eheu (me miserum)! **26** ach (ich Armer)!
eicere, eicio, eieci, eiectum **28** hinauswerfen, vertreiben
eligere, eligo, elegi, electum **34** *(auslesen:)* auswählen, aussuchen
eloquentia **17** Redekunst, Beredsamkeit
emere, emo, emi, emptum **20** kaufen
eminere, emineo, eminui, – **31** herausragen, sich auszeichnen
en **39** siehe! da ist
enim *(nachgestellt)* **5** nämlich, denn
eo *(Adv.)* **28** dorthin
eo audaciae venit, ut... **35** er ging in seiner Kühnheit so weit, dass...
epistula **17** Brief
epistulam ad amicum dare **17** einen Brief an den Freund schreiben
epistulam reddere **17** einen Brief übergeben
equidem *(meist mit 1. Sg.)* **23** allerdings, freilich
equus **5** Pferd
eripere, eripio, eripui, ereptum **12** entreißen, gewaltsam fortnehmen
errare **22** (sich) irren; umherirren
error, -oris *m* **11** Irrtum; Irrfahrt
erudire **12** unterrichten, bilden, erziehen
erumpere, erumpo, erupi, eruptum **22** ausbrechen
esse, sum, fui, – **1** sein
est **1** (er, sie, es) ist
et **1** und; auch
et ... et **3** sowohl ... als auch
etiam **1** auch; sogar

non modo ..., sed etiam **25** nicht nur ..., sondern auch
non solum ..., sed etiam **2** nicht nur ..., sondern auch
etiamsi / etsi **11** auch wenn
evadere, evado, evasi, evasum **36** herausgehen; entkommen
evolvere, evolvo, evolvi, evolutum **27** herauswickeln
ex / e *(Präp. b. Abl.)* **9** aus ... (heraus)
excelsus, a, um **32** hoch, erhaben
excipere, excipio, excepi, exceptum **40** (her)ausnehmen; aufnehmen
exceptis paucis **40** mit Ausnahme weniger
excitare **26** aufwecken; erregen
exclamare **3** ausrufen
excogitare **14** *(sich etwas)* ausdenken, ersinnen
excutere, excutio, excussi, excussum **38** herausschlagen; abschütteln
exemplum **17** Beispiel, Vorbild
exercere **22** üben
exercitus, -**us** **15** Heer
exilium **30** Exil, Verbannung
exire, exeo, exii, exitum **19** heraus-, hinausgehen
existimare **29** schätzen; glauben, meinen; halten für
exitus, -**us** **23** Ausgang; Ende, Ergebnis
expellere, expello, expuli, expulsum **14** heraustreiben, verstoßen
explicare **10** erklären
exponere, expono, -posui, -positum **12** aussetzen, hinausstellen
exportare **10** hinaustragen, ausführen
ex(s)istere, ex(s)isto, ex(s)titi, – **13** auftreten, entstehen
exspectare **7** warten auf, (er)warten
extra *(Präp. b. Akk.)* **6** außerhalb
fabula **9** Geschichte, Erzählung
facere, facio, feci, factum **11** machen, tun
Horatius eum hanc fabulam narrantem facit. **37** Horaz lässt ihn folgende Geschichte erzählen.
impetum facere **14** angreifen
iter facere **22** reisen, marschieren, ziehen
magni facere **35** hoch schätzen
vim facere *(m. Dat.)* **13** *(jdm.)* Gewalt antun
facilis, e **15** leicht, mühelos
facinus, -oris *n* **35** Tat; Untat, Verbrechen
factum **31** Tat, Handlung; Tatsache
fallere, fallo, fefelli, – **32** täuschen
falsus, a, um **21** falsch
fama **36** Gerücht; (guter *oder* schlechter) Ruf; Ruhm
fames, -**is** *f* **20** Hunger
familia **4** Familie *(Hausgemeinschaft)*
familiaris, e **17** vertraut, freundschaftlich; Freund
fatigare **4** *(jdn.)* ermüden; erschöpfen
fatum **32** Schicksal; Götterspruch

favere, faveo, favi, fautum **33** gewogen sein, begünstigen
(m. Dat.:) **Romanis favere** **33** den Römern gewogen sein
Februarius (mensis) **30 GI** Februar
felix, -**icis** **25** glücklich; erfolgreich
femina **8** Frau
fere *(Adv.; nachgestellt)* **22** ungefähr; fast
feriae, -arum *(Pl.)* **3** Ferien, Feiertage
ferox, -ocis **33** wild; trotzig
ferre, fero, tuli, latum **23** tragen; bringen; ertragen; berichten
aegre ferre *(m. Akk. / AcI)* **24** sich ärgern *(über / dass)*
arma ferre contra Romanos **23** gegen die Römer kämpfen
auxilium ferre **23** Hilfe bringen
ferunt *(m. AcI)* **23** die Leute sagen, man berichtet *(dass)*
impetum ferre **23** den Angriff aushalten, dem Ansturm standhalten
legem de matrimonio ferre **37** ein Ehegesetz einbringen
prae se ferre **25** vor sich hertragen, an den Tag legen
vitam urbanam moleste ferre **37** das Stadtleben unangenehm finden
ferus, a, um **36** wild, ungezähmt
fera, -ae *(Subst.)* **36** wildes Tier
festinare **31** eilen, sich beeilen
fidelis, e **27** treu, zuverlässig
fides, fidei *f* **33** Treue; Vertrauen, Glaube
fidem habere **33** Glauben schenken, vertrauen
fidus, a, um **31** treu, zuverlässig
figura **10** Gestalt, Figur
filia **8** Tochter
filius **7** Sohn
fingere, fingo, finxi, fictum **40** formen, gestalten; erdichten
finire **22** beendigen; begrenzen
finis, -**is** *m* **19** Grenze; Ende
fines, -ium *m (Pl.)* **19** Gebiet
firmus, a, um **40** stark, fest
flamma **8** Flamme
flectere, flecto, flexi, flexum **39** beugen, biegen; umdrehen
flere, fleo, flevi, fletum **25** weinen, beweinen
fluctus, -us **32** Flut; (Meeres-)Woge
flumen, **fluminis** *n* **9** Fluss
forma **34** Form, Gestalt; Schönheit
formido, -inis *f* **26** Grausen, Furcht
fortasse **1** vielleicht
forte *(Adv.)* **38** zufällig
fortis, e **15** tapfer
fortitudo, -**inis** *f* **16** Tapferkeit, Mut
fortuna **19** Schicksal; Glück
fortunatus, a, um **26** glücklich, vom Schicksal begünstigt

forum **6** Forum *(Marktplatz)*
frangere, frango, fregi, fractum **27** brechen, zerbrechen
frater, fratris *m* **3** Bruder
fremere, fremo, fremui, fremitum **32** lärmen, brausen, toben
frequens, -entis **40** häufig, zahlreich
fructus, -us **13** Frucht; Ertrag, Gewinn
frumentum **10** Getreide
frustra **19** vergeblich
fuga **22** Flucht
fugare **12** in die Flucht schlagen, vertreiben
fugere, fugio, fugi, – *(m. Akk.)* **4** fliehen *(vor)*; meiden
fundere, fundo, fudi, fusum **36** ausgießen; ausbreiten, verbreiten
furor, -oris *m* **39** Wut, Raserei; Wahnsinn
futurus, a, um **33** zukünftig
Gallus / Galla **8** Gallier / Gallierin
gaudere **3** sich freuen
gaudium **11** Freude
  res mihi gaudio est **11 GI** die Sache macht mir Freude
gemere, gemo, gemui, gemitum **2** seufzen
gens, gentis *f* **14** Volk, Stamm; Geschlecht, Sippe
genu, genus *n* **38** Knie
genus, -eris *n* **29** Art; Geschlecht, Abstammung
gerere, gero, gessi, gestum **18** führen; ausführen; tragen
  magistratum gerere **28** ein Amt ausüben, bekleiden
  Quae Romae geruntur? **24** Was ereignet sich in Rom?
  res gestae *f (Pl.)* **13** Taten, Geschichte
  se gerere **21** sich verhalten
gignere, gigno, genui, genitum **31** erzeugen, hervorbringen
gladiator, -**oris** *m* **21** Gladiator
gladius **15** Schwert
gloria **34** Ruhm, Ehre
Graecus, a, um **8** griechisch, Grieche / Griechin
gratia **13** Dank; Ansehen, Beliebtheit
  amico gratias agere **26** dem Freund Dank sagen, danken
gratus, a, um **29** dankbar; angenehm, willkommen
gravidus, a, um **33** schwanger
gravis, e **15** schwer; (ge)wichtig, ernst
habere **7** haben; halten
  Cicero beatus habetur **25** Cicero wird für glücklich gehalten, gilt als glücklich
  consilium habere *(de)* **12** beraten *(über)*
  fidem habere **33** Glauben schenken, vertrauen
  in animo habere **10** im Sinn haben, beabsichtigen, vorhaben
  orationem habere **13** eine Rede halten
  sermonem habere cum amica **37** ein Gespräch mit einer Freundin führen
habitare **6** wohnen
haurire, haurio, hausi, haustum **12** schöpfen, entnehmen
herba **39** Gras, Kraut; Pflanze
heri **30** gestern
heu (me miserum)! **26** ach (ich Armer)!
hic *(Adv.)* **6** hier
hic, haec, hoc **29** dieser, diese, dies(es)
hiems, hiemis *f* **17** Winter
hodie **7** heute
homo, hominis *m* **11** Mensch
honestus, a, um **37** ehrenvoll; angesehen; anständig
honor (honos), -**oris** *m* **13** Ehre; Ehrenamt
hora **2** Stunde; Zeit
  hora adest **2** es ist Zeit
hospes, hospitis *m* **14** Gast; Gastgeber
hostis, hostis *m* **15** (Landes-)Feind
humanitas, -atis *f* **17** Menschlichkeit; Bildung
humanus, a, um **10** menschlich; gebildet
humilis, e **27** niedrig, unbedeutend; unterwürfig
humus, -i *f* **38** Boden, Erde
iacere, iaceo, iacui, – **1** liegen
iacere, iacio, ieci, iactum **28** werfen, schleudern
iactare **32** (wiederholt) werfen, hin- und herwerfen; (heftig) werfen, schleudern
iam **2** schon
  neque … iam **39** und nicht mehr
  non iam **9** nicht mehr
ianua **7** Haustür, Tür
  ianuam pulsare **26** an die Tür klopfen
Ianuarius (mensis) 30 GI Januar
ibi **3** dort
idem, eadem, idem **31** derselbe, dieselbe, dasselbe
Idus Martiae **30** Iden des März *(15. März)*
igitur **25** also, daher
ignobilis, e **37** von niedriger Geburt; unbekannt
ignorare **8** nicht kennen, nicht wissen
  non ignorare **17** genau kennen, genau wissen
ignoratio, -**ionis** *f* **24** Unwissenheit, Unkenntnis
ignotus, a, um **12** unbekannt
ille, illa, illud **29** jener, jene, jenes
  illud Horatii **37** jenes (berühmte) Wort des Horaz
illic **40** dort
illustris, e **37** hell, glänzend; berühmt
imago, -inis *f* **38** Bild
imitatio, -ionis *f* **31** Nachahmung
imitator, -oris *m* **31** Nachahmer
immanis, e **32** ungeheuer groß, riesig; schrecklich
immemor, -is *(m. Gen.)* **34** uneingedenk, ohne Erinnerung *(an)*
imminere **25** bevorstehen, drohen
immo **39** ja sogar
immolare **13** opfern

immortalis, e **15** unsterblich
immotus, a, um **33** unbewegt; unbeweglich
impedire **28** (be)hindern; verhindern
Caesarem impedire, ne **28** Caesar davon abhalten, dass
impellere, impello, impuli, impulsum **31** anstoßen, antreiben: veranlassen
imperare **12** befehlen
imperator, **-oris** *m* **18** Feldherr; Kaiser
imperatum **31** Befehl
imperium **8** Befehl; Herrschaft; Reich
impetus, **-us** **14** Angriff; Schwung
impetum facere **14** angreifen
impetum ferre **23** den Angriff aushalten, dem Ansturm standhalten
impius, a, um **32** gottlos, frevelhaft
implacabilis, e **38** unversöhnlich
implorare **15** anflehen
imponere, impono, -posui, -positum **20** hineinlegen; auferlegen
importare **10** hereintragen, einführen
imprimis **10** vor allem, besonders
improbare **37** missbilligen, tadeln
improbitas, -atis *f* **35** Ruchlosigkeit, Schlechtigkeit
improbus, a, um **27** ruchlos, schlecht
impudens, -entis **36** unverschämt, schamlos
in **10** *(Präp. b. Abl.:)* in, auf *(wo?)*;
4 *(Präp. b. Akk.:)* in, auf, nach *(wohin?)*
in suos durus **20** hart gegenüber den eigenen Leuten
tua in me officia **23** deine Pflichten mir gegenüber
incendere, incendo, -cendi, -censum **23** anzünden, in Brand stecken; entflammen
incidere, incido, incidi, – **28** hineinfallen, hineingeraten
incipere, incipio, coepi, coeptum **2** anfangen, beginnen
incitare **3** antreiben
includere, includo, inclusi, inclusum **40** einschließen
incola *m* **9** Einwohner
incolere, incolo, -colui, -cultum **18** bewohnen, wohnen
incolumis, e **34** wohlbehalten, unversehrt
incredibilis, e **24** unglaublich
incurrere, incurro, -curri, -cursum **22** hineinlaufen
indignus, a, um **40** unwürdig
inducere, induco, -duxi, -ductum **23** einführen; veranlassen, verleiten
infans, -antis *m / f* **31** (kleines) Kind
infelix, **-icis** **25** unglücklich
inferre, infero, intuli, illatum **23** hineintragen
bellum inferre *(m. Dat.)* **23** Krieg beginnen *(mit)*
Romanis timorem inferre **23** den Römern Furcht einflößen
signa in hostem inferre **23** den Feind angreifen
inferus, a, um **39** der untere
inferi, -orum *(Pl.)* **39** die Unterirdischen, die Unterwelt
ingemiscere, ingemisco, ingemui, – **39** aufseufzen
ingenium **27** (natürliche) Begabung, Geist, Talent
ingens, **-entis** **15** ungeheuer groß, gewaltig, riesig
inhumanitas, -atis *f* **36** Unmenschlichkeit; Mangel an Bildung
inhumanus, a, um **22** unmenschlich; ungebildet
inimicus, a, um **32** feindlich; Feind(in)
inire, ineo, inii, initum **18** hineingehen, betreten; beginnen
consilium inire **20** einen Entschluss fassen
domum inire **18** in das Haus gehen, das Haus betreten
principatum inire **36** den Prinzipat antreten
inopia **27** Mangel, Armut
inquit **5** sagt(e) *(er, sie, es)*
inscribere, inscribo, inscripsi, inscriptum **26** hinein-, daraufschreiben; überschreiben, betiteln
fabula Mostellaria inscribitur **26** das Stück hat den Titel *Mostellaria*
inscriptio, -ionis *f* **37** Inschrift, Überschrift
insidiae, **-arum** *(Pl.)* **24** Hinterhalt, Anschlag, Falle
instare, insto, institi, – *(m. Dat.)* **27** *(jdn.)* verfolgen, bedrängen; bevorstehen
instituere, instituo, -stitui, -stitutum **29** einrichten; unterrichten, unterweisen
insula **9** Insel
intellegere, intellego, intellexi, intellectum **23** bemerken; verstehen, erkennen
inter *(Präp. b. Akk.)* **14** zwischen, unter; während
inter se differre **23** sich voneinander unterscheiden
interea **24** inzwischen
interesse, intersum, interfui, – *(m. Dat.)* **15** dabeisein *(bei)*, teilnehmen *(an)*
interest *(b. Gen.)* **35** es ist wichtig *(für)*
Neptuni interest **35** es ist für Neptun wichtig
mea / tua interest **35** es ist für mich / dich wichtig
interfector, -oris *m* **35** Mörder
interficere, interficio, -feci, -fectum **28** töten
interim **34** inzwischen
interire, intereo, -ii, – **18** untergehen, umkommen
interitus, **-us** **21** Untergang
intermittere, intermitto, -misi, -missum **13** unterbrechen; auslassen
interrogare **1** fragen

interrumpere, interrumpo, -rupi, -ruptum **23** unterbrechen
intra *(Präp. b. Akk.)* **6** innerhalb
intrare **2** eintreten, betreten
inutilis, e **20** unbrauchbar, unnütz
invadere, invado, invasi, invasum **40** eindringen, angreifen, überfallen
in hostem invadere **40** den Feind angreifen
invenire, invenio, -veni, -ventum **12** finden; erfinden
inventor, -oris *m* **39** Erfinder
invidere, invideo, -vidi, -visum **28** *(scheel ansehen:)* beneiden, missgönnen
laudi tuae invideo **28** deinen Ruhm missgönne ich dir
(m. Dat.:) **tibi invideo** **28** dich beneide ich
invidia **13** Neid, Missgunst
invitare **14** einladen
invitatio, **-ionis** *f* **14** Einladung
invitus, a, um **23** ungern, widerwillig
me / te (*Abl.*) **invito** **23** gegen meinen / deinen Willen
involvere, involvo, involvi, involutum **27** einwickeln
ipse, ipsa, ipsum **31** selbst, in eigener Person; direkt
post ipsum proelium **31** unmittelbar nach dem Kampf
ira **13** Zorn, Wut
ire, eo, ii, itum **7** gehen
irridere, irrideo, irrisi, irrisum **3** auslachen, verhöhnen
is, ea, id **24** dieser, diese, dieses; er, sie, es *(dt. Personalpron.)*
eius / eorum, earum **24** sein / ihr *(dt. Possessivpron.)*
is, qui **24** der(jenige), welcher
iste, ista, istud **29** dieser, diese, dies(es) (da / bei dir); *verächtlich:* der, die, das da
ita **4** so
itaque **2** daher, deshalb
iter, **itineris** *n* **22** Marsch, Reise; Weg
iter facere **22** reisen, marschieren, ziehen
iter pergit **32** er setzt die Reise fort
iterum **1** wiederum; zum zweiten Mal
semel atque iterum **19** ein um das andere Mal, immer wieder
iubere, iubeo, iussi, iussum **7** befehlen, auffordern
iucundus, a, um **24** angenehm, erfreulich
iudex, -icis *m* **17** Richter
iudicare **34** urteilen, entscheiden
iudicium **29** Gericht; Urteil
Iulius (mensis) **30 GI** Juli
iungere, iungo, iunxi, iunctum **15** verbinden
Iunius (mensis) **30 GI** Juni
iurare **8** schwören
ius, iuris *n* **40** Recht
iustitia **36** Gerechtigkeit
iustus, a, um **34** gerecht
iuvare, iuvo, iuvi, iutum **37** erfreuen; unterstützen, helfen
te iuvat **37** es erfreut dich, macht dir Freude
iuvenis, **iuvenis** *m* **14** junger Mann
iuxta (*Präp. b. Akk.)* **5** neben
Kalendae, **-arum** (*Pl.*) **17** Kalenden *(erster Monatstag)*
Kalendae Apriles **30** die Kalenden des April
labor, **-oris** *m* **2** Anstrengung, Mühe; Arbeit
laborare **5** sich mühen; leiden; arbeiten
lacrima **24** Träne
lacrimare **2** weinen
laedere, laedo, laesi, laesum **39** verletzen; beleidigen
laetitia **26** Fröhlichkeit, Freude
laetus, a, um **4** fröhlich
laeto animo **14** fröhlich
latere, lateo, latui, – **34** verborgen sein, versteckt sein
latro, **-onis** *m* **24** Räuber, Bandit
laudare **3** loben
laus, **laudis** *f* **24** Lob
lavare, lavo, lavi, lautum **36** waschen, baden
legatus **9** Gesandter; Legat *(Unterfeldherr)*
legere, lego, legi, lectum **5** lesen; sammeln
legio, **-ionis** *f* **18** Legion
lenire **25** lindern, mildern
leo, -onis *m* **39** Löwe
lex, legis *f* **28** Gesetz
ea lege, ut/ne *(m. Konj.)* **39** unter der Bedingung, dass/dass nicht
legem de matrimonio ferre **37** ein Ehegesetz einbringen
liber, a, um **28** frei
liber, **libri** **17** Buch
liberare **9** befreien
liberi, -orum *(Pl.)* **3** Kinder
libertas, **-atis** *f* **20** Freiheit
libido, -inis *f* **40** Lust, Begierde; Willkür
licet, licuit, – **21** es ist erlaubt, man darf
lingua **28** Zunge; Sprache
littera **5** Buchstabe
litterae, -arum *(Pl.)* **5** Buchstaben, Schrift(en); Brief; Wissenschaft(en)
litteras ad amicum dare **17** einen Brief an den Freund schreiben
litteras reddere **17** einen Brief übergeben
litus, **-oris** *n* **10** Küste, Strand
locus **11** Ort, Platz
loca, -orum *n (Pl.)* **11** Orte, Gegend
loci, -orum *m (Pl.)* **11** Stellen *(in Büchern)*
longus, a, um **4** lang
ludere, ludo, lusi, lusum **10** spielen
ludus **14** Spiel; Schule
lupa / lupus **12** Wölfin / Wolf
lux, **lucis** *f* **24** Licht
prima luce **26** bei Tagesanbruch

luxuria 28 Überfluss; Verschwendungssucht
lyra 39 Lyra, Laute *(Saiteninstrument)*
lyra canere 39 auf der Lyra spielen
maerere, maereo, maerui, – 28 trauern, betrauern
maeror, -oris *m* 29 Trauer
magis 21 mehr
magis quam 22 mehr als
magister / magistra 1 Lehrer / Lehrerin
magistratus, -us 22 Beamter; Amt
magistratum gerere 28 ein Amt ausüben, bekleiden
magnitudo, -inis *f* 19 Größe
magnopere 29 sehr
magnus, a, um 4 groß
magni facere 35 hoch schätzen
magni putare 35 hoch schätzen
maiores, -um *m (Pl.)* 6 Vorfahren
Maius (mensis) 30 GI Mai
maledicere, maledico, -dixi, -dictum *(m. Dat.)* 21 *(über jdn.)* schlecht sprechen, lästern
malum 33 Übel, Leid
malus, a, um 4 schlecht, böse
mandare 34 übergeben, anvertrauen, auftragen
mandatum 34 Auftrag, Weisung
mane 11 morgens
manere, maneo, mansi, mansum 26 bleiben
manus, -us *f* 11 Hand; Schar
mare, **maris** *n* 10 Meer
maritus 35 Ehemann
Martius (mensis) 30 GI März
mater, **matris** *f* 1 Mutter
matrimonium 37 Ehe
uxorem in matrimonium ducere 40 eine Frau heiraten
maxime *(Adv.)* 34 am meisten; besonders
maximus, a, um 23 der größte
medicina 9 Medizin
medicus 23 Arzt
medius, a, um 40 der mittlere; mitten, in der Mitte
in media Germania 40 mitten in Germanien
membrum 40 (Körper-)Glied; Teil
memor, -oris *(m. Gen.)* 27 eingedenk, sich erinnernd *(an)*
memores sumus victoriae 27 wir erinnern uns an den Sieg
memoria 16 Erinnerung; Gedächtnis
memoria tenere 21 im Gedächtnis behalten
memoriae tradere 40 der Nachwelt überliefern
mens, **mentis** *f* 17 Geist, Verstand; Gesinnung
mente captus 26 verrückt
mensis, -is *m* 26 Monat
mercator, **-oris** *m* 10 Kaufmann
merx, **mercis** *f* 10 Ware
metuere, metuo, metui, – 27 fürchten
metuo, ne *(m. Konj.)* 27 ich fürchte, dass
metus, -us 28 Furcht
meus, a, um 6 mein
miles, **militis** *m* 15 Soldat
militare 40 Kriegsdienst leisten, Soldat sein
militaris, e 22 kriegerisch, Kriegs-
res militaris *f* 22 Kriegswesen, Militärwesen
mille 30 GI tausend
millesimus, a, um 30 GI der (die, das) tausendste
minime 24 durchaus nicht; am wenigsten
minuere, minuo, minui, minutum 35 vermindern, verkleinern; schwächen
mirus, a, um 19 sonderbar; wunderbar
miscere, misceo, miscui, mixtum 29 (ver)mischen
miser, a, um 7 unglücklich, elend
miseria 26 Unglück; Elend
misericordia 31 Mitleid, Barmherzigkeit
mittere, mitto, misi, missum 13 schicken, senden
modestia 35 Mäßigung, Bescheidenheit
modestus, a, um 37 maßvoll, bescheiden
modo *(Adv.)* 25 nur; soeben
non modo ..., sed etiam 25 nicht nur ..., sondern auch
modus 17 Art und Weise; Maß
moenia, -ium *n (Pl.)* 32 Stadtmauer(n)
molestus, a, um 37 lästig, beschwerlich, unangenehm
mollire 32 erweichen; mildern, besänftigen
mollis, e 38 weich, zart; mild
monere 11 (er)mahnen; erinnern
mons, **montis** *m* 9 Berg
monstrare 5 zeigen
monumentum 6 Denkmal; Grabmal
mora 36 Verzögerung, Aufschub
mors, **mortis** *f* 16 Tod
mortem obire 32 sterben
mortalis, e 34 sterblich, menschlich
mortuus, a, um 6 tot; Leichnam
mos, **moris** *m* 20 Sitte, Brauch
movere, moveo, movi, motum 3 bewegen
admirationem movere 22 Bewunderung einflößen
(de) senatu movere 28 aus dem Senat entfernen
tumultus motus est 14 ein Aufruhr entstand
mox 27 bald
mulier, **-eris** *f* 15 Frau
multus, a, um 5 viel
multum valere 23 viel vermögen, großen Einfluss haben
mundus 33 Welt, Weltall
munire 19 befestigen, schützen
munitio, -ionis *f* 19 Befestigung
munus, -eris *n* 26 Geschenk; Aufgabe; Amt
murmur, -uris *n* 32 Dröhnen, Rauschen; Murmeln
murus 6 Mauer
mus, **muris** *m* 37 Maus
musicus, a, um 39 musisch; musikalisch, Musik-

mutare **10** verändern, wechseln; verwandeln
nam **2** denn
narrare **9** erzählen
narratio, -**ionis** *f* **13** Erzählung
natio, -ionis *f* **29** Volk, Volksstamm
natura **19** Natur
natus, a, um **31** geboren; Sohn / Tochter
viginti annos natus **36** zwanzig Jahre alt
nauta *m* **9** Seemann, Matrose
navigare **23** segeln, zur See fahren
navigatio, -**ionis** *f* **23** Seefahrt, Schifffahrt
navis, **navis** *f* **8** Schiff
navem solvere **34** die Anker lichten, absegeln
-ne *(angehängt)* **5** *(Fragepartikel, bleibt unübersetzt)*
ne *(m. Konj. im Gliedsatz)* **27** dass nicht; damit nicht
ne *(mit Konj. im Hauptsatz)* **26** nicht
ne ... quidem **38** nicht einmal ...
ne nos quidem **38** nicht einmal wir
nec **3** und nicht, auch nicht
nec ... nec **3** weder ... noch
necare **36** töten
necessarius, a, um **7** notwendig
necesse est *(m. Inf. / AcI)* **10** es ist nötig
nefarius, a, um **35** gottlos, frevelhaft
nefas *n (indekl.)* **35** Unrecht, Frevel
neglegere, neglego, neglexi, neglectum **8** vernachlässigen, nicht beachten
negotium **8** Beschäftigung, Aufgabe
nemo, -**inis** **6** niemand
nepos, -otis *m* **37** Enkel
neptis, -is *f* **37** Enkelin
neque **3** und nicht, auch nicht
neque ... iam **39** und nicht mehr
neque ... neque **3** weder ... noch
nervus **39** Sehne; Saite
nescire **13** nicht wissen, nicht verstehen
neuter, neutra, neutrum **31** keiner *(von beiden)*
nex, necis *f* **28** Ermordung, Mord; Tod
nihil **23** nichts
nimis **24** überaus, allzu sehr
nimius, a, um **28** übermäßig, zu groß, zu viel
nisi **8** wenn nicht, falls nicht
nobilis, e **37** adlig, vornehm; berühmt
nobilitas, -atis *f* **40** Adel, vornehmer Stand; Berühmtheit
noctu **37** nachts, bei Nacht
noli! / **nolite**! *(m. Inf.)* **1** wolle nicht! / wollt nicht!
noli / nolite dormire! **1** schlafe / schlaft nicht!
nomen, -**inis** *n* **6** Name
incolas suo e/a nomine nominare **33** die Einwohner nach seinem Namen nennen
nomen ducitur *(a / ab)* **16** der Name wird abgeleitet, kommt *(von)*
nominare **12** (be)nennen; ernennen
non **1** nicht
non iam **9** nicht mehr
non ignorare **17** genau kennen, genau wissen
non modo ..., sed etiam **25** nicht nur ..., sondern auch
non solum ..., sed etiam **2** nicht nur ..., sondern auch
Nonae, -arum *(Pl.)* **30 GI** die Nonen *(der 5. bzw. 7. Tag des Monats)*
nondum **5** noch nicht
nonne **5** etwa nicht? *(erwartete Antwort: ja, doch)*
nonnulli, ae, a *(Pl.)* **7** einige
nonnumquam **11** manchmal
nonus, a, um **30 GI** der (die, das) neunte
nos **5** wir
noster, nostra, nostrum **6** unser
notus, a, um **12** bekannt
novem **30 GI** neun
November (mensis) **30 GI** November
novitas, -atis *f* **36** Neuheit
novus, a, um **13** neu
res novae *f (Pl.)* **20** Umsturz
nox, noctis *f* **38** Nacht
nubes, -is *f* **35** Wolke
nudus, a, um **38** nackt, unbekleidet
nullus, a, um **22** kein(er)
num **5** etwa? *(erwartete Antwort: nein)*
numerare **18** zählen, rechnen
Helvetios in Celtis numerare **18** die Helvetier zu den Kelten zählen
numerosus, a, um **40** zahlreich
numerus **21** Zahl
numquam **1** niemals
nunc **2** nun, jetzt
nuntiare **7** melden
nuntius **17** Nachricht, Botschaft; Bote
nuptiae, -**arum** *(Pl.)* **17** Hochzeit
nutrix, -icis *f* **31** Amme, Ernährerin
ob *(Präp. b. Akk.)* **33** nach ... hin, entgegen; wegen
obesse, obsum, obfui, – **26** *(entgegenstehen:)* schaden
obicere, obicio, obieci, obiectum **36** entgegenwerfen, vorwerfen
obire, obeo, obii, obitum **32** entgegengehen
mortem obire **32** sterben
oboedire **26** gehorchen, sich fügen
obsecrare **26** inständig bitten, beschwören
observare **7** beobachten; beachten
obsidere, obsideo, obsedi, obsessum **19** besetzt halten, belagern
obtinere, obtineo, -tinui, -tentum **24** innehaben; besetzt halten
obviam *(Adv.)* **12** entgegen
obviam venire **12** entgegenkommen
occidere, occido, occidi, occisum **12** niederschlagen, töten
occultare **26** verstecken, verbergen

occupare **36** einnehmen, besetzen
octavus, a, um **30 GI** der (die, das) achte
octo **30 GI** acht
October (mensis) **30 GI** Oktober
oculus **3** Auge
odium **16** Hass
offerre, offero, obtuli, oblatum **23** anbieten
officium **8** Pflicht, Dienst
olim **13** einst
omen, -inis *n* **36** Vorzeichen
omnis, e **15** jeder; ganz; *(Pl.:)* alle
    omnia, quae **17 GI** alles, was
opera **11** Mühe, Arbeit
    operam dare *(m. Dat.)* **11** sich Mühe geben, sich bemühen *(um)*
    operam dare, ut **28** sich Mühe geben, sich bemühen, dass
oportet, oportuit *(m. Inf. / AcI)* **21** es gehört sich, man soll
oppidum **18** Stadt
opprimere, opprimo, oppressi, oppressum **34** unterdrücken; überfallen, überraschen
oppugnare **35** bestürmen, angreifen
optare **27** wünschen
    opto, ut **27** ich wünsche, dass
optimus, a, um **28** der beste
opus, -eris *n* **36** Werk; Arbeit
    opus est *(m. Abl.)* **40** es ist nötig, man braucht *(etwas)*
    mihi muneribus opus non est **40** ich brauche keine Geschenke
ora **32** Küste
oraculum **36** Orakel(stätte, -spruch)
oratio, **-ionis** *f* **9** Rede
    orationem habere **13** eine Rede halten
orator, -oris *m* **28** Redner
orbis, -is *m* **30** Kreis
    orbis terrarum **30** Erdkreis
ordo, ordinis *m* **30** Reihe, Ordnung; Stand
    ex ordine **30** der Reihe nach
    ordo senatorius **30** Senatorenstand
origo, **originis** *f* **12** Ursprung
ornare **9** schmücken, ausstatten
os, **oris** *n* **25** Mund; Gesicht
os, ossis *n* **40** Knochen
    ossa, -ium *(Pl.)* **40** Gebeine
osculum **31** *(Mündchen:)* Kuss
ostendere, ostendo, ostendi, ostentum **25** zeigen; darlegen
otium **17** Muße, freie Zeit; Ruhe, Frieden
    otio se dare **17** sich der Muße hingeben, die freie Zeit genießen
pacare **19** befrieden, unterwerfen
paedagogus **8** Erzieher, Pädagoge
paene **37** beinahe, fast
palus, -udis *f* **40** Sumpf
panis, -is *m* **22** Brot
parare **14** vorbereiten; beschaffen; sich anschicken
parcere, parco, peperci, – *(m. Dat.)* **11** *(jdm.)* Schonung gewähren, *(jdn.)* schonen
parentes, -ium (-um) *m* **26** Eltern
parere **1** gehorchen
parere, pario, peperi, partum **27** hervorbringen, gebären; erwerben
    victoriam parere **27** einen Sieg erringen
pars, **partis** *f* **17** Teil; Seite
    partes dominorum agere **26** die Rolle der Herren übernehmen / spielen
    partes mutare **21** die Rollen vertauschen
partus, -us **36** Geburt
parvus, a, um **5** klein
    parvi aestimare **35** gering schätzen
pascere, pasco, pavi, pastum **34** *(das Vieh)* weiden, weiden lassen
pastor, **-oris** *m* **12** Hirte
pater, **patris** *m* **6** Vater
patria **16** Vaterland, Heimat
patricius **26** Patrizier
patronus **7** Patron *(Schutzherr)*
pauci, ae, a *(Pl.)* **12** wenige
paulatim **29** allmählich
paulum **17** ein wenig
    paulo post **17** ein wenig später, bald darauf
pauper, -eris **26** arm
pax, **pacis** *f* **15** Frieden
    pax convenit **16** Frieden kommt zustande, es wird Frieden geschlossen
pectus, -oris *n* **31** Brust; das Innere (Herz, Geist, Seele)
pecunia **7** Geld
pecus, -oris *n* **34** Vieh, Viehherde
pellere, pello, pepuli, pulsum **14** treiben; schlagen; vertreiben
per *(Präp. b. Akk.)* **4** durch
percutere, percutio, -cussi, -cussum **28** durchbohren; erschüttern; schlagen
perdere, perdo, perdidi, perditum **26** zugrunde richten; verschwenden; verlieren
perferre, perfero, -tuli, -latum **24** hinbringen; ertragen
pergere, pergo, perrexi, perrectum **32** fortsetzen, *(mit etwas)* fortfahren
    iter pergit **32** er setzt die Reise fort
    narrare pergit **32** er fährt fort zu erzählen, er erzählt weiter
periculosus, a, um **24** gefährlich
periculum **14** Gefahr
perire, pereo, perii, peritum **22** zugrunde gehen, untergehen
peritus, a, um *(m. Gen.)* **40** erfahren, kundig *(in)*
permagnus, a, um **25** sehr groß, riesig
permittere, permitto, -misi, -missum **29** erlauben, gestatten
permovere, permoveo, -movi, -motum **33** heftig bewegen, sehr erregen, veranlassen
permulti, ae, a *(Pl.)* **31** sehr viele
pernicies, -iei *f* **40** Verderben, Untergang

perpauci, ae, a *(Pl.)* **31** sehr wenige
perrumpere, perrumpo, -rupi, -ruptum **27** durchbrechen
persuadere (ei) *(m. AcI)* **40** (ihn) überzeugen, *dass...*
persuadere (ei), *ut ...* **40** (ihn) überreden, *dass...*
perterrere, perterreo, -terrui, -territum **25** sehr erschrecken
pervenire, pervenio, -veni, -ventum **32** (ans Ziel) kommen, gelangen
pes, pedis *m* **36** Fuß
petere, peto, petivi, petitum **7** zu erreichen suchen; (er)bitten; angreifen
  a deo auxilium petere = auxilium dei petere 9 den Gott um Hilfe bitten
  Caesar sedem suam petit 30 Caesar geht auf seinen Sitz zu
  Caesar undique petitur 30 Caesar wird von allen Seiten angegriffen
  Epidaurum petere 9 Epidaurus aufsuchen, nach Epidaurus eilen
  hostem gladio petere 23 den Feind mit dem Schwert angreifen
  regnum petere 12 nach der Königsherrschaft streben
philosophia *(griech.)* **28** Philosophie
philosophus 21 Philosoph
pietas, -atis *f* **36** Pflichtgefühl; Frömmigkeit; Liebe
pirata *m* **23** Pirat
piscis, -is *m* **36** Fisch
pius, a, um 31 pflichtbewusst, *(gegenüber Göttern:)* fromm; *(gegenüber Eltern, Kindern:)* liebevoll
placare 35 besänftigen; versöhnen
placere 4 gefallen
  nobis placet 12 uns gefällt es, wir beschließen
plaga 30 Stich, Schlag
plaudere, plaudo, plausi, plausum **19** Beifall klatschen
plebeius 26 Plebejer
plebs, plebis *f* **18** (*einfaches*) Volk; Menge, Plebs
plenus, a, um *(m. Gen.)* **24** voll *(von)*
plerique, pleraeque, pleraque 31 die meisten, sehr viele
plerumque 29 meistens
plurimi, ae, a 38 die meisten, sehr viele
poculum 26 Becher
poena 23 Strafe
  poenam sceleris solvere 35 (*die Strafe für ein Verbrechen zahlen:*) für ein Verbrechen büßen, bestraft werden
poeta *m* **11** Dichter
ponere, pono, posui, positum **12** setzen, stellen, legen
  castra ponere 22 ein Lager aufschlagen
pons, pontis *m* **18** Brücke
pontifex, pontificis *m* **8** Oberpriester, Pontifex
populus 6 Volk
porta 6 Tor
portare 10 tragen
portus, -us 9 Hafen
poscere, posco, poposci, – **25** fordern, verlangen
posse, possum, potui, – **16** können
post 6 *(Präp. b. Akk.:) räuml.:* hinter; *zeitl.:* nach; *(Adv.:)* später, danach
  paulo post 17 ein wenig später, bald darauf
postea 12 später
posterus, a, um 31 nachfolgend
  posteri, -orum *(Pl.)* **31** *(die Nachfolgenden:)* die Nachkommen
postquam *(m. Ind. Perfekt)* **13** nachdem
potestas, -atis *f* **29** Macht, (Amts-)Gewalt; Möglichkeit
  in potestatem redigere 40 in seine Gewalt bringen
potissimum 29 hauptsächlich, gerade
prae *(Präp. b. Abl.)* **25** vor
  prae se ferre 25 vor sich hertragen, an den Tag legen
praebere 18 geben, gewähren; zeigen
  fortem se praebere 18 sich tapfer zeigen, sich als tapfer erweisen
praeceptum 21 Lehrsatz; Befehl, Vorschrift
praecipere, praecipio, -cepi, -ceptum **38** vorwegnehmen; vorschreiben; lehren
praeclarus, a, um 8 sehr berühmt, herrlich
praecurrere, praecurro, -curri, -cursum **8** vorauslaufen, voraneilen
praeda 25 Beute
praedicere, praedico, -dixi, -dictum **36** voraus-, vorhersagen, prophezeien; vorschreiben
praeesse, praesum, -fui, – **40** *(davor sein:)* vorstehen, leiten
  (m. Dat.:) **exercitui praeesse 40** an der Spitze eines Heeres stehen, ein Heer befehligen
praefectus 16 Vorsteher, Befehlshaber
praeficere, praeficio, -feci, -fectum **16** an die Spitze stellen, mit der Führung beauftragen
praeponere, praepono, -posui, -positum **37** voranstellen; vorziehen
praesidium 19 Schutz; Besatzung, Posten
praestare, praesto, -stiti, -stitum **19** *(m. Dat.:)* voranstehen, übertreffen; *(m. Akk.:)* leisten, erfüllen
  militibus virtute praestare 19 die Soldaten an Tapferkeit übertreffen
  officia praestare 19 seine Pflichten erfüllen
  se fortem praestare 19 sich als tapfer erweisen
praeter *(Präp. b. Akk.)* **25** an ... vorbei; außer
  praeter consuetudinem 30 entgegen der Gewohnheit
preces, precum *f (Pl.)* **15** Bitten, Gebet
  precibus cedere 26 den Bitten nachgeben
premere, premo, pressi, pressum **32** drücken;

unterdrücken
pretium **38** Preis, Wert; Lohn
primo *(Adv.)* **9** zuerst
primum *(Adv.)* **30** anfangs, zuerst; zum ersten Mal
primus, a, um **7** der erste
prima luce **26** bei Tagesanbruch
princeps, -ipis *m* **36** der erste, angesehenste; Anführer; Prinzeps *(Titel des Augustus)*
principatus, -us **36** führende Stellung; Vorherrschaft; Prinzipat *(von Augustus eingeführte Staatsform: der Kaiser als der »Erste im Staat«)*
principatum inire **36** den Prinzipat antreten
priusquam **39** bevor
privare **30** berauben
(m. Abl.:) **eum pecunia privare** **30** ihn des Geldes berauben, ihm das Geld wegnehmen
privatus, a, um **23** persönlich, privat
pro *(Präp. b. Abl.)* **17** vor; für; anstatt
probare **37** prüfen; billigen; beweisen
proconsul, **-is** *m* **24** Prokonsul *(ehem. Konsul, Statthalter)*
procul **12** von fern; fern
prodere, prodo, prodidi, proditum **16** verraten; überliefern
prodesse, prosum, profui, – **16** nützen
proditio, **-ionis** *f* **16** Verrat
proditor, **-oris** *m* **16** Verräter
proelium **21** Kampf, Gefecht
proelium committere **23** den Kampf beginnen
profecto **3** tatsächlich
proferre, profero, protuli, prolatum **33** hervorholen; ausdehnen
prohibere **19** verhindern, abhalten
prohibere, ne **27** verhindern, dass
promissum **34** Versprechen
promittere, promitto, -misi, -missum **31** versprechen
prope *(Präp. b. Akk.)* **6** nahe (bei)
properare **3** eilen, sich beeilen
propinquus, a, um **40** nahe, benachbart; verwandt; Nachbar; Verwandter
propraetor, -oris *m* **30** Proprätor *(ehemaliger Prätor, der nach seinem Amtsjahr Statthalter einer Provinz wurde)*
propter *(Präp. b. Akk.)* **8** wegen
propterea **37** deshalb
providere, provideo, providi, provisum **33** *(m. Akk.:)* vorhersehen; *(m. Dat.:)* sorgen für
futura providere **33** die Zukunft voraussehen
saluti hominum providere **33** für das Wohl der Menschen sorgen
provincia **18** Provinz
proximus, a, um **19** der nächste
proximo anno **19** im folgenden Jahr; im vergangenen Jahr

prudens, **-entis** **20** klug
prudentia **27** Klugheit
publicus, a, um **17** öffentlich, allgemein
res publica **17** Staat; Republik
puella **2** Mädchen
puer, **pueri** **2** Junge, Knabe
pugio, -ionis *m* **30** Dolch
pugna **15** Kampf, Schlacht
pugnare **15** kämpfen
pulcher, pulchra, pulchrum **6** schön
pulchritudo, **-inis** *f* **14** Schönheit
pulsare **26** schlagen, klopfen
ianuam pulsare **26** an die Tür klopfen
pulvis, -eris *m* **38** Staub
punire **8** bestrafen
putare **8** glauben, meinen; halten für
magni putare / facere **35** hoch schätzen
qua de causa **19** *(interrogativ:)* aus welchem Grund; *(relativ:)* aus diesem Grund
quaerere, quaero, quaesivi, quaesitum **24** suchen; fragen
quaero ex te / a te **24** ich frage dich
quam **5** wie *(Ausruf und Frage)*
quam *(beim Komparativ)* **37** als
quam *(mit Superlativ)* **37** möglichst
quam severissime **37** möglichst streng, so streng wie möglich
quamobrem? **35** weshalb? (*relativ:*) deshalb
quamquam **8** obwohl
quando? **26** wann ?
quantus, a, um? **26** wie groß? wie viel?
quartus, a, um **30 GI** der (die, das) vierte
quater **32** viermal
quattuor **30 GI** vier
-que *(angehängt)* **4** und
quem? quid? *(Akk.)* **3** wen? was?
qui, quae, quod **17** *(Adjektiv. Fragepron.:)* welcher? welche? welches?; *(Relativpron.:)* welcher, welche, welches; der, die, das
quia **8** weil, da
quid? **1** was?
quid? *(Adv.)* **26** warum? weshalb?
quidem *(nachgestellt)* **16** freilich, zwar; gewiss
ne … quidem **38** nicht einmal …
quies, quietis *f* **29** Ruhe, Erholung
quietus, a, um **29** ruhig
quin etiam **21** ja sogar
quinquaginta *(indekl.)* **25** fünfzig
quinque **30 GI** fünf
quintus, a, um **30 GI** der (die, das) fünfte
quis? **1** wer?
quisnam? **20** wer denn?
quo? *(Adv.)* **18** wohin?
quod **8** weil, da
quomodo? **34** auf welche Weise? wie?
quoque *(nachgestellt)* **4** auch
rapere, rapio, rapui, raptum **10** rauben, an sich reißen
raptus, **-us** **13** Raub, Entführung

ratio, -ionis *f* **37** Berechnung; Art und Weise; Vernunft; Grund
alia ratione atque / ac 37 auf andere Weise als; aus einem anderen Grunde als
recipere, recipio, recepi, receptum **7** zurücknehmen; aufnehmen, empfangen
animum recipere 27 wieder Mut fassen
se recipere 18 sich zurückziehen
recitare 25 vortragen, vorlesen
recte *(Adv.)* **16** richtig; mit Recht
recte dicis 21 du hast Recht
recurrere, recurro, recurri, recursum **7** zurücklaufen
reddere, reddo, reddidi, redditum **15** zurückgeben; machen (zu)
Cassandram vatem reddere 33 Kassandra zur Seherin machen
epistulam reddere 17 einen Brief übergeben
redigere, redigo, -egi, -actum **40** zurücktreiben, zurückbringen; in einen Zustand bringen
in potestatem redigere 40 in seine Gewalt bringen
redire, redeo, redii, reditum **18** zurückgehen, zurückkehren
reducere, reduco, reduxi, reductum **37** zurückführen
referre, refero, rettuli, relatum **23** zurücktragen; berichten
se referre 23 sich zurückziehen
regere, rego, rexi, rectum **29** lenken, leiten
regina 27 Königin
regio, **-ionis** *f* **19** Gegend, Gebiet; Richtung
regius, a, um 27 königlich
regnare 27 König sein, herrschen
regnum 12 Königsherrschaft, Königreich
relegare 37 verbannen
relinquere, relinquo, -liqui, -lictum **8** verlassen; zurücklassen
reliquus, a, um 20 übrig, restlich
remittere, remitto, -misi, -missum **20** zurücksenden
remotus, a, um 20 entfernt, entlegen
removere, removeo, -movi, -motum **20** entfernen
remus 25 Ruder
renovare 11 erneuern, wiederherstellen
repellere, repello, reppuli, repulsum **14** zurückschlagen, vertreiben
repente *(Adv.)* **30** plötzlich
repentinus, a, um 39 plötzlich
repetere, repeto, repetivi, repetitum **33** zurückverlangen; zurückholen; wiederholen
reprehendere, reprehendo, -prehendi, -prehensum **3** tadeln, zurechtweisen
repudiare 30 zurückweisen, ablehnen
requiescere, -quiesco, -quievi, -quietum **4** (sich aus)ruhen
res, rei *f* **4** Sache, Ding
res gestae *f (Pl.)* **13** Taten; Geschichte
res militaris *f* **22** Kriegswesen, Militärwesen
res novae *f (Pl.)* **20** Umsturz
res publica *f* **17** Staat; Republik
re vera 31 in Wirklichkeit, in Wahrheit
resistere, resisto, restiti, – **11** sich widersetzen, Widerstand leisten
respectare 3 zurückschauen
respicere, respicio, respexi, respectum **34** zurückblicken; berücksichtigen, Rücksicht nehmen *(auf)*
respondere, respondeo, -spondi, -sponsum **1** antworten
responsum 13 Antwort
restituere, restituo, restitui, restitutum **29** wiederherstellen
retinere, -tineo, -tinui, -tentum **20** zurückhalten, festhalten
retro 39 zurück, rückwärts
reus 17 Angeklagter
revenire, revenio, -veni, -ventum **3** zurückkommen
revocare 20 zurückrufen
rex, **regis** *m* **10** König
ridere, rideo, risi, risum **1** lachen
ripa 10 (Fluss-)Ufer
risus, **-us 19** Lachen, Gelächter
rogare 22 bitten; fragen
Roma 20 Rom
Roma *(Abl. sep.)* **30** aus Rom, von Rom (weg, her)
Romae *(Lokativ)* **20** in Rom
Romam 5 nach Rom
Romanus, a, um 5 römisch, Römer(in)
rumpere, rumpo, rupi, ruptum **20** (zer)brechen, zerreißen
rursus 5 wieder
rus, ruris *n* **37** Land; Landgut
rusticus, a, um 37 ländlich, bäuerlich; Bauer
sacer, sacra, sacrum 8 heilig
sacerdos, -otis *m / f* **31** Priester, Priesterin
sacrificium 13 Opfer
saeculum 31 Jahrhundert; Zeitalter
saepe 10 oft, häufig
saevus, a, um 36 wütend, wild, grausam
saltus, -us 40 Wald(tal); Waldgebirge
salus, **salutis** *f* **11** Gesundheit, Heil; Rettung
consilium mihi saluti est 11GI der Rat ist für mich heilsam, bringt mir Rettung
salutem dicere *(m. Dat.)* **11** grüßen *(am Briefanfang)*
salutare 3 grüßen, begrüßen
salve! / **salvete**! **1** sei gegrüßt! / seid gegrüßt!
salvus, a, um 7 gesund, wohlbehalten
sanctus, a, um 40 geweiht, heilig
sanguis, sanguinis *m* **35** Blut
sapientia 34 Weisheit
satis 20 genug
saxum 16 Felsen; Stein
scelus, **sceleris** *n* **13** Verbrechen

scelus committere 13 ein Verbrechen begehen
sceptrum 32 Zepter
schola 2 Schule
scientia 8 Wissen, Kenntnis
scire, scio, scivi, scitum 5 wissen; verstehen
scribere, scribo, scripsi, scriptum 3 schreiben
scriptor, -**oris** *m* 16 Schreiber; Schriftsteller
se *(Reflexivpron. im Akk.)* 18 sich
secundus, a, um 30 der zweite; günstig
securis, -is *f* 36 Beil
securitas, -atis *f* 40 Sorglosigkeit; Sicherheit
securus, a, um 40 ohne Sorge, sorglos; sicher
sed 1 aber; sondern
sedecim 25 sechzehn
sedere, sedeo, sedi, sessum 2 sitzen
sedes, sedis *f* 14 Sitz; Wohnsitz
seditio, -**ionis** *f* 20 Aufstand, Aufruhr
semel 19 einmal
semel atque iterum 19 ein um das andere Mal, immer wieder
semper 3 immer
senator, -**oris** *m* 22 Senator
senatus, -**us** 22 Senat
senatus consultum 36 Senatsbeschluss
senex, senis *m* 17 alter Mann; alt
sententia 33 Meinung; Ausspruch; Satz
sentire, sentio, sensi, sensum 29 fühlen, merken; meinen
sepelire, sepelio, sepelivi, sepultum 6 begraben
septem 20 sieben
September (mensis) 30 GI September
septimus, a, um 30 GI der (die, das) siebte
septuaginta *(indekl.)* 22 siebzig
sepulcrum 6 Grab, Grabstätte
sermo, -onis *m* 37 Gespräch; Redeweise
sermonem habere cum amica 37 ein Gespräch mit einer Freundin führen
sero 11 spät, zu spät
serpens, serpentis *m / f* 9 Schlange
serva 3 Sklavin
servare 16 bewahren; retten
officia servare 34 die Pflichten erfüllen
servilis, e 21 Sklaven-, sklavenmäßig
servire 12 dienen, Sklave sein
servitus, -**utis** *f* 20 Sklaverei, Knechtschaft
servus 1 Sklave
severitas, -atis *f* 28 Strenge, Ernst
severus, a, um 28 streng, ernst
sex 13 sechs
sextus, a, um 30 GI der (die, das) sechste
si 8 wenn, falls
sic 13 so, auf diese Weise
significare 26 anzeigen
signum 14 Zeichen
signa in hostem inferre 23 den Feind angreifen
silva 4 Wald
similis, e 19 ähnlich
simul 30 zugleich, gleichzeitig
simulare 36 vortäuschen, heucheln
sin *(verstärkt:* **sin autem***)* 34 wenn aber
sine *(Präp. b. Abl.)* 9 ohne
singuli, ae, a *(Pl.)* 9 einzelne; je einer
sitis, -**is** *f* 20 Durst
situs, a, um 36 gelegen, liegend
socius/socia 34 Gefährte/Gefährtin; Bundesgenosse
socordia 40 Sorglosigkeit
sol, solis *m* 39 Sonne
solacium 38 Trost, Trostmittel
solere 7 gewohnt sein, pflegen
sollemnis, e 37 feierlich, festlich
sollicitare 30 heftig erregen, beunruhigen
sollicitudo, -inis *f* 27 Unruhe, Besorgnis
solum 2 nur, allein
non solum ..., sed etiam 2 nicht nur ..., sondern auch
solus, a, um 26 allein
solvere, solvo, solvi, solutum 34 lösen; befreien; zahlen
navem solvere 34 die Anker lichten, absegeln
poenam sceleris solvere 35 *(die Strafe für ein Verbrechen zahlen:)* für ein Verbrechen büßen, bestraft werden
somnus 26 Schlaf
sonus 39 Ton, Klang, Laut
soror, sororis *f* 2 Schwester
sors, sortis *f* 22 Los, Schicksal
species, -**ei** *f* 16 Anblick; Aussehen; Schönheit
spectaculum 22 Schauspiel
spectare 3 (an)schauen
spectator, -**oris** *m* 22 Zuschauer
sperare 7 hoffen
spes, spei *f* 22 Hoffnung
stare, sto, steti, statum 10 stehen
statim 7 sofort
statua 9 Statue
statuere, statuo, statui, statutum 17 aufstellen; beschließen, festsetzen
status, -**us** 11 Zustand, Verfassung
strepitus, -us 37 Lärm, Getöse
stringere, stringo, strinxi, strictum 30 *(eine Waffe)* zücken, ziehen
struere, struo, struxi, structum 34 (er)bauen
studium 14 Eifer, Bemühung; Beschäftigung
stultus, a, um 5 dumm, töricht
suadere, suadeo, suasi, suasum 19 raten, empfehlen
sub 10 *(Präp. b. Abl.:)* unter *(wo?)*; 4 *(Präp. b. Akk.:)* unter *(wohin?)*
subire, subeo, -ii, -itum 18 herangehen; auf sich nehmen
labores subire 18 Mühen auf sich nehmen
subito 2 plötzlich
submergere, submergo, -mersi, -mersum 32 versenken

succurrere, succurro, -curri, cursum **31** zu Hilfe eilen
sumere, sumo, sumpsi, sumptum **36** nehmen, annehmen
Augustum cognomen sumere 36 den Beinamen „Augustus" annehmen
summus, a, um 29 der höchste, der oberste
superare 28 übertreffen; besiegen
superbia 25 Hochmut, Überheblichkeit; Stolz
superbus, a, um 29 hochmütig, überheblich; stolz
supplex, -icis 27 demütig bittend, flehentlich
supremus, a, um 38 der höchste; der letzte
surgere, surgo, surrexi, surrectum **1** aufstehen, sich erheben
suscipere, suscipio, -cepi, -ceptum **3** aufnehmen; auf sich nehmen
suspicio, -ionis *f* **40** Verdacht, Argwohn; Vermutung
sustinere, sustineo, -tinui, -tentum **27** aushalten, ertragen; aufrechterhalten
suus, a, um 6 sein; ihr *(refl. Possessivpron.)*
tabella 38 Täfelchen
tabula 5 Tafel, Brett
tacere 2 schweigen
taedium 24 Überdruss, Widerwille, Ekel
talentum 25 Talent *(größte griech. Münzeinheit, große Geldsumme)*
talis, e 21 so beschaffen, solcher
tam 5 so
tamen 15 dennoch, trotzdem
tandem 1 endlich, schließlich
tangere, tango, tetigi, tactum **38** berühren
tantum *(Adv.; meist nachgestellt)* **12** nur
tantus, a, um 16 so groß, so viel
tellus, -uris *f* **34** Erde, Boden
temperantia 35 Mäßigung, Selbstbeherrschung
temperare 32 *(m. Dat.:)* mäßigen, zurückhalten; *(m. Akk.:)* ordnen, leiten
rem publicam legibus temperare 32 den Staat durch Gesetze leiten
sibi temperare 32 sich beherrschen
tempestas, -atis *f* **32** Gewitter, Sturm; Zeit
templum 6 Tempel
temptare 4 versuchen
tempus, **-oris** *n* **6** Zeit
brevi tempore 15 in kurzer Zeit
in tempore advenire 10 rechtzeitig ankommen
tendere, tendo, tetendi, tentum **31** ausstrecken; dehnen
tenebrae, -arum *(Pl.)* **39** Dunkelheit, Finsternis
tenere, teneo, tenui, – **17** (fest)halten
cursum in Italiam tenere 32 Kurs auf Italien halten
memoria tenere 21 im Gedächtnis behalten
tenuis, e 37 dünn; dürftig; arm
ter 32 dreimal
tergum 36 Rücken
a tergo 36 von hinten
terra 19 Erde, Land
terrere 16 *(jdn.)* erschrecken
terribilis, e 31 schrecklich
terror, -oris *m* **39** Schrecken
tertius, a, um 7 der (die, das) dritte
testamentum 36 Testament, letzter Wille
theatrum 30 Theater
tigris, is *m / f* **39** Tiger
timere 10 (sich) fürchten
timidus, a, um 26 furchtsam, ängstlich
timide *(Adv.)* **26**
timor, **-oris** *m* **22** Angst, Furcht
toga 30 Toga *(Obergewand des römischen Bürgers, äußeres Zeichen seiner Würde)*
tolerare 20 erdulden, ertragen
tollere, tollo, sustuli, sublatum **11** erheben, aufheben; beseitigen
clamorem tollere 26 Geschrei erheben, schreien
in crucem tollere 23 ans Kreuz schlagen
tot *(indekl.)* **32** so viele
totus, a, um 4 ganz
tradere, trado, -didi, -ditum **12** übergeben; überliefern
memoriae tradere 40 der Nachwelt überliefern
traducere, traduco, -duxi, -ductum **18** hinüberführen, übersetzen
trahere, traho, traxi, tractum **3** ziehen, schleppen
trans *(Präp. b. Akk.)* **18** über ... hinüber; jenseits
transferre, transfero, -tuli, -latum **33** hinübertragen, hinüberbringen
transire, transeo, -ii, -itum **18** hinübergehen, überqueren
tredecim 30 GI dreizehn
tres, tria 2 drei
tribuere, tribuo, tribui, tributum **33** zuteilen, verleihen
tribunus plebis 18 Volkstribun
triclinium 18 Triklinium *(Speiseraum)*
tristis, e 15 traurig
tristitia 18 Traurigkeit
triumphus 20 Triumph; Triumphzug
per triumphum ducere 20 im Triumphzug mit sich führen
tu 2 du
tum 2 dann, danach; damals
tumultus, **-us 9** Lärm; Aufruhr
tumultus motus est 14 ein Aufruhr entstand
tunc 39 dann, darauf; damals
turba 22 Schwarm, Menge; Unruhe
turpis, e 37 schändlich; hässlich
tutus, a, um 25 sicher, geschützt
tuus, a, um 6 dein
tyrannus 29 Tyrann *(Alleinherrscher, der widerrechtlich an die Macht gekommen ist)*
ubi *(m. Ind. Perf.)* **13** sobald
ubi primum *(m. Ind. Perf.)* **13** sobald

ubi? *(Adv.)* **1** wo?
ullus, a, um **31** irgendein
ultimus, a, um **18** der letzte, äußerste
umbra **4** Schatten
umerus **30** Schulter
umquam **31** jemals
una *(Adv.)* **27** zusammen
una cum *(m. Abl.)* **27** zusammen mit
undecim **30 GI** elf
undecimus, a, um **30 GI** der (die, das) elfte
undique **24** von allen Seiten, von überall her
unus, a, um *(Zahlwort)* **2** ein(er)
ad unum omnes **23** alle ohne Ausnahme, alle bis auf den letzten Mann
urbanus, a, um **37** städtisch, gebildet; Städter
urbs, urbis *f* **9** Stadt
urgere, urgeo, ursi, – **36** drängen, bedrängen
usque ad *(m. Akk.)* **33** bis zu
usus, -us **11** Nutzen; Gebrauch; Erfahrung
res mihi usui est **11 GI** die Sache ist für mich nützlich
ut **17** wie
ut *(m. Konj.)* **27** dass; damit; so dass
uter, utra, utrum? **31** welcher *(von beiden)*?, wer *(von beiden)*?
uterque, utraque, utrumque **31** jeder *(von beiden)*, beide
utilis, e **38** brauchbar, nützlich
utilitas, -atis *f* **38** Nutzen, Vorteil
utinam *(mit Konj.)* **26** wenn doch; hoffentlich
utrum ... an **38** *(direkte Frage:)* – ... oder; *(indirekte Frage:)* ob ... oder
uxor, -oris *f* **12** Ehefrau, Gattin
uxorem in matrimonium ducere **40** eine Frau heiraten
valde **2** sehr, heftig
valere **3** gesund sein, stark sein
multum valere **23** viel vermögen, großen Einfluss haben
vale! / valete! **3** leb wohl! / lebt wohl!
valetudo, -inis *f* **23** Gesundheit, Wohlbefinden
varius, a, um **11** verschieden; bunt
vastare **23** verwüsten
vastus, a, um **32** gewaltig, groß; öde, wüst
vates, -is *m / f* **33** Seher(in), Dichter(in)
vehemens, -entis **15** heftig, leidenschaftlich
velare **35** verhüllen
velum **25** Segel
velut **37** wie, wie zum Beispiel
vendere, vendo, vendidi, venditum **20** verkaufen
venenum **35** Gift
venia **11** Nachsicht, Verzeihung
veniam dare *(m. Dat.)* **11** *(jdm.)* verzeihen
venire, venio, veni, ventum **1** kommen
ventus **32** Wind
verber, -eris *n* **40** Hieb, Schlag
verbum **20** Wort
vere *(Adv.)* **28** wahrhaftig, wirklich
vertere, verto, verti, versum **29** umdrehen, wenden; verwandeln
verus, a, um **29** wahr, wirklich
re vera **31** in Wirklichkeit, in Wahrheit
Vestalis (virgo) *f* **8** Vestalin
vester, vestra, vestrum **6** euer
vestibulum **7** Vestibulum *(Vorhalle)*
vestimentum **26** Kleidung(sstück)
vestis, -is *f* **38** Kleid, Kleidung
vetare, veto, vetui, vetitum **23** verbieten
vetus, veteris **26** alt
vexare **4** plagen, quälen
via **4** Weg, Straße
viam conficere **39** einen Weg zurücklegen
vicesimus, a, um **30 GI** der (die, das) zwanzigste
vicinus, a, um **14** benachbart; Nachbar
victor, -oris *m* **18** Sieger; siegreich
victoria **19** Sieg
victoriam parere **27** einen Sieg erringen
vicus **21** Dorf; Stadtviertel
videre, video, vidi, visum **3** sehen
viginti *(indekl.)* **21** zwanzig
villa (rustica) **3** Villa *(römisches Landhaus, Landgut)*
vincere, vinco, vici, victum **6** (be)siegen, übertreffen
vinculum **20** Fessel, Band
vinum **18** Wein
vir, viri **8** Mann, Ehemann
virgo, virginis *f* **8** junge Frau, Mädchen
virgo Vestalis *f* **8** Vestalin
virtus, virtutis *f* **12** Tugend; Tüchtigkeit; Tapferkeit
vis *f* (vim, vi, *Pl.* vires, virium) **10** Kraft, Gewalt
vi et armis **14** mit Waffengewalt
vim afferre *(m. Dat.)* **23** *(jdm.)* Gewalt antun
vim facere *(m. Dat.)* **13** *(jdm.)* Gewalt antun
vita **11** Leben
vitare **38** meiden, vermeiden
vitium **40** Fehler, Laster
vivere, vivo, vixi, – **14** leben
vix **18** kaum, mit Mühe
vocare **1** rufen, nennen
volare **34** fliegen
volatus, -us **34** Fliegen, Flug
voluntas, -atis *f* **33** Wille, Absicht
volvere, volvo, volvi, volutum **27** wälzen, drehen, rollen
vos **5** ihr
votum **37** Wunsch; Gelübde
vox, vocis *f* **9** Stimme
vulnus, -eris *n* **32** Wunde
vultus, -us **31** Gesicht; Miene

Deutsch-lateinisches Wörterverzeichnis

Enthalten sind nur die Begriffe aus den deutsch-lateinischen Übungen.

aber sed; autem *(nachgestellt)*
alle cuncti, ae, a *(Pl.)*; omnes, ia *(Pl.)*
ein anderer alius, a, ud
der andere *(von zweien)* alter, altera, alterum
  der eine ... der andere *(von zweien:)* alter ... alter; *(von mehreren:)* alius ... alius
  die anderen ceteri, ae, a *(Pl.)*
angenehm iucundus, a, um
anklagen accusare
anwesend sein adesse, adsum, adfui, -
auch et; etiam; quoque *(nachgestellt)*
  auch nicht neque; nec
aufwecken excitare
Baum arbor, arboris *f*
Beifall klatschen plaudere, plaudo, plausi, plausum
berühmt (prae)clarus, a, um; illustris, e
besteigen ascendere, ascendo, ascendi, ascensum
bestrafen punire
bewirken efficere, efficio, effeci, effectum
böse malus, a, um; improbus, a, um
  böse sprechen *(über jdn.)* maledicere, -dico, -dixi, -dictum *(m. Dat.)*
bewegen (com)movere, moveo, movi, motum
Brief epistula; litterae, -arum *(Pl.)*
bringen ferre, fero, tuli, latum; portare
Buch liber, libri
danach deinde, tum
Dichter poeta *m;* vates *m*
dieser, diese, dieses is, ea, id; hic, haec, hoc; iste, ista, istud
du tu
einladen invitare
einrichten instituere, instituo, -stitui, -stitutum
elend miser, a, um
entführen abducere, abduco, -duxi, -ductum; rapere, rapio, rapui, raptum
er, sie es *(dt. Personalpron.)* is, ea, id
erdulden tolerare; (Gefahren:) subire, subeo, -ii, -itum
erklären explicare
erlauben permittere, permitto, -misi, -missum
  es ist erlaubt licet, licuit, -
erobern (*urbem*) capere, capio, cepi, captum; occupare
erzählen narrare
erziehen erudire
fallen cadere, cado, cecidi, -
fällen caedere, caedo, cecidi, caesum
festhalten obtinere, obtineo, -tinui, -tentum; retinere, retineo, -tinui, -tentum
flehentlich supplex, -icis
folgender hic, haec, hoc
fragen (inter)rogare; quaerere, quaero, quaesivi, quaesitum
Frau femina; mulier, -eris *f*
freilich quidem *(nachgestellt)*
Freude gaudium; laetitia
Freude machen delectare
froh laetus, a, um
  froh sein gaudere; laetum esse
Gattin uxor, -oris *f;* coniu(n)x, -iugis *f*
geben dare, do, dedi, datum; praebere
  es gibt esse, sum, fui, -
Gedicht carmen, carminis *n*
Gefahr periculum
gehen cedere, cedo, cessi, cessum; ire, eo, ii, itum
gehorchen oboedire, parere
gelangen (ans Ziel) pervenire, pervenio, -veni, -ventum
gerecht iustus, a, um
Geschenk donum; munus, -eris *n*
Geschichte fabula; res gestae *f (Pl.)*
Gesicht os, oris *n*; vultus, -us
gestern heri
glauben censere, censeo, censui, censum; credere, credo, credidi, creditum; putare
Gott deus
grausam crudelis, e
Grieche / Griechin Graecus / Graeca
groß magnus, a, um
grüßen salutare
  sei gegrüßt salve
gut bonus, a, um; *(Adv.:)* bene
  es geht mir gut valeo
haben habere
  nicht haben carere *(m. Abl.)*
  ich habe kein Geld pecunia mihi deest
Haus domus, -us *f;* aedes, -ium *f (Pl.)*
  nach Hause domum
helfen adesse, adsum, adfui, –; adiuvare, adiuvo, adiuvi, adiutum *(m. Akk.)*
hell clarus, a, um
hervorbringen parere, pario, peperi, partum
hervorragen eminere, emineo, eminui, –
heute hodie
  heute noch, noch immer adhuc
hoffen sperare
ich ego
ihr vos
immer semper
(sich) irren errare
jeder omnis, e
  jeder *(von beiden)*, beide uterque, utraque, utrumque

jener ille, illa, illud
kämpfen certare; confligere, confligo, -flixi, -flictum; pugnare
Klima caelum
kommen venire, venio, veni, ventum
können posse, possum, potui, –
lang longus, a, um
lange (Zeit) *(Adv.)* diu
Lehrer magister
leicht facilis, e
lernen discere, disco, didici, –
lesen legere, lego, legi, lectum
Lied cantus, -us; carmen, carminis *n*
lustig laetus, a, um; iucundus, a, um
machen facere, facio, feci, factum; *(= treiben:)* agere, ago, egi, actum
Macht potestas, -atis *f*
Mädchen puella; virgo, virginis *f*
Mann vir, viri
Mensch homo, hominis *m*
möglichst quam *(m. Superlativ)*
Mond luna
Mord nex, necis *f*
müde fatigatus, a, um
Mühe labor -oris *m*; opera
nachdenken cogitare
nahe (bei) prope *(Präp. b. Akk.)*
nämlich enim *(nachgestellt)*
nicht non; ne
nichts nihil
niemand nemo, nullius
noch nicht nondum
nützen prodesse, prosum, profui
nur tantum *(meist nachgestellt)*; modo; solum
nicht nur ..., sondern auch non modo ..., sed etiam; non solum ..., sed etiam
opfern immolare
Ort locus
Orte (Gegend) loca, -orum *n (Pl.)*
Priester sacerdos, -otis *m*
raten suadere, suadeo, suasi, suasum
Reichtum divitiae, -arum *(Pl.)*
Richter iudex, -icis *m*
richtig recte *(Adv.)*
Römer(in) Romanus / Romana
rufen clamare; vocare
rühmen laudare; laudibus efferre, effero, extuli, elatum
Sache res, rei *f*
sagen dicere, dico, dixi, dictum
schenken dare, do, dedi, datum; donare
Schiff navis, navis *f*
schlau callidus, a, um
schon iam
schön pulcher, pulchra, pulchrum
Schule schola; ludus
Schüler(in) discipulus / discipula
schweigen tacere
schwer difficilis, e; gravis, e
segeln navigare
sehen videre, video, vidi, visum
sein esse, sum, fui, -
senden mittere, mitto, misi, missum
sicher(lich) certe
singen canere, cano, cecini, -; cantare
sofort repente; statim
sondern sed; autem *(nachgestellt)*
nicht nur ..., sondern auch non solum ..., sed etiam; non modo ..., sed etiam
Sonne sol, solis *m*
spielen ludere, ludo, lusi, lusum
sprechen dicere, dico, dixi, dictum
Stimme vox, vocis *f*
Straße via
streng severus, a, um; durus, a, um
täuschen decipere, decipio, decepi, deceptum; fallere, fallo, fefelli, –
überfallen opprimere, opprimo, oppressi, oppressum
überlegen cogitare
übertreffen superare; vincere, vinco, vici, victum
und et; -que *(angehängt)*; ac; atque
und nicht neque; nec
unser noster, nostra, nostrum
urteilen iudicare
verfassen scribere, scribo, scripsi, scriptum; (*carmen*) facere, facio, feci, factum
versprechen promittere, promitto, -misi, -missum
viel multus, a, um
vielleicht fortasse
Vokabel verbum; vocabulum
vorgehen (*gegen*) animadvertere, animadverto, -verti, -versum (*in*)
warnen (ad)monere
was? quid?
wegen propter *(Präp. b. Akk.)*
weil quia / quod *(m. Ind.)*; cum *(m. Konj.)*
Weisheit sapientia
welcher? qui, quae, quod?
welcher von beiden? uter, utra, utrum?
wenn (= falls) si
(jedesmal) cum *(m. Ind.)*
wenn nicht nisi
wer? quis?
Winter hiems, hiemis *f*
wir nos
wissen scire, scio, scivi, scitum
nicht wissen ignorare; nescire
Wort verbum
Zeit tempus, -oris *n*; hora
zerstören delere, deleo, delevi, deletum
zugrunde gehen perire, pereo, perii, peritum
zuhören audire; attentum esse
zuerst primum; primo

Regeln zur Wortbildung und Wortkunde aus Band 1

WB 1

Wortbildung

Maskulinum	**Femininum**
Volcati-us	Volcati-a
discipul-us	discipul-a
magister	magistr-a

WK 2

Wortkunde

1. Das Sachfeld

Die Wörter *schola, magister, interrogare, respondere* haben eine Gemeinsamkeit: Sie gehören zu demselben Lebens- oder Sachbereich, der Schule. Sie bilden so ein SACHFELD zum Thema „Schule“:

magister
schola
interrogare
respondere

WK 2

2. Das Wortfeld

Auch die Wörter *dicere, vocare, interrogare, respondere* haben eine Gemeinsamkeit: Es sind bedeutungsverwandte Wörter, die sich unter der Überschrift „Sprechen“ zusammenfassen lassen. Jedes dieser Wörter hebt aber einen unterschiedlichen Aspekt des Sprechens hervor.
Eine Gruppe von bedeutungsverwandten Wörtern nennen wir ein WORTFELD:

Sprechen

vocare — dicere — interrogare — respondere

WB 3

1. Das Präfix *re-*

venire (kommen) **re-**venire (**zurück**-kommen, **wieder**-kommen)

Die Vorsilbe ***re-*** hat meist die Bedeutung **„zurück-“** oder **„wieder-“**. Eine solche Vorsilbe nennen wir ein PRÄFIX („vorne angeheftet“).

WB
3

2. Das Präfix *ex-*

clamare (rufen) **ex-**clamare (**aus-**rufen)

Das Präfix *ex-* (oder *ē-*) hat bei Verben meist die Bedeutung **„aus-, heraus-"**.

WK
3

Die Wortfamilie

Vergleiche: amare – amicus – amica
venire – revenire – advenire

Beide Reihen haben eine Gemeinsamkeit: Sie lassen sich jeweils auf dieselbe Wurzel (***am-/ven-***) zurückführen und bilden so eine WORTFAMILIE.

WB
4

Simplex und Kompositum (I)

Vergleiche die Wortbildung zu Lektion 3:
Mit Hilfe von Präfixen kann man neue Wörter bilden, indem man aus einem einfachen Wort (SIMPLEX) ein zusammengesetztes Wort (KOMPOSITUM) macht:

Simplex: venire ⇒ Kompositum: re-venire
clamare ⇒ ex-clamare

Für die Bildung eines Kompositums kommen Präfixe in Frage, die
- nur als Vorsilbe dienen *(re-)*
- ansonsten auch als Präpositionen verwendet werden *(ex-)*

Dazu zählen außerdem:

venire (kommen)	⇒	**ad-**venire	(**herzu-**kommen, **heran-**kommen, **an-**kommen)
currere (laufen)	⇗	**in-**currere	(**hinein-**laufen)
	⇘	**per-**currere	(**durch-**laufen)

WB
5

Simplex und Kompositum (II): Assimilation

Vergleiche: a**d** + **v**enire ⇒ a**dv**enire (ankommen)
aber: a**d** + **c**urrere ⇒ a**cc**urrere (herbeilaufen)

Bei der Bildung eines Kompositums wird, um die Aussprache zu erleichtern, der letzte Konsonant des Präfixes oft an den folgenden Konsonanten angeglichen (ASSIMILIERT).

WB 6

Simplex und Kompositum (III):

Vergleiche: **re**-currere (**zurück**-laufen ↗*WB 3.1*)
aber: **re**-prehendere (tadeln!)

Das Präfix ***re-*** kann nicht immer mit „zurück-"/„wieder-" übersetzt werden. Oft liegt nämlich bei der deutschen Entsprechung eine andere Vorstellung zugrunde, z. B. *re-prehendere* (eigentlich „zurückhalten", meist aber „tadeln").

Ab jetzt gilt grundsätzlich: Wenn die Grundbedeutung eines Präfixes auf das Deutsche übertragbar ist und schon erklärt wurde, wird die deutsche Bedeutung des Wortes nicht mehr im Lernwortschatz angegeben. Dafür findest du einen Hinweis auf die Lektion, in der dieses Präfix behandelt wurde; so steht z. B. künftig bei Komposita mit *re-* in der Normalbedeutung: ↗*WB 3.1.*

Lässt sich die deutsche Bedeutung nicht aus der Grundbedeutung des Präfixes ableiten, erscheint die Vokabel im Lernwortschatz.
Entsprechendes gilt für alle Bereiche der Wortbildung.

WB 7

Simplex und Kompositum (IV): Vokalschwächung

Vergleiche: c**á**pere
aber: re-c**í**pere

Zwei Beobachtungen lassen sich machen:
- die Anfangssilbe *ca-* erscheint im Kompositum als Mittelsilbe
- der Vokal *-a-* wird dabei zu *-i-*, verliert also an Klangfarbe: er wird GESCHWÄCHT.

WB 8

1. Das Präfix *prae-* (I)

prae-currere (**voran-, voraus-**laufen)

Ein Kompositum mit dem Präfix ***prae-*** hat die Bedeutung **„voran-, voraus-"**.

WB 8

2. Das Präfix *prae-* (II)

prae-clarus (**sehr** berühmt, **hoch**berühmt)

prae- kann auch vor manche Adjektive treten und dient so als **Verstärkung**.

WB 9

Das Präfix *com-*

a) **con-**venire (**zusammen**-kommen)
b) **com-**plere ([**vollständig**] anfüllen)

Die Präposition ***cum*** (mit) erscheint in Komposita in ihrer altlateinischen Form ***com-***. Dieses Präfix ***com-*** (bei Assimilation ***con-***) bedeutet
a) **„zusammen"**
b) eine **Verstärkung,** die oft nicht übersetzt wird.

WB 10

Das Präfix *ab-*

ab-ducere (**weg**-führen, **fort**-führen, **ent**-führen)
(*vgl.* **D ab**-führen)

Die Präposition ***ā/ab*** kann als Präfix vor ein Verb treten. Das so entstandene Kompositum bezeichnet dann eine **Trennung**. Dabei kann es verschiedene Gestalt annehmen, je nach dem Konsonanten, der darauf folgt.

WB 13

1. Die Bildung neuer Wörter durch Ableitung: das Suffix *-iō*

Dass man viele lateinische Wörter nicht neu lernen muss, haben wir bereits bei der Bildung der Komposita gesehen: Sind Präfix und Simplex bekannt, erschließt sich oft auch deren Zusammensetzung.
Fügt man an das Ende eines Wortstammes eine Bildesilbe (SUFFIX) an, so wird dadurch ein neues Wort ABGELEITET:

narrare	–	narrat-um	–	narrat-**io** *f*	(Erzählung)
admonere	–	admonit-um	–	admonit-**io** *f*	(Mahnung, Erinnerung)

In den beiden Beispielen wird an den Stamm des PPP das Suffix ***-iō*** *(Gen.* ***-iōnis****)* angehängt. Die daraus abgeleiteten Substantive sind Feminina und bezeichnen eine **Handlung** oder deren **Ergebnis**.

WB 13

2. Das Suffix *-us (Gen. -ūs)*

rapere – rapt-um – rapt-**us** *m* (Raub)

Wird an den Stamm des PPP das SUFFIX ***-us*** *(Gen.* ***-ūs****)* angehängt, so bezeichnen die daraus abgeleiteten Substantive ebenfalls eine **Handlung** oder deren **Ergebnis**. Sie gehören der u-Deklination an und sind immer maskulin.

WB 13

3. Das Neutrum des PPP als Substantiv

respondere – respons-um – respons-**um** (Antwort)

Eine besondere Form der Ableitung liegt vor, wenn das Neutrum des PPP unverändert als Substantiv übernommen wird. Solche Neutra drücken das **Ergebnis einer Handlung** aus.

WB 14

Das Suffix *-tūdō*

pulcher, pulchr-a, pulchr-um (schön) ⇒ pulchr-*i*-**tudo** (Schönheit)

Substantive mit dem Suffix ***-tūdō*** *(Gen. **-tūdinis**)* bezeichnen eine **Eigenschaft** oder einen **Zustand**. Sie werden meist vom Stamm eines Adjektivs abgeleitet. Das zwischen Stamm und Suffix stehende *-i-* dient als Aussprechvokal.

WB 15

Das Suffix *-tās*

celer, celer-is, celer-e (schnell) ⇒ celer-*i*-**tas** (Schnelligkeit, *vgl. Lektion 9A*)

Substantive, die auf das Suffix ***-tās*** *(Gen. **-tātis**)* enden, bezeichnen eine **Eigenschaft**. Sie werden vom Stamm eines Adjektivs, seltener eines Substantivs, abgeleitet. Zwischen Stamm und Suffix steht oft der Aussprechvokal *-i-* *(vgl. WB 14)*. Endet bereits der Stamm auf *-i-*, folgt *-e-:* varius > vari-*e*-tas (Verschiedenheit).

WB 16

Das PPP als Grundlage der Wortbildung

Wiederholung ***(vgl. WB 13):***
Vom Stamm des PPP werden NEUE SUBSTANTIVE ABGELEITET:

a) Substantive mit dem Suffix *-io:* Sie sind immer feminin und bezeichnen eine Handlung oder deren Ergebnis *(narrat-io)*.
b) Substantive der u-Dekl.: Sie sind immer maskulin und bezeichnen einen Vorgang oder dessen Ergebnis *(rapt-us)*.
c) Das Neutrum des PPP wird als Substantiv verwendet. Es bezeichnet das Ergebnis einer Handlung *(respons-um)*.

Neu:
d) **Das Suffix *-or***

scribere –	script-um –	script-**or** *m*	(Schreiber, Schriftsteller)
prodere –	prodit-um –	prodit-**or** *m*	(Verräter)

Substantive mit dem Suffix ***-or*** *(Gen. **-ōris**)*, die vom PPP-Stamm abgeleitet werden, bezeichnen die **tätige Person**. Manchmal kann die entsprechende feminine Form auf ***-trix*** *(Gen. **-trīcis**)* gebildet werden:

vincere vict-um vict-**or** (der Sieger) / vic-**trix*** (die Siegerin)

* Das End-*t* des Stammes fiel wegen Konsonantenhäufung aus.

WB 17

Das Suffix *-ālis*

rex, reg-is (König)	⇒ reg**-alis, e**	(zu einem König gehörig, Königs-, königlich)
familia, famili-ae (Hausgemeinschaft)	⇒ famili**-aris, e**	(zum Haus gehörig, Haus-, vertraut)

Adjektive mit dem Suffix ***-ālis*** (***-āris***, wenn -l- vorausgeht) werden vom Stamm eines Nomens abgeleitet. Sie bezeichnen eine **Zugehörigkeit** oder eine **Eigenschaft.** Im Deutschen werden sie oft durch ein zusammengesetztes Substantiv wiedergegeben.

WB 18

1. Das Suffix *-itia*

trist-is (traurig) ⇒ trist**-itia** (Traurig**keit**)

Substantive auf das Suffix ***-itia*** leiten sich von Adjektiven (selten von Substantiven) ab. Sie bezeichnen eine **Eigenschaft** oder einen **Zustand.**

WB 18

2. Das Präfix *trāns-*

a) Caesar exercitum	trans	Rhenum	in Germaniam	duxit.
b) Caesar exercitum	trans	Rhenum	in Germaniam	traduxit.
c) Caesar exercitum			in Germaniam	traduxit.
d) Caesar exercitum		Rhenum		traduxit.
e) Caesar		Rhenum		transiit.

Die Präposition ***trāns*** tritt als Präfix in der Bedeutung **„über, hinüber"** vor einige Verben der Bewegung. Dabei kann der überquerte Ort mit oder ohne *trans* stehen. *Transire* wird so zu einem transitiven Verb.
Beachte: Vor *d* schwinden die Konsonanten *ns*!

WB 19

Das Suffix *-ium*

gaud-ere (sich freuen) ⇒ gaud**-ium** (die Freude)
aedific-are (bauen) ⇒ aedific**-ium** (das Bauwerk)

Substantive, die auf das Suffix ***-ium*** enden, leiten sich von Verben, selten von Substantiven ab. Sie bezeichnen einen **Zustand,** eine **Tätigkeit** oder ein **Ergebnis.**

WB 20

Das Partizip als Adjektiv (Partizipialadjektiv)

Vergleiche:
Gallia a Caesare **pacata est.** – Gallien **wurde** von C. **befriedet/unterworfen.**
Nunc Gallia **pacata est.** – Jetzt **ist** Gallien **befriedet/unterworfen.**

Im ersten Satz dient das Partizip Perfekt Passiv (PPP) dazu, die Form des Perfekt Passiv zu bilden. Es ist fester Bestandteil des Prädikats und drückt somit einen **Vorgang** aus („Was geschah mit Gallien?").
Dagegen ist *pacata* im zweiten Satz ein Adjektiv, das die Funktion eines Prädikatsnomens erfüllt. Es drückt also einen **Zustand** aus *(vgl. nunc)*, der als **Ergebnis eines Vorgangs** (Caesars „Befriedung") eingetreten ist. Solche Adjektive, die mit dem Partizip formgleich sind, nennen wir **Partizipialadjektive.**

Wie alle Adjektive können auch die Partizipialadjektive die Funktion eines Attributes erfüllen: *Galli in loca remota se receperunt* – Die Gallier zogen sich in eine abgelegene Gegend zurück.
Nicht immer läßt sich die Bedeutung eines Partizipialadjektivs als Ergebnis eines Vorgangs erklären: *loca remota* – eine entfernte, abgelegene Gegend.

WB 21

Das Suffix *-īlis*

servus, serv-i (der Sklave) ⇒ serv-**ilis, e** (zu einem Sklaven gehörig, einen Sklaven betreffend, sklavisch)

Wie das Suffix *-ālis/-āris (vgl. WB 17)* bezeichnet auch das Suffix ***-īlis*** bei Adjektiven eine **Zugehörigkeit** oder eine **Eigenschaft.** Diese Adjektive werden ebenfalls vom Stamm eines Nomens abgeleitet.

WB 22

Das Präfix *in-* als Verneinung

humanus, a, um (menschlich) ⇒ **in-**humanus, a, um (**un**-menschlich)
scientia (das Wissen) ⇒ **in-**scientia (das **Nicht**-wissen, die **Un**-wissenheit, die **Un**-kenntnis)

Viele lateinische Nomina können durch das Präfix ***in-* verneint** werden (**im Deutschen**: ***un-***, seltener ***Nicht***-). Auf diese Weise wird häufig ein Partizip (besonders das PPP) zu einem verneinten Adjektiv.

Beachte:
prudens (klug) **im-pr**udens (un-klug)
Vor Lippenlauten *(p, b, m)* tritt Assimilation ein.

amicus (der Freund) in-**i**micus (der Feind)
Gelegentlich wird der Vokal der ursprünglich ersten Silbe geschwächt.

notus (bekannt) **i-**gnotus (unbekannt)
(entstanden aus *gnotus*) (entstanden aus *in-gnotus*)

WB 23

Das Präfix *dē-*

Proditores de saxo **de-**iciebantur. Verräter wurden vom Felsen **herab**gestoßen.

Mihi pecunia **de-**est. Mein Geld ist **weg.**/Mir **fehlt** das Geld.

Die Präposition ***dē*** kann als Präfix vor ein Verb treten und bezeichnet dann eine **Trennung**: a) **(von) herab-** b) **weg-**

WB 24

Das Suffix *-ōsus*

ludus pericul**-osus** („ein Spiel, reich an Gefahr": ein gefährliches Spiel)

Adjektive mit dem Suffix ***-ōsus*** bezeichnen eine **Fülle** („reich an, erfüllt von"). Sie leiten sich vom Stamm eines Nomens ab.

WB 25

Das Präfix *per-*

a) per-currere (**durch**-eilen) **b) per-**ferre (**hin**-bringen)

Tritt die Präposition ***per*** als Präfix vor ein Verb, so wird
a) der zu durchschreitende Weg **b)** der Weg bis zu seinem Ziel bezeichnet.

per-magnus (**sehr** groß) **per-**terrere (**sehr** erschrecken)

Einige Adjektive und Verben können durch das Präfix ***per-***, ähnlich wie durch das Präfix ***prae-*** *(vgl. WB 8)* **verstärkt** werden.

Register zur Wortbildung und Wortkunde

Folgende Begriffe, Regeln und Lernstoffe findest du im Wortschatzteil der angegebenen Lektionen:

Abkürzungsverzeichnis

◇A	Lesestück A
AB	Adverbiale Bestimmung
Abl.	Ablativ
AcI	Accusativus cum Infinitivo
AcP	Accusativus cum Participio
Adj.	Adjektiv
Adv.	Adverb
Akk.	Akkusativ
Attr.	Attribut
◇B	Lesestück B
b.	bei
bzw.	beziehungsweise
ca.	circa
D	Deutsch
d. h.	das heißt
Dat.	Dativ
Dekl.	Deklination
dir.	direkt
E	Englisch
f	femininum
▽F	Fortleben (fakultatives Lesestück)
F	Französisch
Fut.	Futur
Gen.	Genitiv
gest.	gestorben
GI	Grammatische Impulse
griech.	griechisch
I	Italienisch
Impf.	Imperfekt
Ind.	Indikativ
indekl.	indeklinabel (undeklinierbar)
indir.	indirekt
Inf.	Infinitiv
J	Junktur(en)
jdm.	jemandem
jdn.	jemanden
Jh.	Jahrhundert
KNG	Kasus-Numerus-Genus (-Kongruenz)
Konj.	Konjugation, Konjunktiv
kons.	konsonantisch
L	Latein
◇L	Lernwortschatz
L/F	Lehn-/Fremdwörter
m	masculinum
m.	mit
n	neutrum
n. Chr.	nach Christus
NcI	Nominativus cum Infinitivo
Nom.	Nominativ
Obj.	Objekt
Pass.	Passiv
PC	Participium conjunctum
Perf.	Perfekt
PFA	Partizip Futur Aktiv
Pl.	Plural
Plpf.	Plusquamperfekt
PN	Prädikatsnomen
PPA	Partizip Präsens Aktiv
PPP	Partizip Perfekt Passiv
Präp.	Präposition
Präs.	Präsens
Pron.	Pronomen
refl.	reflexiv
röm.	römisch
RSA	Relativischer Satzanschluss
Sg.	Singular
s. o.	siehe oben
sog.	sogenannt
Sp	Spanisch
Subst.	Substantiv
T	(Grammatik-)Training
u. a.	unter anderem
Ü	Übung
usw.	und so weiter
v. Chr.	vor Christus
vgl.	vergleiche
Vok.	Vokativ
W	Wortschatzübung
◇WB	Wortbildung
◇WK	Wortkunde
Z	Zusatzvokabular
z. B.	zum Beispiel

Abkürzungen bei den Satzglied-unterstreichungen (Satzmodell)

AcI	Accusativus cum Infinitivo
Adj	Adjektiv
Ak	Akkusativ
Ap	Apposition
AW	Art und Weise
Bed	Bedingung
D	Dativ
G	Genitiv
Gem	Gemeinschaft
Gr	Grund
MW	Mittel / Werkzeug
O	Ort
PN	Prädikatsnomen
Präp	Präpositionalattribut
Rel	Relativsatz
UT	Urheber / Täter
Z	Zeit

Legende zur Karte ‚Rom in der Kaiserzeit'

1 Arx (Burgberg)
2 Tempel des Jupiter Optimus Maximus
3 Tempel der Fortuna und Tempel der Mater Matuta
4 Basilika des Kaisers Maxentius
5 Tempel der Venus und der Roma
6 Amphitheatrum Flavium (Colosseum)
7 Tempel des Apollo
8 Kaiserpaläste
9 Circus Maximus
10 Tempel des vergöttlichten Kaisers Claudius
11 Bogen des Kaisers Konstantin
12 Thermen des Kaisers Titus
13 Thermen des Kaisers Trajan
14 Tempel der Juno Lucina
15 Thermen des Kaisers Konstantin
16 Thermen des Kaisers Diokletian
17 Lager der Prätorianer
18 Porta Nomentana
19 Porta Pinciana
20 Porta Flaminia
21 Mausoleum des Kaisers Augustus
22 Ara Pacis
23 Sonnenuhr des Kaisers Augustus
24 Mausoleum des Kaisers Hadrian
25 Circus des Kaisers Caligula
26 Pons Aelius
27 Pons Neronianus
28 Stadion des Kaisers Domitian
29 Thermen des Kaisers Nero
30 Säule des Kaisers Mark Aurel
31 Tempel des vergöttlichten Kaisers Hadrian
32 Pantheon
33 Thermen des Agrippa
34 Saepta (Platz für große Versammlungen)
35 Heiligtum der Isis und des Serapis
36 Theater des Pompejus
37 Säulenhallen des Pompejus
38 Pons Agrippae
39 Pons Aurelius
40 Säulenhallen der Octavia
41 Theater des Marcellus
42 Pons Fabricius
43 Pons Aemilius
44 Pons Sublicius
45 Porta Aurelia
46 Porta Trigemina
47 Pons Probi
48 Porta Ostiensis
49 Porta Ardeatina
50 Porta Appia
51 Grab der Scipionen
52 Thermen des Kaisers Caracalla
53 Porta Latina
54 Amphitheatrum Castrense
55 Porta Tiburtina

ROM
IN DER KAISERZEIT

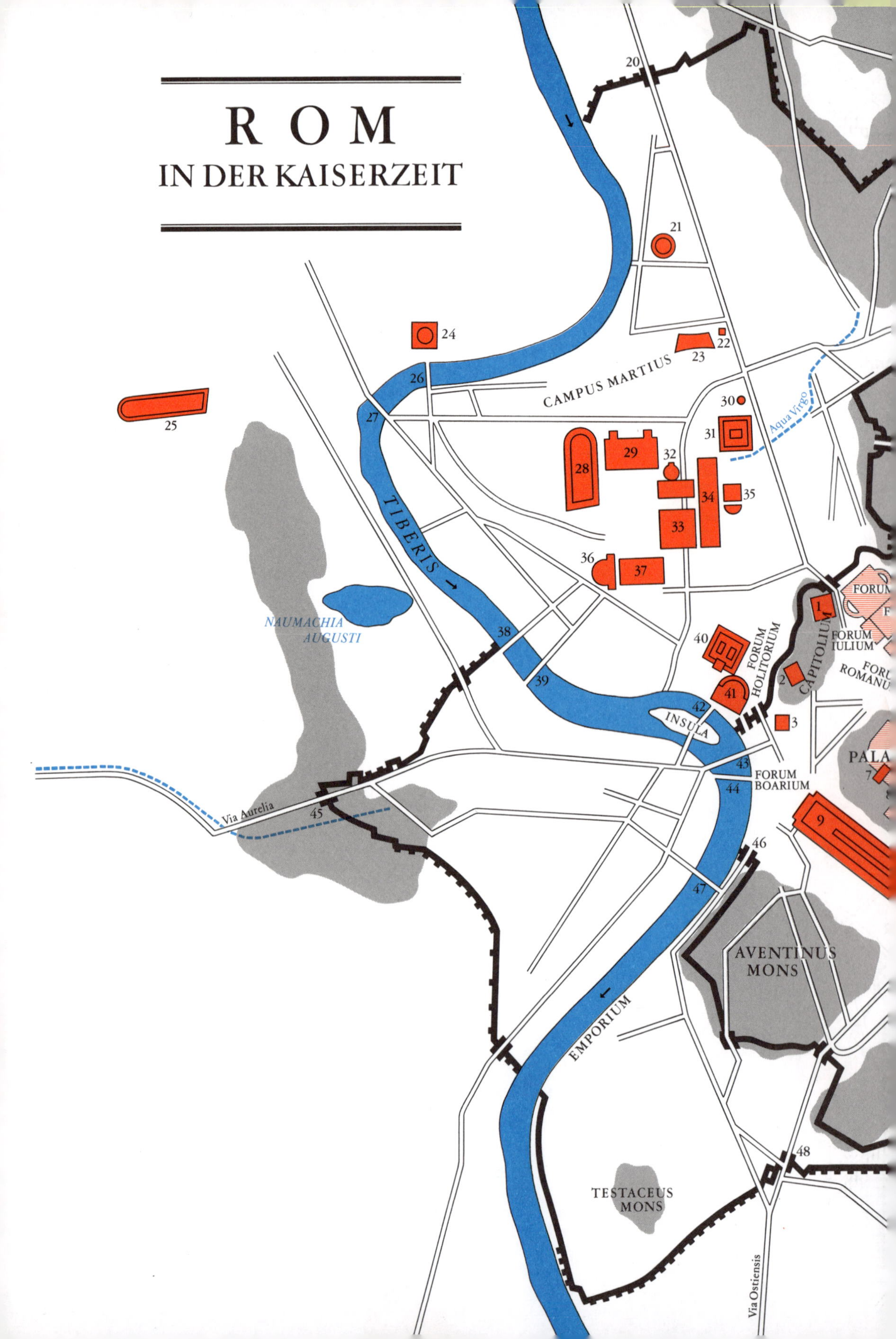